大学入学共通テスト

瀬川 聡

地理B［地誌編］講義の実況中継②

語学春秋社

はしがき

こんにちは，河合塾地理科講師の瀬川です。

本書は，私の河合塾での授業の緊張感と君たちへの熱い想いをそのまま詰め込んだ『**大学入学共通テスト　瀬川聡地理Ｂ講義の実況中継①〈系統地理編〉』の姉妹編**です。この『**地誌編**』を併読すれば，実力は目に見えて大幅にレベルアップし，かつ入試で存分に持てる力が発揮できるようになることを確信しています。そして，受験で大成功することはもちろん，**世界を広く正しく観る目**が養われることを切望しつつ，本書を書きました。

本書の特色

本書の目指すものは次のことです。

① 地理の本質的な面白さを追求する。
② 共通テストで満点を獲得することを目標とする。
（結果として，東大など国公立二次論述や私大入試にも効果的）
③ 短い時間で効率的な地理学習を行う。
④ 単なる丸暗記ではなく，地理的な思考力・判断力を養う。
⑤ データの分析力をスキルアップする。

『系統地理編』ではおもに**地形**，**気候**，**農業**などにおける各項目を通して，系統的に地理的理論分野を講義しました。本書『地誌編』では，皆さんと一緒にはるばる**現地に出かけていって実際に世界を見ていきましょう！**　そして目の前に広がる自然環境や今まで見たことがなかった文化に触れましょう！

きっと今まで一見バラバラに見えた世界がジグソーパズルのように見事に完成するはずです。『系統地理編』と同様に，獲得した地理的知識・情報に対して，**単に事実を知っているという段階にとどまるのではなく，それぞれの背景や関係性をとらえる**ことに重きをおきましょう。そうすれば必ず君たちの「**地理的思考力**」，「**地理的観察力**」，「**地理的分析力**」が大幅にスキルアップするはずです。これからの大学入試は，どの科目も君たちの「思考力」や「判断力」が試されます。地理については，この講義でしっかりと鍛えます。

本書の使い方

① 本書では，近隣の**アジア**からスタートし，**アフリカ**，**ヨーロッパ**，**ロシアと周辺諸国**，**アングロアメリカ**，**ラテンアメリカ**，**オセアニア**と旅をし，最後にわれらの**日本**に戻ってきます。世界を旅して日本に戻ってきたとき，よりいっそう日本の素晴らしさや問題点が際立ってくることを実感してください。

② 本書ではしばしば，「〈系統地理編〉の○○を復習しよう！」というアドバイスが出てきますが，具体的な事例を勉強するときには，君たち**が『系統地理編』で培(つちか)ってきた重要なポイントを忘れていないか**，できるだけチェックしながら講義を進めます。地形や気候などの**自然環境の成因**をしっかりと理解し，それぞれの項目がどのように関係しているかを重視してください。つまり単に「憶えた！」ではなく，心の底から「**わかった！**」——これをわれわれの合い言葉にしましょう！

③ 時にかなり突っ込んで説明しているところもありますから，立ち止まりたくなることもあるでしょうが，臆せず**講義１回分はまとめて読んでしまいましょう！** そして，じっくり考えたい部分があれば，そこはもう一度あとで読むと効果的です。

④ 講義は，演習問題を考えるヒントにしながら進めていきますが，問題は少しばかり緊張感を持って一度解いてみてください。ただし，「ちょっと難しいなあ」と感じ時間がかかりそうでしたら，それぞれの問題には私から君たちへ「**解法へのヒント**」を提供していますので，ぜひ使ってみてください。

⑤ 講義中には，**マーカーと地図帳**が必要です。マーカーで線を引きながら，問題文や**《整理とまとめ》**を十分に分析しましょう。

⑥『実況中継』はただの受験用参考書ではありません。私が君たち１人ひとりに熱く語っていることを想像しながら，言葉を受けとめてください。講義は真剣勝負です。

⑦ **巻末付録**…受験生必携（ひっけい）の「**日本の都道府県と県庁所在地**」，「**東京と政令指定都市の地図とデータ**」を巻末に載せていますので，ぜひ活用してください。

地理的思考力を楽しく鍛えよう！

私は，「地理」の授業をするのが無上の楽しみです。受験生が目をきらきら輝かせながら地理の面白さを堪能（たんのう）してくれるからです。そして，**地理を勉強することで自然環境と人々の生活が結びつき，世界の人々の暮らしが見えてきます**。

17 世紀の偉大な哲学者カントは「人間を正しく理解するためには，地理学から出発すべきである」と述べています。まさにそのとおりです！

本書でも述べていますが，**人口問題**，**都市問題**，**環境問題**など地球的規模の課題を克服（こくふく）し，「宇宙船・地球号」が素敵な旅を続けるには，私たちの「**地理的思考力**」が必要なのです！

大学入試で成功するためにも，これからの世界を支えていくためにも，本書を最大限に利用して**「地理力」のパワーアップ**を図ってくれることを心から願っています。

最後になりますが，本書の刊行にあたって適切なアドバイスと厳しいチェックをいただいた語学春秋社編集部の奥田さん，様々な立場から惜しみないご協力をいただいた大学や高校の先生方，河合塾関係者の方々に，この場を借りて心から感謝の意を表します。ありがとうございました。

受験生とともに戦いつつ

瀬川　聡

講義の内容

第1回 東アジア

朝鮮半島 & 中国

ユーラシア大陸という名前を小中学校で学びましたよね？ **ユーラシア**(Eurasia は Europe と Asia を合わせたもの)の東にアジア，西にヨーロッパが位置し，かつては黒海によって隔(へだ)てられた２つの大陸と考えられていました。現在では，ウラル山脈〜カフカス山脈〜黒海〜ボスポラス海峡のラインを**アジアとヨーロッパの境界**と考えることが多いです(**図２**)。共通テストでは，**ウラル山脈**と**ボスポラス海峡**くらいは知ってるほうがいいですね。

世界の地域区分

本書では，世界をさまざまな地域に区分し，自然環境と産業，文化・生活などについて地誌的考察を行います。図の**地域区分**については，地域名と位置関係をしっかりマスターしてくださいね。

では，**東アジア**から世界一周の旅に出発です！

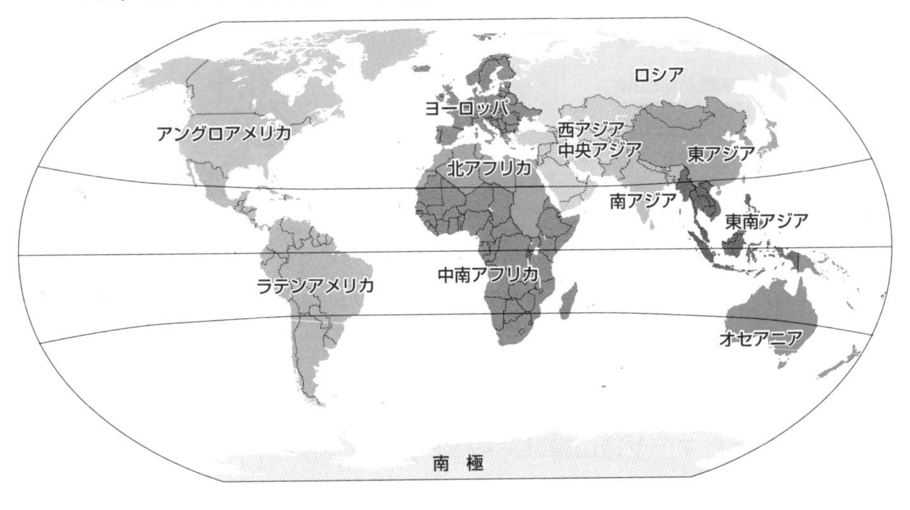

〈注〉国としては，ヨーロッパにロシアが含まれる。

では，最初にユーラシア大陸の約 80%を占める**アジアの自然環境**について概要を確認しておきましょう。

1 アジアの地形

図解 アジアの大地形
（新期造山帯：環太平洋造山帯とアルプス=ヒマラヤ造山帯）

〈図 1〉

図 1 を見てください。ヨーロッパから続く**アルプス=ヒマラヤ造山帯**がユーラシア大陸の**南縁を東西に走り**，**環太平洋造山帯**が**東縁を南北に走っている**のがわかると思います。

アルプス=ヒマラヤ造山帯は，主に**アフリカプレート**，**アラビアプレート**，**インド・オーストラリアプレート**が**ユーラシアプレート**に衝突して

図解 **アジアの地形**

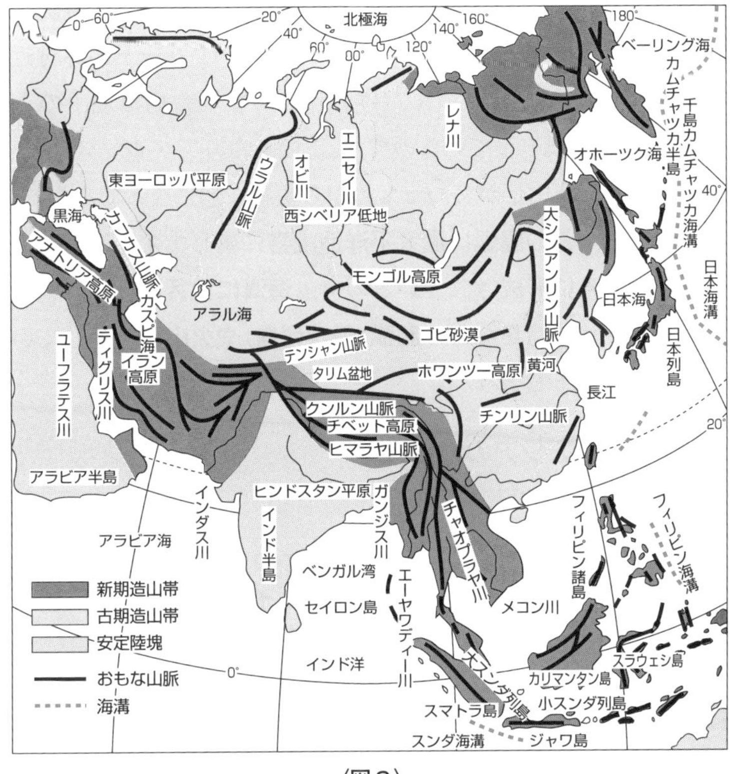

〈図2〉

形成された山脈や高原です。**環太平洋造山帯**は，**太平洋プレート**，**フィリピン海プレート**がおもに**ユーラシアプレート**に沈み込んで形成された**島弧**(とうこ)が連なっています。

①〈系統地理編〉第3回でも説明したように，ともに**新期造山帯**に属する山脈や高原が連なり，**火山**(特に環太平洋造山帯に注意！)・**地震活動**も活発です。**図2**を見ながら地図帳でチェックしておきましょう。

アルプス=ヒマラヤ造山帯は西の**アナトリア高原**(トルコ)〜**イラン高原**〜**チベット高原・ヒマラヤ山脈**〜**インドシナ半島**〜アンダマン諸島に

連なり，**スンダ列島**付近で**環太平洋造山帯と合流**しています。

インドネシアにスラウェシ島とかハルマヘラ島っていう島があるの知ってる？ ちょっと変わった形をしてるだろ？ プレート境界付近の島弧って比較的細長い形が多いんだけど，この2つの島は親子のようにそっくりでKの字型をしているのです。このあたりでアルプス=ヒマラヤ造山帯と環太平洋造山帯が交わってるから複雑な形になってるんですね。

日本を含む太平洋の**島弧**は**環太平洋造山帯**に属します。**海洋プレートが沈み込むところに形成**されているので，**海溝**(かいこう)**に並行して**日本列島，南西諸島，フィリピン諸島などの**島弧**（**弧状列島**）**や火山が分布**していることに注意しておきましょう。

整理とまとめ① アジアの地形

地体構造	特　色	分　布	資　源
安定陸塊	長期間の侵食による大平原（**楯状地**や**卓状地**）	かつての**ゴンドワナランド**である**インド半島・アラビア半島**，中国東部	鉄鉱石
古期造山帯	**丘陵性**の山地	中国西部の**テンシャン山脈**・アルタイ山脈は例外的に海抜高度が高い。	石炭
新期造山帯	高峻な山地 火山・地震活動が活発	**アルプス=ヒマラヤ造山帯**，**環太平洋造山帯**	銅鉱・石油

《整理とまとめ①》を見てください。ここまで説明した新期造山帯以外にも，かつての**ゴンドワナランド**であった**アラビア半島・インド半島**や**中国の東部から朝鮮半島**にかけては**安定陸塊**(あんていりくかい)ですし，中国の内陸部にかけては**古期造山帯**の山脈も分布しています。古期造山帯は一般に長い間侵食を受けているので，**なだらかな丘陵**(きゅうりょう)**性の山地**が多いんだけど，

Q 中国北西部にある，古期造山帯としては例外的に高峻(こうしゅん)な山脈の名は？

テンシャン山脈です。

正解！ **テンシャン山脈**も，もともとは**アパラチア山脈**や**ウラル山脈**のように低い山脈だったんだけど，ゴンドワナランドが分裂した後に，インド半島をのせた**インド・オーストラリアプレートがユーラシアプレートに衝突**した結果，すごい圧力を受けて**断層運動**が起こり，もう一度隆起してしまったからなんだ。びっくりするくらい高いね(**標高7,000m以上**だよ)！

アルタイ山脈もテンシャン山脈と同様に再隆起した復活型の古期造山帯の山脈です。

テンシャン山脈とアルタイ山脈は，地図帳で必ずチェックですよ！ **ヒマラヤ山脈とテンシャン山脈の位置はとっても重要**だから白地図に書き込めるくらいになっておいてね。

このへんで大地形の話は終わりましょう。

アジアの河川

アジアの地形を特徴づけるポイントとして，**極めて大きな河川が多数流れている**ことがあげられます。君たちはどれくらいアジアを流れる大河を知ってますか？

黄河と**長江**は知ってますね。中国を東流する大河川です。あとはインドシナ半島を南流する**メコン川**や**エーヤワディー川**，インド半島の東には**ガンジス川**，同じく半島の西には**インダス川**が流れています。以上の河川に共通する点は何でしょう？

それはすべて**チベット=ヒマラヤ山系から流出する河川**なのです(タイで三角州を形成する**チャオプラヤ川**は，インドシナ半島の山地から流出)。標高の高いチベット高原やヒマラヤ山脈の氷河や万年雪を水源として，山地を侵食したこれらの河川は流域に大規模な**沖積(ちゅうせき)平野**を形成しています。これがアジアの農業に大きく貢献したんですね。

整理とまとめ② アジアの大河川

河川名	流　路	中下流域の気候	主な作物
黄　河	チベット～**華北**	**BS**	小麦・綿花
長　江	チベット～**華中**	**Cw・Cfa**	米
メコン川	チベット～**ベトナム**	**Aw**	米
チャオプラヤ川	インドシナ北部～**タイ**	**Aw**	米
ガンジス川	チベット～**バングラデシュ**	**Cw・Aw**	米・ジュート
インダス川	チベット～**パキスタン**	**BS・BW**	小麦・綿花・米

〈注〉表中のチベットはヒマラヤ・カラコルム山系を含む。

《整理とまとめ②》にまとめておいたので，しっかり読んでおいてください。では次に，気候の学習に移りましょう。

アジアの気候

まずは，**図3**でアジアの位置を確認しよう(次ページ)。

アジアは東南アジアの一部(インドネシア)を除いて大部分が**北半球**に位置しています。

東アジア，東南アジア，南アジアはユーラシア大陸と太平洋，インド洋との比熱差(気圧差)により生じる**季節風(モンスーン)**の影響を強く受けるため，**モンスーンアジア**と呼ばれています。夏季に海洋からの湿ったモンスーンが降水をもたらすため，大陸部分の気候は，**夏に降水が多いDw(冷帯冬季少雨気候)，Cfa(温暖湿潤気候)，Cw(温暖冬季少雨気候)，Aw(サバナ気候)**が卓越しています。

東南アジアの島嶼(とうしょ)部は**赤道周辺に位置**しているため，年中**赤道低圧帯**の影響を受け，**Af(熱帯雨林気候)**や**Am(熱帯モンスーン気候)**が分布しているのが特徴です。

図解 アジアの位置

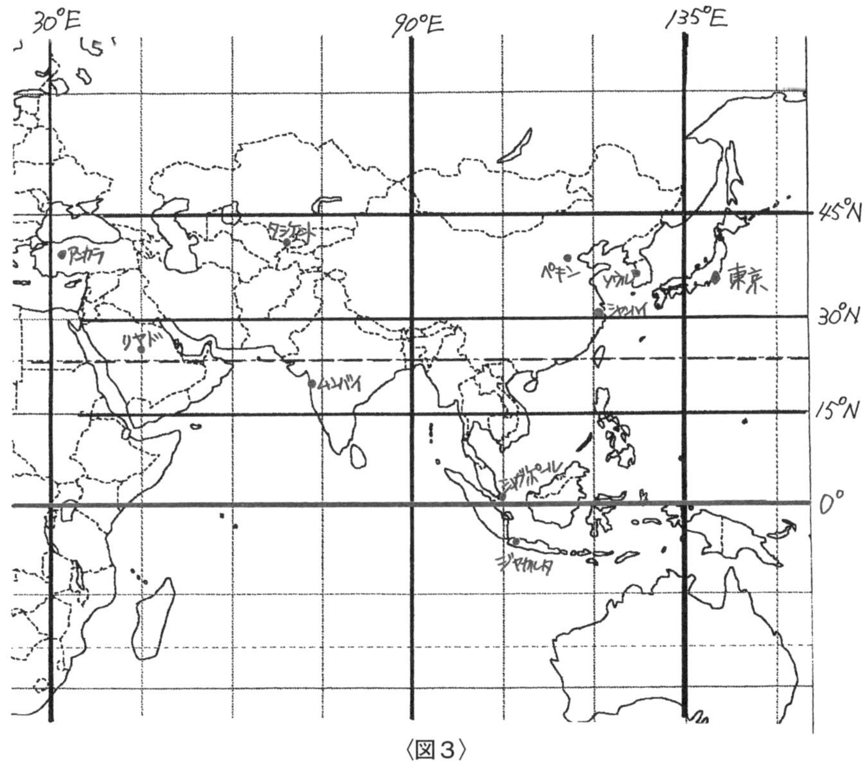

〈図3〉

一方，**モンゴル〜中央アジア**，**西アジア**にかけてはモンスーンの影響があまり及ばず，降水量が少ない**BW**（**砂漠気候**）や**BS**（**ステップ気候**）が大部分を占め，**乾燥アジア**と呼ばれています。

モンスーンアジアは，**気候や土壌に恵まれている**ため農業生産が活発で，**人口も極めて多い**ですが，**乾燥アジア**は厳しい気候環境の影響で**人口が少ない**ことも，今の君たちなら簡単に理解できますね。

気圧帯やモンスーン（季節風）については，①〈系統地理編〉第6・7回で十分に復習をしておきましょうね！

では早速，問題にチャレンジしてみましょう。

問題 1　東アジアの地形と気候

次の図Ⅰを見て，東アジアに関する下の問い(問1・問2)に答えよ。

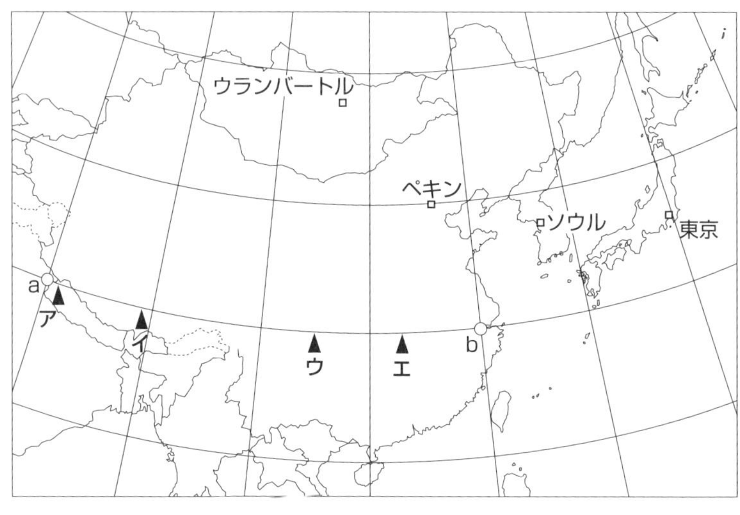

〈図Ⅰ〉

問1　次の図Ⅱは，図Ⅰ中の線(a～b)に沿った地形断面図であり，図Ⅱ中の**ア～エ**は，図Ⅰに対応している。図Ⅱにかかわる内容について述べた文として**適当でないもの**を，下の①～④のうちから一つ選べ。ただし，高さは強調して表現してある。

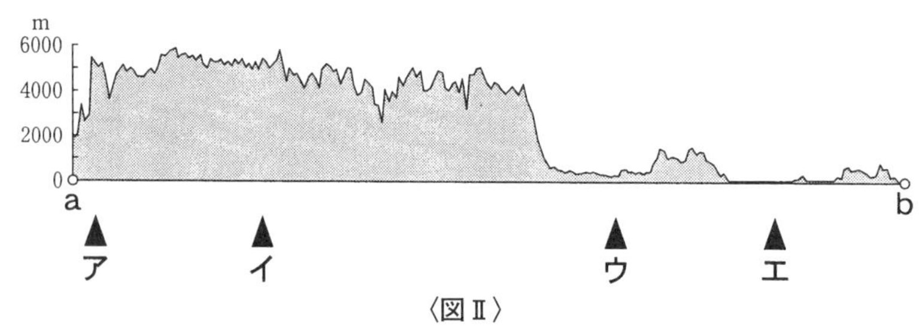

〈図Ⅱ〉

① ア付近には，プレート境界に形成された大山脈がみられる。

② イは，平均標高 4,000m 以上の高峻な高原に位置する。

③ ウ付近には，大河の上流域に形成された盆地がみられる。

④ エは，大河の河口まで連なる侵食平野に位置する。

問２ 次の図Ⅲ中の①～④は，図Ⅰ中のウランバートル，ソウル，東京，ペキンのいずれかの地点における月平均気温と月降水量を示したものである。ソウルに該当するものを，図Ⅲ中の①～④のうちから一つ選べ。

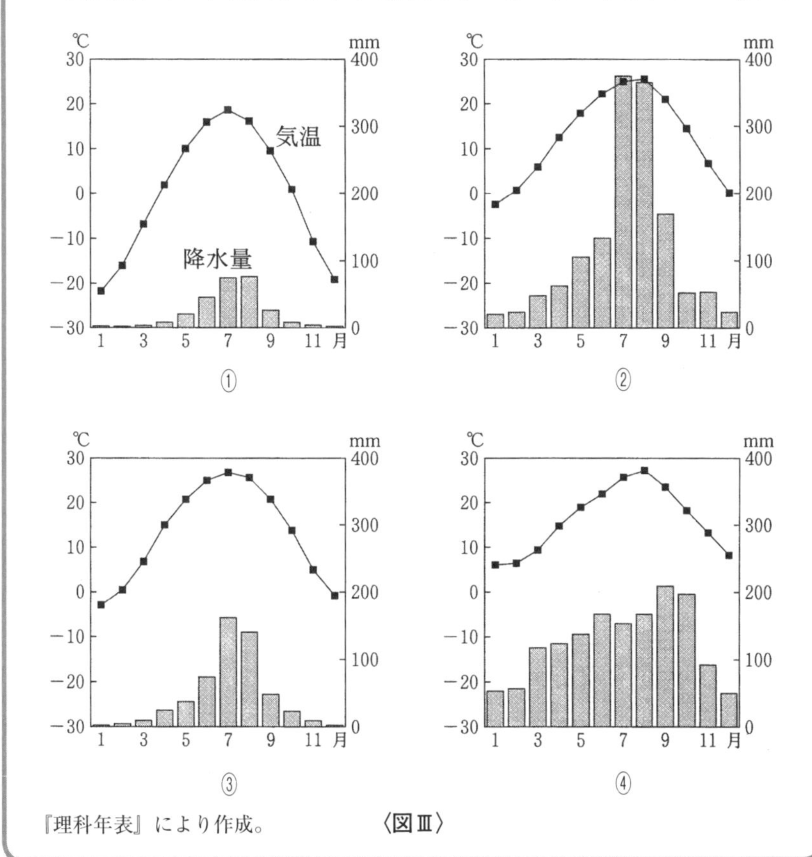

『理科年表』により作成。　〈図Ⅲ〉

解答 p.38

問１…新期造山帯の位置に注目しよう！
問２…緯度を確認し，夏のモンスーンの影響や隔海度を考える。

頻出の断面図を用いた正誤問題です。図中の線(a ～ b)を見てください。この線は，**北緯30度**を通過しています。図の右側に日本があるから，「北海道の北端は**北緯45度**，九州の南端は**北緯30度**だ！」ということを知っている人にとってはとっても簡単ですね。直接問われてはいませんが，共通テストでも出題されやすいので注意しておきましょう。じゃあ，**図Ⅰ**と**図Ⅱ**を見ながら，選択肢の文を読んでみよう。

選択肢①

アは**ヒマラヤ山脈**で，**インド・オーストラリアプレートとユーラシアプレートのせばまる境界**に位置する**新期造山帯**の山脈です。**ア**付近はちょうどヒマラヤ山脈とチベット高原の境目あたりですね。したがって，この文は正しい。**ヒマラヤ山脈は，ネパールやブータンから中国にかけて走っている**ことに注意しよう！

選択肢②

イはヒマラヤ山脈と同様に**アルプス=ヒマラヤ造山帯**を形成する**チベット高原**です。平均海抜高度が**4,000m**以上もある高峻(こうしゅん)な高原だ。ヒマラヤ山脈が走るネパールやブータンの北に位置することがヒントになります。したがって，この文も正しい。

選択肢③

ウは**スーチョワン(四川)盆地**です。諸説ありますが，長江の上流に位置し，4本の大きな川が合流することからこのような呼び名が付いたようです。中国は，**西高東低**の地勢なんだけど，内陸のスーチョワン盆地には広大な平野が広がり，温暖な気候もあって古くから**農作物の集散地**として栄えてきました。現在でも内陸の中心地の1つで，直轄市(ちょっかつし)の**チョンチン**(重慶)が位置し，**鉄鋼業など重化学工業も発達**をしています。したがって，この文も正しい。

スーチョワン盆地では炭質が悪い**石炭**が多く産出し，これを大量に消費した工業化が行われているため，**大気汚染が深刻**で，日本にまで汚染物質が運搬され**越境**(えっきょう)**公害**を起こしています。

選択肢④

エは**長江中下流平原**(中国の稲作の中心)ですが，**下流域まで連なる「侵食平野」が誤り**。黄河や長江の下流から河口にかけては，三角州(デルタ)などの大規模な**沖積**(ちゅうせき)**平野**(**河川の堆積作用で形成された平野**)が発達しているのです。

この問題は全員正答でなきゃね(笑)。

雨温図の読み取り

続いて問2。君たちがとってもとっても得意な，地図に4地点があり，**雨温図**(または**ハイサーグラフ**)を判定させるタイプだ(笑)。まずは，いつものように緯度を見よう！

ウランバートル(**モンゴルの首都**)が**最も高緯度**にあるため，**気温の年較差が大きく**，冬季に低温になる①が該当します。**大陸内部に位置するため年降水量が少ない**(**BS**)ことも判定のポイントにしていいですよ。

残る3都市は，緯度で判定できないこともないけど(年較差が大きい順にペキン＞ソウル＞東京)，日本列島に位置する**東京**は年間を通じて降水が見られる**Cfa**(**温暖湿潤気候**)ですから④が該当します。夏季のほうが降水量は多いけど，なんといっても島国なので，**冬季だって水蒸気が供給される**もんね。

残る**ペキン**(**中国の首都**)と**ソウル**(**韓国の首都**)は，ともに**夏季は海洋から吹き込むモンスーンにより多雨，冬季は大陸から吹き出すモンスーンにより少雨**となり，気温の年較差が大きい**大陸性気候**です。ソウルのほうが夏季に海洋からのモンスーンの影響を強く受けるため，夏季の降水量が多い②が**ソウル**(**Cw**)，残る③が**ペキン**(かつては**Dw**でしたが，現在のデータでは**BS**になっています)になります(両都市とも降水型式は**winter dry**に注意！)。

ペキンが位置する**華北**は，夏季のモンスーンが日本列島や朝鮮半島によって阻(はば)まれ，**夏季でもあまり降水量が多くないため，BSが広がっているこ**とも頻出事項なので忘れないように(一部には，**Dw**，**Cw**も)。

《アジアの気候》

①東アジア・東南アジア・南アジア…モンスーンアジア
　大陸部はDw，Cfa，Cw，Aw

②東南アジアの島嶼部……………………Af，Am

③中央アジア・西アジア………………乾燥アジア，BW，BS

同じアジアではあっても，モンスーンアジアと乾燥アジアでは人々の暮らしぶりも大きく違っていることが想像できるね。アジアの地域別の詳しい気候についてはあとで学習します。**ケッペンの気候区分が不安な人は，必ず**①〈系統地理編〉第8回**で確認しておきましょうね。**

では**東アジア諸国**から出発する旅に出ましょう！

2 朝鮮半島

まずは，日本から地理的に近く，歴史的な関係も深い朝鮮半島の国々——つまり**大韓民国**(以下，**韓国**)と**朝鮮民主主義人民共和国**(以下，**北朝鮮**)からスタートしましょう。朝鮮半島は大部分が**安定陸塊**から成りますから，すべて**新期造山帯**で火山活動や地震が多い**日本**とは大きく異なっています。しかし，起伏に富む準平原が広がり，安定陸塊の割に山がち(一部には古期造山帯も)で平野にはあまり恵まれていません。

図4を見てください。山地は**北部**と**東部**に多く，韓国，北朝鮮ともに

平野は西部に集中しています。

次に**図３**(p.7)の緯度を確認してみよう。驚いた人もいるでしょうが，

朝鮮半島は日本とほぼ同緯度にある

日本よりかなり北に位置しているように思っていなかった？

テレビなどで見かける韓国の冬はかなり寒そうですね。これは朝鮮半島が大陸の影響を強く受けた**大陸性気候**で，**日本より冬季は寒冷**になるからです。半島北部は**Dw**，中南部が**Cw**，南端は**Cfa**になります。

南岸にある**韓国最大の貿易港プサン**は**Cfa**で，東京などと同じ気候区に属しているから過ごしやすい気候です。これは日本と朝鮮半島の間を流れる**暖流**の**対馬**(つしま)**海流**の影響が大きいからで，南岸だけは日本と同じ

図解 朝鮮半島の自然環境

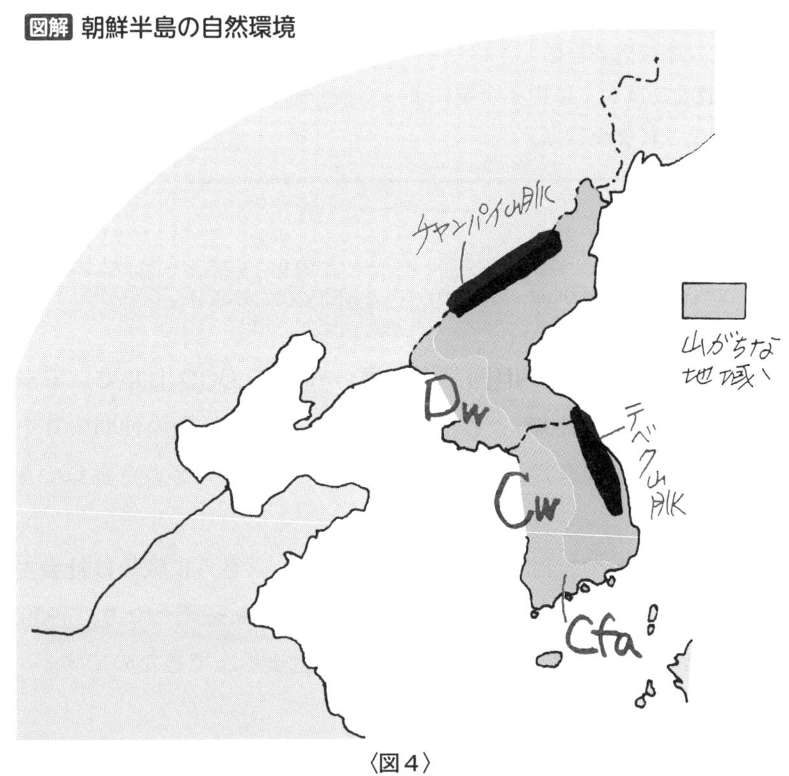

〈図４〉

ように温暖湿潤な**海洋性**の気候になっているのです。

じゃあ，問題にチャレンジしてみよう！

韓国の経済発展

問題 2 韓国の経済成長と変化

韓国は，1960年代以降，著しい経済成長を遂げている。韓国の経済成長とそれにともなう変化について述べた文として**適当でないもの**を，次の①～④のうちから一つ選べ。

① 1970年代には，重化学工業化が進められ，鉄鋼・造船・自動車などの工業が発達した。

② 1980年代以降は，半導体産業の発達が著しく，世界有数のIC(集積回路)生産国となっている。

③ 経済成長は，農村から都市への人口移動を引き起こし，都市と農村の間の地域格差を拡大させた。

④ 経済成長は，主に中小企業によって推し進められ，巨大な企業集団は形成されなかった。

解答 p.38

韓国は，アジアNIEsと呼ばれ，先進国に並ぶほどの工業化や経済発展を遂げている。
戦後の経済発展の原動力には，高い教育レベルと財閥の資本力があった。

韓国は**1人あたりGNI(国民総所得)**が約**30,000ドル**で，**アジアNIEs(ニーズ)(新興工業経済地域)**と呼ばれるなど，先進工業国の仲間入りをしつつありますが，現在の地位に至るまで，たゆまない努力を重ねてきました。

第2次世界大戦前には日本が植民地支配をし，さらに戦後は**社会主義国の北朝鮮**と**資本主義国の韓国**という南北の**分断国家**となり，1950～53年には**朝鮮戦争**を経験するなど，苦難の道を歩んできたのです。

国家の近代化を図るため，まずは農業の面で**1960年代**から「**セマウル運動**」（セマウルとは「新しい村」の意）と呼ばれる**農村の近代化**政策に着手しました。発展途上国の農村は一般にインフラの整備が遅れているため，生産性を高めることが困難で貧困からの脱出がなかなかできないというのが現実でした。

そこで韓国では，農道の拡幅（かくふく），橋，灌漑（かんがい）設備などの建設，上下水道の整備，住宅の近代化など，農家の生産や生活環境の改善に力を注いだのです。

その結果，**生産性が向上**し（**土地生産性**はすごく高いよ），以前より食料自給率も上昇しました（といっても日本と同じように食料自給率は低いですが）。日本と違って**専業農家の割合が高い**のが特徴的です。経済発展とともに，農業就業人口率は低下しましたが，もちろん日本と同様に**高齢化**が問題となっています。

韓国の工業　**選択肢①・②**

工業の面でも早くから衣類や食料品などの**輸入代替（だいたい）型**（従来は**輸入に依存していた製品を国産化**する）工業を成立させ，さらには**外資の導入**などにより**輸出指向型**（**海外市場を目的として製品を生産**する）工業への転換にも成功します。したがって，**1970年代**には，**鉄鋼**，**造船**，**自動車**などの工業も発達していたため，①は正しい文です。

1980年代以降は安価な労働力に依存した**労働集約型の組み立て工業**だけでなく半導体産業も発達し，特に**1990年代以降**は**エレクトロニクス製品**や**情報通信機器**の開発など**産業構造のハイテク化**が進み，台湾や日本などとともに世界的な**IC**（**集積回路**）などの生産国となっています。したがって②も正しい文です。

図解 粗鋼・造船・自動車生産における韓国の占める割合

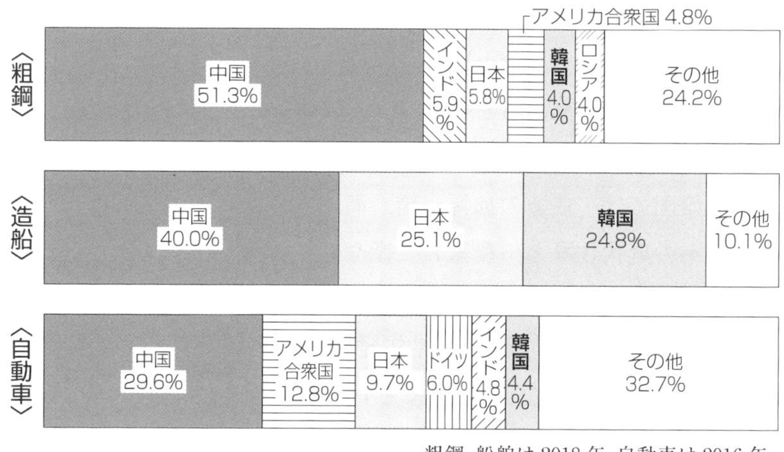

粗鋼，船舶は 2018 年，自動車は 2016 年。

〈図 5〉

韓国の経済成長 **選択肢③・④**

1970 年代の「**漢江の奇跡**」(漢江（ハンガン）：ハン川はソウルを流れる河川です）と呼ばれた**高度成長**は，日本と同様に**農村から都市への人口移動**を引き起こしました。特に韓国においては，

首都ソウルへの一極集中が著しい

なんと総人口約 **5,000 万人**の**約 5 分の 1**（**約 1,000 万人**）**がソウルに居住**しているのです。韓国に限らずですが，**都市と農村の所得格差や雇用格差は著しい**ため，③のような表現がしてある場合はすべて正しいと判断していい。したがって③も正しい文です。

もう 1 つ君たちにアドバイスをしておきます。

都市人口率は先進国ほど高い数値を示す

ということが一般に言えるのですが，**韓国は80%以上**と一部のヨーロッパ諸国を上回るほど高いのです。もちろん原因はソウルへの集中が著(いちじる)しいからですね。

さて残る④ですが，「**巨大な企業集団**」をチェックしてください。韓国の高度成長の要因は，**国民の高い教育水準**ともう１つは**財閥(ざいばつ)の資本力**だったのです。つまり「巨大な企業集団」は財閥を指していますから，「経済成長は，主に……巨大な企業集団は形成されなかった」というこの文は誤っています。答えは④です。

「ヒュンダイ」(現代)，「サムスン」(三星)，LGなどのメーカー名を見たことがありませんか？ これは韓国の財閥なのです。高度成長期には，これら財閥の資本力が韓国経済に大きく貢献したのです。

韓国の人口問題

日本の合計特殊出生率(ごうけいとくしゅしゅっしょうりつ)を覚えていますか？

そうですね，**1.42**(2019年)でした。韓国では1970年に4.0だった合計特殊出生率が，今ではなんと日本を下回る**0.92**(2019年)です。

どうしてこんなに低くなったんだろうね。それは，出産・育児で離職した女性の職場復帰が日本以上に難しい環境と，学歴重視の考え方から，**男女とも**日本以上に**大学進学率が高い**ことなどが背景にあります。日本ほど高齢化はしていないので人口減少はしていませんが，すごく**近い将来の少子化・高齢化問題はかなり深刻**のようです。2020年代には人口減少するかも。

ここまでの説明を聞きつつ，君たちの中で３人くらいは，

「あれ？ 合計特殊出生率が２を下回っているのに，どうして日本みたいに人口が減少してないんだー？」

って思った人がいるでしょう？ 正直に手を挙げてみて(笑)。

合計特殊出生率とは，一生のうちに女性が生む子どもの平均値です。次の図を見てください。

2人の親から2人の子どもが生まれる，これは合計特殊出生率2ですよね。すると，2＋2＝4で人口は増加します。

しかし仮に50年後に親が亡くなったとすると，子どもの2が残るので，人口は減りません(実際には，その2人からまた子どもが生まれてるし)。この**2**という数値を**人口置換**(ちかん)**水準**といいます。

でも合計特殊出生率が1である場合には，2＋1＝3となり，再び50年後に1になります。つまり**人口減少**です。わかりましたか？ そうです！ **韓国ではまだ親の世代が若かったので，人口減少してこなかった**のです。気をつけないとアブナイ！

アジア経済危機

順調に成長してきた韓国経済でしたが，**1997年**に起こった「**アジア経済危機**」のあおりを受け，韓国通貨**ウォン**が大暴落(ぼうらく)し，インフレ(物価上昇)や失業問題などが発生しました。ここで簡単に「アジア経済危機」について説明しておきましょう。

「アジア経済危機」は遠く**タイ**で起こったタイ通貨**バーツ**の**大暴落**が東南アジア各国からアジア諸国にまで波及した経済問題です。タイは1980年代以降，順調に経済成長を遂(と)げ，バーツは安定した通貨として信頼され，東南アジアでは「**バーツ経済圏**」を形成するまでになっていました。

商取引を行う際には，できるだけ通貨価値が安定している通貨で受け取りたいですよね。君たちだってそうでしょう？ 明日になったら紙切れ同然になるかもしれない通貨は欲しくないよね。

そこで，**ドル**，**円**，**ユーロ**などの**国際通貨**に人気が集まるわけですが，どこの国でも十分な外貨準備ができているわけではありません。ドル，円，ユーロ以外だけどバーツだったらいいや，というくらい信頼がおける通貨に成長していったのです。

ところが1990年代に入り，好景気による地価高騰（こうとう）と賃金の上昇はタイの輸出品の価格上昇をもたらし，急激に**国際競争力が低下**したことから，外国企業や投資家がタイから資金を引きあげたため，多くの企業が倒産し，町には失業者があふれました。

タイの不況が東南アジア諸国に波及し，ついには**韓国**にまで影響を及ぼし，それまでドルに対して高値を維持してきた**ウォンが大暴落**することになったのです。

これに対して韓国政府は国際競争力を回復するため(つまり安価で優秀な製品を輸出する力を取り戻すため)，経営効率が悪い**財閥の一部を解体**したり，**経営の効率化**を企業に要請したのです。その結果，比較的早く経済不況から立ち直りましたが，近年は賃金水準の上昇により国際競争力が低下した**製造業などで，中国，ASEANなどに生産拠点を移す**ところが出てきたため，日本と同じように**国内産業の空洞化**（くうどうか）が懸念（けねん）されています。

アジアNIEsから先進国へ

さっきも説明しましたが，1970年代の「**漢江**（ハンガン）**の奇跡**」(日本の高度成長のちょうど10年後)による発展で，**アジアNIEs**と呼ばれる新興工業国になった韓国は，**鉄鋼**，**造船**，**自動車**，電気機器などの工業も著しく発展し，今では先進国に迫る勢いです(もう先進国と言っていいかも)。人々の生活も豊かになり，1996年には**OECD**(**経済協力開発機構**)にも加盟してますよ。

情報インフラの整備もかなり進んでいます。**情報リテラシーの教育**も進んでいて，**ブロードバンド加入率は世界のトップクラス，インターネット普及率も先進国並みに高い**ことに注意してください。

韓国の貿易

主な輸出先は，**中国，EU，アメリカ合衆国，日本**です（図６）。1990年代前半まではアメリカ合衆国と日本が二大輸出先でしたが，**中国**の占める割合が大きくなっています。

《韓国の輸出入相手国・地域の変化》

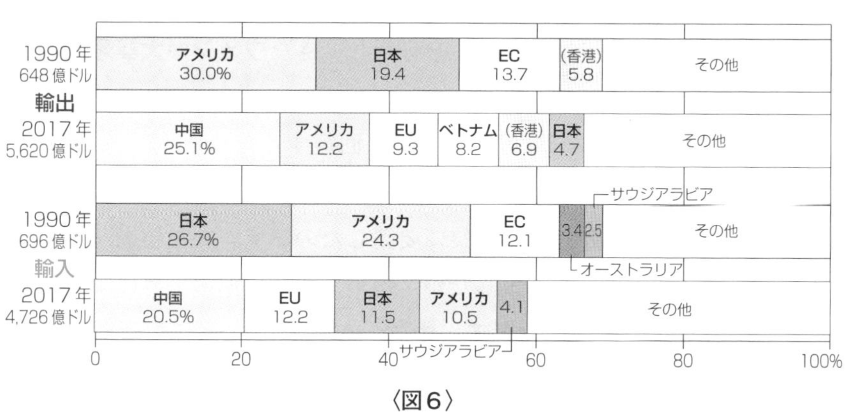

〈図６〉

図解 朝鮮半島の都市と産業

〈図7〉

整理とまとめ③ 韓国と北朝鮮のまとめ

国 名	面 積	人 口	社会・経済
韓国(大韓民国)	10万 km^2	約 **5,000 万人**	工業化が進み**アジア NIEs** と呼ばれる。**OECD**(経済協力開発機構)加盟国。1人あたり GNI は約 **30,000 ドル**。
北朝鮮(朝鮮民主主義人民共和国)	12万 km^2	約 2,500 万人	**社会主義**経済。**計画経済**による工業化を目指すが近年停滞。自由経済貿易地帯を設置。1人あたり GNI は約 670 ドル。

最後に，韓国と北朝鮮について地図と表でまとめておくので，それぞれの特徴をしっかりチェックしてください。

3 中国――漢族と少数民族

次に日本の近隣諸国の１つで，経済的にも結びつきが深い**中華人民共和国**(以下，**中国**)について勉強していきましょう。

中国は人口 14 億人を超える世界最大の人口大国である

約 14 億人のうち **90%**以上が**漢(民)族**から成り，彼らは**中国語**を話し，**漢字**を使うなど漢族としての生活様式を保っている人々です。中国語(漢語)は**シナ=チベット諸語**に属していますが，国土が広いため多くの方言(とは言えないくらい語彙(ごい)や発音に違いが見られるよ)があるため，**ペキン(北京)語**を標準語としています。

全人口の約 10%は漢族以外の少数民族で，中国政府は，**55 の少数民族**を認定しています。

民族分布については，中国の地形を理解しているとわかりやすいですよ。どの出版社の地図帳を見たって，**東側**が**農耕に適した低地**で**緑色**，**西側**が**海抜高度が高い高地**で**茶色**に塗られていますね。つまり中国は東側が居住に適した地域であるため，主として**漢族は東部の低地に住んでいる**わけです。

これに対し，歴史のプロセスを経て，**少数民族は西部の乾燥地域や南西部の山岳地域に居住する**ことになったのです。彼らは，漢族の文化を受け入れながらも，**言語，宗教，生活様式など伝統的な独自の文化を守り続けている**のですが，経済発展から取り残された地域が多く，漢族との間には**大きな経済格差**があります。

また，中華人民共和国成立以降は漢族の移住者が増加していて，**チベット自治区やシンチヤンウイグル自治区では民族対立**も生じているのです。

少数民族の自治区

少数民族のうち有力な5つの民族については，ある程度の**自治権**が与えられ，**自治区**を形成しています。**図8**の中国の行政区分図を見てくだ

図解 中国の行政区分

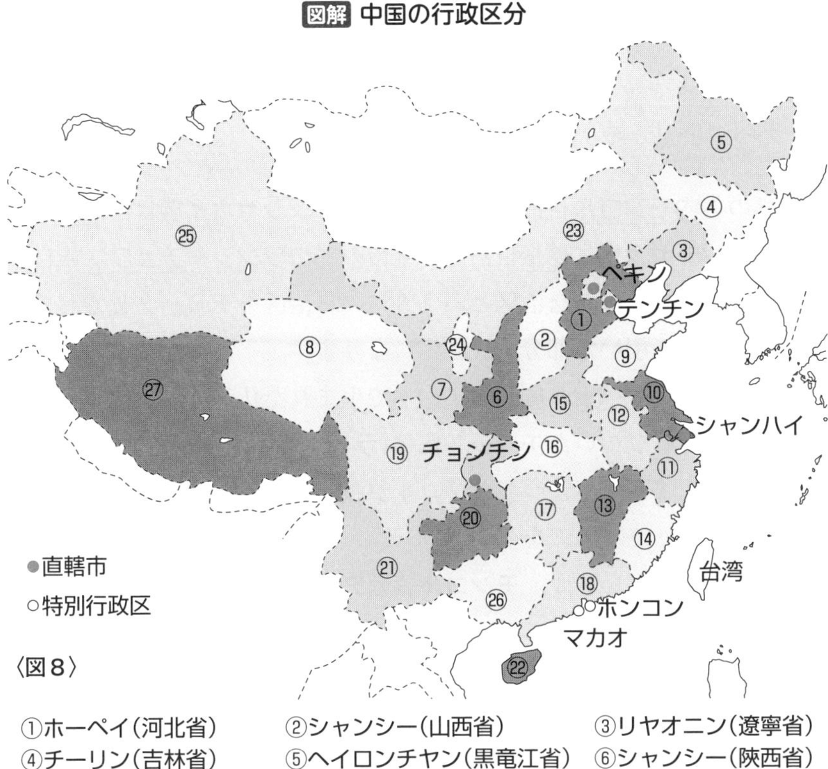

〈図8〉

①ホーペイ(河北省)　②シャンシー(山西省)　③リヤオニン(遼寧省)
④チーリン(吉林省)　⑤ヘイロンチヤン(黒竜江省)　⑥シャンシー(陝西省)
⑦カンスー(甘粛省)　⑧チンハイ(青海省)　⑨シャントン(山東省)
⑩チャンスー(江蘇省)　⑪チョーチヤン(浙江省)　⑫アンホイ(安徽省)
⑬チヤンシー(江西省)　⑭フーチエン(福建省)　⑮ホーナン(河南省)
⑯フーペイ(湖北省)　⑰フーナン(湖南省)　⑱コワントン(広東省)
⑲スーチョワン(四川省)　⑳コイチョウ(貴州省)　㉑ユンナン(雲南省)
㉒ハイナン(海南省)

〈注〉22**省**4**直轄市**(**ペキン，テンチン，シャンハイ，チョンチン**)，5**自治区**2**特別行政区**(**ホンコン，マカオ**)から成る。旧イギリス領のホンコン，旧ポルトガル領のマカオでは，**「一国二制度」**が採用され，一定期間従来の市場経済が維持されている。

さい。

《中国の５つの自治区》

㉓内モンゴル（内蒙古）自治区　㉔ニンシヤ（寧夏）回(ホイ)族自治区
㉕シンチヤンウイグル（新疆維吾爾）自治区
㉖コワンシー（広西）壮(チョワン)族自治区
㉗チベット（西蔵(シーツァン)）自治区

北部の㉓**内モンゴル**自治区，中央部の㉔**ニンシヤホイ族**自治区，北西部の㉕**シンチヤンウイグル**自治区，華南の㉖**コワンシーチョワン**族自治区，西部の㉗**チベット**自治区という５つの自治区をチェックしておきましょう。**下線を引いた部分が民族名**になります。

モンゴル族と**チベット族**は，インドで生まれた仏教がチベットに伝わり民間信仰と結びついた**チベット仏教**（**ラマ教**）を信仰している人が多いですね。参考までに，かつてモンゴルが強大な国を築き，チベットを支配した際にチベット仏教を受け入れ，改宗したため，モンゴル族もチベット仏教を信仰しています。**モンゴル語**は**アルタイ諸語**，**チベット語**は**シナ=チベット諸語**に属していることに注意しましょう。

ホイは漢字で「**回**」と書きますが，これは中国における**イスラム教**（回教）のことを意味するので，**ホイ族**はイスラム教を信仰しています。

また，**ウイグル族**は，旧ソ連の中央アジアから続く**トルコ文化圏**に属しています。言語も**アルタイ諸語**に属する言語で，宗教は**イスラム教徒**が多いのが特徴ですね（参考までに，モンゴロイドとコーカソイドの混血が多く，アジア系の人々の顔つきとちょっと違いますね）。

チョワン族は少数民族中，**人口は最大**で，道教などの宗教を信仰しています。

《中国の宗教》

- モンゴル族・チベット族…チベット仏教
- ホイ族・ウイグル族………イスラム教
- チョワン族……………………道教など

民族名と**自治区の位置**，信仰されている**宗教**についてはしっかり復習しておいてください(これは考えて答えられる問題じゃないから，自分なりに工夫して印象づけて覚えておこう！)

では，**中国の少数民族とその生活**についての問題をやってみましょう。

問題 3 中国の少数民族

次の文**ア**～**ウ**は，下の図中の**A**～**C**で示されたいずれかの自治区を主たる居住地とする中国の少数民族やその生活について述べたものである。**ア**～**ウ**と**A**～**C**との組合せとして正しいものを，下の①～⑥のうちから一つ選べ。

ア チベット仏教(ラマ教)に基づいて生活する人が多い。

イ オアシス農業や放牧が農業の中心となっている。

ウ 中国の少数民族の中では最大の人口をもつ。

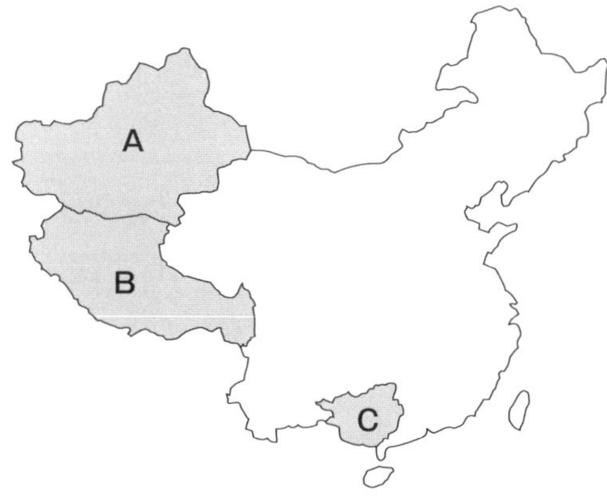

	①	②	③	④	⑤	⑥
ア	A	A	B	B	C	C
イ	B	C	A	C	A	B
ウ	C	B	C	A	B	A

解答 p.38

チベット仏教は，インドで生まれた仏教がチベットの民間信仰と結びつき，チベットやモンゴルに普及。
中国の気候は，西部で乾燥，東部で湿潤。

図中の A，B，C を見てください。A は**シンチヤンウイグル**自治区，B は**チベット**自治区，C は**コワンシーチョワン族**自治区です。

チベット自治区　**選択肢ア**

説明文の**ア**,「**チベット仏教（ラマ教）**」に線を引いてください。「チベット仏教に基づいて生活している人が多い」とあるので B の**チベット自治区**になります。

チベット高原は平均海抜高度が 4,000m を越えるため，緯度が低い割には**寒冷**な気候（ET）で，**ヒマラヤ山脈**が海洋からのモンスーンを遮断（しゃだん）しているため**降水量も少なく**，かなり過酷な気候環境です。少ない牧草を利用して**ヤク**の放牧や**岩塩**の採取などが行われているのです。

シンチヤンウイグル自治区　**選択肢イ**

イ「オアシス農業や放牧……」とあるから「**オアシス農業**」に線を引いてくれる？ **オアシス農業が行われているのは乾燥地域**でしたね。

A と C はどちらのほうが降水量が少ないだろう？ ……もちろん A の降水量が少ないですよね。

隔海度が大きいと水蒸気の供給が少ないため乾燥する

という話を気候のところで話したはずです(ちゃんと復習しているよね？ ①〈系統地理編〉第8回)。

イは**BW～BS**が卓越する**A**の**シンチヤンウイグル自治区**になります。この地域では，**オアシス農業**が盛んで，灌漑耕地(かんがいこうち)では**麦類**のほか**綿花やブドウ**の栽培が増加しています。特に**綿花とブドウは，中国の省・自治区別生産ではトップ**なので，要注意！

コワンシーチョワン族自治区　**選択肢ウ**

ウ「少数民族の中では最大の人口……」で**C**の**コワンシーチョワン族自治区**です。ここでは夏の**南東モンスーン**の影響を受けるため，降水に恵まれ**稲作**が発達しています。**ウ→C**というのは，消去法で判断していいですよ。解答は③になります。

図解 中国の自治区(一部)

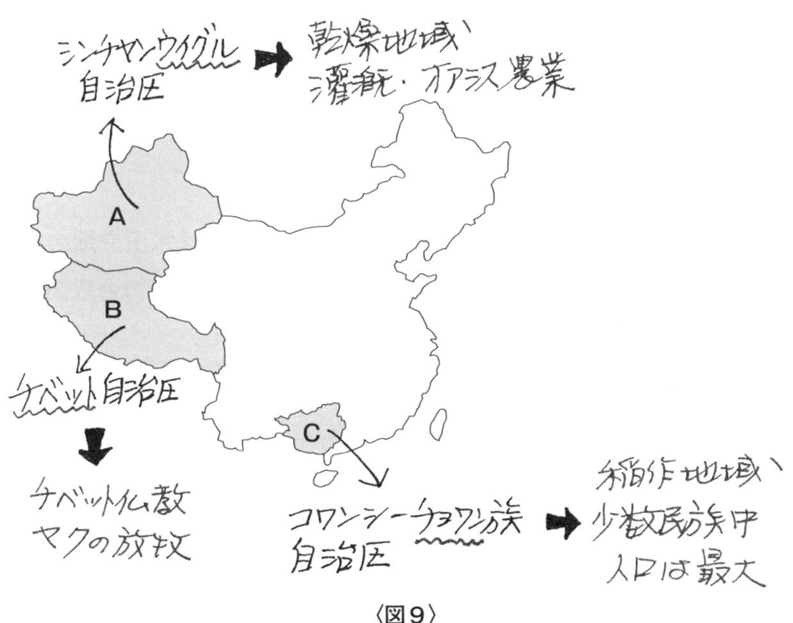

〈図9〉

中国の産業

問題 4 中国の耕地面積の減少

中国では耕地面積が減少している地域がみられる。耕地面積の減少に関して述べた文として最も適当なものを，次の①～④のうちから一つ選べ。

① 東北地方では，エビやウナギなどを養殖する農家が増加し，広い面積の耕地が養殖池に変えられている。

② 華北から華中に至る沿海部の都市近郊農村では，郷鎮(ごうちん)企業が増加し，耕地が工場用地に転用されている。

③ 長江下流では，近年，長江の流量が著しく減少したため，河口部で海岸侵食による耕地の減少が激しい。

④ 華南では，急速に砂漠が拡大しており，砂漠の周辺で広い面積の耕地が失われている。

解答 p.38

エビやウナギは温暖な地域だと成長が速い。
華南の気候は温暖湿潤な Cw。

今度は，中国の産業についての問題です。

「**耕地面積**」に線を引いてください。**耕地というのは水田や畑**のことをいいます。**中国は国土面積が，ロシア，カナダ，アメリカ合衆国に次いで大きい**のですが，西部内陸地域は乾燥しているし，チベット地方は寒冷なので耕作適地は比較的少なく，**国土の 14%あまりしか耕地がない**のは驚きですね(**耕地率は日本の約 12% と変わらない！**)。

水田や畑などの耕地が多く分布しているのは，低地が広がる国土の**東側**だね。東部の地域名を**東北**，**華北**，**華中**，**華南**と呼んでいます。これら**東部の地域では農業や工業などの産業が発達しているため，人口も集中**しています。図を見ながら，チェックしてみましょう。

朝鮮半島と**シベリア**の間に位置するのが**東北**，**黄河**流域が**華北**，**長江**

図解 海抜 500m と年降水量 1,000mm の境界線

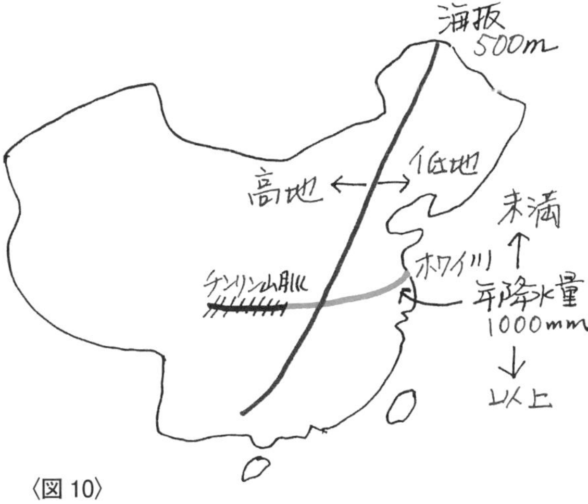

〈図 10〉

《東アジア諸国の土地利用》（2016 年，単位は％）

	耕地率	牧場・牧草地率	森林率
中　国	**14.4**	41.8	22.4
日　本	**12.3**	1.7	**68.5**
韓　国	16.9	0.6	**63.4**
北朝鮮	21.4	0.4	40.7
モンゴル	0.4	**71.1**	8.0

〈表 1〉

図解 中国東部の地域名

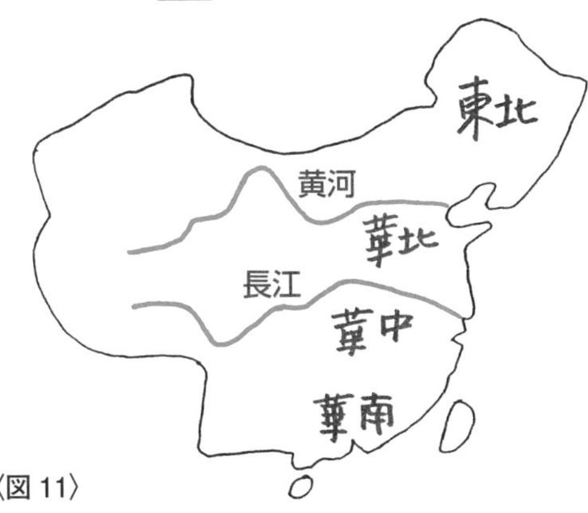

〈図 11〉

流域が**華中**，**ナンリン山脈**以南が**華南**になります。

Q **華北と華中の境界となるチンリン山脈とホワイ川を結ぶ線は，どのような意味をもつラインだったか覚えていますか。**

もちろん「年降水量 1,000mm」のラインです！

おー！ さすがだ。①〈系統地理編〉第 10 回の農業のところでもやったよね(図 10)。絶対忘れたらだめだよ！

東北地方の産業　**選択肢①**

「**東北地方**」に線を引いてください。東北地方は**大陸性**の **Dw** で，**夏は比較的高温で多雨**になりますが，**冬季は寒冷**になるんですね。東シベリアと同じ気候区なんです。

次に，「エビやウナギの養殖……」と書いてあるけれども，これはどうかなあ？ **エビやウナギは一般的に温暖な地域を好む**よね。温暖だと成長も早いし。華南や華中だったらいいかもしれないけど，寒冷な東北では不適ですね。①は誤っています。

東北地方の耕地では**大豆**，**とうもろこし**，**春小麦**などの**畑作**が行われていますよ。ただし，**冬季は寒冷なので夏の一毛作しかできない**のです。

そのほか，近年は，耐寒性の稲の開発や栽培技術の進歩により夏の高温多雨を利用して，**稲作**も行われるようになってきました(日本でも**北海道**は **Df** だけど，**新潟**と並んで米の収穫量はトップだもんね)。**今では，東北地方も中国における稲作地域の中心の 1 つ**になっていますよ。

華北・華中——計画経済から社会主義市場経済へ　**選択肢②**

「華北から華中に至る沿海部の都市近郊農村」についてですね。「**郷鎮**(ごうちん)**企業**」に線を引いてください。郷鎮企業については，ここでしっかりと説明しておきましょう。

中国は，**第 2 次世界大戦後**(**1949 年**)に**社会主義国**になりました。

計画経済のもと，**国営企業**を中心に**重工業化**を，**人民公社**によって**集団農業**を推進してきましたね。

この路線に沿って，ある程度の水準までは経済が成長したのですが，その後，競争原理が働かないことによる**生産効率の停滞・低下や労働者の意欲低下**が顕著(けんちょ)になってきたため，**1978年**に「**改革・開放**」**政策**を実施し，**市場経済の導入**(1993年の新憲法には「**社会主義市場経済**」を明記)や**外国資本の導入**を認め，「早く先進国の経済レベルに追いつこう！」という生き方に転換を図りました。

1980年以降，**外国企業を誘致**するために設けられたのが**経済特区**(**シェンチェン，チューハイ，アモイ，スワトウ，ハイナン島**)で，**税制上など各種の優遇措置**が受けられるので，多数の外国企業が進出しています。ここで中国が改革を行っていなかったら，今の中国はありえなかったでしょうね。1984年以降には，沿海部を中心に**経済技術開発区**(国内企業も誘致)も設置されるようになりました。

郷鎮企業

従来の計画経済のもとでは国営企業(原則として倒産や失業がない代わりに，成功報酬は得られない。現在は**国有企業**と呼ばれている)しか認められていなかったのに，改革以降，**個人**(**民間**)**や郷(ごう)・鎮(ちん)政府**(日本でいえば市町村にあたる地方自治体)**が出資をした企業**を認めたのです(これを**郷鎮(ごうちん)企業**といいます)。

以前，人民公社が経営していた工場を郷鎮企業が経営する場合もあるし，郷鎮企業が新しく工場を設立する場合もあります。**郷鎮企業では競争原理**(つまり会社が儲(もう)かったら給与が上がる)**が働くから，労働者の意欲が向上**し，みんながものすごく頑張って働いたので生産性が著しく向上しました。人間の気持ちの問題ってすごいよね！ たとえ能力は同じでも，気持ちしだいで180度変わってしまうんだから……。

図解 経済特区・経済技術開発区

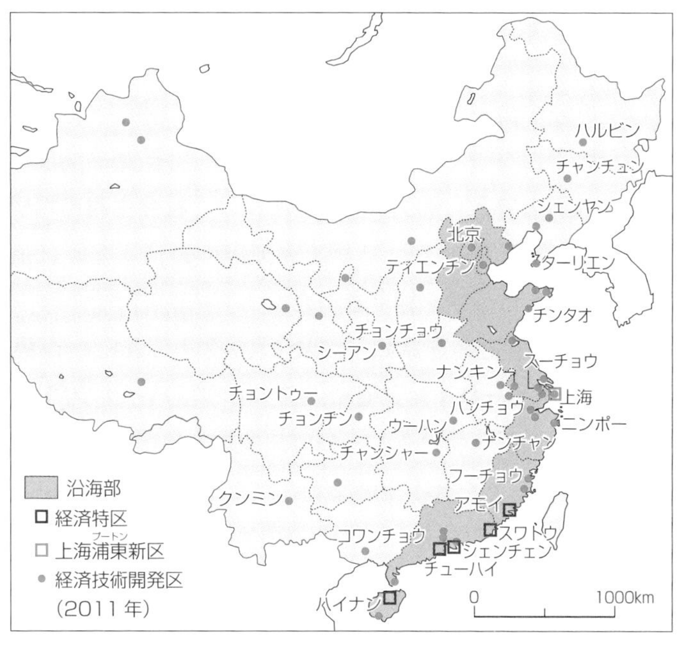

〈図 12〉

農村地域の余剰労働力を吸収した結果，郷鎮企業の生産量がどんどん伸びていって，人々の生活も豊かになっていきました。そうすると，ますます「郷鎮企業というのはうまくいくぞ！」となるので，**「耕地が工場用地に転用されていっている」**というのは正しい文ですね。解答は②。

かつての国営企業は**株式化された国有企業**となったり，**一部は民営化**され，再び勢いを取り戻しています。

長江下流の状況　**選択肢③**

「長江下流では，近年，長江の流量が著（いちじる）しく減少した……」とありますが，君たちはどう思う？ ちょっと**図 13** を見てください。

中国には**黄河**と**長江**という大河川がありますね。

黄河と長江はともにチベット=ヒマラヤ山系を水源とする

ということをチェックしておいてください。ともに洪水・氾濫（はんらん）を繰り返してきたので，**黄河**の中流に**サンメンシヤダム**や上流に**リウチヤシヤダム**というダムが建設されたり，**長江**の流域にも**サンシヤ(三峡)ダム**という巨大ダムが完成したという話を聞いたことがあるでしょう？

サンシヤダムが完成したため，**世界最大の水力発電所**になりました。近年のペキンやシャンハイなどの電力不足を少しでも解消してくれるはずです(最近は，中国の大都市で停電が頻発しているのです)。

ダムで河川の水をせき止めて，**灌漑（かんがい）用水**，**工業用水**として取水するわけだから，どちらの河川もある程度の水は減少しますね。特に，**黄河流域はBSなどであまり降水量が多くない**し，**年変動率が大きい**です。

ところが**長江**の中・上流は**Cw**，下流は**Cfa**なので，降水量が多い。つまり**長江は流量が豊富**で海岸までの土砂運搬も活発に行っているはず

図解 黄河，長江のダム

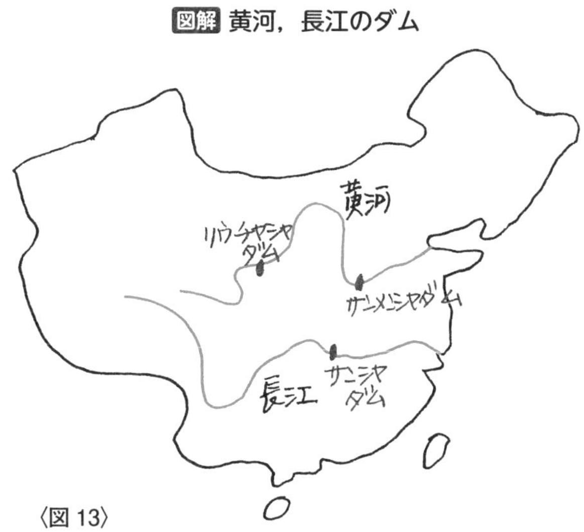

〈図13〉

です。だから，長江では「流量が著しく減少し，河口部で海岸侵食による耕地の減少が著しい」という現象は起こっていないのです。③は誤り。

一方，**黄河**では，**過剰な取水**によって，**流量が著しく減少して，時期によっては海まで到達しなくなる**場合があります。このような現象を**断流**といいますね。注意しておきましょう。近年は長江の水を黄河に流入(**南水北調**(なんすいほくちょう))させるなどの努力が実って，**断流は解消**されつつあるようです。

砂漠化　**選択肢④**

「華南では，急速に砂漠化が拡大」――「**華南**」に線を引いてくれる？ 華南の気候は亜熱帯性の**Cw**で，**夏のモンスーン**の影響が大きいから，**降水量がかなり多い**んだよね。多雨地域が砂漠化するというのはおかしいですよね。

《砂漠化》

砂漠化とは，異常気象のような自然的要因と人口爆発による薪炭(しんたん)の過伐採(ばっさい)，家畜の過放牧，焼畑などの過耕作などの人為(じんい)的要因により不毛地になること

特に砂漠化が顕著な地域は，**BW**周辺の**BS**地域です。

したがって，**華北**だったら砂漠化が進行している可能性がある。ということは④も誤っていますね。ただし，近年は中国でも環境問題に対する意識が高まりつつあることから，**砂漠化防止のための植林**が積極的に進められているということにも注意しておきましょう(**アジアの森林率が上昇**している大きな要因です)！

最後に，中国の鉱工業と貿易についての説明をしましょう。

図解 砂漠化が進んでいる地域

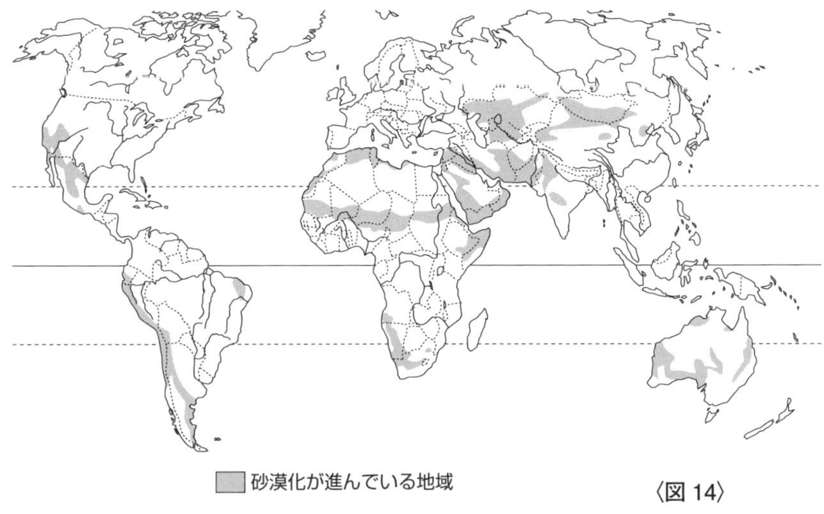

〈図 14〉

エネルギー・鉱産資源

中国は，**世界最大の石炭産出国**です。その産出量は，な，な，なんと世界の**50%以上**を占めています。だけど消費量もめちゃめちゃ多いので，**世界最大の輸入国**でもあるんですね。内モンゴル自治区やシャンシー(山西)省での産出が多いです。

原油もヘイロンチアン(黒竜江)省の**ターチン**(大慶)**油田**などで産出し，世界的な原油産出国ですが，**アメリカ合衆国に次ぐ原油輸入国**でもあります。それだけ，消費量が多いってことですね。天然ガスの開発も徐々に進んではいますが，まだまだこれからです。

鉄鉱石も**オーストラリアと並んで世界的な産出国**ですが，建築資材や工業製品の素材として鉄鋼の需要が大きいため，とても国産の鉄鉱石だけではまかなえないので，**世界の鉄鉱石輸入量の 50%以上を輸入**しているのが現状です。

なんにしろ「**世界の工場**」と呼ばれるほど多くの工業製品を生産して

図解 中国の鉱工業

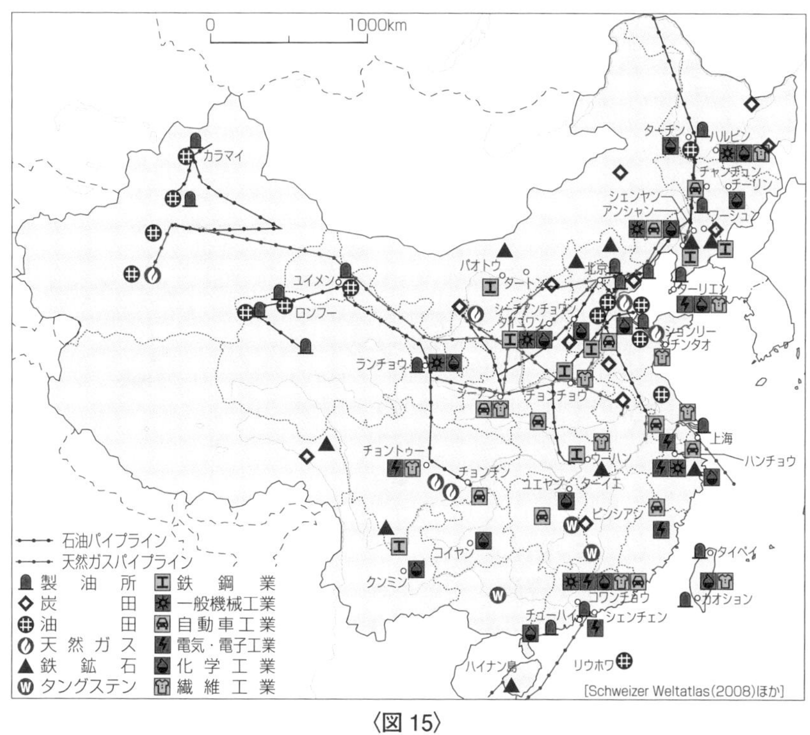

[Schweizer Weltatlas(2008)ほか]

〈図 15〉

いるので，資源の消費量もすごい！ タングステン，チタン，モリブデン，レアアースなど先端産業に欠かせない**レアメタルの産出も多く**，日本から見たらうらやましい限りですね。

工業の発達と工業地域

社会主義革命後は，**計画経済**に基づき**国営企業による重化学工業化**が進められました。**アンシャン**(鞍山)，**ウーハン**(武漢)，**パオトウ**(包頭)のいわゆる**三大鉄鋼基地**が建設されたのもこの頃です。

しかし計画経済の行き詰まりから，**1978 年**の「**四つの近代化**」(**農業，工業，科学技術，国防**の分野で，早く先進国に追いつこうという政策)

を打ち出し，**改革・開放**政策に転換を図ります。具体的には**市場原理と外資**(外国企業)**の導入**です。**華南**に**経済特区**を設置し，海外との公益に有利な沿岸部を中心に新たな工業地域が形成されるようになりました。

1990年代には**高度経済成長**に突入して，豊富な低賃金労働力を活かした食品，繊維，機械類が大きく成長し，さらにその後は電子・通信機器，家電，自動車関連産業などが著しく発展しています。**衣類**や**家電**はもちろんのこと**自動車**までが**世界最大の生産**ですから，その急成長ぶりにはただ驚くばかり！ 1人当たりGNIも**8,000ドル**を超えています。**三大鉄鋼基地**と自動車，鉄鋼など各種工業が発達している**シャンハイ**(人口最大都市で経済の中心)，先端産業が集積する**ペキン**(首都)くらいは地図帳でマークしておきましょう！

貿易の拡大

中国では1993年に憲法で「**社会主義市場経済**(国による一定の統制下の市場経済)」を明記し，市場経済による経済発展を目指しているという話をしましたね。2001年には**WTO**(**世界貿易機関**)にも加盟し，世界各国との結びつきを深めています。

輸出額は世界最大，輸入額はアメリカ合衆国に次いで2位，輸出額と輸入額を合わせた**貿易額はアメリカ合衆国を抜き世界最大**になっています。主な輸出相手国は，**アメリカ合衆国**，**ホンコン**，**日本**，**韓国**，主な輸入相手国は韓国，**日本**，**アメリカ合衆国**！

大幅な貿易黒字(**輸出超過**)が生じていて，特に**アメリカ合衆国とは貿易摩擦が深刻化**しているので注意しておいてくださいね(**米中貿易摩擦**)。

4 台湾とモンゴル

台　湾

1949年，中国共産党との戦いに敗れた**蔣介石**（しょうかいせき）率いる国民党政権が，**台北（タイペイ）**に逃れて独自の政府を作りました。当初は，台湾が中華民国として中国を代表していたのですが，中華人民共和国の「中国は1つ」であるという主張が大勢を占めるようになり，国連を追放され，日本やアメリカ合衆国とも国交断行しました。

しかし一方で民主化は進み，**市場経済**のもとで急速な経済発展を遂げました。これによって**シンガポール**や**韓国**と並び**アジアNIEs**と呼ばれるようになったんですね。特に，先端産業に特化した工業化は，**エレクトロニクス**の分野で世界を牽引する力を持つほどになりました。正式な国交はありませんが，**日本との民間交流は活発**で，貿易額も日本にとっては中国，アメリカ合衆国，韓国に次ぐ重要な位置を占めています。

モンゴル

モンゴルといえば，「チンギス=ハンの大帝国」，「**馬の遊牧**」，「**ゴビ砂漠**」とかを思い浮かべる人が多いんじゃないかな。

ヨーロッパからアジアへまたがる大帝国の解体，長期間にわたる中国の支配などの経緯をたどりながら，1924年にソ連に次ぐ社会主義国になりました。現在は市場経済に移行し，**モリブデン，銅鉱，金鉱，石炭などの豊かな鉱産資源の開発と畜産業**の発展に力を注いでいます。首都の**ウランバートル**を中心に近代化も進みつつあります。日本では，やっぱり相撲力士のことを考えちゃいますけどね（笑）。

解答　[問題1]問1－④，問2－②
[問題2]④　[問題3]③　[問題4]②

第2回 東南アジア

インドシナ半島とマレー半島 / 島嶼部

次は**東南アジア**を学習しましょう。東南アジアは，恵まれた気候環境から**農業**が発達してきましたが，**近年は急速に工業化**が進み，日本との関係もますます深まっています。

またASEAN諸国は，2015年に**AFTA（ASEAN自由貿易地域）**を発展させた**AEC（ASEAN経済共同体）**を発足させ，域内関税の撤廃をほぼ実現しています。ますます経済発展しそうな勢い！

位置的にも**インド洋**と**太平洋**を結ぶ**海上ルートの要衝**にあったため，経済や文化的な交流が活発だったことを反映し，**さまざまな民族や宗教が分布**していることにも注意してくださいね。

図解 東南アジア

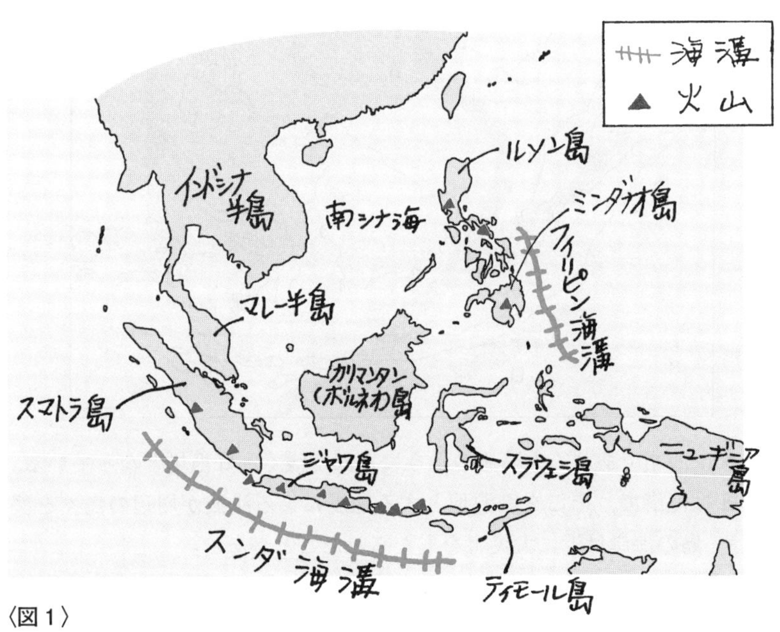

〈図1〉

1 東南アジアの自然環境

東南アジアは，**大陸部**の**インドシナ半島**と**マレー半島**や**カリマンタン島**，**ジャワ島**など**多くの島々**から成ります。**アルプス=ヒマラヤ造山帯**と**環太平洋造山帯**が合流しているため，**島の数が非常に多い**のが特徴です。もちろん**火山活動**や**地震**が多発する地域でもあります。

では，さっそく東南アジアの地形環境について問題にチャレンジしてみましょう。

問題 5 東南アジアの海域

次の図に描かれたＡ～Ｄの海域について述べた文として最も適当なものを，下の①～④のうちから一つ選べ。

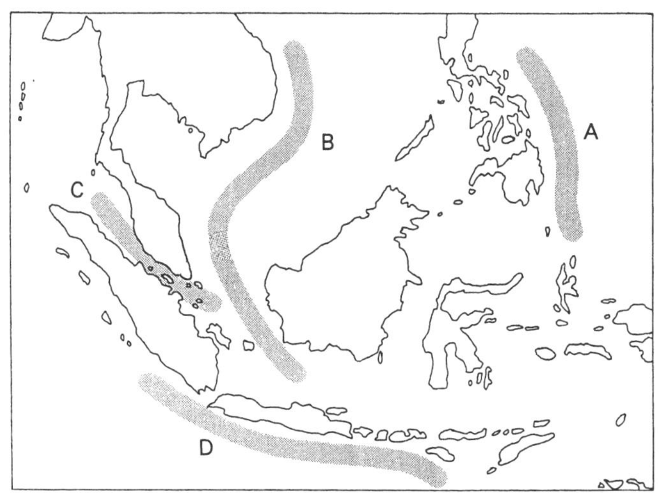

① Ａは海嶺（かいれい）であり，大陸棚のように水深が浅く，好漁場となっている。

② Ｂは海溝で，そこを震源地とする地震による津波が周辺の島々を襲い，島の海岸付近に大災害をもたらしたことがある。

③ C は海溝で，日本へ原油を運ぶ大型タンカーが行き来する重要な航路の一部となっている。
④ D の海溝の北側に並行する列島では，火山活動が活発で，大きな火山災害が起こったことがある。

解答 p.73

スンダ列島の南，フィリピン諸島の東では，プレートの沈み込みが見られる。
南シナ海には大陸棚が広がる。

問題の図は東南アジアの海域を示しています。

海嶺・海溝・大陸棚　**選択肢①**

「A は海嶺であり，大陸棚のように水深が浅く……」とありますが，**フィリピン諸島**の成り立ちを考えると明らかに誤っていることがわかります。フィリピン諸島は**フィリピン海プレートの沈み込み**に伴って形成された**島弧**(とうこ)ですから，島弧に沿って**海溝**(6,000m 以上の深海底)が分布しているはずですね。図中の A は**フィリピン海溝**です。

①〈系統地理編〉第 3 回で学習したように，**海溝に沿って島弧には多くの火山が分布**し，特に**ルソン島**の**ピナトゥボ火山**は 20 世紀最大と言われるほどの大噴火を起こし，大規模な**火砕流**(かさいりゅう)(**高温のガス**を含む火山噴出物が流下。極めて危険！)を発生させたため，周辺地域では多くの被害が見られました。文中に**大陸棚**とありますが，

大陸棚とは…水深 200m までの浅海底

大陸棚は，**氷期に海面が低下した際の平野**であったところが多いようです。地図帳で見ると，海の白い部分がこれに当たります。この部分は今から 2 万年前は海ではなく陸だったということがわかります。なんかすごいですネ！

南シナ海　**選択肢②**

「Bは海溝で……」も誤っています。Bは南シナ海の南部ですが，ここには海溝も海嶺も存在せず，大部分が**大陸棚**(氷期における海面低下時の平野)になっています。

地図帳で**南シナ海**を見てください。海の部分が白く描かれているでしょう？ 海洋部分がより**青く描かれていれば水深が大きい**ことを，**白く描かれていれば水深が小さい**ことを示しているのです。日頃から地図帳を見るときには，地名のチェックだけでなくこういう配色にもちょっとだけ気をつけると，いっそう地理がおもしろくなり，地理力の大幅なアップに通じますよ。

南シナ海といえば，近年，周辺諸国の間で問題となっている**南沙**(ナンサ)**群島**が位置していますが，きっと君たちも新聞やテレビのニュースなどで耳にしたことがあるでしょう。

南沙群島は小規模な岩礁(がんしょう)なのですが，ベトナム戦争中に発見された**ベトナム沖海底油田**の採掘(さいくつ)によって一躍脚光(きゃっこう)を浴びます。つまり**周辺海域で新たな油田開発の可能性**が示唆(しさ)されたわけです。

これに加え，近年は中国，東南アジア諸国で急成長している水産業にとっても**排他**(はいた)**的経済水域**(**EEZ**：**Exclusive Economic Zone**)の獲得は**水産資源**の確保につながるため重要な領土問題に発展したのですね。南沙群島を自国領であると主張している主な国は**中国**，**台湾**，**ベトナム**，**フィリピン**，**マレーシア**，**ブルネイ**などですが，近年は中国の実効支配の強化に対して，東南アジア諸国が連帯して対応していこうという動きがあります。

マラッカ海峡　**選択肢③**

Cの海峡の名前は知ってるんじゃないかなぁ？ そうです，**マラッカ**

海峡ですね。**西アジアから東南アジア，東アジア諸国への石油運搬ルート**上にあるため，交通の要衝です。日本や韓国へ原油を運ぶタンカーの往来がさかんな海域ですが，**狭くて浅い**という弱点があるということは重要なポイントです。

したがって「海溝」というのは誤りですね。以前俺もマラッカ海峡付近を眺めたことがありますが，「本当に大丈夫かな？」っていうくらい**タンカー**や**コンテナ船**がウジャウジャいてちょっとばかり心配になりました(笑)。確かに**大型タンカー**が原油を満載にした場合には船体が沈むため，危険性が伴いますから，そういう場合には**インドネシアのバリ島とロンボク島間のロンボク海峡**を運行しているのです。

図解 東南アジアの海域

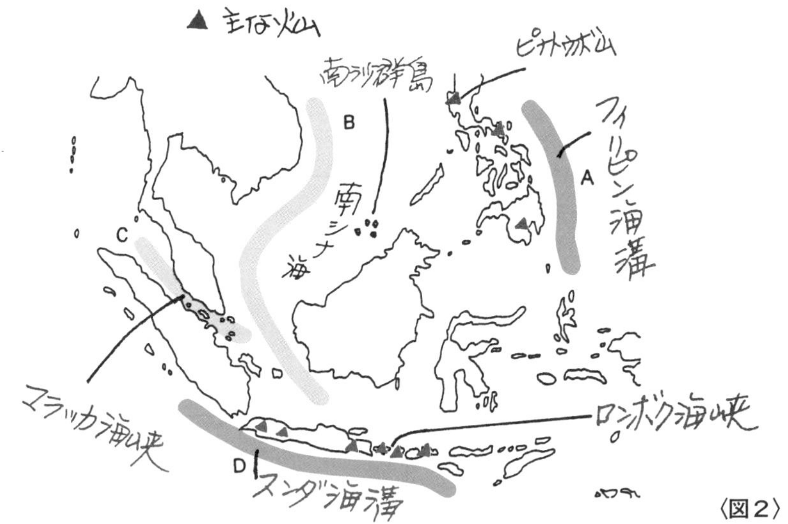

〈図2〉

スンダ海溝　選択肢④

D はスンダ海溝です。**インド・オーストラリアプレート**が**ユーラシアプレート**に沈み込んで形成された海溝で，**スマトラ島**や**ジャワ島**などの島弧が並行して形成されています。2004年の**スマトラ島沖地震**や2006年の**ジャワ島南西沖地震**など地震の多発地帯でもあります。

地震災害だけでなく，スマトラ島，ジャワ島，バリ島などには多くの**火山**が分布し，特にスンダ海峡のラカタ(クラカタウ)島や**バリ島**のアグン火山などでは歴史的な大噴火が起こっています。したがって，**この文は正しい**です。正解は④。

2 東南アジアの気候

次に東南アジアの気候をチェックしましょう。まず**緯度**の確認をします。次の図を見てください。

図解 東南アジアの位置と気候

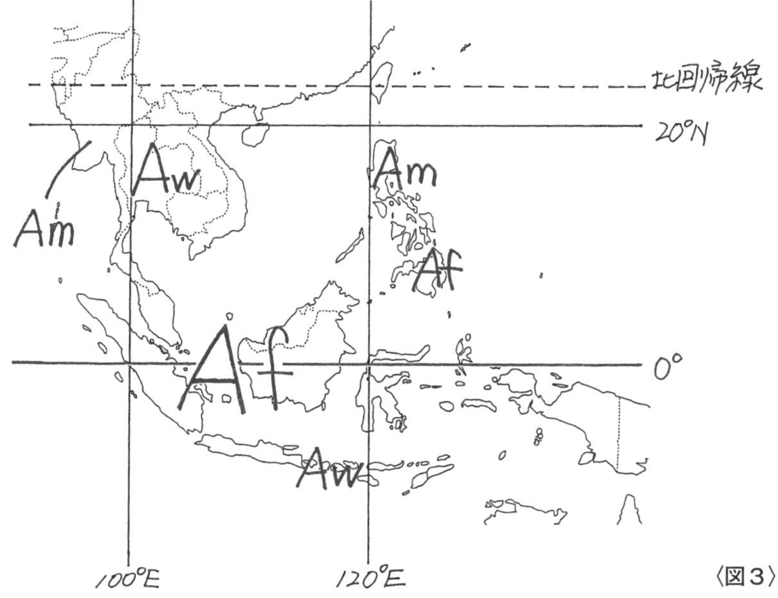

〈図３〉

ユーラシア大陸はとても面積が広いのですが，**大陸部には赤道を通過**

しているところはなく，東南アジアがアジアの中で最も低緯度に位置しています。意外に見落としがちな点です！

地図帳を見て，**スマトラ島－カリマンタン島の中央部**を通過している**赤道**をマーカーでチェックしておきましょう。東南アジアで最も高緯度にあるインドシナ半島北部でも**北回帰線付近**にあります。東南アジアの大部分の地域が**赤道低圧帯**の影響を受ける**熱帯気候**に属していることもすんなり理解できるでしょう？

島嶼（とうしょ）部やマレー半島は年中高温多雨の**Af（熱帯雨林気候）**，**インドシナ半島とジャワ島の東部から小スンダ列島**にかけては乾季が明瞭な**Aw（サバナ気候）**が分布しています。

ミャンマーなどインドシナ半島の西岸は，**夏の南西モンスーン**の影響を強く受けるため，降水量が多い**Am（熱帯モンスーン気候）**も見られますよ。

東南アジアの気候区分

問題 6 東南アジアの気候

次の図は，シンガポール，スラバヤ，バンコク，マニラの4都市における月降水量の年変化を示したものである。スラバヤに該当するものを，①～④のうちから一つ選べ。

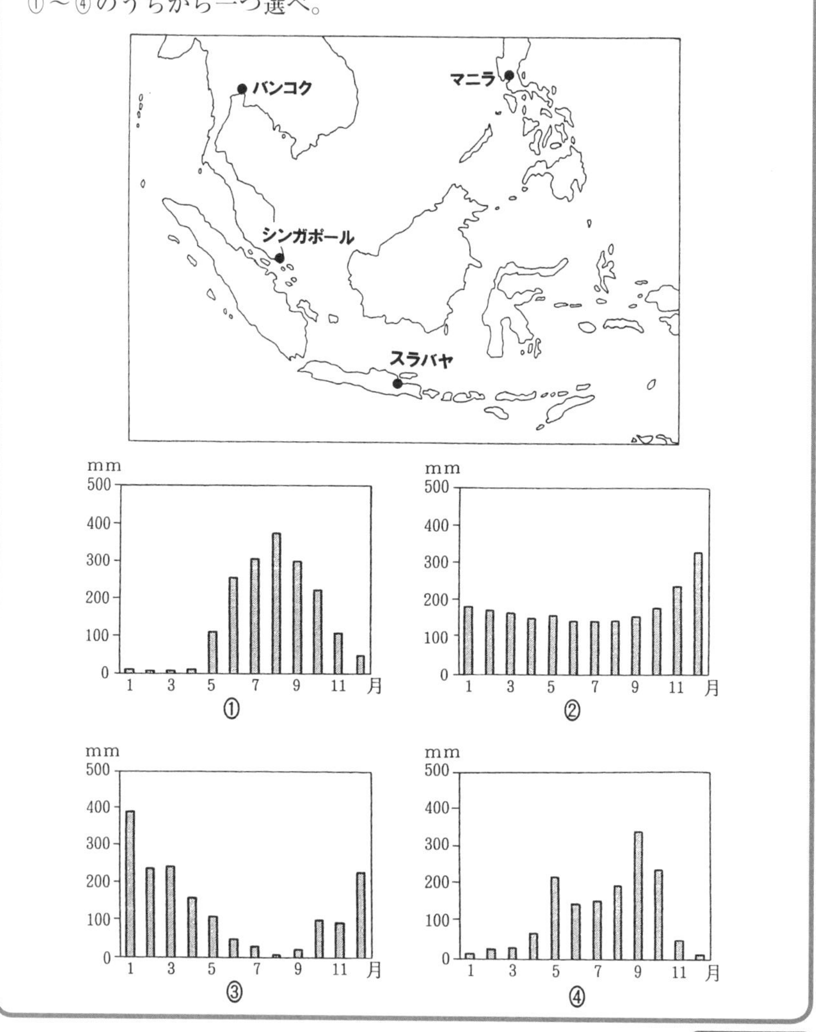

解答 p.73

赤道にラインを入れてみよう！
赤道低圧帯とモンスーンに注目！

①～④の図は**降水量の年変化だけ**を示したもので，気温は記してありません。**気温があれば緯度で判定**が容易になりますが，ちょっと困りましたね。

でも，あわてる必要はありません。落ち着いて地図を見てみましょう。**シンガポール**はほぼ**赤道直下**に位置していますから，**年間を通じて赤道低圧帯の圏内**（けんない）にあるため，**乾季がなく年中降水が多い**はずです。したがって②が該当します。

さらに**インドネシア**の**スラバヤ**ですが，さっき東南アジアの位置を確認したように**ジャワ島は南半球**ですから，**12月～1月が高日季**（こうじつき）**(夏季)**になり**赤道低圧帯の南下**によって**雨季**が訪れるはずですね。ということは③がスラバヤだと判定できます。都市の気候をいちいち覚えていなくても解けるのですから，ちょっと嬉しいですね！

図解 東南アジアの気候区分と夏のモンスーンの風向

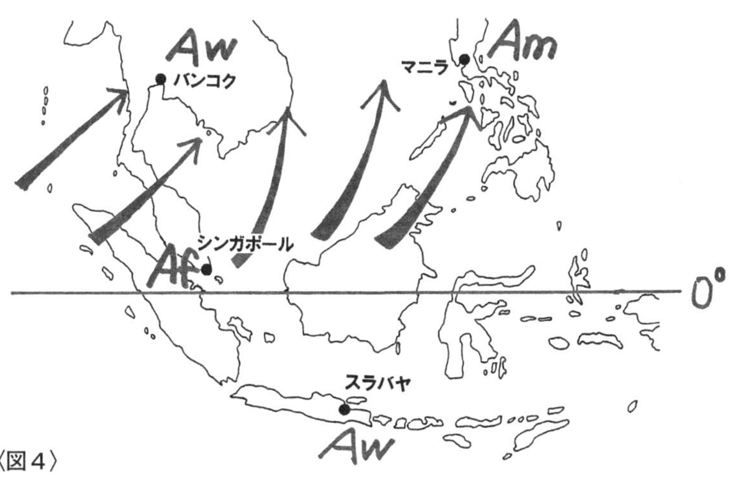

〈図4〉

図解 **降水量の年変化**

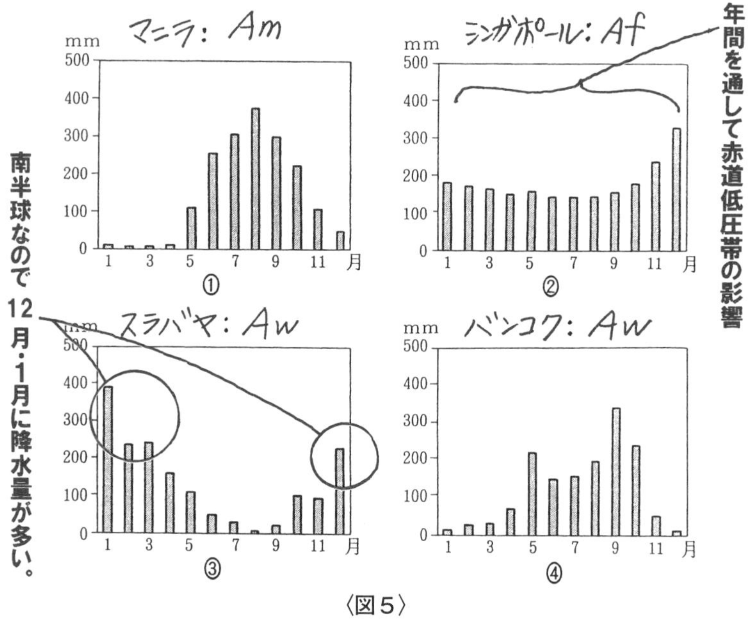

〈図５〉

図の①と④は判定できなくてもかまいませんが，**フィリピン**の**マニラ**(Am)は**夏の南西モンスーン**の影響で雨季の降水がかなり多い①，残る④が**タイ**の**バンコク**(Aw)になります。雨温図だけでなく，降水量や気温のみのグラフでも判定できるように日頃から訓練しておきましょう。

3 ASEAN諸国の経済発展

東南アジアには，現在**11の独立国**がありますが，

Q 東南アジアで，唯一，第2次世界大戦前から独立を保ち続けた国はどこかな？

先生，それは覚えてます。タイでしょう？ 中学校で習いました。

そうです，**タイ**だけでした！ さすがだね。

戦後は独立国が相次ぎ，**1967年**，**ベトナム戦争**が激化する中，**資本主義諸国**の団結を強めるため**ASEAN**(アセアン)(**東南アジア諸国連合**)が結成されたのです。

図解 東南アジアの国々

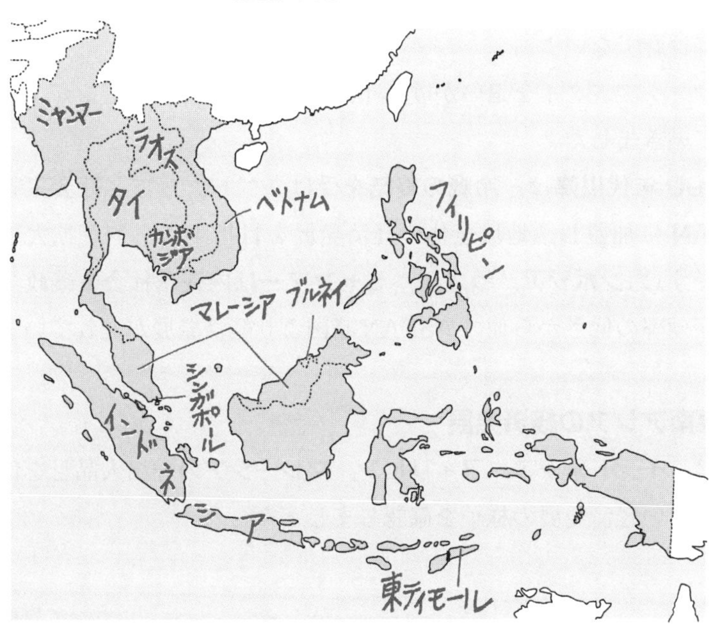

〈図6〉

最初に経済発展を遂げたのは**マラッカ海峡**に位置する**島国のシンガポール**です。韓国などとともに**輸出指向型工業**に力を入れ，**アジアNIEs**と呼ばれる新興工業国に成長しています。

さらに**マレーシア**，**タイ**が日本など先進国の企業を多数誘致するなど工業化に成功しました。

特に**1980年代後半から日本企業が両国に進出**したのが飛躍のきっかけになりました。**マレーシアには家電メーカー**が，**タイには自動車メーカー**(バンコクは「**アジアのデトロイト**」とまで呼ばれています)が多数進出したのが大きかったですね。

タイは東南アジア最大の自動車生産国なので，**輸出品目の上位に「自動車」**がありますから，注意してください。**昔は米が上位輸出品目**にありましたが，今はずっと下位になってます(米は価格が安いから，工業製品には勝てないよ)。

マレーシア，タイを追いかけて**インドネシア**や**フィリピン**が工業化を進めていきました。

1990年代以降は，**冷戦の終結**を受け，**ベトナム**など社会主義国も**ASEAN**に加盟し，地域全体の経済発展を目指すムードが拡大しているんです(**カンボジア**，**ラオス**，**ミャンマー**は内戦や社会主義政策による生産効率の低さから他のASEAN諸国より経済発展が遅れています)。

東南アジアの経済発展

では，**インドネシア**，**フィリピン**，**マレーシア**の輸出入品目を例にとり，著しい経済発展の様子を確認しましょう。

問題 7 インドネシア，フィリピン，マレーシア，日本の主要貿易品目

次の表は，インドネシア，フィリピン，マレーシア，および日本の4か国それぞれの輸出入において，金額でみた順位1位から5位までの品名を示したものである。表中の**ア**～**ウ**は液化天然ガス，石炭，野菜・果実のいずれかである。**ア**～**ウ**の品名の組合せとして正しいものを，下の①～⑥のうちから一つ選べ。

	順位	輸　出	輸　入
インドネシア	1	**ア**	機械類
	2	パーム油	石油製品
	3	機械類	鉄　鋼
	4	衣　類	原　油
	5	自動車	プラスチック

	順位	輸　出	輸　入
フィリピン	1	機械類	機械類
	2	精密機械	自動車
	3	**イ**	石油製品
	4	銅	鉄　鋼
	5	船　舶	原　油

	順位	輸　出	輸　入
マレーシア	1	機械類	機械類
	2	石油製品	石油製品
	3	パーム油	プラスチック
	4	**ウ**	鉄　鋼
	5	精密機械	精密機械

	順位	輸　出	輸　入
日本	1	機械類	機械類
	2	自動車	原　油
	3	精密機械	**ウ**
	4	鉄　鋼	衣　類
	5	プラスチック	**ア**

統計年次は2017年。『世界国勢図会』により作成

	ア	イ	ウ
①	液化天然ガス	石　炭	野菜・果実
②	液化天然ガス	野菜・果実	石　炭
③	石　炭	液化天然ガス	野菜・果実
④	石　炭	野菜・果実	液化天然ガス
⑤	野菜・果実	液化天然ガス	石　炭
⑥	野菜・果実	石　炭	液化天然ガス

解答 p. 73

インドネシアは，石炭，天然ガス，原油などの化石燃料が豊富。
フィリピンは，バナナなどのプランテーション農業も発達！

易しい問題ですが，データ分析の面白さを堪能しつつ，大幅なレベルアップを図りましょう。「インドネシア，フィリピン，マレーシア，および日本のそれぞれの輸出入品」があげられていますね。

一般的に先進国は**工業製品**，発展途上国は**一次産品（農林水産物・資源）**を輸出してきました。でも **NIEs** や **ASEAN 諸国**のように工業化が進むと様相が変わってきますね。これらの国では，**輸出品の上位が工業製品**だということに注意しましょう。

インドネシアの主要輸出入品目

まず表の**インドネシア**からいきましょう。

インドネシアは東南アジア唯一の OPEC 加盟国だった

ということは，**石油（原油）を輸出**しているかもしれませんよね？ このことから，**ア**が原油だと考えた人もいるかもしれないけど，選択肢に「原油」がない！

かつては，輸出額に占める原油への依存度が非常に大きかったのですが，近年は低下傾向にあります。この背景には，インドネシアの急速な経済発展に伴って，国内での石油消費が増加し，輸出量が少しずつ減少してきたということがあります。

そしてついには**石油の純輸入国になってしまったため，2009 年からは，OPEC 加盟も停止**されました。2015 年に再び OPEC に復帰しましたが，2016 年には，またまた脱退（資格停止）！

逆に増加傾向にあるのが**石炭と液化天然ガス（LNG）の輸出**ですね。もちろん最大のお得意さまは**日本**です！ 特に**石炭はオーストラリアと並ぶ輸出国に成長**しています。インドネシアは**新期造山帯**に属していて，炭質はそれほどよくないのですが，国際競争力が強い（安いということ）ため，**火力発電用の燃料**として人気です。したがって，**ア**が**石炭**です。

また，**機械類**にチェックを入れてください。フィリピン，マレーシアと同様に，**機械類の輸出が増加**していることにも注意したいです。

フィリピンの主要輸出入品目

次は**フィリピン**を見てください。フィリピンも輸出の首位は機械類です。

表中の4か国のうち，フィリピンだけ上位に入っている**イ**が，**野菜・果実**です。これは主に**バナナ**だろうね。アメリカ合衆国や日本の多国籍企業がバナナ農園を経営し，大部分が**日本へ輸出**されています。**エクアドル**，**コスタリカ**，グアテマラ，コロンビア次ぐ**世界的なバナナ輸出国**(2016年)だということに注意！

参考までに，フィリピンはインドネシアとともに人口や資源にも恵まれた国です。でも経済発展は，シンガポール，マレーシア，タイのほうが早かった。なぜならフィリピンとインドネシアは**政情が不安定**だったり，多くの島から成るため**民族紛争**などが頻発(ひんぱつ)し，経済発展が遅れてしまったから。国民がみんな協力をしないとなかなか発展しないのです。

マレーシアの主要輸出入品目

マレーシアを見てくれる？ マレーシアの上位輸出品目で，日本の輸入でも上位にくる**ウ**は**液化天然ガス**です。①〈系統地理編〉のエネルギーのところでも説明したように，日本はオーストラリア，**マレーシア**，カタール，ロシア，**インドネシア**などから輸入しています。

次は，表中の「**パーム油(ゆ)**」にチェックを入れてください。

Q パーム油とは何かわかるかな？

油ヤシから採取する油です。

そのとおり。油(あぶら)ヤシは，もともと熱帯の**西アフリカ原産**で古くから食用に使われてきましたが，現在は，**インドネシアとマレーシアが世界最大級の生産国**です。なんとこの２か国で**世界の 80% 以上が生産**されています。**マーガリン，食用油，石けん，化粧品**など用途が広がり，生産性も高く，環境にも優しいということで，**マレーシアの天然ゴム農園が油ヤシに転換**されつつあります。近年は，**液体バイオ燃料**の原料としても注目されていますね。

❖ 日本の主要輸出入品目

最後は，**日本**を確認しましょう。まず輸出品目です。機械類とともに日本の輸出を支えているのが，もちろん**自動車**になりますね。

今度は，輸入を見てください。**原油**は**国内消費のほとんどを輸入に依存**(いぞん)しています。原油だけでなく，**液化天然ガス(LNG)**や，さっき説明した**石炭**の輸入も多いので注意しましょうね。**衣類**の輸入も非常に多いことを知ってますね(最近は，**中国**など発展途上国からの輸入衣類も，デザインや縫製(ほうせい)もかなり優れてるし，なんたって安いからね)。

衣類や繊維(せんい)品は，戦前から 1950 年代までの日本の重要な輸出品でした。これらの製品は**労働集約的な性格**が強いので，現在の日本のように，労働者の賃金が上昇してしまうと，製品の価格が高くなり過ぎて輸出は苦手になってしまうのです(つまり売れなくなるんだよ)。

だから，現在は，

> 中国，インド，東南アジア諸国のように，安価で豊富な労働力を持っている地域が，衣類・繊維品の生産・輸出の中心になっている

ということで，④が解答になります。簡単だけど，いろんなパターンで出題されても対応できるようにデータを読む練習を積んでおこうね。

《東南アジア諸国のデータ》

国　名	面積（万 km²）	人口（万人）	主要輸出品	1人当たり GNI（ドル）
シンガポール	0.07	**580**	機械類，**石油製品**，精密機械 化学薬品，プラスチック	**54,719**
ブルネイ	0.6	43	**LNG**，**原油**	**30,057**
マレーシア	33	3,195	機械類，石油製品，**パーム油**， **LNG**	**9,684**
タイ	51	**6,963**	機械類，**自動車**，プラスチック	**6,289**
インドネシア	**191**	**27,063**	**石炭**，**パーム油**，**LNG**	3,725
フィリピン	30	**10,812**	機械類， **野菜・果実**，銅，船舶	3,594
ベトナム	33	**9,646**	機械類，衣類， はきもの，魚介類	2,222
ラオス	24	717	銅，**電力**，衣類	2,351
カンボジア	18	1,649	衣類，はきもの，機械類， 自動車	1,297
ミャンマー	68	5,405	LNG，衣類，米，	1,251
東ティモール	2	129	中古繊維製品，コーヒー豆， 機械類	2,001

〈注〉東ティモールのみ ASEAN に未加盟。人口は 2019 年，主要輸出品は 2017 年，1 人当たり GNI は 2017 年。

〈表 1〉

4 東南アジアの民族

次に東南アジア諸国の民族についてチェックしておきましょう。

東南アジアにはもともと先住の**オーストロネシア(マレー=ポリネシア)語族**が居住していましたが，シナ=チベット語族などが南下してきたため，オーストロネシア語族はマレー半島やスンダ列島など島嶼(とうしょ)部に移動していきました。

ちなみに「オーストロ」とは「**南の**」，「ネシア」とは「**島々**」という意味です。ちょっと意味がわかるだけでも印象に残りやすいからね。オーストラリアは,「南の大陸」という意味ですよ。ますます地理が面白くなってきただろ？(笑)。

インドシナ半島では，**ミャンマー**など中国と同じ民族系統に属する**シナ=チベット諸語**が，**タイ**などには**タイ=カダイ語族**(シナ=チベット諸語に入れる場合もある)が，**ベトナム**などには**オーストロ=アジア語族**が多数を占めるなど多くの民族が混住(こんじゅう)しています。

また，後で詳しく説明しますが，**欧米の植民地支配**を受けていた期間には，**中国系**や**インド系**の移住者も増加し，現在の**多民族社会**を形成していったのです。

ちょっと民族の名称を覚えるのが面倒だなあと思った人もいるでしょうね。ここでは少しだけ勉強時間を割いて，地図を見ながらがんばって知識を定着させましょう！

東南アジアの宗教

《整理とまとめ④》を見てください(次ページ)。民族だけでなく，宗教や旧宗主国もかなり複雑ですね。暗記が得意な人はそのまま覚えてくれてもかまいませんが，ここで少し**宗教の伝播(でんぱ)や植民地支配の過程**を説明しておきましょう。

整理とまとめ④ 東南アジア諸国の旧宗主国・宗教

国 名	旧宗主国	主な宗教	補 説
ベトナム	フランス	**仏教**	大乗仏教
ラオス	フランス	**仏教**	上座仏教
カンボジア	フランス	**仏教**	上座仏教
マレーシア	イギリス	**イスラム教**(国教)	仏教・ヒンドゥー教も
シンガポール	イギリス	**仏教**など	マレーシアより分離独立
ミャンマー	イギリス	**仏教**	上座仏教
ブルネイ	イギリス	**イスラム教**(国教)	1984年独立
タ イ	戦前から独立国	**仏教**	英仏の緩衝国として
フィリピン	アメリカ合衆国	カトリック	**スペイン**による長期間の支配
インドネシア	オランダ	**イスラム教**	バリ島にはヒンドゥー教徒
東ティモール	ポルトガル	カトリック	2002年独立

東南アジアと聞けば，きっと君たちの中には，タイのエメラルド寺院や仏教の僧侶の姿を思い浮かべる人がいるでしょう。でも仏教伝来より昔に，**インド**から伝えられたのが**ヒンドゥー教**でした(ヒンドゥー教は紀元前後に帆船(はんせん)による交易(こうえき)で，インド人の手によって伝来したようです)。

君たちは東南アジアを勉強する際に，カンボジアのアンコールワットが「ヒンドゥー教」の寺院か「仏教寺院」か迷わなかった？ **最初はヒンドゥー教寺院として造営されたんだけど，後に仏教寺院になったんだ**よ。こんなふうにさまざまな宗教が東南アジアで交錯(こうさく)していったのです。

一時的ではありましたが，東南アジアでもヒンドゥー教が栄えました。特にインドネシアではヒンドゥー王朝が成立したこともあって，現在でも**バリ島**には**独自のヒンドゥー文化**が残っているんですね。

次は**仏教の伝来**です。**インド**で生まれた**仏教**が紀元２世紀頃に中国経由で**ベトナム**に伝わります。**中国**経由の仏教は**大乗（北伝）仏教**と呼ばれ，**韓国**や**日本**にも伝来します。

図解 東南アジアの宗教

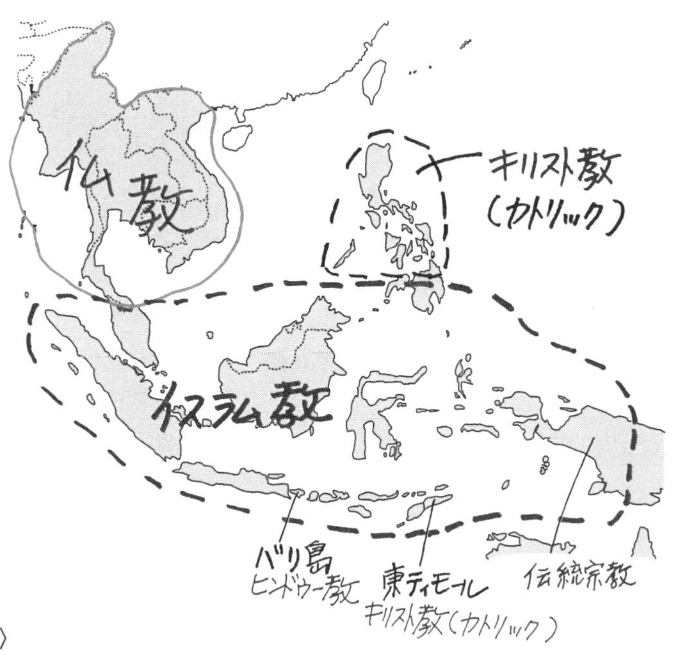

〈図７〉

インドシナ半島のタイ，ラオス，カンボジア，ミャンマーにはインドから上座（南伝）仏教が伝わり，隆盛を極めます（11 世紀以降だと言われています）。**仏教はインドシナ半島に根づき，現在でも人々の生活に大きな影響を与えている**んですね。

これはタイの人から聞いた話ですが，自分の子供は将来できるなら僧侶になって欲しいって言ってました。やっぱりタイの社会で，仏教の僧侶は最も尊敬される立場にあるんだなあって実感しましたよ。

仏教の話はここまでにして，**イスラム教**（**イスラーム**）に移りましょう。イスラム教は，15 世紀頃，**アラブの商人**によって交易を通して伝えられました。特に**インドネシア**など島嶼（とうしょ）部にはイスラム王朝が成立したこともあり，現在でも，

インドネシア，マレーシア，ブルネイなどではイスラム教徒が多数を占めている

フィリピンの南部でもイスラム教を信仰している人がいるなど，島嶼部では広い範囲で定着しています。

欧米の植民地支配

最初に植民地経営に乗り出したのは**スペイン**と**ポルトガル**で，後に**オランダ**，**イギリス**，**フランス**が進出をします。イギリスはアジア植民地経営の中心であるインドを拠点として，大陸部から植民地化を始めたため，**インドシナ半島**の**ミャンマー**，**マレー半島**（現在の**マレーシア**の大部分），交通の要衝（ようしょう）としての**マラッカ海峡**に面する**シンガポール**，**ブルネイ**が**イギリス領**になりました。

やや遅れて，当時のライバル国である**フランス**はインドシナ半島東部から進出し，**ベトナム**，**ラオス**，**カンボジア**のいわゆるインドシナ三国を植民地化しました。

……という説明をしたところで，俺は何かを忘れてるよね？ そうです，ここで**タイ**に触れなきゃね！ タイはイギリスとフランスの両勢力の狭間（はざま）にあり外交努力によっていずれの側にも立たず**独立を維持**したのです。

このように巨大勢力の間にあって，うまくバランスをとることによって独立を保った国のことを**緩衝国**（かんしょうこく）と呼んでいます。ヨーロッパの**スイ**

スも，ドイツ，フランス，イタリア間の緩衝国といえるでしょう。

島嶼部では**インドネシア**が**オランダ領**となり，**東ティモール**は**ポルトガル領**，**フィリピン**が**スペイン領**となります。ただしフィリピンは約300年間のスペイン支配を受けた後，スペインが米西戦争(1898年)でアメリカ合衆国に敗れたため，西インド諸島の**プエルトリコ**やミクロネシアの**グアム**などとともに**アメリカ合衆国領**になります。受験生がよく誤って覚えてる箇所なので注意しましょう！

《東南アジアにおける植民地支配》

イギリス領	シンガポール，マレーシア，ミャンマー，ブルネイ
フランス領	ベトナム，ラオス，カンボジア
アメリカ合衆国領	フィリピン
オランダ領	インドネシア
ポルトガル領	東ティモール

〈表2〉

フィリピンと旧宗主国スペイン，アメリカ合衆国との関係

ここでもうひと押し，**フィリピンの宗教**について確認をしておきたいのですが，**長期間のスペイン支配**を受けたという話を先ほどしましたね。文化的には独立時の宗主国(そうしゅこく)であったアメリカ合衆国より強く**スペイン**の影響を受けています。街並みもヨーロッパ風ですし，宗教的にも**カトリック教徒**が多数を占めています。

しかし，短かったとはいえアメリカ合衆国の影響も受けていて，**教育制度が充実**していることや**英語**を**公用語の1つに採用**していることなどはその1例ですね。英語を使いこなせる人が多いため，**アメリカ合衆国への移民**(年間の移民数は**メキシコ**，**中国**，**インド**に次いで多い)が多く，さらに**日本への出稼ぎ**(でかせぎ)もしやすいため，多くのフィリピン人が日本に入国しています。

また，近年は英語が堪能でかつ看護や介護教育が充実していることから，世界的に注目を浴びています。君たちがどの学部に進んだとしても，外国語を１つくらいは使えるようになりたいですね。

東南アジアの宗教施設

問題 8 東南アジアの宗教建築物

東南アジア各地では，世界的な宗教を反映した建築物がみられる。次の写真中の**ア～ウ**は，イスラム教，キリスト教，仏教のいずれかの建築物を写したものである。**ア～ウ**と宗教との組合せとして正しいものを，次の①～⑥のうちから一つ選べ。

ア

イ

ウ

	ア	イ	ウ
①	イスラム教	キリスト教	仏　　教
②	イスラム教	仏　　教	キリスト教
③	キリスト教	イスラム教	仏　　教
④	キリスト教	仏　　教	イスラム教
⑤	仏　　教	イスラム教	キリスト教
⑥	仏　　教	キリスト教	イスラム教

解答 p. 73

東南アジアの仏教寺院は，日本のお寺と雰囲気がかなり違っているよ。
イスラム寺院はドーム型のモスクに注目！

東南アジアは民族や宗教が複雑に入り組んだ地域だという話をしてきましたが，どの国を訪れても必ず宗教施設が目に入ります。写真の**ア**は**パゴダ**と呼ばれる**仏塔**が見られることから，**タイ**などで見られる**仏教寺院**であることが判定できます。

ただし寺院などの宗教施設は，どの宗教においても**塔が象徴的**で(天と地を結ぶもの)どれも似ていると言えば似ていますよね。受験の際には困ったことですが，日頃から特徴的な写真を見ていれば必ず解けますから心配しないでいいです。

イは**ドーム型**の**モスク**と**ミナレットと呼ばれる尖塔**(せんとう)から**イスラム教寺院**です。**インドネシア**や**マレーシア**ではよく見かける風景ですね。

ウは**ヨーロッパ的なゴシック建築**から**キリスト教寺院**です。カトリック教徒が多い**フィリピン**や**東ティモール**だけでなく，欧米の植民地支配を受けた地域では多かれ少なかれ見られる施設です。解答は⑤だね。

宗教に関する出題では，このような**宗教施設や宗教に関わる行事風景の写真**とともに，**国民の宗教別人口割合**などが出題される可能性がありますから，先ほどの《**整理とまとめ④**》で十分に確認しておきましょう。

では次に，東南アジアの国々の多様性を理解するために，いくつかの国をとりあげて説明します。

マレーシア

第2次世界大戦後，イギリス領マラヤ連邦とシンガポールなどが統合し，**マレーシア連邦**として独立を達成しました。住民の**62.0%**は先住の**マレー系民族**で，彼らの大半は**イスラム教**を信仰しています。

このほか主にイギリス領時代にすず(錫)鉱山などで働く労働者として移住してきた**中国系住民**が**22.7%**，同じくイギリス領時代に天然ゴム農園などで働く労働者として移住してきた**インド系住民**(インド南部の**タミル系**が中心)が**6.9%**と典型的な**多民族国家**を形成しています。

《マレーシアの住民構成》(2009年)

- マレー系…62.0%
- 中国系…22.7%
- インド系…6.9%

マレーシアの民族構成と民族の経済力はちょっと難しい関係にあります。君たちも一緒に考えてみてください。一般的には，先住で**多数派民族がその国の政治的・経済的実権を握っている場合が多い**のですが，なんと，

マレーシアでは，**圧倒的多数派を占める先住のマレー系住民**より，**少数派の**中国系やインド系住民のほうが**経済力は高い**

日本におきかえれば，日本人が最も経済的に貧しく，出稼ぎにきている外国人労働者や移住者が日本の経済を握っていると考えるとわかりやすいですね。

あたりまえのことですが，マレー系住民の間には「どうして先住のマレー系住民より新しく移住してきた少数派の中国系，インド系住民のほ

うが豊かなんだ？」という疑問や不満がわいてきたのです。

そこでマレーシア政府は**マレー系住民の経済的，社会的地位向上**のため「**マレー系優遇政策**」を実施することになります。象徴的な事柄としてマ**レー語**を**国語**（**公用語**）に，**イスラム教**を**国教**にしました。母語が公用語に採用されると，有利になることはわかりますよね？ もし君たちの母語が英語だったら入試のリスニングだろうが，長文読解だろうが，苦もなく解けるはずです（笑）。

さらに政府はより強力な政策を打ち出します。その名は「**ブミプトラ政策**」です。これはかなり強烈なやり方で，マレー系住民の**教育，雇用，起業に関して優遇する政策**なのです。まあ，ものすごく乱暴な言い方をすれば，入試や就職の際にマレー系住民が他の民族より有利になるわけですね。

さすがにこれには中国系住民などが大反発をしました。特に，中国系住民が総人口の**74.1%**を占める**シンガポール**は「さすがにもう我慢できない！」ということで**分離独立**に踏み切ります。

シンガポールの住民は70%以上が中国系

このように強化されてきたマレー系の優遇政策も，国内で不協和音が出ることや，華僑資本が流出することを避けるために，近年は見直しが図られています。

マレーシアの多民族社会をマスターしたところで，この国の近年の工業化についても説明をしておきましょう。

マレーシアの工業化

マレーシアの**輸出指向型工業化政策**が本格化したのは**1980年代**からです。

それまで発展途上国が近代化や工業化をする際には，「欧米化」というのが1つのモデルとして定着していました。でもマレーシアは，思い切ったことをやります。**「西じゃなくて東を見よう！」**——つまり，同じ**アジアの日本や韓国の成功を見習おうとする「ルックイースト政策」**を掲げたのです。

積極的に**日本などの家電メーカーを誘致**した結果，**電気機械**や**電子部品**の生産がかなり得意になりました。現在は，首都**クアラルンプール**から延びる **Multimedia Super Corridor** を建設し，首都郊外には**サイバージャヤ**と呼ばれる **IT 関連産業の集積地**が形成されています。光ファイバーによるブロードバンド網も先進国と勝負できるほど充実していますよ。

日本もがんばらなくちゃネ！

シンガポール

シンガポールがマレーシアから分離独立したという話が出たので，次はシンガポールを訪れてみましょう。シンガポールは**交通の要衝**(ようしょう)である**マラッカ海峡**に面した**島国**です。

この話をすると，ときどきびっくりする受験生がいますが，君たちは大丈夫だよね？ シンガポールはマレー半島の先端部ではなく，マレーシアとは**ジョホール水道（海峡）**を隔てた**シンガポール島を主島とする島国**なんです（今は橋や長堤で結ばれているけどネ）。そして古くから**イギリス**の直轄(ちょっかつ)植民地として発展してきました。

総人口の 70% 以上が中国系である（「先生！ しつこいです」って思ってるだろ？ でもかなり重要なポイントなのでがまんしてね）ということを背景に分離独立をしたわけですが，ここでシンガポールは思い切った政策を実行します。

シンガポールは面積，人口（わずか **580 万人**）ともに小さく，食糧や水も自給できないし，資源も全くといっていいほど産出しません。

このような小国がアジアにおいて確固たる地位を確立するには，「**高い教育水準**」と「**民族の融和**」によって国民が一致協力するしかないと決断したのです。俺のように心の狭い人がリーダーなら，きっとシンガポールの公用語を中国語のみにしていたと思うけどね(笑)。なんせマレーシアから手厳しい仕打ちにあったからねえ。

ところがシンガポールは**マレー語**(先住のマレー系民族の言語)，**中国語**，**タミル語**(**インド系**移民の言語)，そして各民族の意思疎通を円滑にするため**英語**の**4言語を公用語**に指定しました。

シンガポールに行ったときに，中国系シンガポール人と知り合いになったのですが，彼は次々とかかってくる携帯電話(シンガポールは国土が狭く，アンテナ敷設(ふせつ)など資本投下が少なくてすむので**携帯電話の普及率がめちゃめちゃ高い**です)に，さっきの4言語を自由自在にあやつっていたのでびっくり！

頭の中の回路がどんなふうになっているんだろうと思って聞いたのですが，中国語は母語だからあたりまえ，英語は学校で習って中国系以外の友達と話す際に使い，それぞれ仲が良くなってくると，マレー系の人とはマレー語で，インド系の人とはタミル語で話すようになった。そんなふうで，いつの間にか，使いこなせるようになったそうです。なんとも羨(うらや)ましい限り……。

シンガポールの工業化

シンガポールが**NIEs**(ニーズ)と呼ばれ，先進国に近づきつつあるという話はしましたが，もう少しだけ詳しく説明をしておきましょう。

資源にも労働力にも恵まれなかったシンガポールですが，1つだけ他の国に優(まさ)る点がありました。君たちなら思いつくんじゃないかなあ。さて何だろう？……おっ，鋭いな！ そのとおり，**交通の要衝(ようしょう)であるマラッカ海峡に面する良港を有している**という点だね。

古くから**華僑**(かきょう)や**華人**(かじん)と呼ばれる中国系住民を中心に，**中継貿易**で栄えてたんだけど，独立後は，いち早く外資を積極的に導入して**輸出指向型の工業化**を進めたんだ。

シンガポール西部のジュロンには，埋め立て地に**ジュロン工業地域**という**東南アジア最大の工業団地**も開発され，**石油化学コンビナート**なども建設されたんだよ。

近年は経済発展に伴う賃金の上昇や労働力不足などから，**脱工業化**(**サービス経済化**)を目指し，**国際金融業**にも力を入れているし，**英語圏**の有利性を活かして，**コールセンター**や**多国籍企業のアジア・太平洋における拠点**(**地域統括会社**ともいわれ，生産や販売を効率よく行うために設置)としても注目されています。

なんせ，**1人当たりのGNI**(**国民総所得**)が**50,000ドル以上**と，日本を上回るようになってるもんね！ 俺たちもがんばらなくっちゃ！(笑)

フィリピン

次は**フィリピン**にいきましょう。フィリピンは**フィリピン海プレート**の沈み込みによって形成された**フィリピン諸島**を中心とする島弧で，約7,000の島々から成る**多島国**です。島の数が多ければ，それだけ行き来がしにくいわけですから，多くの言語が派生し，多くの民族に分かれていくことが多いです。

それから考えると日本はすごいですよね。これだけ多くの島々があるのに日本語ですべてが通じるのですから(もちろん早くから統一国家が成立してきたという歴史的な背景があるからですけど)。

多数派民族は**マレー系**の**タガログ族**と呼ばれる人々で，**首都マニラ**が位置する**ルソン島**を中心に居住しています。独立の際には公用語としてタガログ語が指定されるのですが，実際に共通語として使用されていた

図解 フィリピン諸島

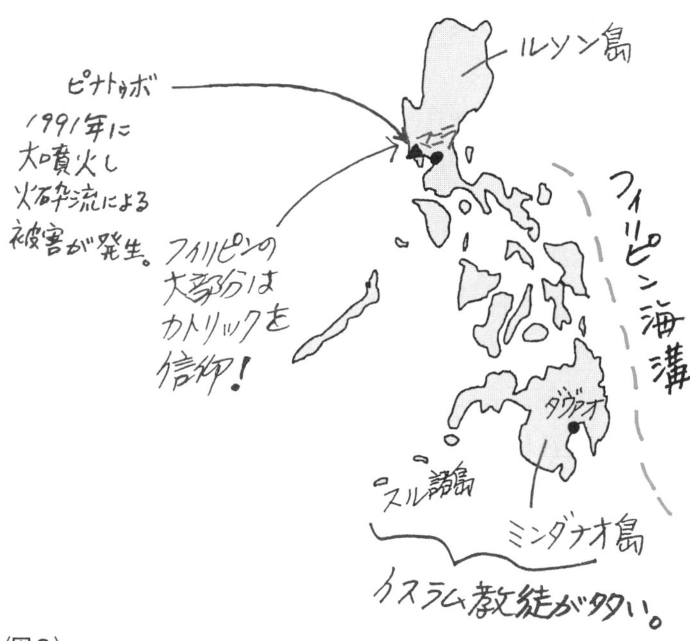

〈図８〉

のは，**アメリカ合衆国の植民地支配時代の教育政策**によって普及していた**英語**でした。

多民族国家の例にもれず，タガログ語を使える人々は全人口の半分にも満たないため，タガログ語をアルファベット表記した**フィリピノ語**(フィリピン人の言語という意味)と**英語**を**公用語に採用**しました。

言語に関しては比較的順調にいったのですが，現在でも問題となっているのは**南部**の**ミンダナオ島**や**スル諸島**に多い**イスラム教徒**と**フィリピンの多数を占めるカトリック教徒との対立**です。**イスラム教徒はモロ族と呼ばれている**ことを知っていますか？

彼らはもともと１つの民族ではなく，それぞれ固有の言語や生活習慣に従って暮らしてきたのですが，カトリック教徒との対立の中で，イスラム諸民族集団を結集するため，自らも「モロ族」と称するようになってきたのです(もともとモロ族という呼び方は，スペイン人のイスラム教徒に対する蔑称(べっしょう)でした)。

これら**南部のイスラム勢力による独立運動**は現在でも行われていることに注意してください！

緑の革命

フィリピンのマニラ近郊に「**国際稲研究所(IRRI)**」という機関があるのを知ってますか？ ここには「**緑の革命**」の原動力となった稲の高収量品種を開発する施設があるのです。

Q 「緑の革命」とは何か？

……うまく説明できません。

そうかあ，じゃあ，今から少しこの「**緑の革命**」について説明しましょう。

第２次世界大戦後，世界には多くの独立国が誕生しました。政治的には自由を獲得したのですが，急増する人口に食糧生産が追いつかず，苦悩する国が続出したのです。

そこで **1960 年代**から **FAO(国連食糧農業機関)**を中心として，**発展途上国における穀物の生産性を高めよう**という取り組みが行われます。

> 《緑の革命》
>
> **米・小麦・とうもろこし**などの**高収量品種の開発・導入**や**灌漑**(かんがい)施設の整備，化学肥料の開発など，**農業技術の革新**により**土地生産性を高めよう**という取り組み

ここでは，**東南アジア**と**南アジア**を例にとって説明を続けましょう。東南アジアは**夏のモンスーンによる降水**と**肥沃**(ひよく)**な沖積土**(ちゅうせきど)に恵まれるの

ですが，単位面積当たりの収穫量は少なく，独立直後は自給ができない国が多かったのです。

そこで**1960年代**に，アメリカ合衆国の大企業などの出資によって**国際稲研究所**が設立され，ミラクルライスと呼ばれた**IR8**が開発されて，**稲の高収量品種**普及のきっかけとなりました。この**高収量品種を導入した地域や農家では，生産性が上昇し，高い収益をあげることに成功**したのです。**フィリピン**，**インドネシア**，**タイ**(自然環境に恵まれている分，導入が遅れる)などがその成功例です。

ただし，稲の高収量品種は，在来種に比べデリケートで弱いため，十分な**灌漑**をするための施設や揚水ポンプ，大量の**肥料**や**農薬**などを必要とします。

さらに高収量品種は，**種子の購入も必要**であることから，**ある程度の資金力や国の積極的な補助がないと導入できない**のが問題点です。

南アジアの**インド**も独立後は，人口増加と食糧生産のバランスがとれず苦しみました。そこで**1960年代**以降，小麦や稲の高収量品種を積極的に導入したため，食糧増産に成功し，**1970年代の後半から1980年代にかけて食糧自給を達成**したといわれています。

すごいですねえ，「緑の革命」の成果は。ただし，**高収量品種を導入できた地域とできない地域の所得格差が拡大**するなど新たな問題を発生させているのも事実です。

いろいろな問題点があるのは確かですが，**「緑の革命」によってアジアの食糧生産が大幅に増加し，アジアの食糧問題の緩和に貢献した**のは間違いないようです。今後は，今まで資金不足などで導入が困難であったアフリカ諸国への拡大が期待されています。

このように「緑の革命」は，かなり大きな効果があったのですが，高収量品種の開発ってとても難しいのです。農学部などに進学する人たちはぜひともがんばってくださいね。

このへんで「緑の革命」の説明を終了して，次はインドネシアの話です。

インドネシア

インドネシアは大小 17,000 を超える島々から成る**多島国**で，**西はスマトラ島から東はニューギニア島の西半分を占めるパプア**まで東西 5,000km 以上に国土が広がっています。

ジャワ島，スマトラ島，カリマンタン島などは知ってる名前じゃないかな？ 古くからジャワ島を中心にして栄えてきたため，現在でも，

インドネシアの総人口(2.7 億人)の 3 分の 2 がジャワ島に居住する

フィリピンと同様に，これだけ多くの島があれば言語数も多いはずですね。なんと **300 を超える言語**があるのです！ 最多数派民族は**ジャワ語**を使用する**ジャワ族**でしたが，**インドネシアでは公用語にジャワ語を採用しませんでした**。

Q 最多数民族であるジャワ族の言語(ジャワ語)を公用語としなかったのはなぜ？

うーん，ちょっと難しいですね。わかりません。

もともとこの地域では，現在の国土全体をまとめるような統一国家が存在しなかったこともあって，「国民」という意識が低く，島民(同じ言語を話す仲間)意識が強かったため，独立国インドネシアとしては，**インドネシア国民としての意識を高める**ことに知恵を絞(しぼ)りました。

そこで……多数派言語を公用語にしないで，この地域で古くから商用語として使われてきた**マレー語をもとにアルファベット表記のインドネ**

図解 インドネシア

〈図9〉

シア語を創設し，公用語に採用したのです！ **言語を統一して国民意識を高める**という手法をとったことに注目しましょうね。

このことによって，従来は「俺はジャワ族だ」，「私はスンダ族です」から「われわれはインドネシア人だ」というふうに変える意識改革を目指しているのです。面白いですねえ。

東ティモール

2002年，**東南アジアで最も新しい独立国**が生まれました。これが**東ティモール**です。東があるからには西もあるはずで，ティモール島は東ティモールと**インドネシア領**の西ティモールから成ります。

ティモール島は古くから白檀(びゃくだん)（仏像や扇などに使用される香木(こうぼく)）などの生産地としてヨーロッパ諸国から注目を集め，その結果，リスボン条約によって西が**オランダ領**，東が**ポルトガル領**になりました。

第2次世界大戦後，**インドネシアがオランダから独立**する際に，西ティモールもインドネシア領の一部として独立をするのです。残ったのは東ティモールで，ここは依然としてポルトガル領として残されました。

やや細かい話になるので覚える必要はありませんが，当時のポルトガルはサラザール首相の軍事独裁政権下にあり，「最後の植民地帝国」と呼ばれ，他のヨーロッパ諸国に比べ，**スペインと同様に民主化が遅れていました**。この話を聞いて「だからアフリカの**アンゴラ**や**モザンビーク**など**ポルトガル領は独立が遅い**んだ！」と気づいた人はなかなか地図をよく見ていますね。

そのポルトガルでも**1974年**に革命が起きると，**国内の民主化**にともない，それまで固執していた海外領土についても「**植民地放棄**」の政策を打ち出したのです。

ふつうこの話を聞いていれば「へえ～，そこで東ティモールが独立して一件落着かあ」と思いますよね。ところが，ところが……東ティモールが独立しようと準備をしているさなか，1976年，**インドネシアが東ティモールも自国領であるとして併合**してしまうのです。ここから再び**東ティモールの苦しい独立運動**が始まります。

インドネシアは既成事実を作るために積極的に西ティモールからの移住を進めるのですが，**西ティモールの住民はイスラム教徒**が多く，**東ティモールはポルトガルの植民地支配の影響を受けカトリック教徒が多い**のです。住民間の対立が武力闘争にまで発展します。

仲裁に入った国連は，「独立かインドネシアへの残留か」の是非を問う住民投票によって決定する案を出したんですね。住民投票の結果，独立派が勝利し，**2002年の独立**に至るのです。現在は，ASEAN加盟への準備を進めているので，東ティモールがASEAN 11番目の加盟国になる日もそう遠い未来ではないでしょう。

東南アジアの複雑な民族社会の一部に触れてみました。ではこのへんで，東南アジアを終わります。

解 答　[問題5]④　[問題6]③　[問題7]④　[問題8]⑤

第3回 # 南アジア

インドの自然・文化・経済

今回は**インド**やその周辺諸国について勉強しましょう。

図解 南アジアの国々

〈図1〉

1 インドの自然環境

インドの人口は，北部の**ヒンドスタン平原**から**ガンジスデルタ**と沿岸地域に集まっています。どうしてかなあ。こんなに広い国土を持っているんだからもっと分散して居住しててもよさそうだけど。

地図帳を見てごらん！ **これらの地域は緑で着色**してあるよね？ **人口が集中している地域は平野が広がり，降水量にも恵まれている地域**なのです。地誌を勉強していくと，今学んでいる地域特有の事象もあるにはあるけど，けっこう共通の理由や規則性が感じられて楽しくなるよね？　まさか俺だけじゃないよなあ(笑)。

では，今から本格的に，インドを含む**南アジアの自然環境**にチャレンジしましょう！　まずは地形環境からです。

南アジアの地形

①〈系統地理編〉で，**インド・オーストラリアプレートがユーラシアプレートに衝突(しょうとつ)してヒマラヤ山脈が形成された**という話をしましたね。「忘れた〜！」という人は，反省して〈系統地理編〉をやり直しましょう。

地図帳を見ると，**ヒマラヤ山脈**は焦げ茶色(高くて険しい)ですが，インド半島の大半はベージュ色ですね。**インド半島の大部分には，安定陸塊のデカン高原が広がっています**。高原と言っても新期造山帯の高峻(こうしゅん)なチベット高原などとは違ってて，**低くなだらかな高原**です。ほとんど平野みたいなもんだよ。

新期造山帯のヒマラヤ山脈と**安定陸塊のデカン高原**の間に(ちょうどインド半島の根本あたり)，緑色の部分がないですか？　なに？　そんなこと瀬川先生から言われる前に気づいてた？　えらいねえ，君は。インド半島の基部には，東に**ヒンドスタン平原**，**ガンジスデルタ**，西に**インダス平原**，**インダスデルタ**などの広大な平野が広がっています。

これらの平野は，**チベット=ヒマラヤ山系から流出**した**ガンジス川**(支流の**ブラマプトラ川**を含む)と**インダス川**が，山地を侵食し，土砂を運搬・堆積させた大規模な**沖積平野**なのです。かなり面白いでしょう？　地図を見るのがますます楽しくなるんじゃないかなあ？

インドの地形

このへんで，インドの地形をまとめておきましょう。

北部は新期造山帯のヒマラヤ山脈——最高峰(**エヴェレスト**)は8,000m を超える高峻な褶曲山脈だが，**活動が活発な火山はない**。

半島基部は大規模な沖積平野——**ガンジス川**流域に**ヒンドスタン平原**，**ガンジスデルタ**，**インダス川**流域に**インダス平原**，**インダスデルタ**。

南部は安定陸塊のデカン高原——大半が 200 ～ 1,000m 程度の高原で**海岸部に残丘の西ガーツ山脈**，**東ガーツ山脈**が分布。

ということになります。では，続いて気候や土壌について説明しましょう。

南アジアの気候

まず地図帳を開いて，位置を確認しようか。**インド半島の基部を北回帰線**(**23°27′N**)**が通過**し，**南端を北緯 10 度の緯線が通過**します。日本に比べかなり緯度が低いですね。つまり**年中温暖な気候で，南に行くとかなり暑い**！ 南アジアについては，降水の地域性を学ぶと，地域を理解しやすくなるのでやってみましょう。

南アジアでは**高日季**(こうじつき)(**夏季**)にインド洋から多量の水蒸気を伴った**南西モンスーン**(**季節風**)が吹き込み，**多くの降水**をもたらします。モンスーンの重要なポイントは「**水蒸気を伴った**」というところです。水蒸気を含んだモンスーンが**西岸の西ガーツ山脈や北部のヒマラヤ山脈で上昇気流を発生**させ，西岸のマラバル海岸やヒンドスタン平原で雨を降らせます。

次に図２を見て。①〈系統地理編〉でやった**年降水量 1,000mm の等降水量線**に注意してください。これによって南アジアの気候区分が理解しやすくなります。北部の**ヒンドスタン平原**は **Cw ～ Aw**，**ガンジスデルタ**，東岸の**コロマンデル海岸**，**デカン高原東部**は **Aw**，西岸の**マラバル海岸**は **Am**，**デカン高原西部**は **BS** という分布になります。

パキスタンは**南西モンスーンの影響をあまり受けない**ため，**BW ～**

図解 年降水量 1,000mm の等降水量線とインドの農業地域

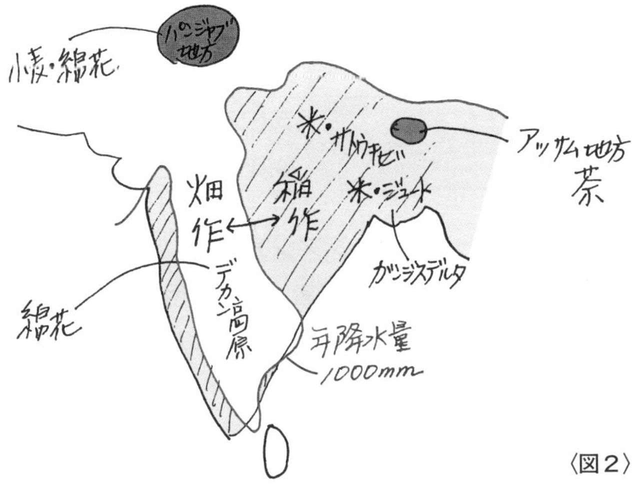

〈図2〉

BS の乾燥気候が分布していることにも注意が必要です。インドとパキスタンの国境付近には，**年中亜熱帯高圧帯の影響**を受けて形成された**大インド砂漠**も分布しています。

このあたりで，またまた気候の復習をしてみましょう。

インド半島の基部には，ほぼ北回帰線が通過してるという話をしました。**回帰線付近は年中亜熱帯高圧帯の影響下に入る**ため，BW になりやすい。でもほぼ同緯度のガンジス川中下流のヒンドスタン平原は Cw ～ Aw です。これは**夏季の南西モンスーン**の影響を受けるためで，インド～パキスタン間の**パンジャブ地方から大インド砂漠付近は，モンスーンの影響が弱い**ため，**乾燥気候が卓越**してるんですね。これでインドの気候は完璧だ！

南アジアの土壌

自然環境の最後に，南アジアの**土壌**についてまとめておきましょう。

整理とまとめ⑤ 南アジアの土壌

ヒンドスタン平原〜ガンジスデルタ	肥沃な沖積土
デカン高原西部	肥沃なレグール
デカン高原東部	ラトソル
大インド砂漠	砂漠土

沖積土（ちゅうせきど）というのは，**モンスーンアジア**でよく出てきますね。比較的新しく形成された土壌で，**河川の運搬・堆積作用**で作られました。**肥沃な土壌**が多いので農耕に利用されてきたんですね。モンスーンによる降水の賜物（たまもの）です。

自然環境については，これでかなり強くなったはずです。じゃあ，ついでに農業も勉強しようか。インドは人口が多いから，農産物の生産量も半端じゃないだろうな。

2 インドの農業

インドは，中国と同様に**発展途上国**だから，**農業就業人口率**は高くて**約50%**です。日本の約3%に比べるとすごい！ しかも人口は**13億人**ですから，ビックリするくらい多くの人々が，農業に従事しているわけです。ただ**零細な農家も多いし，農地を持たない農家も多く**，土地改良など農業のより一層の近代化が待たれています。

稲作地域と畑作地域

もう一度，**図2**を見て**年降水量1,000mm**のラインを確認しましょう。**インド半島沿岸部とヒンドスタン平原〜ガンジスデルタにかけての降水量が多い**ですね。年降水量1,000mmのラインで，**集約的稲作地帯**と**集約的畑作地帯**に大きく分けられます。

1,000mm 以上の地域では古くから主食として米が食べられ，1,000mm 未満の地域では小麦が食べられてきたのです。南アジアの伝統食であるカレーも，稲作地域ではご飯，畑作地域では小麦から作られた**ナン**や**チャパティ**とともに食べられてきたんですね。関係ないけど俺はけっこうナンが好きかも。もちろんご飯も好きだけどね(笑)。

インドの農業地域は，年降水量 1,000mm の等降水量線で，稲作地域と畑作地域に分けられることに注意！

このように，自然環境とうまく適応した農業によって，インドの総人口**13億人**を支える主食の生産が行われ，**米も小麦も中国に次ぐ生産量**を誇っています。インドは，**1970年代後半から食料自給ができるようになりましたが**，今のように穀物の輸出ができるようになるまでは，けっこう大変だったんですよ。独立後は人口の爆発的な増加と度重なる凶作(きょうさく)によって，かなり深刻な食料不足が生じていました。では，ここで君たちに質問！

Q インドは食料不足解決のために，いったいどんなことを行ったのでしょう？

「緑の革命」へのチャレンジです。

さすがだね。かなり地理力がアップしてるなあ。

インドの緑の革命

インドでは，1960 年代後半から**小麦**と**米**の**高収量品種を普及**させ，それに伴い**灌漑(かんがい)整備**や**圃場(ほじょう)整備**を行った結果，土地生産性が著(いちじる)しく向上しました。とは言っても**日本，韓国，中国と比べるとまだまだ低い**けどね。「緑の革命」は，**広い土地を持った農家にとっては，大幅な収入増**になりましたが，多くの零細(れいさい)な農家や土地を持たない農家は，恩恵(おんけい)を受けられませんでした。このような農家の手助けとなったのは，「白い革命」です。

白い革命

インドでは古くから**牛**は「**神聖**」なものとして扱われ，**ヒンドゥー教徒**にとっては崇拝(すうはい)の対象となっていました。だから，君たちのように「牛丼」や「サーロインステーキ」を美味(おい)しく食べるなんてとんでもない！　つまり**牛肉は食べません**。しかし**役畜**(えきちく)(農作業を神様が手伝ってくれるってことかな)としては貴重な役割を果たしてくれるし，**乳**や**バター**などの**乳製品**は重要なタンパク源として古くから利用されてきました。

だったら自給用だけでなく，**商品化**して現金収入を得ればいいじゃないかということになり，**酪農**(らくのう)**協同組合が設立**されたのです。これによって**農地を持たない農家**(牛は牧場で飼(か)うわけではなく，それぞれの農家の付属地や空(あ)き地で数頭飼う。信じられないだろうが，インドでは牛がいたるところにぶらぶらしてるし，野良牛までいる)**でも乳を売ることによって，現金収入を得られるようになった**のです。

現在，**世界の牛の頭数は，インドとブラジルが首位を競っています**が，**生乳とバターの生産はインドが世界一**になっています(ついでだけど，**牛肉の生産量はアメリカ合衆国が世界一**)。ところで，

Q「生乳(せいにゅう)生産」と「牛乳生産」の違いは何か？

えーっ！　同じだと思ってました。

まあ確かに俺たちにとっては同じようなものだよね。だって日本では生乳の生産量と牛乳の生産量はたいして変わらない。でもインドでは大きく異なります。**生乳には「水牛」が加わっていて，生乳生産量の半分が水牛の乳**なのです。

水牛というとイメージとしては，東南アジアの低湿地を想像してしまいますが，比較的乾燥にも強く，インドの北西部やパキスタンにかけて

も多く飼育されています(むしろバングラデシュよりパキスタンの方が飼育頭数が多い)。水牛の乳やバターは，牛に比べるとちょっとクセがありますが，インドでは好んで食されています。

その他の作物栽培

米は**ガンジス川中下流域**の**ヒンドスタン平原からガンジスデルタ**，小麦は**ガンジス川中上流からインダス川流域(パンジャブ地方)**での生産が多いですが，この２つの穀物以外でも，インドには世界的な生産量をあげている作物があります。君たちも多少は知っているんじゃないかなあ。ノートの隅でいいから，いくつか書いてごらんよ。

まずは，**茶**はかなり有名だよね。**高温多雨で排水良好な地形や土壌を好む**から，**ヒマラヤ山麓(ダージリン)やアッサム丘陵で栽培**されています。**イギリス領**だった影響もあって，ほとんどが**紅茶**に加工されているよ。今は，**中国**に抜かれてしまいましたが，**世界的な生産国**です。

それから，**綿花**も有名じゃない？ **デカン高原の西部**には，**肥沃(ひよく)な黒色土**の**レグール**が分布していて，半島西岸に位置する人口最大都市**ムンバイ**などに運ばれ**綿工業**に利用されています。

綿花が出てきたので，同じく繊維原料の**ジュート**はどうかな。ジュートはインドとバングラデシュくらいでしか出てこないから知らないかな。ジュートは，農産物を運搬する際に使用される**麻袋(あさぶくろ)**とかに加工されます。黄色っぽい麻袋って見たことないかな。表面がザラっとした感じの。ジュートは**高温多雨の低地を好む**ので，大半が**ガンジスデルタ**で栽培されています。この地方の中心地である**コルカタ**で**ジュート工業**の原料になります。

このほか，**ヒンドスタン平原ではサトウキビ**，**デカン高原では雑穀のモロコシ**などの生産も多いです。インドの農業も地域の多様性があって面白かったね。農作物の特色と栽培地域は覚えておきたいな。

3 インドの文化と生活

では，次に，人々の生活や文化に触れてみましょう。

問題 9 インドの文化と生活

インドにおける文化や人々の生活について説明した文として**適当でないもの**を，次の①～④のうちから一つ選べ。

① インドのうち北・中部で話されている言語の大部分は，インド・ヨーロッパ語族に属する。

② カースト制度は，インドに多いヒンドゥー教徒の生活に大きな影響を与えているが，カーストによる差別は憲法で禁止されている。

③ 国際的にみて賃金水準が低く，英語を理解する技術者が多いため，輸出向けコンピュータソフト産業が発展している。

④ 欧米化の進展とともに伝統的な価値観が崩れ，農村でも人々の食生活が肉食中心に変わってきた。

解答 p. 94

インドの総人口の約80%はヒンドゥー教徒だよ。
生まれながらにして身分・職種が決まっているカースト制度が存在。

選択肢を1つずつチェックしていきます。

インドの言語　**選択肢①**

「**インド=ヨーロッパ語族**」に線を引いてください。①〈系統地理編〉で勉強した，インド=ヨーロッパ語族の言語を思い出してみましょう。

インド=ヨーロッパ語族	**ゲルマン語派** → ドイツ語・英語・オランダ語・スウェーデン語 **ラテン語派** → スペイン語・イタリア語・フランス語 **スラブ語派** → ポーランド語・チェコ語・ロシア語 **ケルト語派** → アイルランド語 その他 → **ペルシャ語・ヒンディー語・ベンガル語**

〈表1〉

このように，インド=ヨーロッパ語族は，**ゲルマン語**派，**ラテン語**派，**スラブ語**派などに細分化することができます。

「その他」のところを見てごらん。**ペルシャ語**は**イラン**の公用語，**ヒンディー語**は**インド**の公用語，**ベンガル語**は**バングラデシュ**の公用語です。つまりアジアでも，

イランから東側のインド～バングラデシュに至る地域は，インド=ヨーロッパ語族に属する言語が使用されている地域である

ということなんです。したがって，①は正しい文ですね。

でも，「インドのうち北・中部で話されている言語……」という部分が気になった人はいませんか？

図解 南アジアの主な言語分布

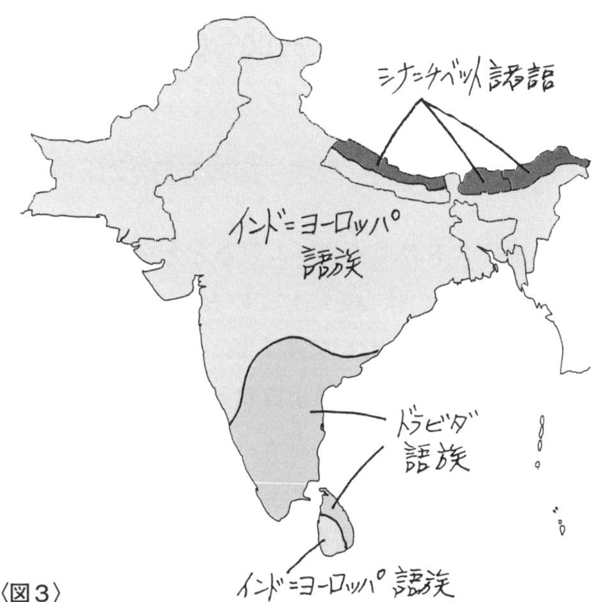

〈図3〉

インドの先住民は，**ドラビダ語**という言語を話す人々です。彼らは，古くからアフガンの台地〜インドにかけて居住していましたが，西方からインド=アーリア系民族が侵入してきたため，次第に**インド南部**に追いやられていったのです。

したがって，**南インドには，ドラビダ系民族**(例えば**タミル語**などが代表的ですね)**が多く居住**しています。**ドラビダ系はインド=ヨーロッパ語族ではありません**ね。

ヒンドゥー教とカースト制度　**選択肢②**

「**カースト制度**」に線を引いてください。これは，聞いたことがあるね。カースト制度は**生まれながらにして身分や職種が決まっていて，人々はカーストごとに同じ祖先を持つというインド古来からの考え方**に基づく**社会制度**です。

「ヒンドゥー教徒の生活に大きな影響を与えている」――ヒンドゥー教は，インドの**民族宗教**で，**全人口の約80%がヒンドゥー教徒**なのです。ヒンドゥー教の特色ですが，

ヒンドゥー教…特定の開祖・教理・経典を持たない多神教

これらの点がキリスト教やイスラム教などとは著しく異なっています。また，ヒンドゥー教の核心を成しているのが「**カースト制度**」と**輪廻思想**ですね。ここまでは正しいです。

「**カーストによる差別は憲法で禁止されている**」――これも正しい文です。しばしば誤解されますが，**「カースト制度」そのものは，憲法では禁止していません。**ヒンドゥー教徒はカーストの成員として社会生活を営むことを心がけているのですが，カースト制度が差別と結びつくことがあるのも事実で，これを憲法では禁止しているんですね。

ただし，**近年は都市部を中心に，このような伝統的なヒンドゥー教徒**

図解 南アジアの宗教

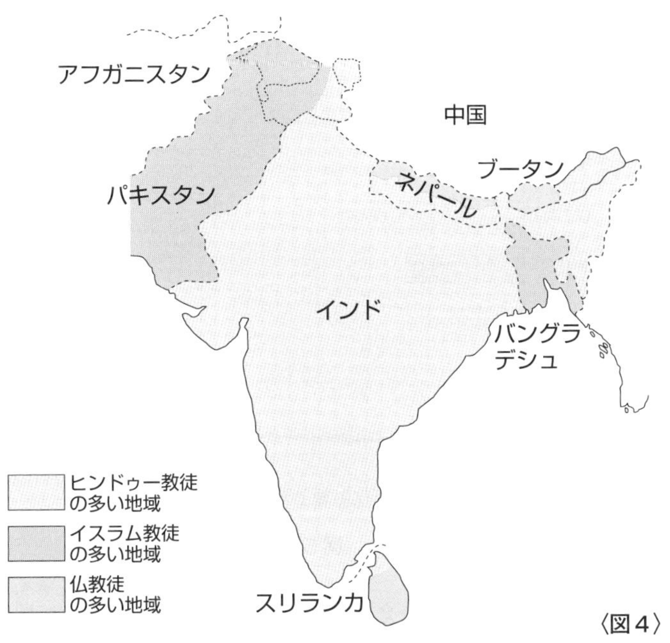

〈図4〉

の生活も変化しつつあります。理由の1つとして，**都市部ではカーストに規定されない新しい職種がたくさん生まれている**からです。だって，古代から続くカーストの規定に,「コンピュータプログラマー」とか「システムエンジニア」とかの職種があるわけないもんね。

インドの生活水準　**選択肢③**

「国際的にみて賃金水準が低く」――ここまでは正しいですね。中国やインドなどの発展途上国は，先進国ほど経済発展をしていないので，労働者の**賃金水準はかなり低い**です。

人々の生活水準を示す典型的な指標である**1人当たりGNI**を見るとわかりやすいです。**日本は約40,000**ドル，**中国は約8,000**ドル，

《日本を 100 としたアジア各国の*労働コスト》

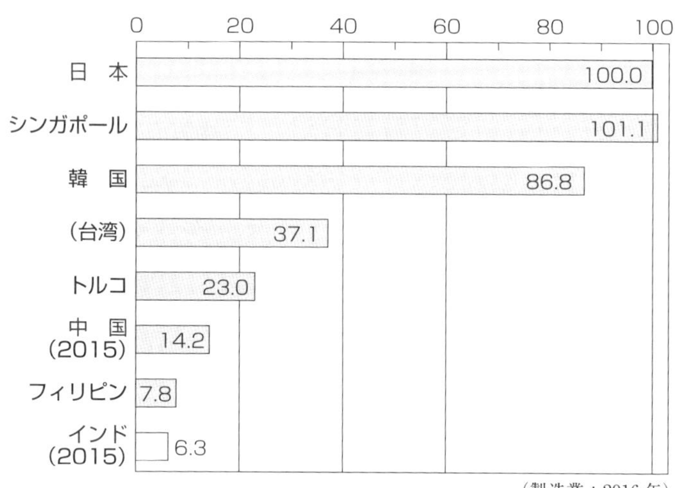

*賃金のほか社会保障費や税を含む。

〈図 5〉

インドは成長著(いちじる)しいとはいえ，まだ **2,000 ドル**程度ですから。

もちろん働いている人にとっては給料は高いほうがいいのですが，**企業にとっては低賃金労働力が得やすい**(図 5)ということが大きなメリットになり，**国際競争力が高くなります**(つまり安い生産費で製品が生産できるということです)。

その次の「**英語**」に線を引いてください。

Q インドで英語を理解する技術者が多いのはなぜか？

インド人は意志疎通(そつう)が大変です。君たちはとりあえず日本語がわかれば友達にはなれますよね。ところが**インドの場合は非常に多くの言語がある**。公用語を指定するにしろ，大変です！

そこでまずは人口の約 **40%がヒンディー語**を話せるので，**公用語をヒンディー語**にした。公用語というのは議会など正式な場所や正式な文書で使う言語のことです。

日本や韓国などのように，国民がほぼ全員同じ言語で日常生活を送っている場合には，公用語は1つだけのほうが便利なのですが，**多言語国家**の場合にはそうはいきませんね。ヒンディー語のほかに何百もの言語があるわけだから，ヒンディー語をしゃべれない人にとっては不利な社会になってしまいます。

そこで各民族の共通語，**準公用語**として**英語**を学校教育によって習得させようということになりました(**ヒンディー語と英語はほぼ対等の関係にある**んですね)。参考までに，独立当初は英語も公用語だったんですよ。でも英語ばかり普及して(ヒンディー語より易しい)，ヒンディー語の普及が鈍(にぶ)りそうだったので，準公用語に格下げになっちゃったのです。

われわれも中学～高校と英語を習ってきたけど，日常生活で英語を使わないと生きていけない社会ではないですよね。例えば，隣の人に「悪いけど，地図帳を貸して！」と言いたいときに，「うーん，この人はいったい何語で話しかければ，理解してくれるかなぁ？」なんて考える必要ないでしょ？ 躊躇(ちゅうちょ)なく，日本語で話しかけますね(笑)。

ところがインドの場合は，あまりにも多くの言語が存在するので，各民族の共通語として英語を使わないと，意思の疎通が難しかった。

英語を選んだ理由の1つには，**イギリス領**だったことも関係しています。また，ヒンディー語，英語以外に20以上の**憲法公認語**があります。その結果，インドには，英語を理解できる技術者や労働者が多くなったので，イギリス，アメリカ合衆国，日本など**先進国の企業が進出**するのに適切な条件を備えることになりました。

コンピュータ・ソフトウェア産業の隆盛

さらにインドは，独立後から「**貧困からの脱却(だっきゃく)**」を目標に，**教育に力**

を入れ，人材の育成に励みます。特に**数学**にものすごく力を入れた！ 教育というのは時間と費用がかかるので，後回しにされる傾向があるのですが，インドは違ったのです。将来のインドのために，思い切って子供たちに投資しました。だから数学が得意なインド人が多い。

もちろん，日本ほど豊かではないインドの高校就学率は50％ほどだし，君たちのように60％近くの高校生が大学に進むわけではない。でも，**総人口が多いから，英語と数学ができる人の絶対数は多く，理工系大学の卒業生もかなり多い**のです。

これが，**1990年**以降，インドにおける**ICT**(**Information and Communication Technology：情報通信技術**)**産業**発展の大きな原動力となったのです。

1990年代にインターネットが普及するようになると，先進国から遠く離れた**発展途上国でもコンピュータ・ソフトウェア産業の立地が可能**になりました。リアルタイムで仕事の発注(データの送信)や納品(製品の納入)ができるからね。

特にインドには**アメリカ合衆国のソフトウェア産業が多数進出**しています。さて，どうしてかな？

ヒントは，**インドの中央部を通過する経線が80°E**，**アメリカ合衆国の中央部を通過する経線が100°W**であるということ。これ以上のヒントはなし(笑)。さあ，地理的思考力を使って考えてみて！ おっ，わかった人もいるみたいだね。

(100°W ＋ 80°E)÷15 ＝ 12

つまり，**インドとアメリカ合衆国の時差はちょうど12時間**なのです。つまり，アメリカ合衆国の夜，インドに仕事を発注すると，受け取ったインドでは「朝」！ ということは，アメリカ合衆国の企業がインドに子会社を出せば，**24時間体制で生産や販売が可能**になるのです。画期的！

このようにして，ソフトウェア産業などICT関連の先端産業がインドには多数立地するようになりました。特に，**デカン高原南部**の**バンガロール**を中心とする「**インドのシリコンヴァレー**」と呼ばれる地域は，**エレクトロニクス産業の集積地**として有名ですよね。

このほか，**首都**の**デリー**や**人口最大都市**の**ムンバイ**にもソフトウェア産業が立地しているんですよ。ソフトウェアや各種コンテンツの輸出先は，やっぱり英語圏の**アメリカ合衆国**とイギリスが多いですね

食生活の地域差　**選択肢④**

ちょっと長くなりましたが，①～③が正しいので，最後の④が間違っているんだろうね。「**欧米化の進展とともに伝統的な価値観が崩れ**」——これは，どこの世界でもありますね。日本でもそうだし，伝統文化を重んじる韓国や中国だって。欧米諸国が経済力の面で世界をリードしてきたため，衣食住にわたってその影響を受けています(世界中の人がジーンズやＴシャツを愛用している)。

世界の各地域で営まれていた**伝統的な食生活**は，基本的に**地形**，**気候**，**土壌**などの**自然環境の違いが反映**しています。つまり居住地域周辺で狩猟・採集・耕作が可能なものを食料として手に入れてきたのです。

また，**宗教**も食文化に影響を与えてきました。**イスラム教**では，**豚**は「**不浄**(ふじょう)」であるとされるため，豚肉を食べることは**禁忌**(きんき)(**タブー**)であるし，**ヒンドゥー教**でも**牛**は「**神聖**」な動物であるため，インドでは牛肉を食べず，さらには**輪廻転生**(りんねてんしょう)の教えから肉食をしない**菜食主義者**も多いです(国民の40％近くいるらしいです)。

日本，中国，欧米などは食べ物に関する規制は緩やかなので，あまり実感がないかもしれないけど，君たちも将来，留学したり，いろいろな国の人と会食する機会もあるでしょうから，衣食住の文化の違いについても理解が必要ですね。

選択肢の文に戻りますが，インドの「農村でも人々の食生活が肉食中

《1人1日あたり食料供給量》 (2013年：単位g)

バランスがとれた日本型食生活　＊インドでは1人当たりの肉類供給量が極めて少ない！

国名	穀物	いも類	野菜	肉類	牛乳・乳製品	魚介類
日本	311	84	280	143	197	133
中国	413	188	968	177	89	94
韓国	408	57	564	186	80	145
インド*	407	84	243	11	232	14
タイ	372	64	141	83	80	68
アメリカ合衆国	289	154	312	317	698	59
イギリス	317	285	266	229	636	57
フランス	349	148	267	254	661	92
ドイツ	304	168	255	238	709	34
イタリア	433	105	353	237	676	69
エジプト	691	112	531	93	163	61
エチオピア	412	222	49	23	121	1
アルジェリア	596	177	454	62	388	11
コンゴ共和国	176	728	103	87	29	72
ブラジル	318	153	141	274	409	30
アルゼンチン	338	120	189	309	534	19

モンスーンアジアでは穀物の供給量大！

韓国・日本・中国の供給量大！

欧米の供給量大！

内陸国

アフリカの熱帯地域では，キャッサバなどのイモ類を主食に！

アルゼンチンはヨーロッパ系白人が大部分だから欧米型食生活！

『世界国勢図会』により作成。

〈表2〉

心に変わってきた」というのはどうでしょう？　これはおかしいですね。確かに，都市部では欧米の多国籍企業などの影響で**欧米化**も進んでいますが，**農村部は伝統的な生活を営んでいる人が多い**はずです。

しかも，インドにはヒンドゥー教の背景に**輪廻**（りんね）**思想**という考え方があるよね。人間は死後，他の生き物に生まれ変わる。その生き物が自分の親やおじいさん，おばあさんの生まれ変わりだったりしたら，うっかり食べたらまずいです！

輪廻思想の影響で，**不殺生**（ふせっしょう）**主義をとる人が多く**（**菜食**），これは農村部ほど顕著（けんちょ）になります。もちろん，都市部では変化も見られ，肉食をす

る人も少しずつ増加しているけど，「肉食中心に変わってきた」というのは明らかに言い過ぎだよね。だから，

インドでは肉類の1人当たり消費（供給）量は少ない

乳製品の消費量は多いのに不思議だね！ したがって④が予想どおり誤っています。あくまでも1人当たりなので注意してくださいね。

最後に，インドの独立から近年の経済発展までの大きな流れを説明してインドを終わります。

4 インドの経済発展

イギリス領だった南アジアは，**ヒンドゥー教徒が多いインド**，**イスラム教徒が多いパキスタン**（1971年に**バングラデシュ**が分離独立），**仏教徒が多いセイロン**（**現スリランカ**）というように，**宗教ごとに分かれて独立**したっていう話は，どこかで聞いたことがあるんじゃないかな。

1947年に，イギリスから独立したインドは，当初計画経済を一部導入する**混合経済体制**（**基幹産業を中心に国有化**を図るが，インドの民族資本であるタタ財閥は国有化を免れた）をとりつつ，**国内市場をターゲットにした輸入代替型工業化**を推進していったのです。最初はよかったのですが，やっぱり競争原理が働かないため，1960年代になると，だんだん国民の勤労意欲が低下し，経済全体が停滞し始めました。

ところが同じ人口大国でライバルの**中国**は，**1978年に計画経済から一部市場経済を導入する改革・開放政策に転換を図り**，**経済成長**をし始めます。さすがのインドもこれには焦りを感じてしまいました。

俺たちもこういう風に感じることってあるよねえ。今まで同じような境遇だった友だちが，やり方を変えた途端，成績が急上昇したら，「あれ？なんかやばいな！」って（笑）。

そこで，インドも**1991年**に意を決して大改革に踏み切ります。これが**経済開放政策**です。**国有企業を民営化**したり，**外資を積極的に導入**したり，**金融の規制緩和**などを積極的に実施し，**輸出指向型工業化**政策に転換を図りました。その結果，さっきも説明した**ICT**(**情報通信技術**)関連産業をはじめ鉄鋼業，自動車工業などさまざまな業種の成長が加速していったのです。

ブラジル，**ロシア**，**中国**と並んで**BRICs**(ブリックス)と呼ばれるほどの存在になっている！ すごいよねえ，日本の経済状況から見ると，うらやましい限りです(笑)。でも勘違いしないでくださいね。いくら**伸びは著**(いちじる)**しい**と言っても，**1人当たりGNIは2,000ドル**程度で，**アジアの中でもパキスタン，バングラデシュと並んで経済発展は遅れている国**なのです。**日本の1人当たりGNIは約40,000ドル**だということを忘れないように！

インドの人口

1979年に始めた中国の「1人っ子政策」も，2015年には廃(はい)**止**(し)**され，現在は「2人っ子政策」に転換しました。人口抑**(よく)**制**(せい)**には成功**したものの，**将来の急速な高齢化や若**(じゃく)**年**(ねん)**労働力の不足**などの弊(へい)害(がい)が危(き)惧(ぐ)された結果です。

中国に次ぐ人口大国である**インドの人口**はどうなっていくのでしょうね。独立直後の1950年のインドの人口ってどれくらいだったと思う？ 驚くなかれ，わずかに3億7,000万人しかいなかったんだよ！ もうちょっと驚いてよ(笑)。面白がったほうが記憶に残るし，力が付くと思うけどな。ということで，当時のインドの人口は現在のアメリカ合衆国の人口(約3.2億人)よりちょっと多いくらいだったのです。

それが今ではなんと**約13億人**で，**2030年頃には**(君たちが30代の頃）**中国を抜いて世界最大の人口大国になると予想されます**。インドも 1952 年から人口増加を危惧して人口政策を行ってきたのですが，厳しすぎたり緩（ゆる）すぎたりであんまりうまくいかなかった。背景には，**ヒンドゥー教の多産を尊ぶ考え方**，**貧困（ひんこん）家庭の労働力確保**，**不十分な教育**（**特に識字率（しきじりつ）の低さ**）などがあります。

現在は**家族福祉（ふくし）プログラム**と呼ばれる家族計画を推進しているので，

整理とまとめ⑥ 南アジア諸国のまとめ

国　名	人口（万人）	1 人当たり GNI（ドル）	主な言語	主な宗教	特　色
インド	136,642	**1,902**	**ヒンディー語***，**英語**（準公用語），その他 21 の憲法公認語	**ヒンドゥー教**（**81%**），イスラム教（13%），キリスト（2%）	独立後は，**混合経済体制**の国営企業中心の工業化。**1991 年以降経済開放政策**に転換し輸出指向型工業を進める。BRICs として注目。
パキスタン	21,657	**1,619**	**ウルドゥー語***，**英語***	**イスラム教**（96%）	パンジャブ人，パシュトゥン人，シンド人などから成る**多民族国家**。インドと**カシミール問題**。
バングラデシュ	16,305	**1,556**	**ベンガル語***	**イスラム教**（90%）	**ベンガル人が 98%**を占め，単一民族国家的な性格。
ネパール	2,861	858	ネパール語*	ヒンドゥー教（81%），仏教（11%）	**ヒマラヤ山中**にあり，農業と観光業が主な収入源。
スリランカ	2,132	4,064	**シンハラ語***，**タミル語***	仏教（70%），**ヒンドゥー教**（15%）	多数派の**インド・アーリア系シンハラ人**（**82.0%**）と少数派の**ドラビダ系タミル人**（**9.4%**）が対立。
ブータン	76	2,927	ゾンカ語*	チベット仏教（74%），ヒンドゥー教（25%）	農業が経済の中心。水力発電によりインドへ電力を輸出。経済発展だけでなく国民総幸福量（GNH）を主張。
モルディブ	53	11,347	ディヴェヒ語*	イスラム教	水産業（マグロ漁）と観光業が経済の中心。**海面上昇に伴う国土の水没**を危惧。

統計年次は，2017 ～ 2019 年。*国語または公用語

徐々に出生率は低下していますが，中国などと比べるとまだ高い数値を示しているのです。日本のように人口減少で苦しんでいる国があるのに，インドやアフリカ諸国のように人口増加で困っている国もあるのは皮肉ですね。

これで，モンスーンアジア地誌の重要なポイントが終わりました。調子はどうですか。ちょっときつくても，ここまでこれたらもうかなり力がついてるから大丈夫だよ！

解答 [問題9]④

第4回 西アジア・中央アジア

乾燥アジアの国々

ここまで**東アジア**，**東南アジア**，**南アジア**──つまり**モンスーンアジア**の学習をしてきましたが，今回はモンスーンの影響が少ない**乾燥アジア**について実力アップを図りましょう。

1 西アジア

まずは，次の図を見てください。

図解 西アジアの主な国々

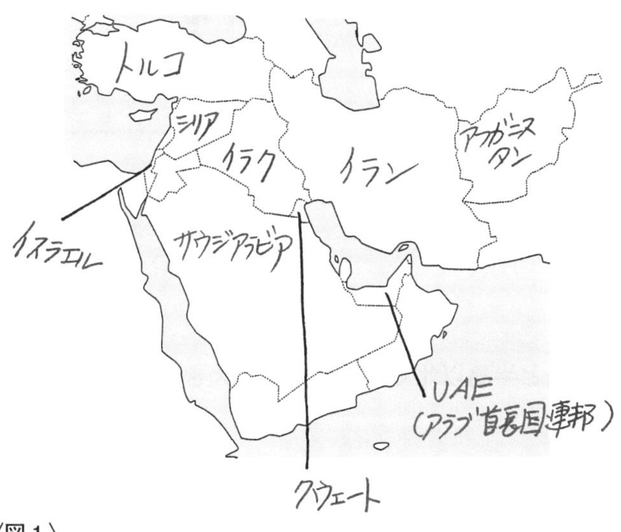

〈図1〉

西は**トルコ**から東は**アフガニスタン**までの範囲を本書では**西アジア**とし，**中東**とほぼ同じ意味で使用します(アフガニスタンを南アジアに含む場合もあるし，中東には北アフリカを含む場合があるなど，厳密な区分ではない)。

西アジアの自然環境

最初に地形環境の説明をします。西アジアは**地形も気候もとてもシンプル**なため学習しやすい地域だから，ここでは完璧を目指して勉強しよう！

整理とまとめ⑦ 西アジアの地形

〈図２〉

アラビア半島と半島以北では地体構造が大きく違っていることに注意しましょう！

アラビア半島はかつてのゴンドワナランドの一部で大部分が**安定陸塊**に属しています。全体的に**高原状**の地形ですね。一方，半島以北は**アラビアプレート**と**ユーラシアプレート**の衝突によって形成された**新期造山帯**で，ヨーロッパから東南アジアに続く**アルプス=ヒマラヤ造山帯**の一部を成しています。

具体的には**トルコ**の**アナトリア高原**〜**イラン**の**ザグロス山脈**(余談で

すがざくろの語源です)やイラン高原がこれにあたり，高峻(こうしゅん)な山脈や高原が東西に連なっています。その間には外来河川のティグリス=ユーフラテス川が形成する沖積(ちゅうせき)平野(イラクのあたりで，メソポタミア平原と呼ばれています)があるのを忘れないようにね！

整理とまとめ⑧ 西アジアの気候

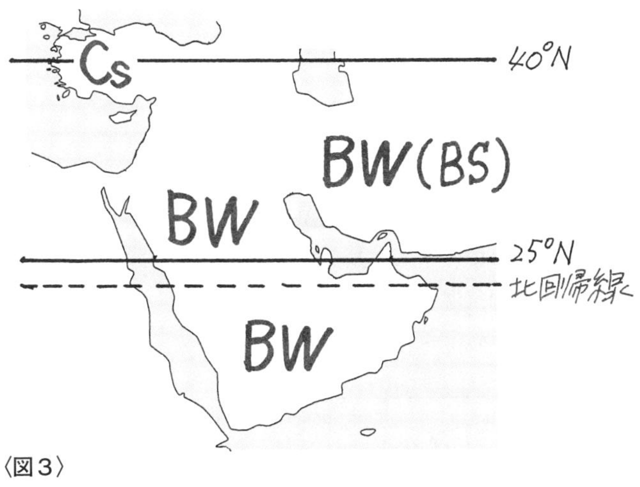

〈図3〉

西アジアの**緯度**を確認しましょう。アラビア半島のほぼ中央部を**北回帰線**(23°27′N)が通過していることに気づきますね？ ということは，年間を通じて**亜熱帯高圧帯**の影響を受ける**BW(BS)**が分布しているはずです。

アラビア半島全体に**アラビア砂漠**(北の**ネフド砂漠**，南の**ルブアルハリ砂漠**)が広がり，イラクからイランにかけても**BW～BS**が分布していることに注意しましょう！ ちなみに**イラクの首都バグダッドはBW，イランの首都テヘランはBS**です。

ここでおしまいといきたいところなんですが，**トルコからイスラエル**

を見てください。**地中海**に面していますよね？　ということは……そうですね。**Cs（地中海性気候）**が分布しているはずです。

> 西アジアの大部分はBS～BWが分布するが，**地中海沿岸**にはCsも分布

実はこのあたりで**小麦**が生まれ，さらに**ヨーロッパ**に**伝播**（でんぱ）していったのでしたね？　覚えてるかなあ。（①〈系統地理編〉第10回）

西アジアの都市の雨温図

問題10　西アジア各都市の月平均気温と月降水量

〈図B〉は，〈図A〉中のイズミル，キエフ，タシケント，リヤドのいずれかにおける月平均気温と月降水量を示している。タシケントに該当するものを，〈図B〉中の①～④のうちから一つ選べ。

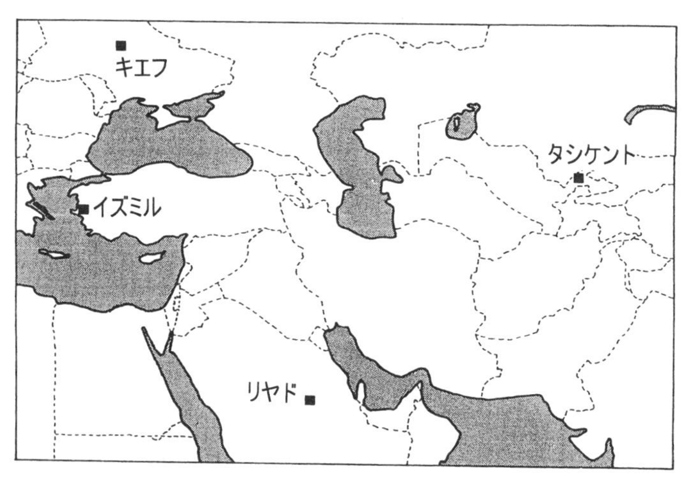

〈図A〉

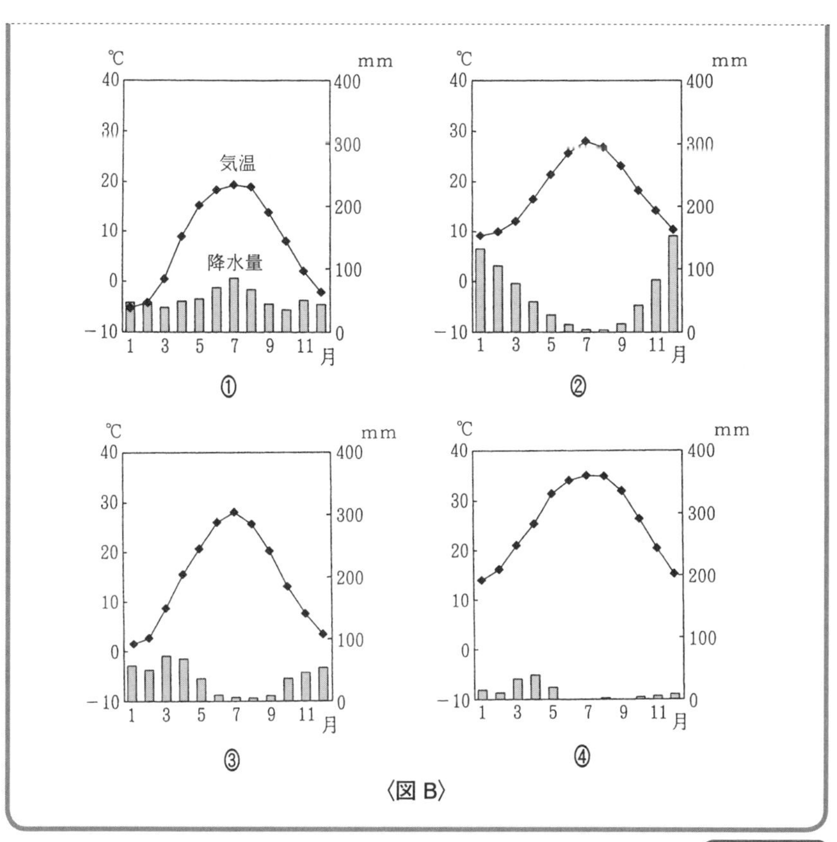

〈図 B〉

解答 p. 123

雨温図やハイサーグラフが出題されたら，まずは緯度に注目！
キエフはウクライナの首都でヨーロッパ！

まず，さっきの**図 3** にならって，**図 A** に**緯線**を入れてみましょう。**アラビア半島**の中央部を **25°N**，**小アジア半島**(トルコの大部分を占める)中央部を **40°N** の緯線が通過しています。

リヤド

図 A 中の**リヤド(サウジアラビア)**が**最も低緯度**にあるため，4 都市の中では最も気温が高く，しかも**亜熱帯高圧帯**の影響を 1 年中受ける緯度帯に位置するため，降水量も少ないことから④（**BW**）と判定できます。

キエフ

次に**キエフ**を見てください。キエフは**ウクライナ**の首都で，図中の都市では**最も高緯度に位置**していますね。つまり気温が最も低い①だと判定します。

ウクライナは**ヨーロッパに位置**していて，キエフは年間を通じて**偏西風**の影響を受けるため，**平均的な降水**が見られることが雨温図からわかりますね。緯度は**北緯50度**付近に位置し，**ロンドンやパリとほぼ同緯度**になりますが，**ロンドン**，**パリ**のように**Cfb**ではなく，**最寒月平均気温が－3℃未満**になり，大陸性の**Df**になります。

もちろんその理由はわかりますね？ **大陸内部に位置**するため，隔海度が小さいロンドン，パリなど北西ヨーロッパの都市より**偏西風の影響が弱まり，冬季の気温が低くなる**からです。

イズミル・タシケント

残るイズミルとタシケントの判定はやや難しいですね。ともにほぼ**北緯40度**付近に位置していますが，雨温図はそっくりです。さて，どこに注目したらいいでしょう？

こういう場合には**海洋からの距離**（**隔海度**）を判定のポイントにするといいです。**降水の源となる水蒸気の供給源は海洋**ですから。このように考えると，降水量の多い②が**イズミル**，内陸にあってやや降水量が少なく気温の年較差も大きい③が**タシケント**になります。

イズミルは**トルコ**の大都市，タシケントは中央アジアの**ウズベキスタン**の首都で，ともに**Cs**であることに注意しましょう。

中央アジアなのにCsが分布してるのが不思議でしょう？ 中央アジアって，実は**地中海とほぼ同じ緯度に位置**しているのです。**夏季に亜熱**

図解 西アジアの都市の気候

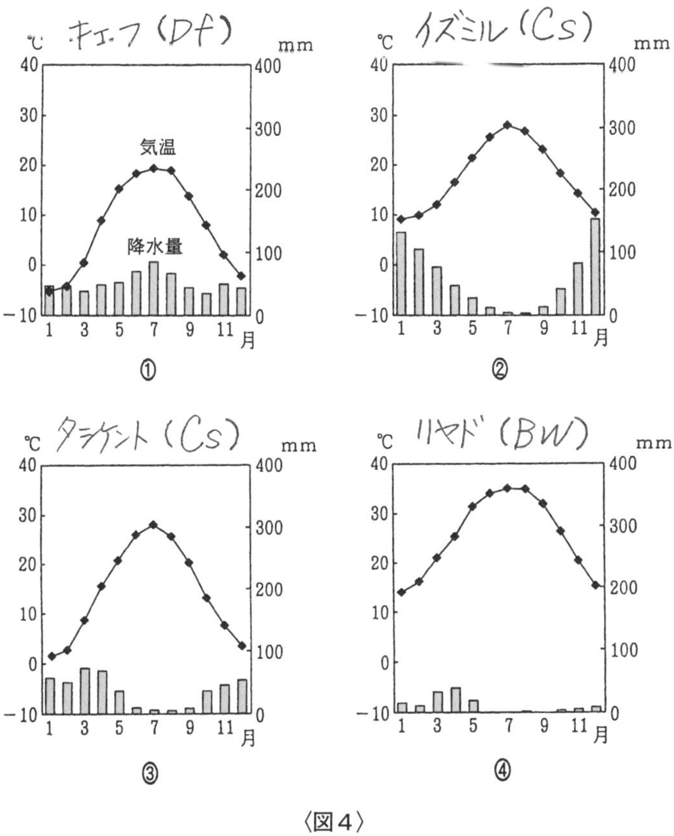

〈図４〉

帯高圧帯が北上し，乾燥します。**冬季には，ヨーロッパと同様に偏西風がわずかながら水蒸気を運んできてくれる**のです。

かなり内陸なのに，偏西風が到達するのにはわけがあります。**高峻**（こうしゅん）**なアルプス=ヒマラヤ造山帯は東西**にしか走っていないので（南北に走ると風をさえぎってしまう），山脈の間をすり抜けて，**東西に細長く Cs が分布**するのです。地図帳で見てごらん。相当面白いよ！

西アジアの伝統的生活

西アジアは大部分の地域がBW～BSの**乾燥気候**が広がっているということを話しましたね。このような厳しい気候環境のもとでは，モンスーンアジアで行われてきたような農業とは異なった形態の農牧業が発達することになります。それが**遊牧**と**オアシス農業**です（①〈系統地理編〉第9・10回）。

西アジアの人々の食生活

問題 11 乾燥地域における食生活

西アジアの乾燥地域において伝統的に生産され，広く用いられてきた食用油脂として最も適当なものを，次の①～④のうちから一つ選べ。

① 米ぬかから作られた油脂
② トウモロコシからつくられた油脂
③ 羊の脂肪およびバター
④ 豚の脂肪

解答 p.123

米・トウモロコシは温暖湿潤な気候を好む！
西アジアはイスラム圏だったよネ！

食用油は人々の生活にとって欠かせない食品で，植生が豊富な**湿潤**（しつじゅん）**地域**では，**作物から採油**（さいゆ）**した油**を使用してきました。**大豆**，**とうもろこし**，**菜種**（なたね），**ひまわり**，**落花生**，**オリーブ**，**綿実**（めんじつ），**油ヤシ**，**ココヤシ**などが代表的な油糧（ゆりょう）作物です（日本では菜種が一番人気！）。

ところが君たちも気づいているように西アジアは**乾燥地域**ですから，植物から採油することが難しい。そこで**動物性の油脂**（ゆし）を利用することになるのですから，解答は③か④になりますが，もちろんここでは遊牧の家畜として広く飼育されてきた③**羊の脂肪およびバター**が正解となり

ます。では，

Q 西アジアで豚の脂肪が利用されないのはなぜでしょう？

この質問は簡単です。豚はイスラム圏では飼育されていません！

そのとおりです。豚の脂肪が利用されないのは，西アジアで信仰されているイスラム教（イスラーム）に関係があります。

イスラム教では豚食がタブー

イスラム教の禁忌事項（忌み嫌われる事柄・タブー）に**豚食**があるのです。豚食はイスラム教だけでなく，**ユダヤ教**や**ヒンドゥー教**でも好まれないのですが，特にイスラム教徒の間では豚食の禁止はかなり忠実に守られています。したがって**西アジア地域では豚は飼育されず**，食されないわけですから，豚の脂肪も利用されないはずです。

このほかイスラム教の禁忌には，**飲酒**，**ギャンブル**，**女性の肌の露出**などがあり，日常生活で守られています。共通テストでも出題される内容なので，忘れないでくださいね。イスラム教については，①〈系統地理編〉の「宗教」（第20回）で確認しておきましょう。

石油産業

西アジアは多くの**異民族の交差点**にあたり（「文明の十字路」と呼ばれてきた），古くから優れた文化や学問を生み出してきましたが，産業の中心が**遊牧**や**オアシス農業**であったため，欧米で進展した産業革命以降の工業化に対しては大きく立ち遅れてしまいました。

しかし，再び脚光を浴びるようになったのが**石油資源**の存在です。①〈系統地理編〉第13回でも説明したように，**世界の原油の約50%が西アジアに埋蔵**されていることを思い出してください。

でも残念ながら，せっかくの石油資源も西アジアなどの発展途上国では自力で開発することができませんでした。石油開発には**巨額の資本と高度な技術が必要**だからです。

石油メジャーによる石油支配 vs 資源ナショナリズム

そこで現れるのが**石油メジャー**(**国際石油資本**)と呼ばれる**アメリカ合衆国**，**イギリス**，**オランダ**などの**多国籍企業**です。西アジアの国々はメジャーの手助けなしには石油生産ができなかったのです。

メジャーは極めて安い利権料を西アジア産油国に支払うことによって**石油産業を独占**し，安い価格で大量に販売し始めました(乱暴な言い方をすれば，ほとんどただ同然で仕入れたものを売るのですから，石油は当時，ある意味，不当に安かったと言っていい)。

産油国側はこれに対して，当然，疑問を感じるはずですよね。だって自国の資源を，先進国企業の思うがままに利用されてしまうばかりなのだから。

発展途上の産油国は，石油がどんどん枯渇(こかつ)していくのを見ているうちに，先行きの不安を感じ始めました。そこで「**資源ナショナリズム**」という考え方が高揚してくるのです。

「資源ナショナリズム」とは——
「自国の資源は自国の経済発展のために利用されるべきだ」という考え方

このような考えのもとに，イランのように**石油の国有化**にチャレンジした国もあったのですが，これは結局失敗に終わります(1951 年，イラン石油国有化事件)。

なかには**メキシコ**のように**石油国有化に成功**した(1938 年)国もありますが，相当な苦労を伴うのです。「国有化」というのは，油田や石油関連産業を自国のものにしてしまう――簡単に言えば，メジャーを追い出してしまうことです。

他の産油国もできれば**石油産業を国有化し，もっと多くの利益を自国のものにしたい**と思ってはいるのですが，イランの二の舞にはなりたくない(イランは国有化に失敗したため，再び外国企業の強力な支配を受けることになるのです)。

OPECとOAPECの設立

そんな経緯(けいい)もあって，単独でメジャーに対抗するのは難しいため，**1960年**，西アジアの産油国を中心に**OPEC(Organization of the Petroleum Exporting Countries：石油輸出国機構)**が設立されました。

あとで説明する「民族」にも関係するのですが，OPECに続いて，**1968年**にはアラブ諸国のみで**OAPEC(アラブ石油輸出国機構)**も設立されます(OAPECのAは**A**rabです)。これでメジャーと団体で交渉することができるようになりました。当初は，メジャーがリーダーシップをとりつつ，生産量・価格・利益の分配率などについて協議・決定したのですが，ついに歴史的な大事件が起きます！

石油危機

1973年，イスラエルとアラブ諸国による**第4次中東戦争**を契機に，産油国側は一方的に原油価格を引き上げ，親イスラエルの立場をとる国に対しては禁輸措置や輸出制限を実施したのです。**石油価格の高騰(こうとう)**に伴って社会や経済が混乱に陥った社会現象を**石油危機(オイルショック)**と呼んでいます。

さらに**1979年**には，**イラン革命**によって，従来は親米的な政権(パーレビー王政)であったイランに**イスラム原理主義**的(イスラムの教えに，

図解 原油価格の推移

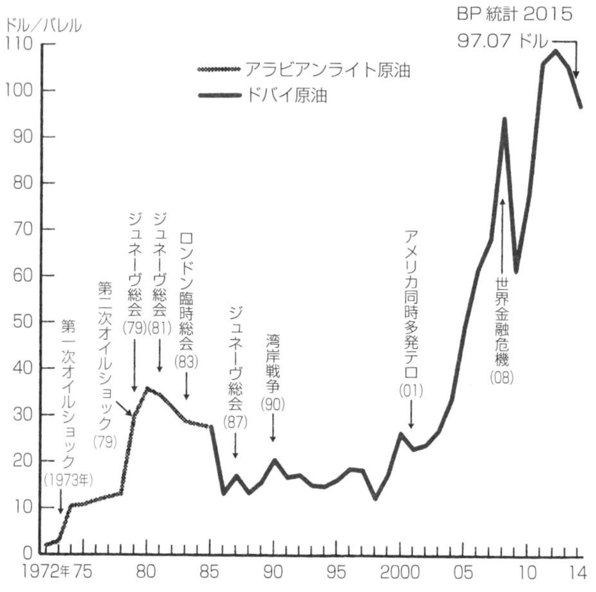

ドバイ原油…アラブ首長国連邦のドバイで産出される原油。アジアの原油相場の指標銘柄となっている。

〈図5〉

より忠実に従おうという考え方）な政権（ホメイニ政権）が成立したため，メジャーがイランから撤退（てったい）するという事件が起きました。そのため，当時も世界的な産油国であったイランの産油量は激減し，**再び石油価格が高騰（こうとう）**したのです。これが**1979 年の第 2 次石油危機**です。

2 度の石油危機によって，**産油国側には多額のオイルマネーが流入**したため，経済活動が活発になりました。さらにこれまで工業らしい工業が発達していなかった西アジアの国々でも**石油精製工場**や**石油化学工業**などが立地するだけでなく，港湾や道路などの**インフラ整備**によって**外国企業の進出**も見られるようになったのです。

また，**サウジアラビア**や**クウェート**など人口が少ない産油国には，**高**

所得と雇用機会を求めて周辺諸国から**外国人労働者**(**男性**労働者が中心)**が多数流入した**のもこの時期を境にしてです。発展途上国の中でも，西アジア産油国の生活水準が高いのも理解できますよね。

ただし近年は，将来の石油枯渇が予測されるため，**脱石油産業**の動きも見られます。特に産油量や埋蔵量が少ない国で，この動きが顕著ですね。例えば**アラブ首長国連邦**(**UAE**)の**ドバイ**，**バーレーン**，**カタール**などです。ここでは，近年発展が目覚ましいドバイについて説明しておきましょう。

産油国の脱石油産業へのチャレンジ

さっきもちょっとだけ話しましたが，**原油埋蔵量が多く，産出量も世界最大級**の**サウジアラビア**でさえ将来の原油枯渇を危惧しているのですから，他のアラブ諸国にとっては，もっと深刻な問題です。

まだ石油収入があるうち，そのお金を有効に使って，**石油に頼らない産業**を起こさなくてはならない。そういう思いから，**アラブ首長国連邦**(**UAE**：**アラブの7君主国からなる連邦国家**)の**ドバイ**は沖合を埋め立てた人工島(上空から見ると，まるでヤシの木がいっぱい生えてるみたいな眺めだ。パームジュメイラが有名だね)を中心に，**国際ハブ空港**や物流の拠点となる**大規模港湾施設**を建設し，**運輸サービス**に力を注いでいます。

ドバイの気候は**BW**です。砂漠気候って暑いけど，エアコンさえあれば屋内は快適で，海では1年中泳げますよね。それから毎日カラッと晴れてるわけだから，季節を問わず観光客を呼ぶことができる。これってリゾート地としては最高の条件じゃないかな。

ということでホテル，商業施設がどんどん建設され，**観光地**としてもかなりメジャーなところになってきた。さらに最近は，**国際金融センターや先端産業も誘致されるようになり，西アジアの一大経済拠点になりつ**

つあります。これを横目で見ていたカタール，バーレーンなどの小国も右へ倣(なら)えという状況です。世界は目まぐるしく変化しています。

OPEC 加盟国

問題 12 OPEC 加盟国と位置

次の図中の A ～ D のうち OPEC に加盟していない国を，下の①～④のうちから一つ選べ。

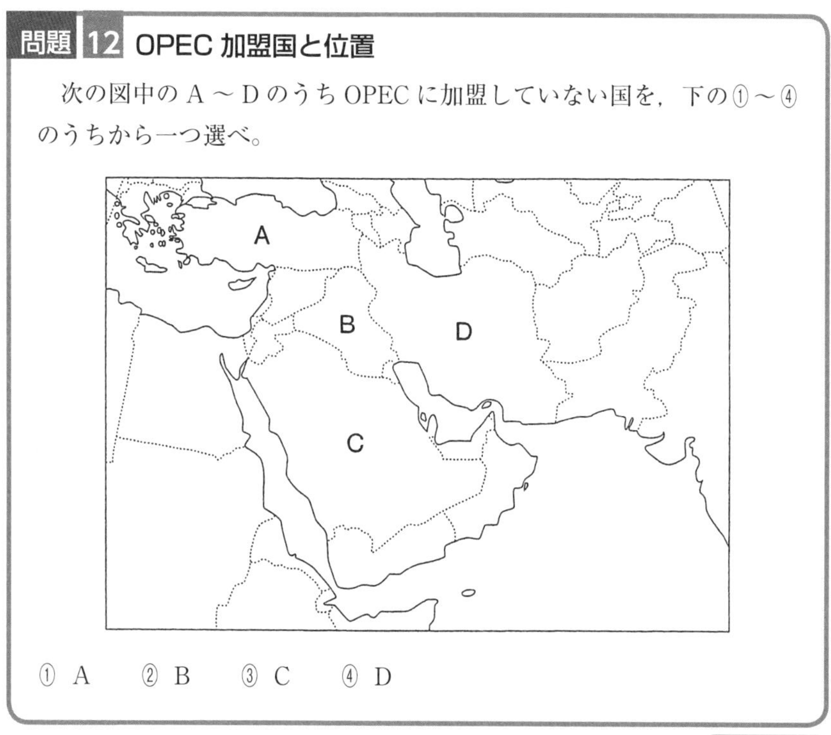

① A　② B　③ C　④ D

解答 p.123

OPEC は石油輸出国機構のこと。
西アジアの OPEC 加盟国は，サウジアラビア，イラン，イラク，クウェート，UAE のみ。

OPEC 加盟国は覚えておいたほうがいい。まず，図中の国名を判定してください。細かい知識は共通テストでは必要ないけど，**国名と位置は絶対に重要**だって話をしてきたよね！

図解 西アジアの OPEC 加盟国

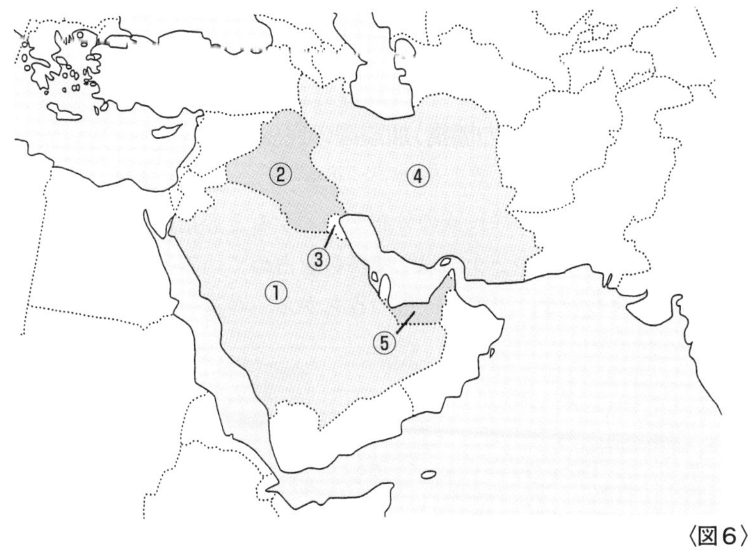

〈図6〉

①サウジアラビア　②イラク　③クウェート　④イラン
⑤UAE(アラブ首長国連邦)
＊このほかの OPEC 加盟国は，リビア，アルジェリア，ナイジェリア，ベネズエラ，アンゴラ，エクアドル，ガボン，赤道ギニア，コンゴ共和国の 14 カ国。

A は**トルコ**，B は**イラク**，C は**サウジアラビア**，D は**イラン**です(『実況中継』の読者は全員できたはず)。このうち OPEC に加盟していないのは①Aの**トルコ**です。まったく石油が産出しないわけではないですが，石油が主要産業ではありません。

残る3か国は石油の生産上位国で，特に**サウジアラビア**はロシア，アメリカ合衆国と並ぶ**世界最大の石油輸出国**です。**イラン**もイラン=イラク戦争後は産油量は安定し，石油の上位生産国ですね。**イラク**は，イラン=イラク戦争，湾岸戦争，イラク戦争と戦乱続きで，国連の経済制裁も受けていたため，**一時期は産油量が激減**していましたが，フセイン政権の崩壊後，石油生産は増加しています。

西アジア・中央アジアの民族分布

さあ，民族分布も重要なテーマですね。がんばって完璧にマスターしよう。

問題 13 ECO(経済協力機構)加盟国の民族

次の図は，ECO(経済協力機構)に加盟している国々を濃く示している。この組織の背景には民族の分布が関係するとも指摘されている。濃く示された地域の中の2か国以上で多数を占めている民族の組合せとして最も適当なものを，下の①～⑥のうちから一つ選べ。

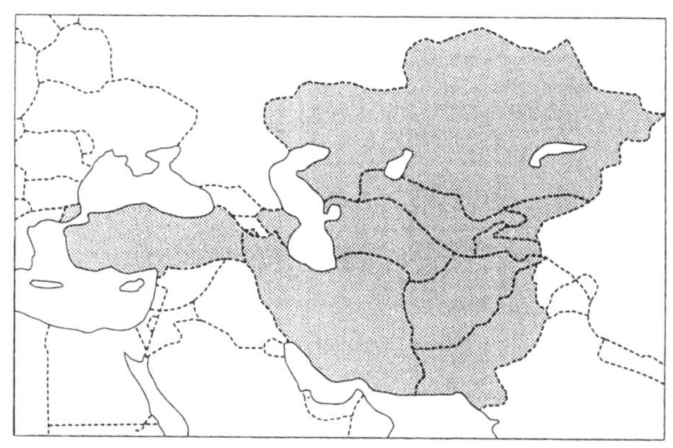

① アラブ系・イラン系　② アラブ系・スラブ系
③ アラブ系・トルコ系　④ イラン系・スラブ系
⑤ イラン系・トルコ系　⑥ スラブ系・トルコ系

解答 p. 123

西アジア・中央アジアの主要民族は，アラブ系，イラン系，トルコ系。
イランから東はインド=ヨーロッパ語族，イラクから西はアフリカ=アジア語族，トルコから中央アジアにかけてはアルタイ諸語。

まず，図中の国名をしっかり確認してください。すると**イラン**と**トルコ**が含まれていることがわかり，さらに**イラク**，**サウジアラビア**などの**アラブ諸国が含まれていない**ことがわかります。

したがって，図中の２か国以上で多数を占めている民族の組み合わせは⑤の**イラン系・トルコ系**であることが判定できますね。

図中には②④⑥にある**スラブ系**民族が多数を占める国は含まれていません。スラブ系とは，**インド=ヨーロッパ語族**の**スラブ語派**のことで，**東ヨーロッパからロシアにかけて居住**している民族です。間違えないようにね！おぼえる必要はありませんが，ECO(Economic Cooperation Organization：経済協力機構)という組織は，西アジア，中央アジアの非アラブ諸国から形成されています。

このような出題に対応できるようにバッチリ民族の説明をしておきます。

2 中央アジア

民族を説明する前に，図中の中央アジアについてはまだ説明をしていませんから，ここで少し触れておきましょう。

中央アジアの自然環境

中央アジアの自然環境をまとめてみましょう。中央アジアのいちばん西端には**新期造山帯**の**カフカス山脈**が位置し，その東側にはかつて地中海の一部であった**カスピ海**(**海跡湖**(かいせきこ))が広がっています。カスピ海の周辺は海面下ですが(**カスピ海沿岸低地**)，東に進むと広大な**カザフステップ**と呼ばれる台地状の平野があり，さらに東端には険しい**テンシャン山脈**(**古期造山帯**)や**パミール高原**が連なっています。

気候は，大半が**乾燥気候**(**BW～BS**)で，隔海度が大きく，険しい山脈に隔てられているため降水量が少ないです。古くから**遊牧**が行われてきましたが，カザフステップでは**肥沃**(ひよく)な**チェルノーゼム**を活かした**小麦栽培**(ソ連時代には，ロシアの農民が多数移住していた)，周辺地域でも

灌漑農業による**綿花栽培**などが行われています。しかし，過剰な耕作による土壌侵食や塩害，**アラル海の縮小**など深刻な環境破壊も生じています。

中央アジアの国々を支えているのは農業だけではありません。ソ連時代には，**バクー油田**(**アゼルバイジャン**)をはじめ，**カスピ海沿岸を中心に原油や天然ガスの開発**も行われてきました。しかし，ソ連解体後は，資本や技術の不足に悩んだため，日本など先進国の投資を積極的に受け入れることにより，生産の増加を図っているのです。

中央アジアの国々

図7に示してある国々のうち，中央アジア諸国といえば，

《中央アジア諸国》
カザフスタン・ウズベキスタン・トルクメニスタン・
キルギス・タジキスタン

＊カフカス山脈南側の**ジョージア**(グルジア)，**アルメニア**，**アゼルバイジャン**(カフカス諸国)も中央アジアだが，本書では，ロシアと周辺諸国で解説する。

この5か国を指しています。大部分が**乾燥気候**に属し，すべて社会主義国として**ソ連**に加わっていました。自然環境は西アジアと同様に**乾燥地域**が卓越していて，古くから**遊牧**や**オアシス農業**などが行われてきましたが，近年は**石油**や**天然ガス**の開発が進められています。ソ連解体後は，ロシアとともに西アジア諸国との連携も深めようとしています。詳しくは，ロシアと周辺諸国のところでやりましょう。

図解 西アジア～中央アジアの国々

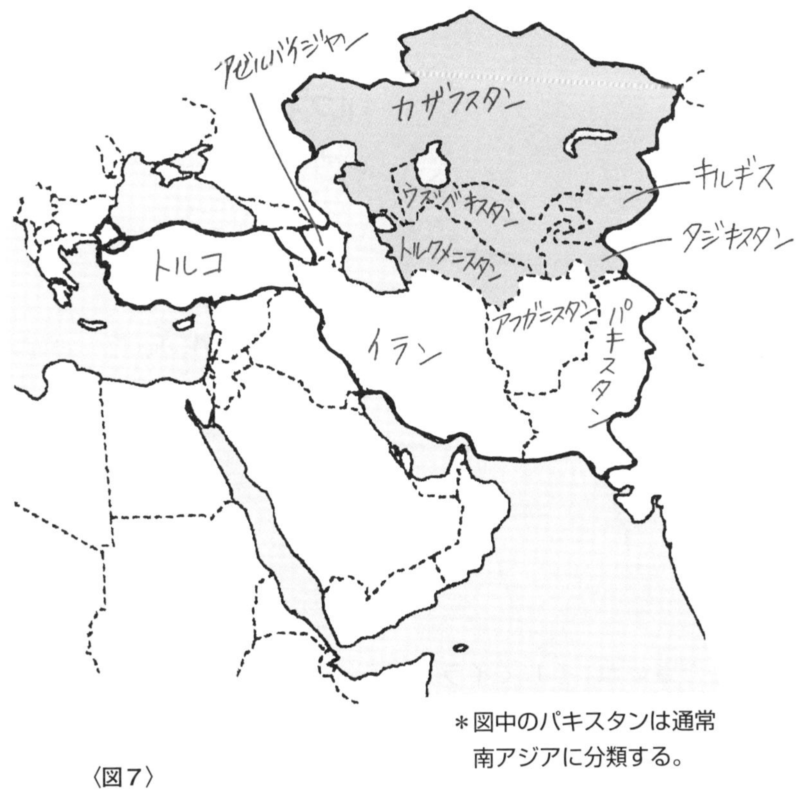

＊図中のパキスタンは通常南アジアに分類する。

〈図７〉

民族の分布

では，お待ちかね，西アジアと中央アジアの**民族分布**について説明しましょう。まず，次ページの**図８**中の**イランとイラクの国境線**（赤い線）に注目してください。このラインがおおよそ**アフリカ=アジア語族**と**インド=ヨーロッパ語族**の**境界線**にあたります。

アフリカ=アジア語族は**イラク**から**北アフリカ**に至る地域に分布し，その大半は**アラブ民族**です。ただし，**イスラエル**は同じアフリカ=アジア語族でも，**ヘブライ語**を使用する**ユダヤ民族**に属していることを忘れ

図解 西アジア〜中央アジアの民族分布

〈図8〉

ないでくださいね。そして**イランからインド**にかけては**インド=ヨーロッパ語族**が居住しているのです。

さらに**トルコから中央アジア諸国**（タジキスタンだけはインド=ヨーロッパ語族です）にかけては**アルタイ諸語**が分布しています。

> **西アジア・中央アジア**は，アフリカ=アジア語系（アラブ系）民族・インド=ヨーロッパ語系民族・アルタイ語系（トルコ系）民族の接点にあたる

図8と同じことを，マーカーやペンを使って地図帳に記入しておいてください！

宗教の状況

宗教的には**イスラム教**(**イスラーム**)が広範囲に分布しているのですが，ひとことで「イスラム教徒が多い地域」とくくることはできない複雑な民族分布をしています。

イランとイラク

西アジアから遠い日本に住んでいると，「イランもイラクも似たようなもの。ともに**乾燥気候**が卓越し，**産油国**でしかも**イスラム教徒**が多い国！ しかも『ン』と『ク』が違うだけ！(笑)」となりがちですが，前述のように**民族が異なっています**。**イラン**は**インド=ヨーロッパ語系**の**ペルシャ語**を話す民族ですが，**イラク**は**アフリカ=アジア語系**の**アラビア語**を話す民族から成ります。

さらに宗教もイランはイスラム教**シーア派**，イラクは**シーア派とスンナ派が混在**しています。

	言　語	宗　教
イラン	ペルシャ語 (インド=ヨーロッパ語族)	〈イスラム教〉シーア派
イラク	アラビア語 (アフリカ=アジア語族)	〈イスラム教〉シーア派＆スンナ派

〈表1〉

イランとイラクは**1980～1988年**まで，**イラン=イラク戦争**を引き起こしました。直接のひきがねは両国の国境線である**シャトル=アラブ川をめぐる国境紛争**(ふんそう)でしたが，背景には当時，国内少数派の**スンナ派**が政権を握っていた**イラク**と**シーア派**が政権を握る**イラン**の主導権争いがあったと思われます。

イラク戦争(2003年)後，アメリカ合衆国はイラクの民主化のため経済的支援を行っていますが，**イランとアメリカ合衆国の関係はあまりよ**

第4回　西アジア・中央アジア　乾燥アジアの国々

くないので，貿易や援助について出題された際は，十分に注意してください ね。

トルコ

次に**トルコ**の説明をしましょう。トルコは**アルタイ諸語**の**トルコ語**を話す民族から成る国です。周辺の西アジアの国々と同様に**イスラム教徒**が多いのですが，サウジアラビアやイランとは少し異なった発展の仕方をしています。

イスラム教的な考え方では，キリスト教はイスラム教より不十分な宗教とみなされています。すると不十分な宗教を信仰している欧米諸国をモデルに近代化するのはおかしいということになりますよね？

そこでイランなどイスラム教に基づいた近代化を目指している国が多いのですが，トルコは「**政教分離**」を唱(とな)え，宗教はイスラム教を信仰す

図解 トルコの領土

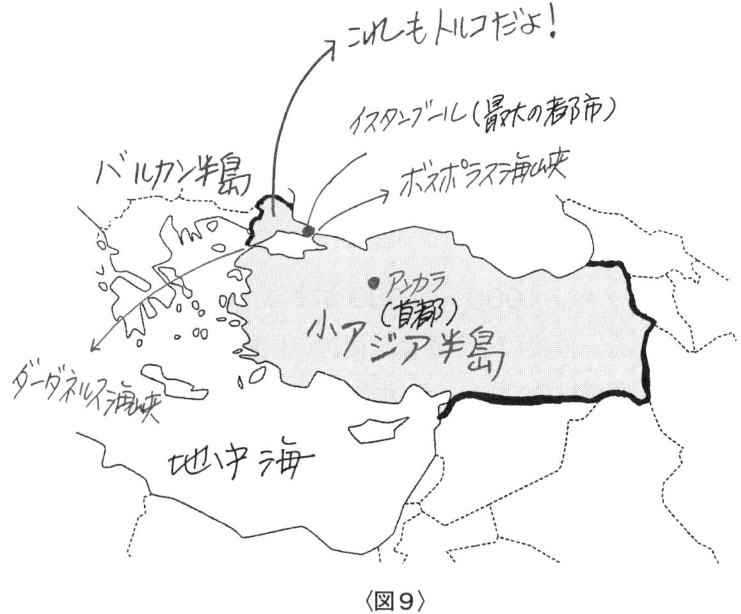

〈図9〉

るが，**ヨーロッパ型の近代化路線をとる**という割り切った考えをもっています。したがって，街並みも欧風で，人々のファッションもまるでヨーロッパの都市を歩いているような気分にさせられます。

OECD(**経済協力開発機構**：主に先進国が加盟)にも**イスラム圏で唯一加盟**しているし，EU 諸国から自動車メーカーなどの企業進出も活発で，**工業化**も進められています。

河合塾の塾生から「先生，トルコって教科書にはアジアの一部として記述されているのに，どうしてワールドカップではヨーロッパ予選に出場するのですか？」という質問を受けることがあります。もっともな質問です！ どうしてなんだろうね？

また，「トルコはどうして**EU に加盟申請**できるんですか？」という質問もあるなぁ。これも確かに！って感じですね。やはりトルコの意識としてはヨーロッパの一員になりたいのでしょうね。

その背景にはトルコの歴史や国土が関係しています。トルコはかつて**アジアにとどまらず，ヨーロッパ，アフリカにまたがる大帝国を形成**していたことがあります。現在はぐっと小さくなっていますが，それでも**図9**をよ～く見てください。

小アジア半島が国土の大部分を占めますが，**西端のバルカン半島の一部もトルコ**です。**バルカン半島はヨーロッパ**なんですね。**トルコ最大の都市**で，経済の中心地でもある**イスタンブール**も，**ヨーロッパとアジアを隔**(へだ)**てるボスポラス海峡**に面しています。

アジアとヨーロッパの境界にはいくつかの考え方がありますが，本書では**ウラル山脈**～カフカス山脈～**ボスポラス海峡**～ダーダネルス海峡とします。つまり，

> トルコの国土はアジアとヨーロッパにまたがっている

クルド人問題

問題 14 西アジアの民族問題

図中のP地域付近には，ある民族が居住している。この民族は自治・独立を要求しているが，難民となっている人々も多い。この民族名として正しいものを，次の①～④のうちから一つ選べ。

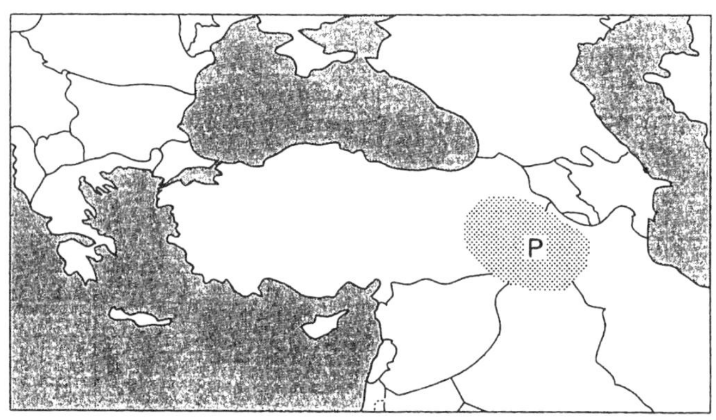

① アルメニア人　② クルド人
③ チェチェン人　④ パレスチナ(パレスティナ)人

解答 p.123

Pはトルコ，イラク，イランの国境付近。
アルメニア人とチェチェン人はカフカス地方。

図中のPは**トルコ**，**イラク**，**イラン**などにまたがる地域です。この地域は**クルディスタン地方**と呼ばれ，**イスラム教**を信仰する**インド=ヨーロッパ系**の**クルド人**が居住しています。人口は3,000万人以上いるといわれていますが，**独立を達成できていない民族**です。

西アジアの国々は**乾燥地域**であることもあって人口がさほど多くない国が多数あります。例えば**アラブ首長国連邦**は約1,000万人，**クウェート**は約420万人，**サウジアラビア**にしても約3,400万人程度なのです。

Q これだけの人口を抱えるクルド人がなぜ独立国を形成できないのでしょうか？

これは古くからオスマントルコなど周辺の強国やヨーロッパ列強による支配を受け，**民族の分布を無視した国境線が引かれた**ことが原因です。しかもトルコ，イラクなどで**少数民族として弾圧**（だんあつ）される一方，イラン=イラク戦争など紛争（ふんそう）の際には，相手国に対する脅威（きょうい）となるように相手国のクルド人を援助するなど，各国によって**政治的に利用されてきた**ため，クルド人同士の中にも対立が生じてしまったのです。

また，湾岸戦争の際には，イラクのクルド人がフセイン政権に対して反乱を起こし，政府軍の報復（ほうふく）を恐れるクルド人が周辺諸国に**難民**となって流出するなどの事件も起きました。現在でも**独立や自治を求める運動**が続けられています。

したがって，設問の答えは②の**クルド人**になります。

①の**アルメニア人**は，**カフカス地方**のアルメニアを中心に居住する**インド=ヨーロッパ語系**の民族で，**キリスト教のアルメニア正教**を信仰す

図解 クルド人の居住地域

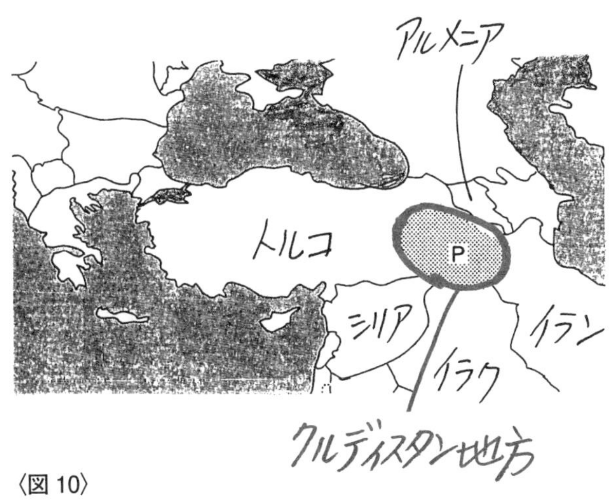

〈図 10〉

る人が多いです。隣国の**アゼルバイジャン**(**アルタイ諸語**, **イスラム教**)とは古くから民族問題をかかえていて，アゼルバイジャン内の**ナゴルノカラバフ自治州**は**アルメニア人自治区**でその帰属を巡(めぐ)って対立してきました。

③の**チェチェン人**は**ロシア連邦**内の**チェチェン共和国**を中心に居住しています。カフカス系の**イスラム教徒**で，**ロシアからの分離独立運動**が続いています。

④の**パレスチナ人**は現在の**イスラエル**やその周辺地域に居住する**アラブ系**(**イスラム教**)の民族です。

イスラエルの建国とパレスチナ人

「パレスチナ人」が出てきたので，中東問題の中でも最も複雑で重要な**イスラエルとアラブ諸国の対立**について説明します。

君たちの中にもテレビを見ながら，

Q イスラエルとアラブ諸国はなぜあんなに仲が悪いんだろう？

とか，「いったい何が起こっているんだろう？」という疑問を抱いている人がいますよね？ 国際人として世界に羽ばたこうという君たちがそんなことではまずいので，ここではちょっと詳しめに話をしておきます。

話は遠く紀元前にさかのぼります。

今から2000年以上前に，**パレスチナ**(**カナンの地**と呼ばれていました)にユダヤ人の国家が成立しました。しかし，ローマなど強国に滅ぼされ，さらには反乱を起こしたため，世界中に追放されることになります。

離散したユダヤ人は世界各地で生活を営みながら，中には**経済的に成功し，各国の経済に影響力を持つ者も現れ，ユダヤ系の大企業も多く生まれるようになりました。**

19 世紀になると，**もう一度ユダヤ人の国家を建設しようという**「**シオニズム運動**」がわき上がり，20 世紀には当時**イギリス**の委任統治領であった**パレスチナ**に，将来**ユダヤ人国家**を建国するという約束をイギリスからとりつけるのです。

しかし，パレスチナには古くから**イスラム教**を信仰する**アラブ人**も居住していました。アラブ人にとっては，「パレスチナにユダヤ人国家を建国する」などとんでもない話です。「俺たちの今までの 2000 年はなんなんだ！」ということになります。

紆余曲折あって，第 2 次世界大戦後，国連の仲裁によって**ユダヤ人国家イスラエル**と**アラブ人国家パレスチナ**の**分割決議案**が提案されますが，アラブ系パレスチナ人側はイスラエルに有利な条件であると，この案に反対します。そこでイスラエルは一方的に建国宣言(**1948 年**)をし，**パレスチナ人は周辺諸国へパレスチナ難民として流出**することになったのです。

中東戦争の勃発

そこでさっき君たちに説明した西アジアの民族分布図(p. 114)を思い出してください。**イスラエルの周辺はすべてアラブ諸国**なのです！ 同胞が苦しんでいるのを，アラブの国々は黙って見ているわけにはいきません。流入するパレスチナ難民の経済的な面倒もみなければならないので，**エジプト**や**シリア**を急先鋒として立ち上がり，**1948 年**に**第 1 次中東戦争**が勃発するのです。

この後，**1956 年**にはエジプトの**スエズ運河国有化事件**を発端として**第 2 次中東戦争**，**1967 年**には**第 3 次中東戦争**が起こり，イスラエルは次々と占領地を拡大していき(**ヨルダン川西岸**地区，**ガザ**地区，**ゴラン高原**など)，各地にユダヤ人の入植を進め，既成事実を作っていこうとしました。

そして**1973年**には**石油危機**のところで触れた**第4次中東戦争**が起こるのです。これまで連戦連敗だったアラブ諸国もここで巻き返しを図ります。石油収入と親イスラエル諸国への禁輸措置(そち)などを武器に劣勢を挽回(ばんかい)しようとしました。その後，大きな戦争は起こっていませんが，それでも各地で衝突やテロなどが勃発(ぼっぱつ)しています。

近年は，**PLO（パレスチナ解放機構）**をパレスチナ人の代表として，イスラエルとの間に話し合いがもたれ，**1993年には和平に合意**し，**1995年**からエジプトに近い**ガザ地区**と**ヨルダン川西岸地区**のイェリコで**パレスチナ人による暫定(ざんてい)自治**がスタートしましたが，真の和平への道はなかなか困難な状況にあります。

イスラエルは，産油国ではありませんが，アメリカ合衆国の援助（アメリカ合衆国にはユダヤ人の富裕層が多く居住）もあってかなり経済発展してきました。**OECD加盟国**だしね。**ダイヤモンド加工業**，医薬品や医療機器の製造を得意としています。

サウジアラビア

おしまいに**世界最大の石油埋蔵量**を誇る**サウジアラビア**について，ちょっと話をしておきましょう。

サウジアラビアは**西アジアで最大の国土面積**を有しています。その大部分は**砂漠気候**が占めているのですが，**ペルシャ湾岸**を中心に**大油田**が多数分布し**OPEC**，**OAPEC**ではリーダー的な存在です。

もともとは**ベドウィン**と呼ばれる民族が**遊牧生活**を営んできたのですが，石油の発見・開発はサウジアラビアの生活を一変させました。

さらに**1970年代**の**石油危機**による多額の石油収入（**オイルマネー**）はその変化に拍車をかけます。都市には次々と近代的なビルが建ち並び，

石油関連産業を始めとする工業化も進められ，道路や港湾など**インフラの整備**も実施されていきました。このため**多くの外国人労働者が出稼ぎにきている**という話を以前しましたね。

かつては遊牧生活を送ってきた人々も，石油収入によって潤った都市に仕事を求めて集まったため，**都市人口率も 80%**と高いです。

最後に，君たちは「**メッカ**」って聞いたことがありますよね。「**〜のメッカ**」というのは「〜の聖地」という意味で使われますが，**ムハンマドの生地であるメッカは，イスラム教最高の聖地で，巡礼の町です**。毎年，多くのイスラム教徒が訪れるのです。**首都リヤド**以上に，サウジアラビアの人々にとっては重要な都市なんですね。

これで西アジアは終わります。

解答　[問題 10] ③　[問題 11] ③　[問題 12] ①
[問題 13] ⑤　[問題 14] ②

第5回 アフリカ

自然環境と人々の生活 / 民族問題

今回の講義は**アフリカ**です。まず，アフリカ大陸の位置について確認しておきましょう。

1 アフリカの自然環境

アフリカ大陸の位置

図解 アフリカの緯度・経度

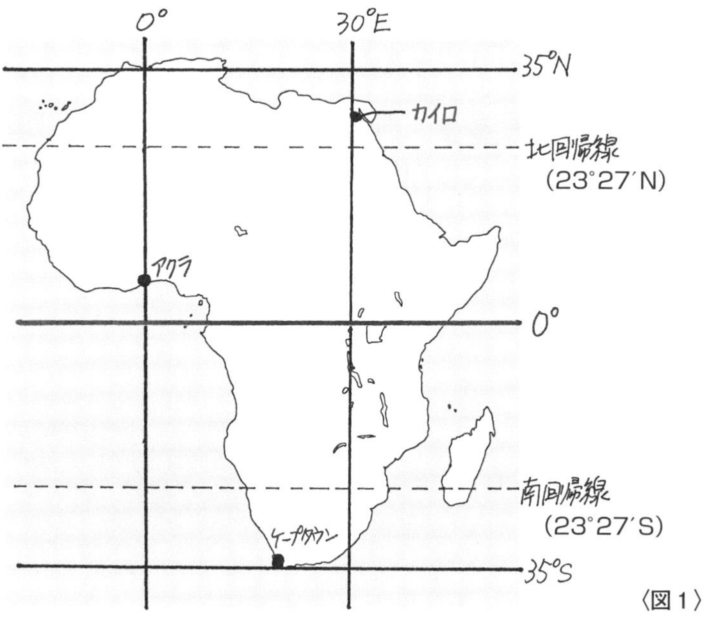

〈図1〉

地図帳を開いて，アフリカ大陸のほぼ中央部を走る**赤道をマーカーではっきりとチェック**してください。

ボールペンなんかじゃなくて，そのページを開けたら「わっ！」っていうくらいはっきりと君たちの目に「赤道」が飛び込んでくるようにしてね！ 赤道は**アフリカ最大の湖**である**ヴィクトリア湖の北**を通過しているはずです。

次にアフリカ大陸のほぼ北端と南端を通過する**南北緯度 35 度**(35 度がなかったらおよそ 30 ～ 40 度の間に線を引いてごらん)をマーカーでチェックしましょう。これで,

アフリカ大陸は赤道を挟んでほぼ南北に緯度 35 度の範囲に分布している

ということがわかりました。

次に**経度**をチェックしましょう。まずは,**ガーナの首都アクラ**を通過する**本初子午線**(**経度 0 度**)をチェックしてください。そしてもう1か所――**エジプトの首都カイロ**付近を通過する**東経 30 度**をチェック。これでおおよそアフリカ大陸の位置が理解できるようになったと思います。

位置関係をしっかりマスターしておくと,共通テストで出題が予想される経緯線に沿った**地形断面図**や**気候分布**を考えるときでも,すごいパワーになって君たちを応援してくれますよ。

では,**アフリカの自然環境**について見ていきましょう。

アフリカの地形

アフリカ大陸はかつて**アラビア半島**,**インド半島**,**南アメリカ大陸**などとともに巨大大陸である**ゴンドワナランド**の一部でした。もう君たちはこの話には「耳にたこができる～！」という状態でしょうけど(笑),アフリカ大陸の大部分は**安定陸塊**です。ということは,**火山や地震が少ない安定した地域**であるということですね。

図解 アフリカの大地形

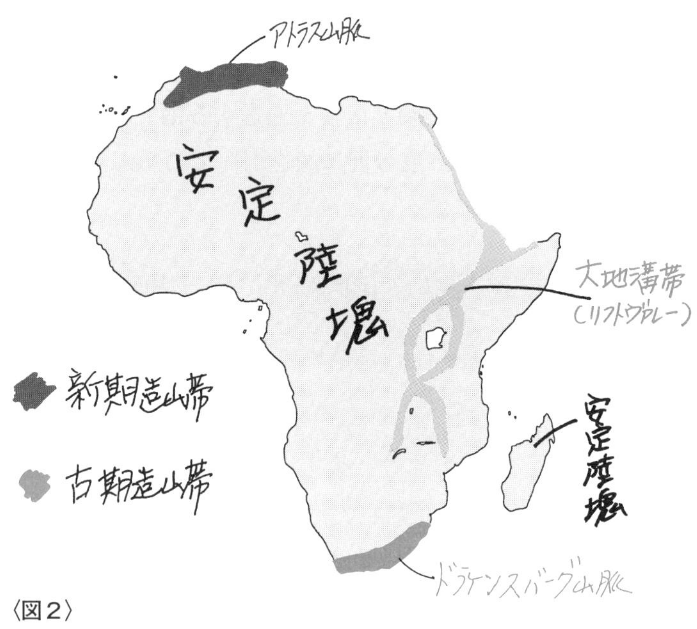

〈図2〉

比較的平坦ではあるのですが，**平均海抜高度が750m**で**高原状**の大陸になっているのが特徴ですから注意しましょう。

もちろん，安定陸塊ではない部分もありますよ。**北部**には**アルプス=ヒマラヤ造山帯**の一部で**新期造山帯**に属する**アトラス山脈**が，**南部**には**古期造山帯**に属する**ドラケンスバーグ山脈**が走っていますから忘れないようにしてください。

では，次，気候にいってもいいですか？ ……だめですよねえ。『実況中継』を読んでいる全員が「『**リフトヴァレー**』を忘れてます！」って俺に教えてくれるはず(笑)。

君たちの言うとおり，**アフリカの東部**には**プレートの**「**広がる境界**」にあたる**リフトヴァレー**(**アフリカ大地溝帯**)が南北4,000kmにもわたって通過しています。マジに断崖絶壁が目の前に迫り，**地球が裂けて**

図解 アフリカの主な地名

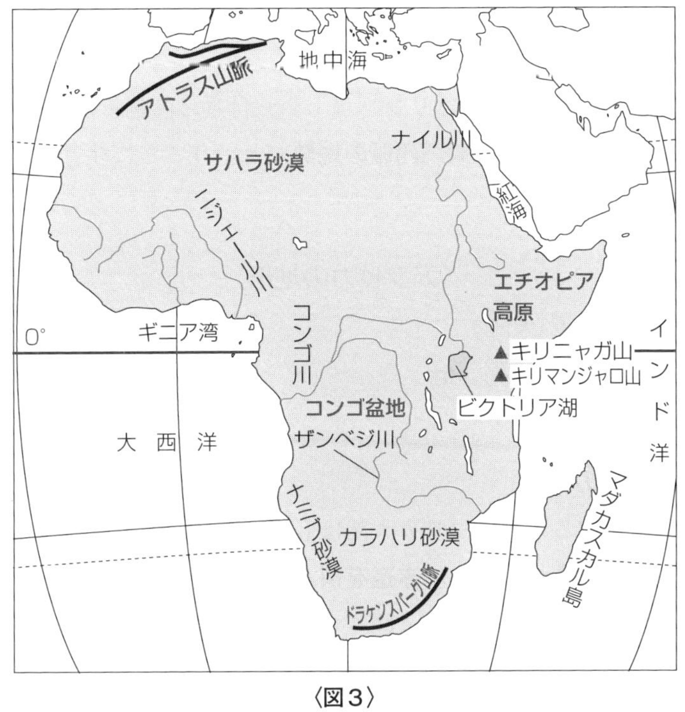

〈図3〉

る！ って感じです。

だから，リフトヴァレー沿いには**タンガニーカ湖**，**マラウイ湖**などの**地溝湖**が多く分布しています。

それからアフリカには活動が活発な火山は少ないという話をしましたが，**東部のリフトヴァレー沿いだけは例外**です。なんと **5,000m を超えるキリマンジャロ山**（**アフリカ最高峰**です），**キリニャガ**（ケニア）**山**などの**火山**が分布しています。キリマンジャロやキリニャガは赤道付近に位置するのですが，かなり標高が高いため，山頂付近には**山岳氷河**も分布しているのです！ きっとテレビや写真で見たことあると思うけどなあ。

でも近年この氷河も**地球温暖化**の影響を受け，消失の危機にあると言われています。長い時を超えて形成されてきた氷河なのに，なんだか切ないですねえ。

アフリカの地形の最後に，リフトヴァレー付近は隆起量が大きいので，**アフリカ大陸の横断面は東高西低の地勢**だということに注意してください。

《アフリカの地形》
① 高い高原状の大陸
② 東西断面は，東高西低

アフリカの気候

気候を復習するにはアフリカ大陸はもってこいです。さっきアフリカの位置を確認しましたよね。**赤道を挟んで南北幅がほぼ対称的**に広がっていることを思い出しながら，**図4**で考えてみましょう。

Af…赤道直下

赤道直下は受熱量が大きく，年中**赤道低圧帯**の影響を受けるため，**高温多雨**の **Af(熱帯雨林気候)** が分布しています。ちょうど**コンゴ盆地**のあたりですね。ここでは**ジャングル**と呼ばれる**熱帯雨林**が繁茂し，**多種類の常緑広葉樹**がいくつかの階層を成しています。

Aw…Af の周辺

Af の周辺には**高日季(夏季)に赤道低圧帯**の影響を受け，**低日季(冬季)に亜熱帯高圧帯**の影響を受ける **Aw(サバナ気候)** が広がります。**バオバブ**などの**疎林**と**長草草原**が分布しています。もともと「サバナ」というのはスーダンあたりの草原がこう呼ばれていたんですね。

図解 アフリカの気候区分図

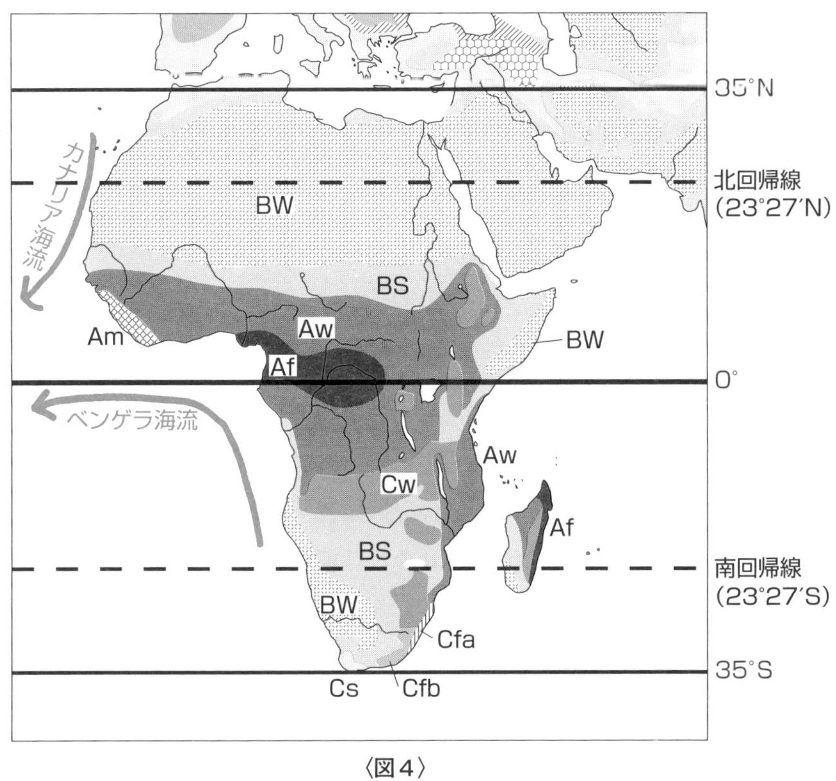

〈図4〉

BW…砂漠

緯度 20 ～ 30 度にかけては年中**亜熱帯高圧帯**の影響下に入る **BW**（**砂漠気候**）が分布します。北半球側には**世界最大のサハラ砂漠**や**リビア砂漠**が，南半球側には**カラハリ砂漠**や**ナミブ砂漠**が分布しています。

ナミブ砂漠は亜熱帯高圧帯の影響に加えて，①〈系統地理編〉第 8 回でも説明したように，**寒流**の**ベンゲラ海流**が沿岸を流れるため著(いちじる)しく降水量が少なくなります（**海岸砂漠**の復習をしておいてね）。

内陸のボツワナ付近に分布する**カラハリ砂漠**には，**コイサン族**と呼ばれる**狩猟・採集民**が今でも伝統的な生活を送っていることで知られています。

BS…BWの周辺

BWをはさんで周辺には**BS**(ステップ気候)が分布しますが，特に**サハラ砂漠の南縁地域**は「**サヘル**」と呼ばれ，**気候変動による降水量の減少**に加えて，

> **サヘルは家畜の過放牧や薪炭の過伐採などにより砂漠化が深刻な地域である**

サヘルの名前は聞いたことありますよね？ **サヘル諸国**は**セネガル，モーリタニア，マリ，ニジェール，チャド，スーダン**などを指しています。ここでは砂漠周辺の**BS**やAw地域で**砂漠化**が進行していて，かつては漁業も営まれていた**チャド湖**などは**消失の危機**にさらされているのです！

Cs…大陸の南・北端

さらに緯度が高くなると，**北端**と**南端**には**Cs**が分布しています。北端は**アルジェリア**から**モロッコ**にかけて東西に走る**アトラス山脈以北**の地域が**Cs**となり，気温はやや高いですが，ヨーロッパの**地中海沿岸**を思わせる風景が広がっています。

> **アトラス山脈は，湿潤気候(温帯)と乾燥気候(乾燥帯)の境界になっている！**

南端の**南アフリカ共和国・ケープタウン**付近も同様に**Cs**が広がりますが，**寒流が流れているためやや気温が低め**ですね。

東アフリカの気候

では，続いて少しだけ気候の話題をふくらませておきましょう。アフリカの気候区分図を見て，「あれ？」って疑問がわいてきて，頭を悩ませている人がいるんじゃないかな？

Q 赤道付近の東アフリカはなぜ Af じゃなくて Aw なんだろう？

こう思った人は，なかなかいいところに気づきましたね。確かに**東アフリカの赤道直下**は **Aw** です。これは**リフトヴァレー**に関係しているのです。リフトヴァレーが通過しているため，アフリカは**東側の標高が高く，海洋からの水蒸気の供給が減少**するため，やや降水量が少なくなり Aw になってしまったのです。

もう1つ聞いてくれるかな。**エチオピア**や**ザンビア**の一部には **Cw** も分布していますね？　これも同様に**標高が高い**ため，**高度 100m につき気温が 0.6℃ずつ低下**した結果，本来は **Aw** が分布する地域なのに温帯の **Cw** になっているのです。これでかなりすっきりしたでしょう？

あと1つだけ，**東アフリカのソマリア**付近は赤道に近いですが，**BW ～ BS なので要注意！**

ヨーロッパ諸国の植民地支配

アフリカは，非常に長い間，ヨーロッパ列強により**植民地支配**を受けてきたよね。ほとんどの国が**第2次大戦後の独立**です。ただし，

Q 第2次大戦前からのアフリカの独立国は？

ハイ，これら戦前からの4独立国は，必ず地図帳で位置を確認しましょう！

図解 第２次世界大戦前のアフリカ

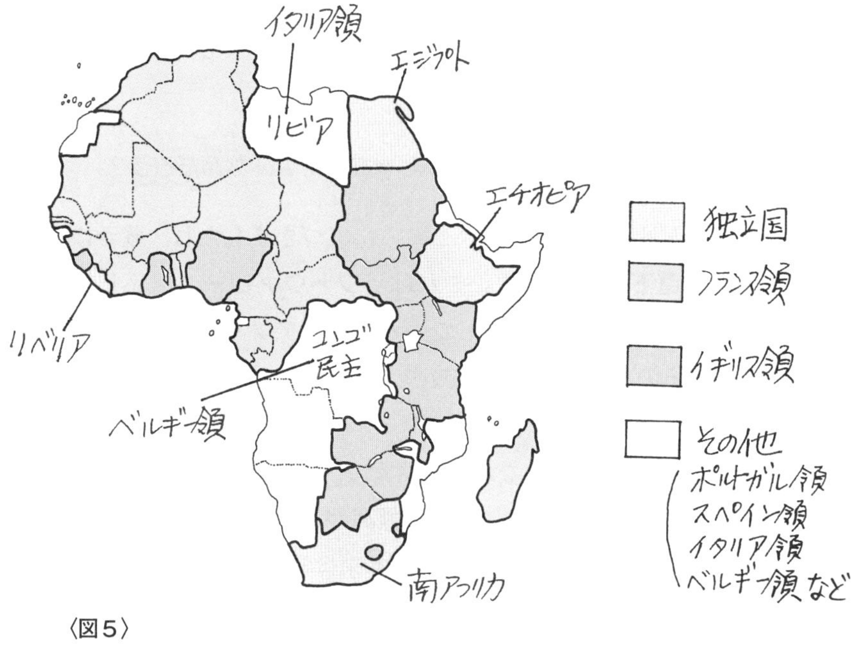

〈図５〉

第２次大戦前からの４つの独立国

エチオピアは，現存しているアフリカの国の中では**最も古くからの独立国**です(2000 年前から独立していたといわれているんです)。4 世紀に**キリスト教**を国教としました。イスラム教や伝統宗教が幅を利かせているアフリカとしては珍しいですね。

エジプトは，紀元前 3000 年頃から古代王朝が成立しましたが，その後，他民族による支配が続き，1922 年にイギリスから独立を果たします。

リベリアは，アメリカ合衆国植民協会が**解放奴隷**(奴隷から解放された一部のアフリカ系黒人)を送り出し，**彼らが中心となって建国した国**で，**1847 年**には独立をしていました。

そして**南アフリカ共和国**は，17 世紀に**オランダ系**が植民を始めたのですが，19 世紀には**イギリス領**となり，**20 世紀前半**にヨーロッパ系**白人政権による独立国**となりました。

戦後は，悪名高い「**アパルトヘイト**」（**人種隔離政策**）を強化し，**少数の白人が多数の黒人を支配**する構造を作りあげていったのですが，国際的に大きな非難をあび，**1991 年，アパルトヘイト関連法は撤廃**され，徐々に民主化が進んでいます。

植民地支配を受けた国々

以上の 4 つの国以外はすべてヨーロッパ諸国の植民地支配を受けていたのです。15 世紀末から約 300 年間にわたって**奴隷貿易**が行われ，時にはアフリカの人口が減少する事態が生じました。（**大陸の人口が減少するなんて異常な事態だよ！**）。

さらにその後は，ヨーロッパへの**食料・原料供給地**となったのです。ヨーロッパ諸国は，自らの支配権を確立するため植民地獲得競争を行ったんですね。その結果，民族，言語などの分布をまったく無視して国境

図解 上置国境の例

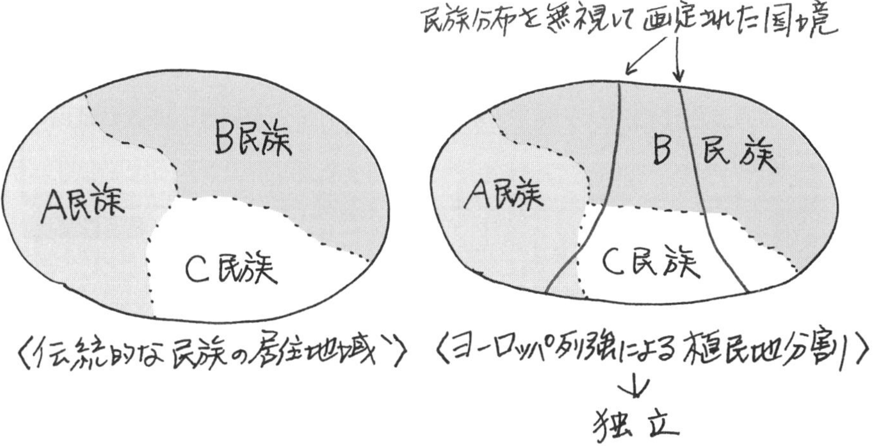

〈図6〉

を画定（かくてい）したんだからめちゃくちゃだよ。

植民地時代の国境をもとに独立後の領土も規定されたので，１つの民族が数多くの国に分断され，少数民族だらけになっていったのです。**図６**のような状況は理解できますよね？ アフリカで**民族問題が多発するきっかけを作ったのはヨーロッパ諸国の植民地支配**なのです。

民族の分布や文化の違いを無視して定めた国境を**上置（じょうち）国境**と呼んでいます。

2 アフリカの民族問題・政治問題

問題 15 アフリカの民族問題

アフリカの国・地域における民族問題・政治問題について説明した文として下線部が最も適当なものを，次の①～④のうちから一つ選べ。

① エチオピアでは，長年にわたる内戦と干ばつで多くの農民が故郷を追われ，難民となってパレスチナ(パレスティナ)地域に広がった。

② ナイジェリアでは，民族間の争いを避けるために，国内の州を統合した。

③ 西サハラでは，住民組織が独立を宣言したが，イギリスが領有権を主張して争いが続いている。

④ ルワンダでは，フツ族とツチ族による権力争いが続き，多数の難民を生み出した。

解答 p.159

難民は，緊急事態なので近隣諸国へ脱出する。
西サハラはモロッコの西に位置している。

下線部の正誤を問う問題です。４つの国の位置を確認しておくね(次ページ，**図７**を参照)。

図解 **民族・政治問題をかかえる４つの国・地域**

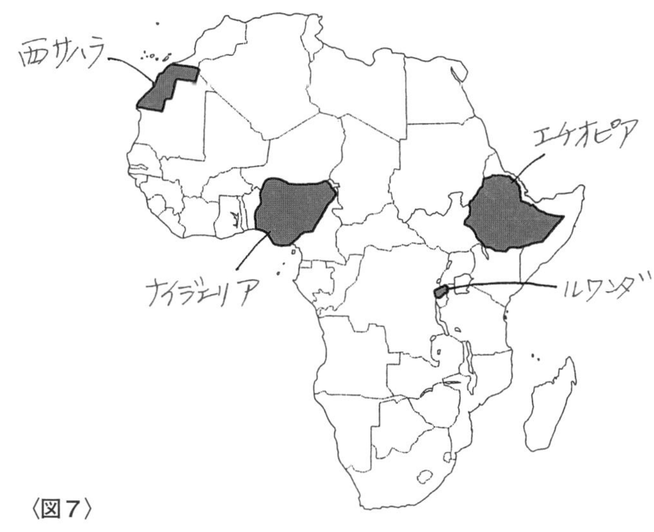

〈図７〉

エチオピア…内戦と難民　**選択肢①**

「エチオピアでは長年にわたる内戦と干ばつで」――**エチオピア**は，他のアフリカ諸国と同様に**内戦が起こるから貧しくなり，貧しいから内戦が起こる**という悪循環を繰り返してきました。

貧しい中で，**干ばつ**(降水量の変動によって，**水不足**になり農作物の生育不良や枯死を招く自然災害のことで，**干害**(かんがい)と同じことです)が起これば，ますます経済状態は悪くなるのです。

アフリカ諸国の中でも，エチオピアは**１人当たりのGNIがおよそ700ドル**という**後発発展途上国**になります。では，

Q 後発発展途上国ってなんだろう？

英語では**"LLDC"**(Least among Less-Developed Countries)といいますが，**経済援助に特別な配慮が必要であると国連が定めた低開発国**のことです。つまり「十分な援助をしないと経済が破綻(はたん)する恐れがあるよ！」

という危機的な状態の国なんです。

内戦や干ばつが起これば，**難民**(なんみん)は発生するでしょうけど，自動車や飛行機でのんびり移動するわけではないから，とりあえず緊急避難措置としてエチオピアの**周辺諸国**(例えば，スーダンやソマリアなど)**へ脱出**(だっしゅつ)するはずですよね。

「パレスチナ地域に広がった」——いくらなんでも，わざわざ遠いパレスチナには行かないだろう？　だって**パレスチナ**というのは現在の**イスラエルとヨルダンを含む地域名**だよ。

共通テストでは，細かい地名は必要ないけど，**国の位置関係はしっかり勉強しておく必要があります**よ！　まだ余裕で間に合うんだから，がんばろうね！　ということで，①は誤っています。

さっき，エチオピアの１人当たりのGNIが出てきたので，次の表を見て，他の国と比較しておきましょう(GNIについては①〈系統地理編〉第14回を参照)。

《各国の１人当たりの国民総所得(GNI)》　(単位：ドル，2017年)

国　名	金　額	国　名	金　額	国　名	金　額
アメリカ合衆国	61,247	韓国	30,026	中国	8,658
デンマーク	57,963	サウジアラビア	21,239	タイ	6,289
オーストラリア	55,932	ポルトガル	20,768	南アフリカ共和国	5,967
スウェーデン	54,810	ポーランド	13,226	インド	1,902
ドイツ	45,923	ロシア	10,681	ナイジェリア	1,867
日本	**39,561**	ブラジル	9,648	エチオピア	716
イギリス	39,120	メキシコ	8,688	コンゴ民主共和国	454

〈表１〉

難　民

近年，世界各地で民族紛争や内戦が起こり，国家による保護が受けられないため**国外に逃れる難民**が多く発生しています(国内で居住地から避難する場合も多く，これを**国内避難民**と呼びます)。**パレスチナ難民**，

クルド難民など，世界各地に**3,000万人以上**もいるんですよ。

この事態を受け，**国連難民高等弁務官事務所（UNHCR：United Nations High Commissioner for Refugees）**や**NGO（非政府組織：Non Governmental Organization）**が協力して難民保護，食料・医療援助など人道的支援を行っているんです。テレビや新聞に出てくるので，今後は注意して見てくださいね。

ナイジェリア…民族問題　選択肢②

では，②を読みましょう。「ナイジェリアでは，民族間の争いを避けるために」――**ナイジェリア（Nigeria）**は，その北側にある**ニジェー**

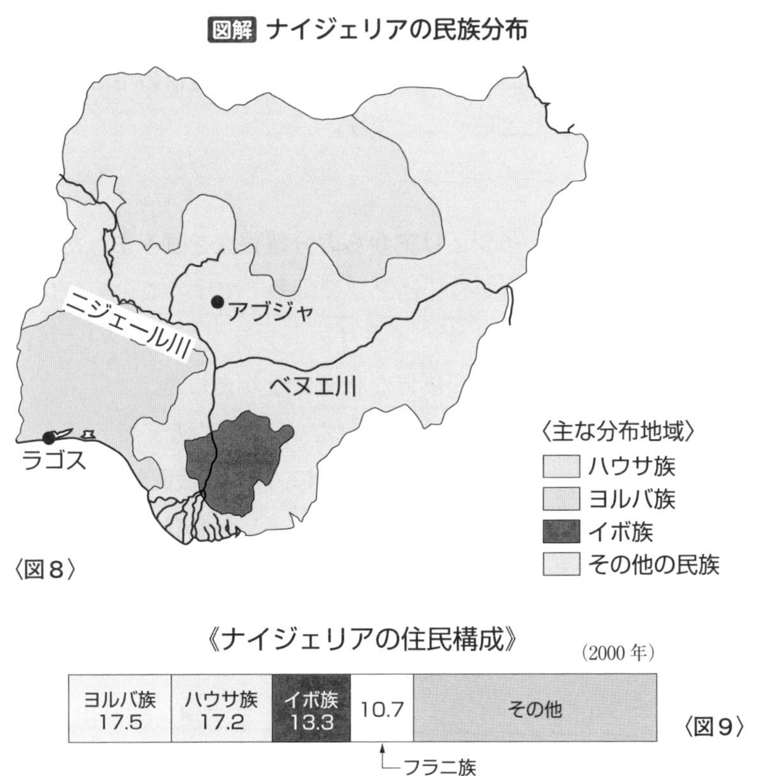

ル(**Niger**)と名前が似ているなぁと思ったことはない? 両方とも**ニジェール川**流域の国なんです。

ナイジェリアは，**多民族国家**の典型で，東部の**ニジェールデルタ**(三角州)周辺に居住している**イボ族**，北部の**ハウサ族**，**フラニ族**，そして西部の**ヨルバ族**という主要民族以外にも多くの民族から成る国です。

北部や西部は**イスラム教徒**が，**東部**は**キリスト教徒**が多く，**宗教的にも大きな違い**が見られます。それから，ニジェールデルタ付近にある東部の**イボ族地域**に**油田**が多い。つまり**石油産業が発達**しているのです。

ナイジェリアは**OPEC加盟国**ですよね。同じアフリカのOPEC加盟国の**アンゴラ**，**アルジェリア**，**リビア**を上回る**アフリカ最大の石油生産・輸出国**なんです。しかし，紛争が起こった当時の首都は**ラゴス**で，現在でも**人口最大都市**です。つまり，ナイジェリアの経済の中心地は西部の**ヨルバ族**が握っていたということです。

ビアフラ戦争

そこで，**イボ族はナイジェリアからの分離独立を試みました**。これが**1967年～1970年**までの「**ビアフラ戦争**」です。この戦争は，単なる民族間の内戦にとどまらず，イギリス，フランス，アメリカ合衆国，ソ連の利害関係が絡み合い，凄惨(せいさん)な状況になりました。

発展途上国の内戦ほど悲惨なものはない! よく考えてごらん。その日の食事も摂(と)れないぐらい貧しい国なのに,大砲や機関銃を購入すれば,一瞬にして人々の年収を上回るわけですよ。しかも農地は荒廃し，食料生産も極限まで落ち込む。結果は，多数の餓死者が出てしまい，**分離独立は失敗**に終わります。

こうなったら勝ったも負けたもないわけで，積極的に**民族融和(ゆうわ)政策**を推し進めることになりました。そのために，まず**州を細分化**しました。**多くの民族の居住地域に合わせて多くの州を作り，自治権を与える**方法をとったのです。少しでも不満を解消しようとしたんだね。

さらに，かつてヨルバ族の中心地であったラゴスから，**主要民族の居住地域の境界付近であるアブジャに遷都**(せんと)(首都を移動)させて，民族融和のシンボルとしたんですね。すると，「国内の州を統合した」というのはおかしい。②も誤っています。

現在でも**民族対立は続いていて，ナイジェリアが経済発展し，豊かになるための大きな障害**になっています。厳しい現実です！

西サハラ問題　選択肢③

西サハラって聞いたことありますか。「あたりまえじゃん！」っていう人もいるだろうけど，「？？？」という人も１人くらいはいるでしょうから，説明しておきます。

アフリカには現在，**54の独立国**があります。すごい数だよね。地域別では最も多いです。アフリカで**唯一まだ独立をしていないところが西サハラ**です。

旧**スペイン領**だったんですが，スペインが領有を放棄(ほうき)して，西サハラが独立しようとしたら，隣のモロッコとモーリタニアが領有権を主張し，分割併合(へいごう)してしまいます。後に，モーリタニアは領有をあきらめ，**モロッコが西サハラ全土を併合**してしまったのです。

したがって，「イギリスが領有権を主張して」は事実と異なり，③は誤っています。イギリスをモロッコに書き直しておきましょう。

このような背景から，アフリカ諸国が2002年に発足させた**AU**(**アフリカ連合：African Union**)にも**モロッコ**だけが加盟していませんでした。

AUは，**反植民地主義**を柱に，EU(ヨーロッパ連合)型の**地域統合**を目指す組織で，**OAU(アフリカ統一機構)**が発展的に解消して結成されました。モロッコは当時のOAUが西サハラの加盟を認めたため，脱退したままになっていましたが，2017年にAUへの加盟が認められました。

ルワンダの難民…ツチ族vsフツ族　選択肢④

④「ルワンダでは，フツ族とツチ族による権力争いが続き」とありますが，④**は正しい**文です。**赤道付近**に**ルワンダ**，**ブルンジ**という小国があるんだけど，知ってますか？

細かいことを覚える必要はないけど，少しだけ話を聞いてください。15世紀，ナイル系**ツチ族**(**遊牧民**)がバンツー系**フツ族**(**農耕民**)を支配し，ルワンダという国が成立するんだけど，後にドイツ領→**ベルギー領**となります。

ベルギーは，**少数派**の**ツチ族**を使って**多数派**の**フツ族**を支配させようとしました。ツチ族を優遇すれば，フツ族の不満は全部ツチ族に向かうよね(あたりまえだ！)。

ベルギーは自分の手を汚さず，しかもベルギーへの反発が独立へのエネルギーにならないよう巧妙な技を使ったのです(イギリスも植民地支配が巧妙で，この手の手段をよく使ってました)。

ベルギーから独立後も，ツチ族はフツ族を支配しようとしたので，フツ族から猛反発を受けました。やられたらやり返すという断続的な**虐殺事件**(ぎゃくさつ)が相次ぎ，周辺諸国へ**大量に難民が発生**しました(ルワンダと同じ民族対立が見られる隣国の**ブルンジ**にも紛争が拡大)。1990年代に比べ沈静化はしていますが，まだまだ国際社会の監視が必要ですね。

ここまで世界の諸地域について君たちにいろんな話をしてきましたが，全部を丸暗記する必要はありませんよ(安心した？)。例えば，ルワンダ→ツチ→フツと単に語句を覚えようとするよりも，背景となる事実をつかんでおくと，忘れないし，ずっと力がつくものなんです！

3 アフリカの言語分布

問題 16 アフリカ諸国の公用語

次の図で濃く示されている国々では共通して，スペイン語，ドイツ語，フランス語，ポルトガル語のいずれかが公用語になっている。その言語に該当するものを，下の①～④のうちから一つ選べ。

① スペイン語　② ドイツ語　③ フランス語　④ ポルトガル語

解答 p.159

北アフリカはアラビア語を公用語とする国が多いが，中南アフリカは旧宗主国の言語を公用語とする国が多い。
アフリカの東部は旧イギリス領が多く，西部は旧フランス領が多い。

アフリカ諸国の公用語を全部覚えている人は立派だと思いますが，これからする話を聞いてもらえば，より理解が進むと思います。

北アフリカ諸国の言語

北アフリカの国は，住民の多くが**コーカソイド**で，**アフリカ=アジア語族**に属する**アラビア語**を使用しています(つまり**アラブ人**だね)。**イス**

ラム教の伝播の過程でアラビア語が普及していったのです（**経典**の**コーラン**はアラビア語で書かれています）。

ということは，この地域で独立後にアラビア語を公用語にすれば不満は出てこない。だから，**エジプト**，**リビア**，**アルジェリアなど北アフリカ諸国**は，**アラビア語が公用語**なのです。

❖ 中南アフリカ諸国の言語

ところが，**中南アフリカ**にはめちゃめちゃ多くの言語を使用する，**多数の民族・部族**がいます。東南アジアでも触れたけど，もし，ある特定の民族の言語を公用語に決めてしまったら，その言語を母語にしている民族は圧倒的に有利になりますよね。

例えば，君たちにものすごい学力があって，東大を受けようがどこを受けようが，楽勝通るよという状況になっていたとするよ。ところが，国公立２次や私大受験の前に，「入試では必ずギリシャ語で答えてくだ

図解 旧宗主国と公用語

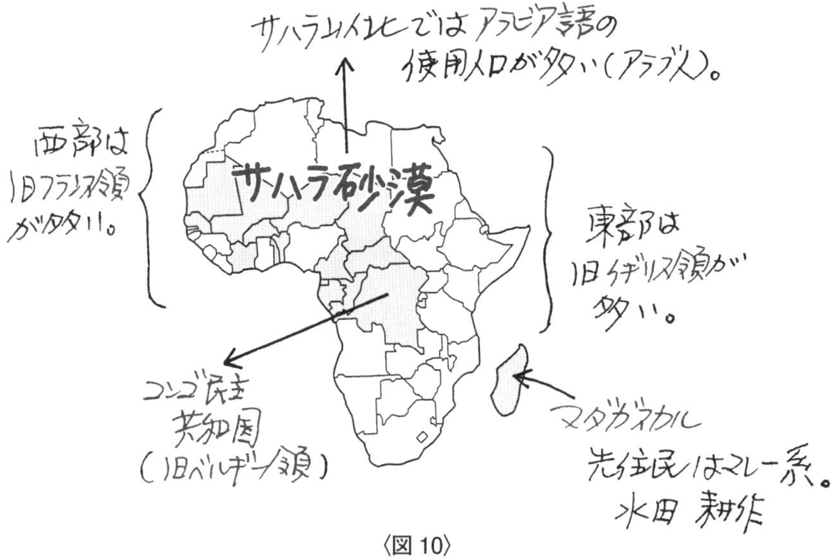

〈図 10〉

さい」ってなったら？ 今までの模試判定は吹っ飛んでしまうよね(笑)。

つまり**公用語**が**母語**(mother tongue)だったら，**就学，就職，裁判など日常生活を送る上で断然有利になる**のです。そこで，さまざまな言語を使用している住民が平等になるように，**旧宗主国の言語を公用語**にして，学校教育を通じてその言語を修得させる方法をとっているんですね。

ということは，君たちはアフリカ諸国の**旧宗主国を理解していないと，公用語の判断ができない**ということになります。

ここで，もう一度[問題 16]の図を見てください。選択肢の②ドイツは該当する国がありません。ドイツは，第1次世界大戦で負けたときに，すべての植民地を放棄しているし，植民地支配の期間も短く影響力が少なかったので，**発展途上国にドイツ語圏はありません**。まさか，ドイツを選んだ人はいないよね。本番じゃないから許します(笑)。

図解 アフリカの公用語

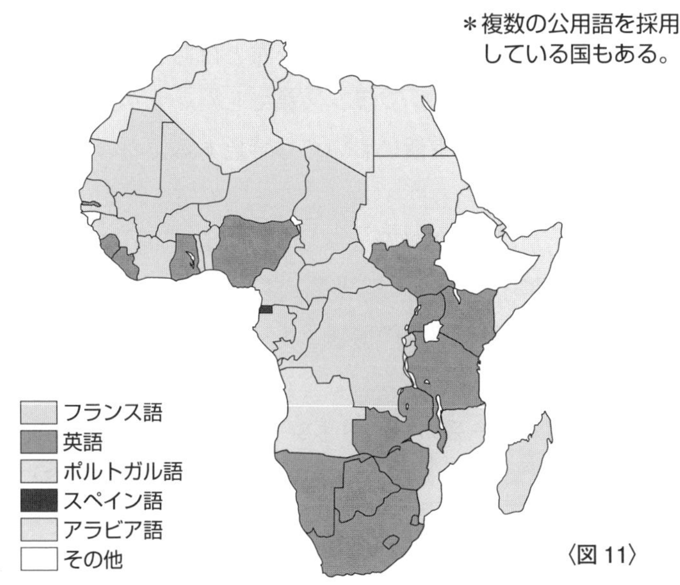

〈図 11〉

アフリカは，**イギリス**と**フランス**の植民地だったところが多いですね。**スペイン**領(西サハラ)，**ポルトガル**領(**アンゴラ**，**モザンビーク**などだったところ)は少ないですから，問題の図には該当(がいとう)しませんね。設問には直接関係ありませんが，**ベルギー**(**コンゴ民主共和国**，**ブルンジ**，**ルワンダ**)，**イタリア**(**リビア**，**ソマリア**)，**ポルトガル**(**アンゴラ**，**モザンビーク**)なども植民地支配を行っていました。

君たちの中には「うわー！ 覚えるのめんどうだなあ」とショックを受けた人もいるだろうから，俺が救いの手を伸ばしましょう(笑)。

アフリカの植民地は，西側にフランス領が多く，東側にイギリス領が多い

これだけ知っているだけでもかなり楽になるよ。したがって，[問題16]の解答は③の**フランス語**になります。簡単になったでしょう？

マダガスカル

いま言った大まかな植民地支配や言語分布とはちょっと違って，**マダガスカル**だけは東にあるけど，**フランス領**でした。マダガスカルは，自然環境においても，文化や生活においても特色ある国なので，説明しておきましょう。

マダガスカルは，国土の大部分がアフリカ大陸と同じ**安定陸塊**です。国土の南部を**南回帰線**(**23°27′S**)が通過していて，赤道からはやや離れているけど，**年中南東貿易風の影響**を受けるため，**東部がAf**(**熱帯雨林気候**)になっているんですね。

住民は，7世紀頃マレー系のインドネシア人が東南アジアから移住(というか流れ着いた？)してきたため，**マレー系**(**オーストロネシア系**)**住民が主要民族**の1つとなっています。だから，アフリカなのに，アジア

図解 マダガスカルの気候区分図

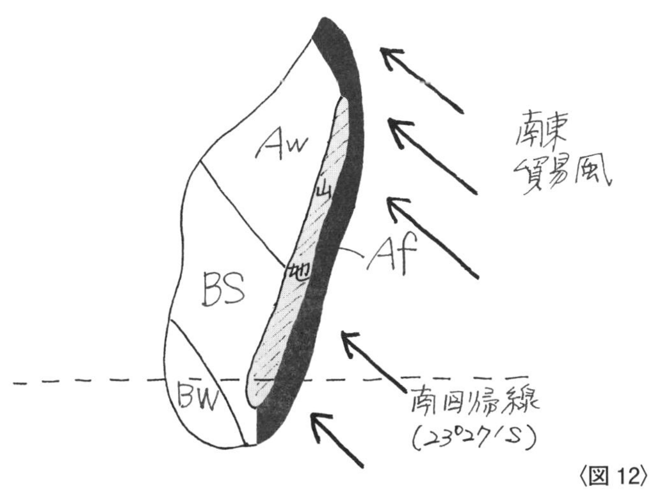

〈図 12〉

と同じ**水田耕作**をやっていて，**主食も米**なんだよ。

マダガスカルはマレー系住民が居住し，**水田耕作**が行われている

これは，かなり驚きですよね。顔つきも他のアフリカ諸国と異なり，アジアの人っぽいです。もちろん**アラブ系**，**アフリカ系黒人**も移住しているので，混血も進んでいます。

コンゴ民主共和国

もう終わりだと思っただろう(笑)？ でも，もう１つだけ。問題文の図の**コンゴ民主共和国**を見てください。この国は**旧ベルギー領**でした。

Q ベルギーの公用語ってなんだった？

ベルギーの公用語はベルギー語じゃないんですか？

うーん，ベルギー語ってないんだよ。**ベルギー**は**多言語国家**で，**北部はオランダ系のフラマン語**（オランダ語のベルギー方言みたいな言語），**南部はフランス語**，**東部はドイツ語**が使用されていて，この**3言語が公用語**になっています（北部は**オランダ語**，南部は**フランス語**，東部は**ドイツ語**と考えていいですよ）。

図解 ベルギーの言語分布

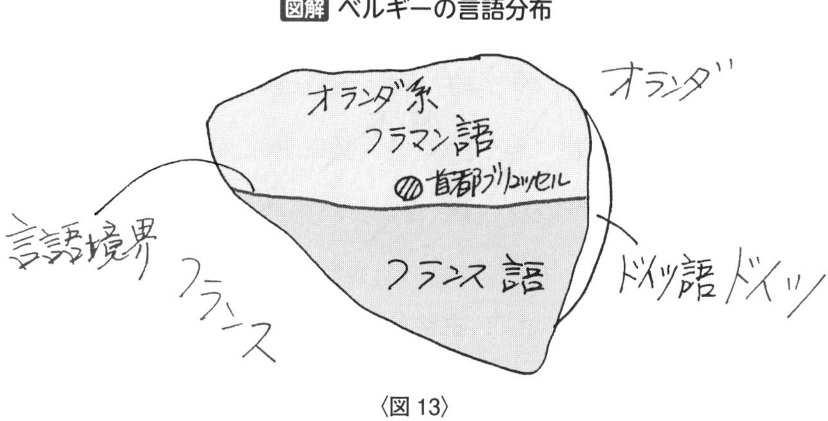

〈図 13〉

だからコンゴ民主共和国はそのうちの１つである**フランス語**を公用語に採用しているのです。ベルギーは，**言語対立**が激しかったところですが，近年は**連邦制**に移行し，それぞれの言語を尊重する政策を実施しています。

4 アフリカの諸地域

アフリカと一口で言っても，自然環境，言語･宗教などの文化，産業･経済発展には大きな違いが見られます。このことを理解しとかなくちゃマズイ！ そこで，これから**アフリカの諸地域の多様性**について学んでいきましょう。

北アフリカ

北アフリカは，**アトラス山脈以北の地中海性気候(Cs)地域**を除いて，大部分を**サハラ砂漠**が占めます。**世界最大の砂漠**であるサハラ砂漠は，**日較差が極めて大きく**(すごいときは日中50℃を超え，夜間は氷点下になることも)，**降水にも恵まれない**過酷(かこく)な環境下にあります。

住民は**コーカソイド(白色人種)**で，**アフリカ=アジア語族**の**アラビア語**を**公用語**とし，**イスラム教**を信仰している人が多いです。人々は古くから**遊牧**や**オアシス農業**を営んでいたのですが，石油の発見が人々の生活を一変させてしまったのですね。**石油収入**は大きいもんね。近年では，「**アラブの春**」といわれる民主化の波も訪れているようです。

では，北アフリカ諸国について説明しましょう。北アフリカと言えば，やっぱり**古代文明の発祥地**であるエジプトからかな。

エジプト

エジプトは，**砂漠気候**にもかかわらず，**外来河川**(がいらい)の**ナイル川**が赤道付近から豊富な水と**肥沃な土壌**(ひよく)(どじょう)を運搬してきてくれるため，**ナイルデルタ**や沿岸部を中心に**小麦**，**米**などの穀物や高級な**エジプト綿**の栽培が盛んです。そのため，**近隣のリビアやアルジェリアとは比較にならないほど人口が多い**(2019年，ついに**1億人**を突破！)。ナイル川のおかげです！

OAPEC加盟の産油国で，ピラミッドなどの古代遺跡といった観光資源にも恵まれ，**観光収入**もかなりのものです。さらに地中海〜紅海〜アラビア海を結ぶ**国際運河**の**スエズ運河**通航料でも大きな収入を得ています。1隻(せき)の通航料は，数百万円から数千万円だからすごい！ **アスワンハイダム**建設に伴う功罪(こうざい)は，①〈系統地理編〉でやりましたよ(笑)。

リビア

次は隣国の**リビア**です。リビアもエジプトと同様に，**リビア砂漠**が国土の大部分を占めます。エジプトと異なる点は，水資源をわずかな降水と**ワジ**，**地下水**くらいにしか頼れないという点です。したがって広大な国土の割に約**680万人**と人口が少ない！

その分，**石油収入**はかなりありますから(君たちが得意な**OPEC**，**OAPEC加盟国**)，**1人当たりのGNIはアフリカでは高め**です(約**4,000ドル**)。**イタリア**から独立したため，**イタリアとの間で，貿易や出稼ぎなど経済的結びつきが強い**ことに注意してください。

マグレブ三国

アルジェリア，**モロッコ**，**チュニジア**は旧**フランス領**で，**マグレブ三国**(アラビア語で「西」を意味する)と呼ばれています。**アトラス山脈以北**は，**地中海性気候**(**Cs**)で，**オリーブ**，**かんきつ類**，**ぶどう**，小麦などを栽培する**地中海式農業**が行われていますが，**アトラス山脈以南**は**乾燥地域**(**BW〜BS**)が広がるため，**遊牧**や**オアシス農業**が中心です。

アルジェリアは，**石油収入**(**OPEC**，**OAPEC加盟国**)，**モロッコ**と**チュニジア**はヨーロッパからの**観光収入**に恵まれ，3カ国とも**フランス**など**ヨーロッパ諸国への出稼(でかせ)ぎ者が多い**ことから，家族への送金も大きな収入源になっています(なんせ高所得が得られるヨーロッパに，めちゃめちゃ近いもんね)。

このように，**北アフリカ**は，経済発展が遅れているアフリカ諸国において，**比較的豊かな地域**で，徐々に**石油関連産業**や**繊維(せんい)工業**など工業化も進められています。**階級区分図**などで，地域の特色などを問われたときは，**北アフリカと南部アフリカは，経済発展が遅れているアフリカの中ではまあまあ豊かなほう**かなと考えたらいいでしょう。

スーダンと南スーダン

北アフリカの最後に**スーダン**の説明もしておきましょう。スーダンは，**ナイル川**の流域に位置していて，古代から遊牧や農耕で栄えていました。アフリカの住民について，**北アフリカはアラブ系イスラム教徒が多く，中南アフリカはアフリカ系（黒人）が多い**という話をしたことがありますよね。スーダンはちょうど**分布の境界**に位置していた。

第二次世界大戦前は，北部がエジプト，南部がイギリスに支配されていたこともあって（イギリスとエジプトの共同統治），交流もあまりありませんでした（**北部は主に遊牧，南部は農耕**）。

独立後は，**北部のアラブ系**が実権を握（にぎ）り，イスラム法による支配を強化したため，**南部のアフリカ系キリスト教徒**を中心に反発が起こり，さらには民族の境界付近の**石油利権**をめぐって対立が激化しました。その結果，**南スーダンが，スーダンから分離独立**することになったのです（**スーダンの公用語**は**アラビア語**だけど，**南スーダンの公用語**は**英語**）。国境が確定していない地域もあるので，まだまだ政情が不安定な地域ですね。

西アフリカ

西アフリカは，**ギニア湾岸諸国**と**サヘル諸国**からなり，気候環境がかなり異なっています。**ギニア湾岸諸国**は，**夏季の南西モンスーン**による**降水に恵まれ，湾岸に低地が広がる**ため，早くからヨーロッパ諸国によって**プランテーション**が開かれました。また，新大陸などへ**奴隷**が移出されたのもこのあたりからですね（ナイジェリアの海岸部はかつて奴隷海岸と呼ばれていた)。

一方, **サハラ砂漠南縁**の**サヘル諸国**は, 気候にも資源にも恵まれなかったため, アフリカでも**最貧国が多く**, **過放牧**による**砂漠化**も深刻です。

ギニア湾岸諸国

ギニア湾岸低地に位置する**コートジボワール**, **ガーナ**, **ナイジェリア**, **カメルーン**, **リベリア**などでは, **カカオや油ヤシなどのプランテーション農業**が行われてきました。特に旧**フランス領**の**コートジボワール**と旧**イギリス領**の**ガーナ**での**カカオ栽培**は有名ですよね。

リベリアは, **第2次世界大戦前からの独立国**で, 中米の**パナマと並ぶ商船保有国**です。船舶関連の税金が安いため, 世界中の船会社が書類上の船籍を置いている**便宜置籍船国**(べんぎちせき)なのです。

ナイジェリアは, **キャッサバ**(原産地は, アフリカじゃなく**ブラジル**のあたり), **ヤムイモ**, **タロイモの生産が世界一**であることも知られていますが, それより**OPEC加盟国**で, **アフリカではトップレベルの原油生産国・輸出国**だということのほうが重要でしょう。ただ人口が多く(**アフリカ最大の人口大国**で約**2億人**), **民族対立**が想像を絶するくらい深刻なこともあって, OPEC諸国の中では1人当たりのGNIが約**2,000ドル**と低いことに注意してくださいね。

サヘル諸国

サヘルという名前は, 地理を学んでたら必ず出てきますよね。具体的な位置や国名はわかるかな?

セネガル, **モーリタニア**, **マリ**, **ニジェール**, **チャド**, **スーダン**に至る帯状の地域ですね(スーダンについては, 本書では北アフリカで扱います)。

これらの地域では古くから**牛などの遊牧**が行われていました。**資源に恵まれない乾燥地域**だから生活環境も厳しいよね。独立後は，**人口増加に伴う家畜の過放牧**，**薪炭（しんたん）の過伐採（ばっさい）**などで**砂漠化**が深刻（しんこく）で，**世界の最貧（さいひん）地域**の１つです。

東アフリカ

東アフリカは，**プレートの広がる境界**にあたる**リフトヴァレー（アフリカ大地溝帯）**沿いに位置するため，隆起量が大きく**高原状**の地勢です。気候的には Aw ～ Cw で，標高が高い地域では気温がやや低くなるため過ごしやすいです。

エチオピア

エチオピアは，**アフリカでは最も古くからの独立国**だと言われています。**キリスト教（エチオピア正教）**を信仰している人が多いというのも，アフリカの中ではユニークな存在ですね。パレスチナで生まれたキリスト教がヨーロッパを経ずにこの地に伝わって来たようです（エチオピア正教 43.5%，プロテスタント 18.6%，イスラム教 33.9%）。

農業のところでも話しましたが，**エチオピア原産の嗜好（しこう）作物**がなかったかなあ？ だいぶん前の話だから忘れてしまったかも（泣）。そうです，**コーヒー**だね。今でも**重要な輸出品**になっています。農業など産業の発展に不可欠な平地に恵まれず，隣国**ソマリア**（赤道に近いけど，乾燥気候が広がっていることに注意！）**との紛争**や，独裁政治が続いていたこともあり，後発発展途上国の１つです。

アフリカではナイジェリアに次ぐ人口大国（約 **1.1 億人**）で **1 人当たり GNI が 700 ドル程度**ですから，人々の暮らしはかなり厳しいものがあります。共通テストのデータ問題では，出題が予想される国の１つなので注意してください。

第5回 アフリカ 自然環境と人々の生活／民族問題

ケニアとタンザニア

ケニアも**高原状の国土**です。**赤道直下**に位置しますが，標高が高いため，アフリカにしては快適な気候だ。そこに**イギリス**が目をつけるんですね。先住の黒人を押しのけて，白人居住区を作り，そこはやがて**ホワイトハイランド**と呼ばれるようになります。

温暖で排水良好な地形を活かし，イギリス人が大好きな**茶のプランテーション**を拓(ひら)き，イギリスなどに輸出し大きな収入を得るようになったんですね。**独立後は，現地人が経営**するようになったけどね。

現在は，恵まれた気候を活かし，ヨーロッパの**園芸産業**が進出しているので，バラなどの**花卉(かき)の輸出が増加**しています。**首都ナイロビ**には，立派な空港が建設されているので，ここからオランダなどのヨーロッパ市場に空輸されています。最近は，より労働力が安いエチオピアにも進出しているから，けっこうびっくり！

ケニアと「薔薇(バラ)」ってピンとこないかもしれないけど，冷涼なヨーロッパに比べると，多少の輸送費がかかるにせよ，温室栽培なんかしなくても，**省エネで１年中栽培できる**から魅力的な場所なんですね。

南の**タンザニア**には，**アフリカ大陸最高峰**の**キリマンジャロ**(5,895m)がそびえています。ケニアより経済発展が遅れていますが，ケニアと同様に魅力的な自然に恵まれ，**自然公園**に多くの外国人観光客が訪れます。

ケニアやタンザニアなど東アフリカ諸国は，古くからアラブ人と交流してきた関係で(アラブ人が季節風を利用して，東アフリカと交易をしていたのです)，**アフリカの現地語とアラビア語が混じり合った交易語**の**スワヒリ語**が使用されてきました。したがって，**ケニアやタンザニアでは，英語とともにスワヒリ語も公用語**になってますよ。要注意！

では，東アフリカの最後はマダガスカルに行きましょう。

マダガスカル

マダガスカルについては，p. 144 で詳しく説明したので，ここでは簡単にします。

マダガスカルの国土は，アフリカ大陸と同様にかつての**ゴンドワナ大陸**の一部でしたから，**安定陸塊**です。だから**地震や火山も見られません**。住民は，アフリカなのになぜか**モンゴロイドのオーストロネシア語族が中心**でしたね。

ヴァニラや**クローブ**といった香辛料が経済の中心でしたが，近年は先進国に向けて**衣類の輸出**も増加しています。

中南アフリカ

では，アフリカの最後は，**中南アフリカ**です。中南アフリカといっても，**コンゴ民主共和国**や**ザンビア**などと**南アフリカ共和国**ではかなり状況が違ってきます。南アフリカ共和国など一部の国を除いては，かなり経済発展が遅れていて，政情が不安定な国が多いです。

コンゴ民主共和国

アフリカ大陸のど真ん中，**赤道直下**にある大国が**コンゴ民主共和国**です。**アフリカ最大の流域面積**の**コンゴ川**が流れる**コンゴ盆地**(**高原上にある盆地**)が，国土の中央部を占めていますね。大半が**熱帯雨林気候**(**Af**)の密林と**サバナ気候**(**Aw**)で，伝統的な**焼畑**が広く行われています。主食は，アフリカの熱帯地域では，とってもポピュラーな**キャッサバ**などの**イモ類**です。

このあたりで，問題にチャレンジしてもらおうかな。

Q キャッサバの世界最大の生産国として，最も適当なものを次の①～④のうちから１つ選べ。

① コンゴ民主共和国　② ナイジェリア
③ エジプト　④ エチオピア

Q キャッサバの原産地として，最も適当なものを次の①～④のうちから１つ選べ。

① 東南アジア　② アフリカ
③ 南アメリカ　④ オセアニア

正解は次ページ末尾に掲載しています。間違えた人は，今日中に家族か友人のために，何でもいいから，なにか感謝されることをしてあげなさい！(笑)

君の頭脳が明晰(めいせき)になったところで，話を戻しましょう。**コンゴ民主共和国**は，**ベルギー**から独立し，公用語は**フランス語**でしたね。南東部にはザンビアに続く**カッパーベルト**が分布し，**レアメタル**などの開発も期待されますが，資本不足などから思うように進んでいません。**エチオピアと並んでアフリカの最貧国**として出題される可能性があるので気をつけてくださいね。

このほか，**コンゴ共和国**(旧フランス領)，**ザンビア**(銅鉱)，**ジンバブエ**，**ボツワナ**(ダイヤモンド)など，アフリカの中でもかなり経済的に苦しい国が多いです。

アンゴラ

これに対し，**アンゴラ**は**OPEC加盟**の産油国で，アフリカではナイジェリアと並んで産油量が多いです。東アフリカの**モザンビーク**とともに**ポルトガル**から独立しました。独立も遅く，社会主義政策による経済の停滞(ていたい)もありましたが，近年は**中国への原油輸出**などにより大きな利益をあげています。

❖ 中国のアフリカ政策

ここでちょっとだけ，近年の中国のアフリカ政策について説明をしておきましょう。

順調に経済発展を続けている**中国**ですが，増加するエネルギー需要に対し先行きの不安を感じています。**世界生産量の２分の１**を占める**石炭**でさえ輸入量は増加し，**石油**は**アメリカ合衆国に次ぐ原油輸入国**，**鉄鉱石**も**世界最大の輸入国**と挙げればきりがない。特に石油に関しては，日本のように**中東依存度**を高くする(**約80%**)のは，有事の際に怖い。

そこでアフリカに目を向けたのです。アフリカには**政情不安定な国**や**民主化が進んでいない国**がまだまだある。そういう国に対して，**日本や欧米諸国は投資を控える傾向**にあります。中国にとっては先進諸国の資本が入っていないので，これはチャンス！　ということで，アンゴラやスーダンなどアフリカ諸国に対する影響力を日に日に強めていってるのです。中国にとって，**アフリカは中国製の安い工業製品の市場**としても大切だしね。

❖ 南アフリカ共和国

では，アフリカ諸国のラストは，**南アフリカ共和国**で締めくくりたいと思います。

現在の南アフリカ共和国のあたりは，オランダとイギリスが領土争いをした地域です。当初は**オランダ**が優勢でしたが，現在の**ケープタウン**付近を拠点に**イギリス**が領土を拡大し，最終的にはオランダ人(自らを**アフリカーナ**と呼んでいました)入植地域も併合してしまいます(**イギリス領南アフリカ連邦**)。

少数のヨーロッパ系白人が，大多数を占める黒人を支配し，とんでも

p. 154の答え
世界最大の生産国－②，原産地－③

なく安い賃金で過酷な鉱山労働をさせ，莫大(ばくだい)な利益を得ていたのです。

イギリスからの独立(**1934 年**)後も，白人の優位を保つため，非人道的な「**アパルトヘイト**(**人種隔離**(かくり)**政策**)」を実施し，法制化していきました。国民は，**白人**，**黒人**，**カラード**(白人と非白人の混血)，**アジア系**に分けられ，**白人が経済的な豊かさを維持できるように，差別的な政策**を行ったのです。

特に黒人は，劣悪(れつあく)な環境の狭い土地(部族ごとの指定居住区を**ホームランド**と呼んだ)に居住区を定められ，白人が経営する鉱山や企業での低賃金労働者にならざるをえないような環境を作り出していました。とんでもない話です。

ちょうど東西冷戦中で，欧米や日本などの先進国の対応も甘かったこともあり，アパルトヘイトは続きましたが，国際的な批判と国内の民主勢力の活動によって，**1991 年**(ソ連解体の年と同じだよ！)，ついに**アパルトヘイト法は撤廃**され，1994 年には**全国民参加**の大統領選挙が実施されました。

ネルソン・マンデラを大統領とする民主的な政権が発足し，**イギリス連邦**に再加盟するなど国際社会に復帰することになったのです。**公用語**も**英語**，**アフリカーンス語**，**バンツー諸語**が採用され，教育の民主化も図られることになります。

近年は，**Brazil**，**Russia**，**India**，**China** とともに **BRICS** と呼ばれるようになり，経済発展を続けています。大文字の S を使う場合には，**South Africa** が加わるので注意してね。

近年は**中国**との経済的関係が深まり**最大の貿易相手国**になっていますが，**アメリカ合衆国**や**日本**との貿易額も多いです。一見順調に民主化や経済発展が進んでいるように見えますが，依然として**白人と黒人の経済格差は大きく**，白人に比べて１人当たりの所得や高等教育進学率は低く，失業率が高い状態は続いています。

また，1990 年頃からとても厳しい壁にぶち当たっています。**エイズ(HIV)の蔓延**(まんえん)です。成人のかなり高い割合の人が感染(かんせん)しているため，死亡率が上昇しています。国際的な医療支援や医療技術の進歩もあって，状況は改善されつつありますが，いまだに深刻な状況にあります。

アフリカの諸地域の特徴をつかんでくれましたか？

今日はもう 1 問やって終わりましょう。アフリカ諸国に関するデータ分析です。

アフリカ諸国に関するデータ分析問題

問題 17 アフリカの人口，教育，保健衛生にかかわる地域性

発展途上国の多いアフリカでは，人口，教育，保健衛生にかかわる諸課題について顕著な地域性がみられる。次の図中の**ア〜ウ**は，アフリカ諸国における合計特殊出生率*，15 〜 24 歳の識字率，成人の HIV 感染率のいずれかの指標の高低を示したものである。指標名と**ア〜ウ**との正しい組合せを，下の①〜⑥のうちから一つ選べ。

*女性 1 人が生涯に産む子どもの数に相当する。

〈図 A〉

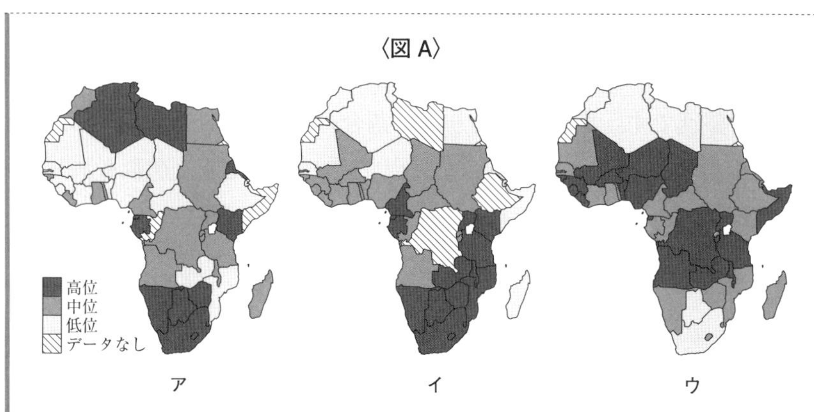

統計年次は，合計特殊出生率が2010年，15～24歳の識字率が2000年～2010年のいずれか，成人のHIV感染率が2009年。
ユニセフ『世界子供白書』などにより作成。

	①	②	③	④	⑤	⑥
合計特殊出生率	ア	ア	イ	イ	ウ	ウ
15～24歳の識字率	イ	ウ	ア	ウ	ア	イ
成人のHIV感染率	ウ	イ	ウ	ア	イ	ア

解答 p. 159

アフリカは経済発展が遅れているが，北アフリカと南部アフリカはやや豊か。
南アフリカ共和国におけるHIVの感染は深刻な社会問題。

アフリカの人口，教育，保健衛生にかかわる諸課題について，階級区分図から読み取る問題です。またまた共通テスト頻出のタイプなので，きっちり得点しよう！

まず，設問の指標について確認をしておこう。**合計特殊出生率**は，**1人の女性が一生のうちに産む子どもの数の平均値**で，**経済発展が遅れている地域で高くなる**傾向にあります。①〈系統地理編〉でもかなり詳しく勉強したよね？

また，15～24歳の**識字率**（**読み書きができる人の割合**）は，**経済発展に対応**していると考えましょう。識字率は，**初等教育**（**小中学校**）**が義務化**されている**先進国ではほとんど100%に近い**です。途上国ほど識字率は低くなり，しかも**女性の識字率のほうが低い**傾向が見られます。

HIV感染率は，**性交渉**と**麻薬**（まやく）**の使用**という2つの感染経路があるのですが，アフリカの場合には**避妊**（ひにん）**具が普及していない**ことや，**女性の教育水準や社会的地位が低い**ことなどが要因となり，HIV感染率が全般的に高い傾向にあります。

図中の**ア**は，リビア，アルジェリア，チュニジアなど**北アフリカ**と**南アフリカ共和国**など，やや経済的に豊かな地域で高位を示すことから，**識字率**と判定できます。できてたかな？ 識字率は正解しなくちゃね。

イは**南アフリカ共和国**をはじめとする**南部アフリカで高位**を示すことから，**HIV感染率**です。

近年頻出の**南アフリカ共和国におけるHIV**（**エイズ**）**の蔓延**（まんえん）についてもう一度説明をしておきます。**1990年代**から急速に感染が拡大し，成人の死亡率上昇によって，経済発展や工業化によってせっかく上がってきた平均寿命を押し下げています。**1人当たりGNIが同程度の国と比較しても，平均寿命がすごく短い**。

ウは北アフリカと南部アフリカを除く地域（特に**マリ**，**ニジェール**，**チャド**などの**サヘル諸国**に注目！）で高位を示すことから，**合計特殊出生率**です。したがって，正解は⑤となります。

これらの地域は，石油などの資源にも恵まれず，**アフリカの中でも最貧地域**であることを思い出してくださいね。

これで，本当にアフリカは終わりです。よくがんばったね！

解答　［問題15］④　［問題16］③　［問題17］⑤

第6回 ヨーロッパ(1)

産業と人々の生活

ついに**ヨーロッパ**までたどり着きましたネ！ アジアとアフリカを乗り越えてきたんだから，大丈夫です！

では，いつものように，**自然環境**について説明しましょう。

1 ヨーロッパの自然環境

では，**地形**からパワーアップします。①〈系統地理編〉でもヨーロッパの地形はけっこうやったからなあ。大丈夫とは思うけど，最重要事項を確認して，ヨーロッパ地誌の学習をより楽しいものにしようね。

ヨーロッパの大地形

ヨーロッパの地形を考える際に最も重要なのは，**ピレネー山脈～アルプス山脈～カルパティア山脈を結ぶライン**(本書では，**ピレネー・アルプス・カルパティアライン**と呼ぶ)です。**必ず地図帳に派手なマーカーでチェック**をしておいてくださいね！

このラインから**南側**は，**高峻**(こうしゅん)な**新期造山帯**に属する**アルプス=ヒマラヤ造山帯**が位置しているのです。

ピレネー・アルプス・カルパティアラインの**北側**は，**バルト楯状地**や**東ヨーロッパ平原**などの**安定陸塊**が広がり，ところどころに**スカンディナヴィア山脈**，**ペニン山脈**など**古期造山帯**の**低くなだらかな山脈**が分布しています。

地図帳を開いてごらん！ 言われなくても，もう開けてるか(笑)。ピレネー・アルプス・カルパティアラインから南側は茶色っぽいよね。つまり高くて険しい地勢，ところが北側は豪快(ごうかい)に緑色が広がっています。

整理とまとめ⑨ ヨーロッパの地形

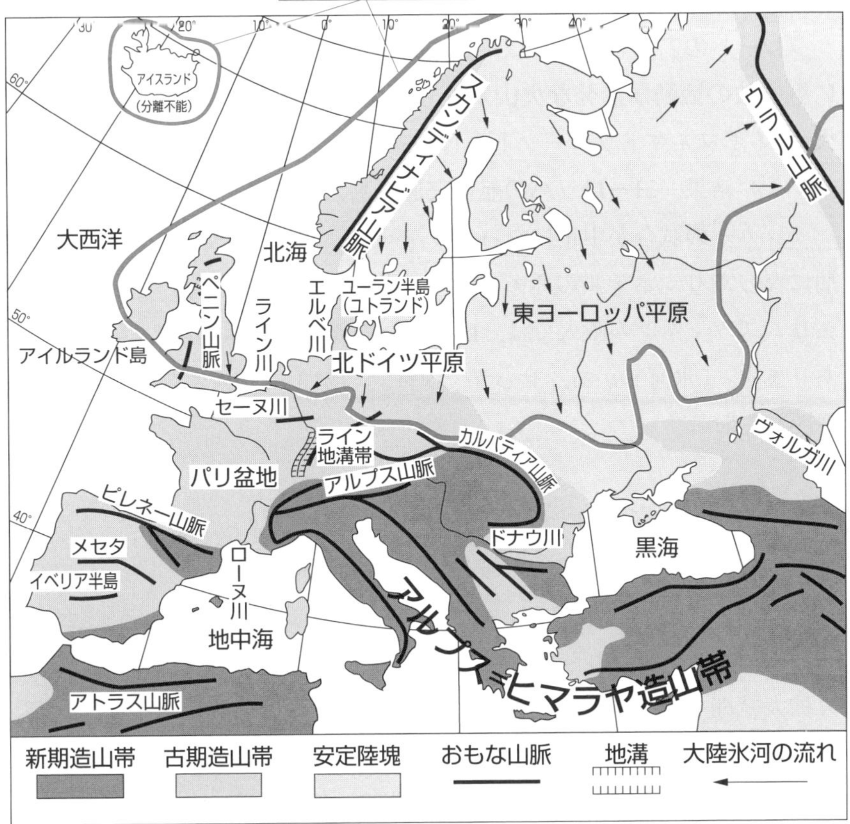

これだけでも**フランス，ドイツ，イギリスは経済発展に有利な平野が広がってるなあ**ということが実感できると思います。

ヨーロッパは火山や地震が少なく，日本に比べると自然災害も少ないところですが，地中海には地中海火山帯が走るため，**イタリア南部とシチリア島などの島嶼(とうしょ)部には火山も分布している**ことに注意しましょう！

それからもう1つ重要なポイントがわかりますか？ すごく北のほう

に火山がなかったかなあ？ イギリスのグレートブリテン島の北に**アイスランド島**がありますよね。ここは**大西洋中央海嶺の一部が海面上に現れた島**です。

プレートの広がる境界には，必ず火山がありますから，アイスランドにも**多数の活動が活発な火山**が見られます。2010年に**大規模な火山噴火**(エイヤフィヤトラヨークトル)があって，火山灰が大量に噴出しました。その結果，**ヨーロッパの航空交通に甚大な影響**を及ぼしたのです。

サッカーの試合が中止になったり，ミュージシャンのコンサートが延期になったり，ホテルのキャンセルが相次いだりで大混乱！ 2011年のグリムスヴォトンの噴火では，**山岳氷河が溶けて洪水を起こした**地域もあります。「氷河」かあ，せっかくアイスランドで氷河が登場したので，説明しておこう。

氷期の大陸氷河

更新世の氷期にヨーロッパ北部は，大陸氷河に覆(おお)われていた！ っていう話をかなり以前にしましたね。ライブの授業でもくどいほど話すんですが，共通テスト直前にもう一度「この地図に，氷期の大陸氷河の最大拡大範囲を書き込みなさい！ もちろんマーカーで！」って言うと，多くの塾生がマーカーを置いて，シャープペンに持ちかえます(泣)。

自信を持って，「**アイスランドに閉曲線。スカンディナヴィア半島を囲んで，イギリス，アイルランドの大半を囲み，ドイツ北部〜ポーランド〜ベラルーシ〜ロシアを通過してウラル山脈付近で閉曲線だ！**」という俺の言葉を思い出してください。お願いだから頑張って〜(笑)。

氷期に大陸氷河に覆われていた地域の沿岸部には，**フィヨルド**が発達していたり，**氷食(ひょうしょく)による急崖(きゅうがい)**が見られたりするところがあります。また**ドイツ北部**や**ポーランド**のように大陸氷河の末端だった地域には**モレーン**も分布しているんでしたね。

氷食を受けている地域は，土壌がやせているところが多いですが，逆に周辺地域には**肥沃**な**レス**が発達しているところもあります。**ドイツ中南部**や**ハンガリー盆地**(プスタ)は，レスの分布地域なので要注意です！

次は，ヨーロッパの小地形についてやろうか。

ヨーロッパの小地形

では，久しぶりに問題を出しましょう。そろそろ期待していたでしょう？(笑) 三角州とエスチュアリーの分布に関する地域特性を問います。

Q 三角州とエスチュアリーは，それぞれピレネー・アルプス・カルパティアラインの北側で多いか，それとも南側で多いか？

さあ，制限時間は30秒だ。

地理的な見方や考え方が身に付いている君たちは，全員正解のはず。

三角州とエスチュアリー

もちろん，**三角州は険しい山地から流出し，土砂の運搬量が多い南側の河川に多く見られます**。河川の名前は覚えていなくても，地図上で**エブロ川**(スペイン)が問われようが，**ローヌ川**(フランス)だろうが，**ポー川**，**テヴェレ川**(イタリア)だろうが，河口の地形は三角州だということになる。

エスチュアリーは，土砂の運搬量が多いと河口が埋積(まいせき)してしまうので，形成されにくい。ということは，**ピレネー・アルプス・カルパティアラインの北側の大平原を流れる河川は，土砂の運搬量が少なく河口が埋積しにくいので，エスチュアリーになりやすい**ということになります。だから**テムズ川**(イギリス・**ロンドン**)，**セーヌ川**(フランス・**ルアーヴル**)，**エルベ川**(ドイツ・**ハンブルク**)などの河川はすべて河口の地形がエスチュアリーです(都市名は河口に位置する**貿易港**)。

ただ例外として，**スイス～ドイツ～オランダを北流するライン川は，河口の地形が大規模な三角州**になっている。理由は，**険しいアルプス山脈から流出**すること，**流域面積が広い**ことから，土砂の運搬量が多いからなのです。これは，また問われそうな箇所なので注意してね！

後は，**スペイン北西部**の**リアス海岸**，**パリ盆地**と**ロンドン盆地**の**ケスタ**，**スロベニアのカルスト地方**の**カルスト地形**くらいは，押さえておきたい地形です。

ヨーロッパの気候環境

ヨーロッパの地形については，がんばりましたねえ。少しは得意になってくれましたか？ 次は，**気候環境**について学習しましょう！

整理とまとめ⑩ ヨーロッパの気候

地　域	気候区分	特　色	分　布
北西ヨーロッパ	**Cfb** **（西岸海洋性気候）**	年中偏西風の影響を受けるため，**平均的な降水**。 夏季も Cfa に比べると冷涼。	イギリス・フランス・ドイツ・ノルウェーなど。
地中海沿岸	**Cs** **（地中海性気候）**	**夏季**は**亜熱帯高圧帯**の影響で**高温乾燥**，**冬季**は**寒帯前線**（偏西風）の影響で**温暖湿潤**。	スペイン・ポルトガル・イタリア南部など。
スウェーデン・フィンランド	**Df** **（冷帯湿潤気候）**	偏西風や暖流の影響が及ばず**冬季寒冷**。	スカンディナヴィア半島（南部と西岸を除く）。

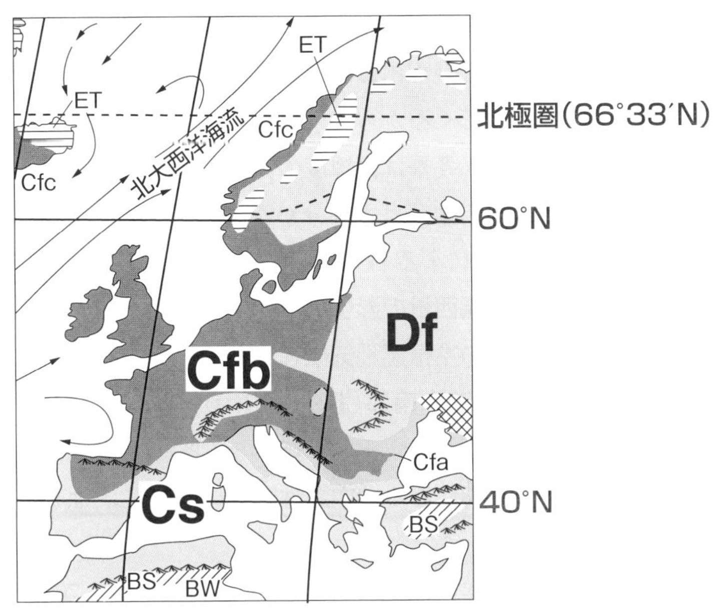

ヨーロッパと日本の位置関係

では，**《整理とまとめ⑩》**の図を見ながら緯度の確認をしていきます。その前に，君たちは**日本の位置**がわかりますか。えっ？ 小学校五年生のときはわかってたんだけどだって？ もったいないなあ。今わかってほしいんだけど(泣)。地理を学んでいると世界が広がるのは，とってもいいことだし，俺も嬉しいけど，**日本のことをしっかり理解して，もっともっと好きにならなくっちゃね！**

北海道の北端は，**北緯 45 度**付近，**鹿児島の南端**は**北緯 30 度**付近，**南西諸島など島嶼部の南端**は**北緯 20 度**付近です。

これに対して，**ヨーロッパは南端**が**北緯 35 度**付近で，**北端**はなんと**北緯 70 度**とかなり緯度が高いです。だって**北海道の北端**(冬季は相当寒い)**とスペイン北部やイタリア北部が，ほぼ同緯度**だなんて信じられない！ 本来，ヨーロッパの緯度帯だと，ほぼ全域が**冷帯(亜寒帯：D)**

になってしまうはずなんだけど……。

もちろんそうならない理由は，**偏西風と暖流の北大西洋海流が暖かく湿った大気を運搬してくる**からですね。夏季は高緯度だからそれほど高温にはなりませんが，**冬季は高緯度の割には温暖な気候**になります。特に**北緯 50 ～ 70 度**の地域は大部分が**西岸海洋性気候**（**Cfb**）になります（ケッペンの気候区分による b の意味は，**最暖月平均気温 22℃未満**）。

ただ東に向かうと**偏西風の影響が弱まるため，東欧の一部からロシア**にかけては，**大陸性**の**冷帯湿潤気候**（**Df**）になります。

スペインや**イタリア中南部**（**北部は Cfa**）などの**北緯 40 度**付近は，**夏季**に**亜熱帯高圧帯**が北上するため**乾燥**し，**冬季**は**偏西風**（**寒帯前線**）が南下するため温暖**湿潤**になる**地中海性気候**（**Cs**）でしたよね。

偏西風の影響って本当にすごいですね。緯度50度～70度付近の大陸西岸では，どの大陸でも偏西風の影響は大きいのですが，

Q ヨーロッパは特に偏西風の影響が大きいのはどうしてかな？

アルプス=ヒマラヤ造山帯が東西に走っているからですか。

すごすぎる解答ですね！ びっくりした(笑)。そのとおりです。**新期造山帯**の険しい山脈が南北に走ると偏西風が遮（さえぎ）られ一気にパワーダウンしてしまうけど，**東西だと山間をすり抜けて，かなり内陸まで到達**します。冬季は，**中央アジア**の一部を通って，なんと**テンシャン山脈**付近まで到達するから，かなりビックリ!!

だから他地域の同緯度西岸より，西岸海洋性気候の分布地域が東西に広いのです。そうとう面白くないですか？ 地図帳でケッペンの気候区分図を開いてごらん。**北アメリカも南アメリカも西岸海洋性気候の分布地域が南北に細長くしか分布していない**でしょう？ **南北**に走る**環太平**

洋造山帯が，偏西風を遮ってしまうからです。**ヨーロッパは，偏西風のおかげで恵まれた気候環境**になったんだから，偏西風に足を向けて寝たらダメだね(笑)。

北極圏

緯度の話がいろいろ出ましたが，北緯65度付近に怪しげな破線がありませんか？ それは**北極圏(北緯66度33分)**です。つまりこの緯度より北は**北極**になります。北極，南極とは**夏季に日が沈まない白夜**が訪れ，**冬季には日が昇らない極夜**が訪れる地域のことです。

北極点では半年ごとに白夜と極夜が訪れるんですね。「昼間は明るいからなんか集中できなくて，地理の勉強が進まないや！ 僕は夜型だから……」っていう人は，日本を飛び出し，日本の夏は南極で過ごし，日本の冬は北極で過ごせば，夜ばっかりなので，びっくりするくらい勉強がはかどりますよ(笑)。

じゃあ，自然環境の問題にチャレンジしよう！

問題 18 ヨーロッパの地形断面図と雨温図

次の図Ⅰを見て，ヨーロッパに関する下の問い(問1・問2)に答えよ。

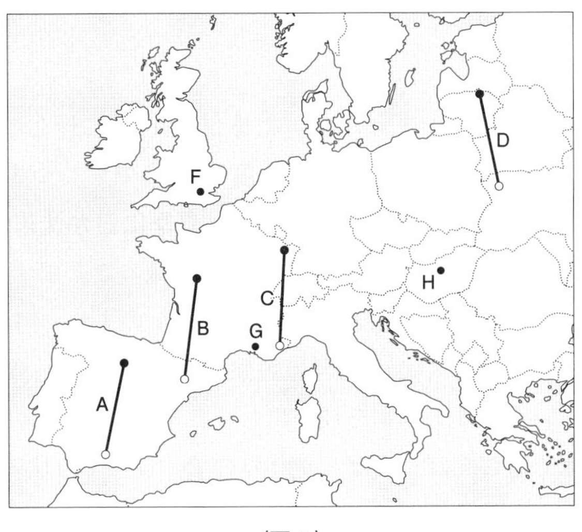

〈図Ⅰ〉

問1 次の図Ⅱは，図Ⅰ中の**A**～**D**のいずれかの線に沿った地形断面図である。この地形断面図の位置として最も適当なものを，下の①～④のうちから一つ選べ。ただし，高さは強調して表現してある。

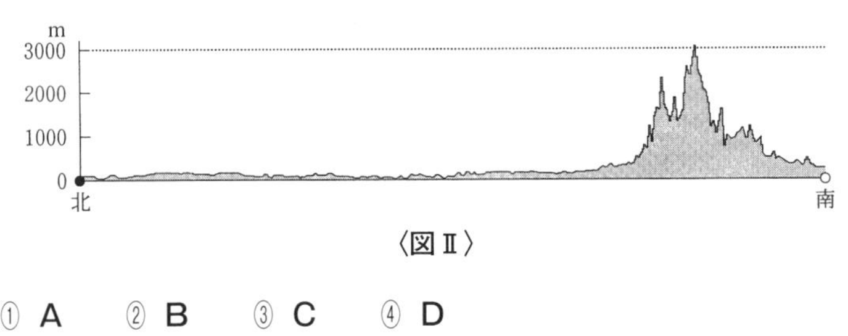

〈図Ⅱ〉

① **A**　② **B**　③ **C**　④ **D**

問２　次の図Ⅲ中の**ア～ウ**は，図Ⅰ中の**Ｆ～Ｈ**のいずれかの地点における月平均気温と月降水量を示したものである。**ア～ウ**と**Ｆ～Ｈ**との正しい組合せを，下の①～⑥のうちから一つ選べ。

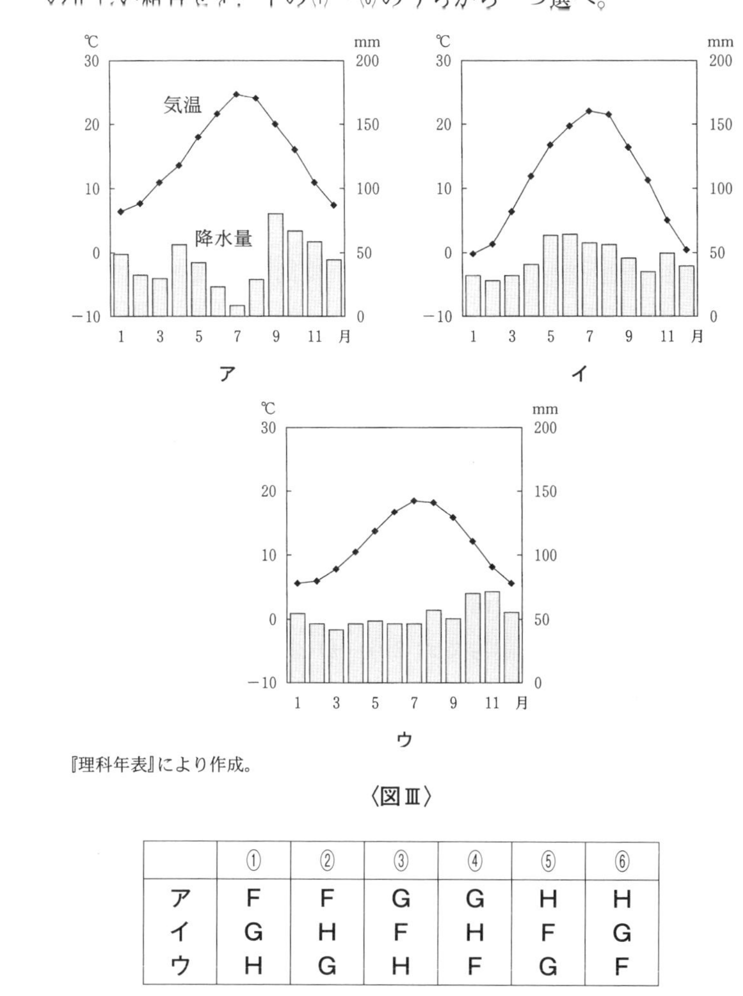

『理科年表』により作成。

〈図Ⅲ〉

	①	②	③	④	⑤	⑥
ア	F	F	G	G	H	H
イ	G	H	F	H	F	G
ウ	H	G	H	F	G	F

解答 p. 193

問１…シャープペンで図Ⅰに「ピレネー・アルプス・カルパティアライン」を書き込んでみよう！
問２…地中海地方は summer dry!
ヨーロッパは東に行くほど寒冷になる。

地形断面図の問題

またまた頻出の**地形断面図**です。まずは，**地図中の断面線をしっかり見て，新期造山帯の分布を思い出す**こと。図Ⅱを見ると断面図の北(●)から線分の3/4は極めて標高が低い地域，つまり**安定陸塊**や**構造平野**などが広がり，南(○)から線分の1/4に高峻な山脈(3,000m級)，つまり**新期造山帯**が走っていることがわかるよね。

次に図ⅠのA～Dを見てみよう。すると○側に**新期造山帯**が走っているのはBだと判定できるはず。**スペインとフランスの自然国境**になっている**ピレネー山脈**の位置がわかっていれば簡単！ 正解は②だね。

ただ厳密に言うと，Aの○側にもネヴァダ山脈という新期造山帯の山脈があります。Bと何が違うかと言うと，Aの大半は500～1,000mの**イベリア高原**が占めているのです。地図帳を見ると，**Bの大半が緑色(低地)なのに，Aはベージュっぽい色**をしているのがわかりますよ。

Cだと**アルプス山脈**がちょうど**スイス**のあたりを走るので，断面図の中央部が高くなっているはず。ちなみに**ピレネー・アルプス・カルパティアライン**から**南は新期造山帯，北は安定陸塊か古期造山帯**だったね？ 地図帳でもう一度確認しておこう。Dは，**リトアニア・ベラルーシ・ウクライナ**に至る線で，大半は低平な**構造平野(東ヨーロッパ平原)**が広がるので，断面図なら全て標高が低くなっているはずです。

続いて問2。来たよ！ 君たちが100％正答するはずの**雨温図**(笑)。ただ，**緯度が大きく異なるわけではない**ので，世界地図で示された地点みたいに，**気温の年較差**(ねんかくさ)だけでは**地点と雨温図の判定はできません**ね。また，ヨーロッパの気候的な特色として，**西岸は偏西風と暖流の影響を受ける**ため，高緯度の割に年較差が小さく，**冬季も温暖**である点に注意しましょう。緯度だけでは判定しにくいならどうするか……。今回は**降水の時期**に注目してみることにしよう。

アは**summer dry(夏季に乾燥)**になっているため，**地中海沿岸**に位置する**G**(フランス最大の貿易港である**マルセイユ**付近・**Cs**)だと判定できます。3都市では**最も低い緯度に位置**するため，夏季も冬季も気温が高い。つまり**年平均気温が高い**です。

イと**ウ**はかなり雨温図が似ていますよねえ。ちょっと困ったなあ。もう一度**図Ⅲ**の雨温図を見てください。**ウ**のほうが**年較差が小さく冬季の気温も高い**。さらに**年間を通じて降水も平均的**に見られるため，**偏西風**の影響を受けやすい**F**(**ロンドン・Cfb**)と判定します。

残る**イ**が**H**(**ハンガリーの首都ブダペスト**)で，**F**よりやや緯度が低いため**夏季の気温は高い**(最暖月平均気温が22.0℃あるため**Cfa**)ことからも判定できますよ。正解は④です。

本問のように**G**の判定は容易でも，残る2つの判定に悩むタイプの出題も多いため，さまざまなアプローチができるようにふだんから練習しておきましょう！ ではもう1問，北欧の自然環境についての問題。

問題 19 スカンディナヴィア三国の自然環境と生活

次の図は，北ヨーロッパに位置するスウェーデン，ノルウェー，フィンランドの地形の概略を示したものである。これを参考に，これら3か国の自然環境と人々の生活について述べた文として最も適当なものを，下の①～④のうちから一つ選べ。

① フィンランドには，たくさんの小さな湖があり，これらの湖畔に地熱発電の余剰蒸気を利用したサウナが普及している。

② スウェーデンは，国土の大半がなだらかな傾斜地からなっており，北西季節風の風下にも当たるので，酪農中心の農業が行われている。

③ ノルウェーでは，急傾斜で流下する多数の河川を利用して水力発電が行われ，その発電量が総発電量の大部分を占めている。

④ これらの国々は，新期造山帯に当たるため，入り組んだ海岸線が形成されており，それらが漁業の発達を支える要因となっている。

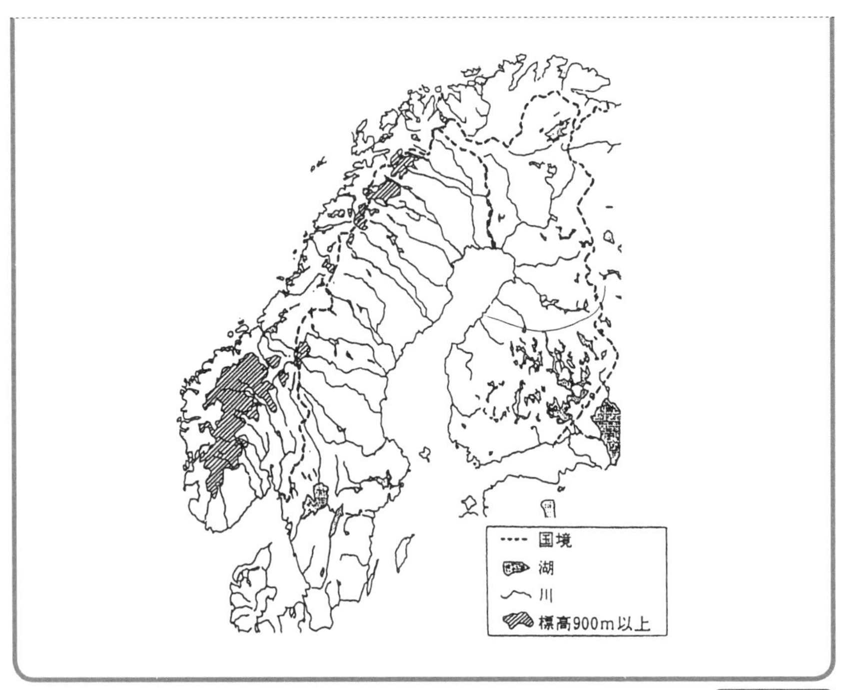

解答 p.193

西から順に，ノルウェー，スウェーデン，フィンランドが位置。
ノルウェーの国土は古期造山帯だが，スウェーデンとフィンランドは安定陸塊が広がる。

スカンディナヴィア三国の自然環境

スウェーデン，**ノルウェー**，**フィンランド**(**スカンディナヴィア三国**)の自然環境と人々の生活に関する問題です。**ノルウェー**，**スウェーデン**がある**スカンディナヴィア半島**の位置を確認すると，**南端**で**北緯 60 度**，**北端**は**北緯 70 度**にもなります。

緯度の割には暖かいかもしれないけれども，冬季はかなり寒いだろうね。だって日本と比べるとめちゃめちゃ緯度が高いだろう？ **北海道の北端**でさえ**北緯 45 度**しかないのに，**オスロ**(**ノルウェー**の首都)，**ストックホルム**(**スウェーデン**の首都)，**ヘルシンキ**(**フィンランド**の首都)は北緯60度付近に位置しています。しかも**北緯66度33分以北**は**北極圏**になります。極圏というのは，**夏には白夜**が，**冬には極夜**が訪れるところでしたね。

フィンランド　**選択肢①**

「**フィンランド**には，**たくさんの小さな湖**があり」――フィンランドは，**氷期**に**大陸氷河**に覆われていたわけだから，**氷河湖**がたくさんありますね。**フィンランド**は「**森と湖の国**」と呼ばれるって聞いたことあるでしょう？　ここまでは正しいです。

「**地熱発電**」に線を引いてください。地熱発電は，**マグマによる高温の蒸気を使って発電**をするのです。だから一般的に，**火山活動**が活発な国で発達しています。

だけど，フィンランドとスウェーデンの大部分は**バルト楯状地**と呼ばれる**安定陸塊**なので，**活動中の火山は見られません**。ということは「地熱発電の余剰蒸気を利用したサウナ」はおかしい。「サウナの普及」は合っ

図解 **スカンディナヴィア三国**

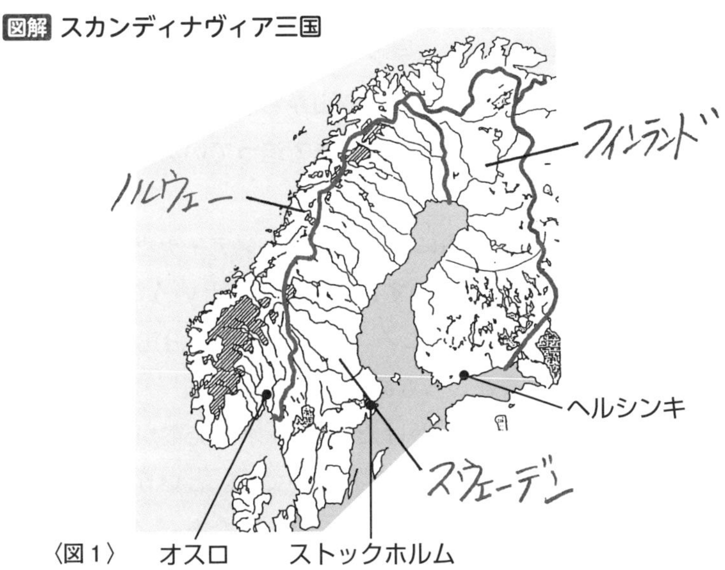

〈図1〉

ているんだけどね。

サウナとはもともと**フィンランドの蒸し風呂**のことで，**豊富な針葉樹林**を利用した**薪炭**（しんたん）を燃料としていました。ということで①は誤りだね。

スウェーデン　**選択肢②**

「**スウェーデン**は，国土の大半が**なだらかな傾斜地**」——これは図を見ればそのとおりになっていますね。**ノルウェー**との**国境付近**にある**スカンディナヴィア山脈**は**古期造山帯**ですが，国土の大部分は**安定陸塊**になります。

「北西季節風の風下」——これを読んだとたんに，君たちは笑っただろう？ ふざけるなよ〜って！（笑）もちろん**偏西風**に訂正しないといけないね。**スウェーデンは，偏西風の風下**にあたるため，ノルウェーよりは**降水量が少なく冬季も寒冷な気候**です。ということで，②も誤っていますね。

ノルウェー　**選択肢③**

「**ノルウェー**では，**急傾斜**で……」とあります。「**急傾斜**」に線を引いてください。**ノルウェー**はスウェーデンやフィンランドと違って，**スカンディナヴィア山脈**の西側斜面に位置する**山がちな地形**です。しかも**氷食**を著しく受けているため，**急傾斜地が海まで迫っている**のです。すごい急傾斜の崖が多い！

ノルウェーは，**偏西風**の**風上側**にあって，スカンディナヴィア山脈によって**上昇気流**ができるから，**ものすごく雨が多い**ということを①〈系統地理編〉第13回の「**電力**」のところで話しました。沿岸部では**年降水量が 2,000mm** を越えるところもあるんだからねえ。

したがって，**水力発電**も盛んなわけだから，「水力発電が……**総発電量の大部分を占めている**」という部分も正しいです。ということで，③は正しい文になります。この問題は正答して欲しいなあ。

スカンディナヴィア半島の地形　**選択肢④**

「これらの国々は，新期造山帯に当たる」というのは明らかな誤りですね。「**新期造山帯**」に線を引いてください。**ヨーロッパの北部に新期造山帯の山地はありません**から，誤っていますね。

地形のところで説明したように，ヨーロッパでは**ピレネー・アルプス・カルパティアライン**から**南側**が**新期造山帯**，**北側**は**安定陸塊**と**古期造山帯**です。絶対に忘れないように！

「入り組んだ海岸線が形成……」というのは「地形」の分野で勉強した**フィヨルド**のことですよね(覚えてますか？ 忘れてたら復習だ)。**氷河の侵食**によって形成された**U字谷**に，**海水が浸入し複雑な海岸線**になっています。この部分は正しいですが，「新期造山帯」がおかしいので，④も誤っていますね。

2 ヨーロッパの農業

①〈系統地理編〉第10回では**ヨーロッパの農業の起源や発展**についていろいろな話をしましたが，ここでは**地域や国別に農業を学習**しましょう。

農業を理解するためには，自然環境の学習は欠かせません。「どうも農業は……」という人は**地域の地形と気候**を復習し直すことが必要ですよ。だって農業は工業など他の産業と比較して**自然の制約が大きい**ですから。

イタリアには伝統的にフェラーリやランボルギーニなど高性能のスポーツカーが発達していますが，これには**地中海沿岸のテラロッサ**や**Cs**が影響しているわけではないよね(笑)。

でも，水はけがいい**テラロッサ**(**石灰岩の風化土壌**)は**オリーブ**や**コルクがし**，**果樹**の栽培には適しているし，オリーブやコルクがしなどの**硬**(こう)

葉樹は**夏の乾燥に耐える**から**Cs(地中海性気候)**地域で栽培されるのです。

では，**ヨーロッパの農牧業地域**を確認しましょう。まずは，**北海，バルト海沿岸地域**ですが，**更新世の氷期**に**大陸氷河**に覆われていたため，表土が薄くしかも**やせた土壌**が広がっています。ここでは**冷涼な気候**に適した**飼料作物**を栽培しながら，**乳牛飼育**を行う**酪農**が発達しています。酪農といえば，**オランダ**と**デンマーク**かな。

フランスや**ドイツ**など**ヨーロッパ中部**は**混合農業**が盛んです。**小麦栽培と飼料作物**を輪作し，牛や豚を飼育する**有畜農業**でしたね。

南スペインや**イタリア中南部**など**地中海沿岸**では**地中海式農業**が発達し，夏季に**オリーブ，ブドウ，オレンジ**などの**樹木作物**栽培，冬季には温暖湿潤な気候を活かして**小麦**栽培，そして**羊や山羊などの家畜飼育**を行っています。近年は，**牛や豚の飼育も増加**してますよ。スペインのイベリコ豚とか有名だよね。

《ヨーロッパの農牧業》

- 北海・バルト海沿岸…酪農
- ヨーロッパ中部………混合農業
- 地中海沿岸……………地中海式農業

地域ごとの農業の特色を正確に把握しておきましょう(ヨーロッパの気候については，p. 164，**《整理とまとめ⑩》**を参照)。

農業関連データの分析

問題 20 ヨーロッパ諸国の農業データ

次の表中の①～④は，アイルランド，イギリス，スペイン，ドイツのいずれかの国における，就業人口に占める農林水産業就業人口の割合，国土面積に占める耕地・樹園地面積の割合，国土面積に占める牧場・牧草地面積の割合を示したものである。ドイツに該当するものを，表中の①～④のうちから一つ選べ。

	(A)農村水産業就業人口の割合(%)	(B)耕地・樹園地面積の割合(%)	(C)牧場・牧草地面積の割合(%)
①	5.1	15.0	49.4
②	4.4	34.1	18.5
③	1.3	34.6	13.4
④	1.2	25.0	45.8

統計年次は2015年。農林水産業就業人口は2017年。『世界国勢図会』などにより作成。

解答 p.193

農林水産業就業人口の割合は，大半が農業就業人口で，経済発展とともに低くなる。
耕地の割合は，地形と気候に恵まれる国で高い。

①〈系統地理編〉でもトレーニングを重ねたデータの分析問題です。久々ですが，がんばってやってみようね。表中の(A)**農林水産業就業人口の割合**(**農業就業人口率**)**は経済発展に伴って低くなる**んでしたよね(①〈系統地理編〉第9回)。

したがって，③と④がアイルランド，イギリス，スペイン，ドイツの中でも，より**経済発展している国だ**ということになります。もちろん**4か国とも先進国**なので数値は低いはずですが，ここでは**相対的な判定**が必要になります。

やはり**産業革命**をいち早く成し遂げた**イギリス**と**ヨーロッパ最大の工業国**である**ドイツ**の農業就業人口率は低いでしょうね。したがって，③

か④がイギリスかドイツになります。**イギリスの農業就業人口率が極めて低い**ということを知っている人はここで④を**イギリス**としてもいいです。

次に，表中の指標(B)を見てください。**国土面積に占める畑・樹園地の割合**とは**耕地・樹園地率**のことです。アジアの場合には耕地といえば**水田**ですが，ヨーロッパでは**耕地≒畑**と考えます。**樹園地**とは，オレンジなどの**樹木作物を栽培する畑**のことです。次のことを頭に入れておきましょう。

《耕地・樹園地率》

- 数値が高い国…耕地・樹園地の立地に適した**気候**・**平野**に恵まれる
- 数値が低い国…耕地・樹園地の立地に適した**気候**・**平野**に恵まれない

4か国中，高緯度に位置しているのはアイルランドとイギリスで，ほぼ**北緯50～60度**の間です。**ドイツとスペインはアイルランド，イギリスより緯度が低く，相対的には温暖で平野にも恵まれています**から②か③がスペインかドイツと考えます。ドイツの北部は冷涼ですが，**中南部は比較的温暖な気候と肥沃な土壌**ですから間違えないようにね。

スペインとドイツの経済力を比較すると，明らかにドイツのほうが上ですから，**農業就業人口率が低い**③が**ドイツ**，②が**スペイン**となります。

もうここで①～④の判定がほぼできてしまいましたが，念のために最後の(C)**国土面積に占める牧場・牧草地面積の割合**(**牧場・牧草地率**)を見てみましょう。日頃からこういうふうに自然条件との関係をしっかりとらえて問題を解く練習をしておくと本番で絶対に失敗しないからね！

自然植生(しょくせい)(**人間が手を加えていない状態の植生**)で**草地**が豊富に見ら

れるのは**BS**ですが，この4か国は大部分が**C**です。ただ，以前も説明しましたが，**A**，**C**，**D**の自然植生は**樹林**になってしまう……。

Q これら4か国がC(温帯)であるにもかかわらず，草地が多いのはなぜか？

どういうふうに考えたらいいのかな？ もし人間が**森林を伐採**したとすると，今まで森林に覆われていた地表に太陽光が到達しますね。すると草がはえ始めます。ここで**十分な降水が見られれば草原が形成される**わけです。ここまで説明すると，君たちくらい地理的思考力や分析力がついてきた人たちならもうわかっちゃったかな？

そうです，**イギリスやアイルランド**は海洋から**湿潤な偏西風**の影響をまともに受ける位置にあるため，**年間を通じて平均的な降水**が見られるんですね。したがって**草地が十分に発達する**ことから①か④がアイルランドかイギリスになり，農業就業人口率の高低から①が**アイルランド**，④が**イギリス**になります。

ここでもうちょっとだけ耳を傾けてください。国土面積の約半分を牧場・牧草地が占めるイギリスも**産業革命前には，なんと国土の90%以上が森林だった**んですよ。森林だらけの日本を上回っていたんだからすごい！ それが人口増加に伴う**薪炭(しんたん)の伐採(ばっさい)などで森林が激減**してしまったのです。現在の牧場・牧草地率の高さを見れば，**サッカー，ラグビー，テニス，ゴルフのような芝生を使ったスポーツがイギリスで発展**したのも納得って感じですよね。

次に国別の農業について見ていきましょう。

イギリスの農業

イギリスといえば，「**産業革命**」，「かつては**世界の工場**」というイメージが強いため，農業はあまり得意でないと思っている受験生が多いようですね。確かに**世界に多数の植民地を持っていた**時代は，やや農業をおろそかにしていたようですが，近年は**大規模経営**により**生産性の高い農業生産**を行っています。

混合農業と**酪農**が主たる農業ですが，特に**小麦**生産はヨーロッパ有数で，**輸出国**でもあります。さっきの演習問題でも説明したように，豊富な牧草を利用した**放牧形態の酪農や牧羊**（ぼくよう）もさかんで，**羊の飼育頭数はヨーロッパではトップ**なのです。同じ工業国で島国の**日本とは比較にならないほど食料自給率も高い**です。ちょっとうらやましい……。

フランスの農業

フランスは言うまでもなく**ヨーロッパ最大の農業国**です。広い国土面積を活かして「**EU の穀倉**」と呼ばれています。フランス革命後の自作農の創設によって小規模農家が多かったのですが，**積極的に規模拡大に努めた**ため，**農業従事者１人当たりの農地面積**は**50ha** 以上で，ヨーロッパ有数の**経営規模の大きさ**になっています。

混合農業が中心で，特に**パリ盆地**では**小麦**を企業的な経営で栽培し，もちろん**ヨーロッパ最大の生産・輸出国**となっています。また，ヨーロッパ諸国は概してとうもろこしの生産があまり得意ではないのですが(夏の気温があまり高くならない国が多いため)，フランスは**とうもろこし**の生産も多いので注意しておきましょう。

フランスと言えば，「**ワイン**」の生産で有名ですよね。君たちは俺から何を質問されるか，もう予想してるだろう？(笑) では期待に応えて，

Q ブドウ栽培のフランスにおける北限はどこですか？

待ってました(笑) パリです。

全員正解!!(笑) もちろんパリ周辺です。

ドイツの農業

ドイツも**工業国**ってイメージが強いですね。確かにドイツの工業力はすごい！ でも，**農業**の分野でもがんばっています。ドイツはフランスと同様にヨーロッパの大陸部分に位置し，平野にも恵まれるのですが，**北部**は**大陸氷河**に覆われていたため**やせ地**(**ハイデ**と呼ばれていた)が広がり，長い間**アネクメーネ**(**非居住地域**)に近い状態でした。

しかし土地改良など努力の結果，**北海・バルト海沿岸**では**酪農**，北部の**北ドイツ平原**では冷涼な気候に耐える**ライ麦**や**じゃがいも**を栽培する**混合農業**が行われるようになったのです。一方，**中南部は農業の立地に恵まれた自然環境**です。氷河堆積物が風化・風積した**肥沃**(ひよく)な**レス**が分布し，温暖な気候にも恵まれるため**小麦**の栽培も盛んです(ドイツはヨーロッパでは**フランスに次ぐ小麦の生産・輸出国**だよ)。

またライン川中流は**河岸段丘**が発達していて，ここでは**ブドウ**の栽培も盛んです。**北部と南部の地域差**に注意しましょうね。

農産物の輸出額(**付加価値が高い畜産**(ちくさん)**品**や**酪農**(らくのう)**品の輸出**が多いと，金額が大きくなる)**では，オランダに次いでヨーロッパのトップクラス**です。

ちょっとだけドイツのイメージが変わったんじゃないかな？

オランダの農業

オランダってどこにあるかヨーロッパの地図を見ながら瞬時に指させますか？ 俺がこれまで何度も呪文(じゅもん)のように唱えてきたように，**国の名前と位置は正確にマスターしておこう**ね！

オランダはヨーロッパの北部に位置する小国です。**ライン川の沖積低地**が広がりますが，オランダといえば，やはり**ポルダー**(**干拓**(かんたく)**地**)を忘れてはいけません。オランダでは古くからゾイデル海の**干拓**に取り組み，**農地拡大**に努力を払ってきました。

締め切り堤防を建設した後，**偏西風**を利用した**風車**で海水を排水してきたのですが，もちろん現在は風車は観光用で，実際にはポルダー建設には関わっていませんけど。こうやって完成したポルダーは国土面積が小さいオランダの**農地拡大に大きく貢献**してきたのです。

話は変わりますが，よく生徒たちから，オランダといえば「**チューリップ！**」，「**園芸農業が発達**」という声を聞くけど，君たちはどう思う？

もちろんオランダで**園芸農業**が発達しているというのは正しく，受験でも頻出事項なのですが，どうも「ポルダーで園芸農業が盛んである」と思っている人が多いようです。**これはまずい**ですね！

ポルダーは浅海底を排水したものですから，海底の粒子は小さく**水はけが悪い**です。しかも**塩分が残留**していますから，**排水良好な土壌を好むチューリップなどの花卉（かき）や野菜類**の栽培には適しているとはいえません。

園芸農業は**沿岸部の海岸砂丘地域**が中心になります。ちょうど**ハーグ～ライデン～ハーレム**のあたりです。オランダ北西海岸は**偏西風**が強いため**砂丘の発達が顕著**なのです。**海岸砂丘**は昼間高温となり，水はけも良いため，日本でも果樹や野菜の栽培が行われていますね。じゃあ，

Q ポルダーで行われているのはどんな農業だと思いますか？

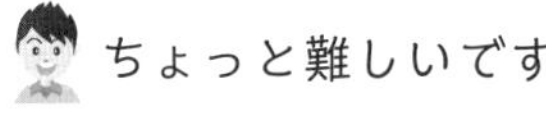

ポルダーでは，**飼料作物**を栽培しつつ**乳牛**を飼育する**酪農**が行われています。たしかにオランダでは酪農が園芸農業の陰に隠れがちですが，秘めた実力を持っていて，**バターやチーズ**などの**酪農品**や**肉類について**は**世界有数の輸出国**なんですよ。絶対に忘れないでね！

それから，何回も言って悪いけど，オランダはアメリカ合衆国に次ぐ世界第２位の農産物輸出額です！

デンマークの農業

オランダのところで酪農について触れましたが，いよいよ**酪農の大御所**デンマークです。**デンマーク**はかつて北欧の強国として知られ，アイスランド，ノルウェー，スウェーデン，フィンランドを支配していたこともあり，ドイツやポーランドの一部もデンマーク領でした。だからその名残(なごり)で**グリーンランド**(地域区分では**北アメリカ**に含まれる)**はデンマーク領**なんだよ。

しかし，戦争による領土割譲(かつじょう)や独立により，現在の**ユーラン(ユトランド)半島**と**シェラン島(首都コペンハーゲン**が位置)などの島嶼(とうしょ)部だけが残ってしまったのです。かなりつらい状況ですよね。

肥沃な農地を失ってしまったデンマークですが，ここから国を挙げて**酪農国家を目指す農業改革**に取り組み，大成功を遂げるのです。

当時，酪農品はそれぞれの農家が飼料栽培から乳牛飼育，搾乳(さくにゅう)，酪農品への加工，出荷・販売までを個々に行っていたのですが，これでは各農家の負担は極めて大きく，効率が悪いため，質・量ともに高いレベルを保つことが困難でした。

そこで世界で初めて「**農業協同組合**」を設立し，**農家は搾乳までの段階を担当**し，それ以外のことは農業協同組合がすべて行うという画期的な方法を生み出したのです。これがデンマークを「酪農王国」にした背景なんですね。

オランダも酪農王国なんだけど，「**酪農王国デンマーク**」がここまで有名なのは，やはり**世界で最初に本格的な酪農を始めた**からなんでしょうね。なんでも最初にやるのは大変だもんねえ。

オランダとデンマークの最後に，**両国とも養豚(ようとん)が盛ん**だから注意しておいてね。豚は狭い面積でたくさん飼えるので，国土面積が小さく農地が狭くても，飼料栽培が盛んな両国にとってはうってつけだから。

スペインの農業

最後に**スペイン**の農業の説明をしておきます。**イベリア半島**の大部分を占めるスペインの国土は**台地状**の地形をしています。気候的には**北部のCfb**を除いて大部分が**Cs**(**地中海性気候**)です。スペインといえば，やはり**地中海式農業**ですね。特に**油脂原料**となる**オリーブ**，**ワイン**の原料となる**ブドウ**の生産は世界的です。

また，**バレンシアオレンジ**(南部のバレンシア地方原産)で知られる**オレンジ**の生産も**ヨーロッパ最大**で，なんと**アメリカ合衆国**や**ブラジル**を抑え，**世界最大の輸出国**の座をキープしています。

近年急速に増加しているのが「**豚**」！ イベリコ豚のブランド化に成功したこともあって，**ドイツ**を抜いて**豚の飼育頭数はヨーロッパNo.1**です。

牧羊も伝統的に発達していて，スペイン原産の**メリノ種**という**毛用種**が知られています。君たちは「**メセタ**」という高原の名前を聞いたことがありますか？ イベリア半島中央部の高原の名称で，ここでは古くから**羊**などの**移牧**が行われています。

夏季の高温乾燥によって，**牧草は枯れてしまう**ので，牧畜がしにくい気候環境なのですが，やや**標高が高くなると気温が下がり蒸発量が減少**するため，**草地が形成**されるようになる。これを利用して，**夏季**にはやや**標高が高い高原に移動**して羊を**放牧**し，**冬季**は低地に降りて**舎飼い**(しゃが)をするのです。これを**移牧**といいます。どの国のどの地域でもみんな工夫してきたんだね。

ここで，ちょっと①〈系統地理編〉の復習。いま，「標高が高くなると気温が下がる」と言ったけど，

Q 100m標高が上がると，気温は何℃低下するんだった？

約0.6℃です。

3 ヨーロッパの工業

伝統的な工業地域

18世紀に**イギリス**(**ランカシャー地方**の**綿工業**だったね)で始まった**産業革命**はフランス，ドイツなどヨーロッパ諸国に波及(はきゅう)していきました。その後も豊富な**石炭資源**を利用して**ドイツ**の**ルール地方**や**イギリス**の**ミッドランド地方**などで**重工業**が発展し，ヨーロッパ全体が工業化の進んだ地域として世界をリードしてきました。

しかし，2度の大戦によりヨーロッパ経済は停滞し，**アメリカ合衆国**に「**世界の工場**」**の座を奪われてしまった**んですね。

戦後は，石炭産地の**ルール地方**～鉄鉱石産地の**ロレーヌ地方**(フランス)～**フランス北東部**にかけての「**重工業三角地帯**」を中心に重化学工業中心の工業化が進展しましたが，**1960年代**の**エネルギー革命**を経て**1970年代**の**石油危機**を契機に，**資源多消費型の重化学工業が不振**に陥(おちい)り，**日本**や**NIEs諸国**との競争に負け始めたのです。

かつては隆盛を誇ったドイツのルール地方，イギリスのミッドランド地方，北東イングランド，フランスのロレーヌ地方では工場閉鎖(へいさ)，失業者増加が相次ぐなど，衰退する工業地域が明確になってきました。

新しい工業地域

しかしヨーロッパの工業はこれでおしまいなのかというとそうではありません！ **鉄鋼業**など**資源多消費型**の工業が**構造不況**(①〈系統地理編〉第14回)で**衰退**する一方，**新しい産業**や**伸びゆく工業地域**も現れています。

例えば，イギリスの**ロンドン**周辺や**スコットランド**(**シリコングレン**)には**先端産業**が集積していますし，**パリ**周辺や**ドイツ南部**・バイエルン地方の**ミュンヘン**(**ドイツの「シリコンヴァレー」**)などには**先端産業**や

自動車・電気機械などの**加工組み立て工業**が成長しています。

また，**EU** の**経済統合**により域内での企業進出が活発化し，**スペインのカタルーニャ地方**（**バルセロナの自動車工業**）や**フランス南西部**（**トゥールーズの航空機工業**）などでは，安価な労働力を得られることや地代が安くて用地取得がしやすいことから「**ヨーロッパのサンベルト**」と呼ばれるほど注目されているんです。

あとで説明しますが，EU 域内における**人・モノ・サービス・資本の自由化**によって，ヨーロッパの工業は従来の工業地域から分散する傾向もありますが，「**ブルーバナナ**（**青いバナナ**）」と呼ばれる中心地域は，現在でも発展を続けています（**図２**）。

では，そろそろ演習問題にいきましょう。

図解 ブルーバナナ

〈図２〉

＊マンチェスター，バーミンガム，ロンドン（イギリス），アムステルダム（オランダ），ブリュッセル（ベルギー），ルール地方（ドイツ），ストラスブール（フランス），トリノ，ミラノ（イタリア）などを含む。

ヨーロッパ諸国の主要な輸出品

問題 21 イギリス，ノルウェー，デンマーク，ロシアの主要輸出品目

次の表中の①～④は，原油の産出国であるイギリス，ノルウェー，デンマーク，ロシアのいずれかの国について，輸出額でみた上位5品目を示したものである。ノルウェーに該当するものを，表中の①～④のうちから一つ選べ。

順位	①	②	③	④
1位	機械類	原　油	機械類	原　油
2位	医薬品	石油製品	自動車	天然ガス
3位	衣　類	天然ガス	医薬品	魚介類
4位	肉　類	鉄　鋼	航空機	機械類
5位	金属製品	石　炭	原　油	石油製品

統計年次は2017年。『世界国勢図会』により作成。

解答 p.193

ロシアとノルウェーにおける最大の輸出品目は原油。
デンマークは畜産品の輸出が得意！

輸出品目には，各国の工業生産の特色がよく表れているので，**輸出品目から国名を判定させる**のは入試の定番ですから，よ～く考えて得意になってください。

表を見てください。ロシアを含むヨーロッパ諸国の中でも**原油を輸出**できる国はかなり少なく，表中の**ロシア**，**ノルウェー**，**イギリス**が主な産油国。**ほとんどのヨーロッパ諸国は原油を西アジアやロシアなどからの輸入に依存**しているんです。

デンマークの輸出品　**選択肢①**

北海油田といえば，やっぱり**イギリス**と**ノルウェー**ですよね。ところが実は**デンマーク**の北海油田もあるんですよ。そんなに産油量が多くはないので，輸出上位品目には，原油がありません。

そしてもっとデンマークが得意なのはなんだったかな？ そうですね，**酪農など畜産業**です。**国土の大半が氷食**を受けているので，肥沃（ひよく）ではありませんが，土壌（どじょう）改良や品種改良など高度な技術を活かして飼料栽培が盛んです。この飼料を用いて**乳牛**や**豚**の飼育が行われています。

表中の①の「**肉類**」にチェックを入れてください。表中の国の中で，**肉類が輸出品目の上位にくる国は，デンマークしかない！**

デンマークは，農業も得意ですが，**工業や商業・サービス業などの第3次産業も発達**していて，**1人当たりGNI**も**60,000ドル**近くある**北欧の先進国**です。もちろん**社会保障先進国**でもあります。デンマークといったら，まるで国中乳牛のホルスタインしかいないと思ってる人もいるので要注意(笑)。

ロシアの輸出品　**選択肢②**

②は**原油**，**天然ガス**，**石油製品**(ナフサやガソリンなど)が上位にくることから，原油，天然ガスの生産量が最も多い**ロシア**と判定します。ロシアの**原油**生産は**サウジアラビア**，**アメリカ合衆国**と並び**世界最大級**だし，**天然ガス**生産も**アメリカ合衆国**に次いで世界最大級の生産を誇ります。また，**石炭**や**鉄鉱石**の産出も多いため，表中にあるように**鉄鋼**の輸出も盛んです。

イギリスの輸出品　**選択肢③**

③は最も早くから工業化が進展している**イギリス**です。機械類，自動車，医薬品などはかなり高いレベルの技術と巨額な資本が必要とされる工業です。特に**自動車**，**医薬品**，**航空機**を輸出できるというのは先進工業国の証（あかし）だと言われています。

イギリスは戦後，ドイツ，フランスなどに1人当たりGNIも抜かれていたのですが，近年は**ハイテク産業**への転換やアメリカ合衆国や日本からの投資も増加し，盛り返しています。

ノルウェーの輸出品　**選択肢④**

④は**魚介類**から**ノルウェー**です。**高緯度に位置**するノルウェーは，**山がちな国土**に加えて，**寒冷**で牧草の生育が十分ではないため**牧畜がふるわず**，古くから動物性タンパク質を魚介類に求めてきました。

また，①〈系統地理編〉第13回の「**電力**」でも詳しく説明しましたが，**降水量が多く**スカンディナヴィア山脈から流下する河川を利用して**水力発電**が盛んに行われているため，**アルミニウム精錬業**が発達していて，石油製品の次にはアルミニウムがくるんですよ。ノルウェーの**原油**や**天然ガス**はイギリスと同様に**北海油田**で産出することに注意しましょう。

イタリアの工業

問題 22　イタリアの工業地域

次の**ア**～**ウ**の文は，下の図中に示したイタリアにおける**X**～**Z**のいずれかの地域の工業について述べたものである。**ア**～**ウ**と**X**～**Z**との正しい組合せを，下の①～⑥のうちから一つ選べ。

ア　衣服や様々な機械類を生産する中小企業が集積しており，新たな成長地域として注目されている。

イ　大企業を主体にしたこの国最大の工業地域であり，自動車・繊維工業のほか，臨海部では石油化学工業が発達している。

ウ　地域間格差の是正を目的として，政府の出資した公社などによって，大規模な製鉄所が建設された。

	①	②	③	④	⑤	⑥
ア イ ウ	X Y Z	X Z Y	Y X Z	Y Z X	Z X Y	Z Y X

解答 p.193

イタリアは，南北の経済格差が大。近年は「第三のイタリア」が発展。

図中の**X**を見てください。**X**付近はイタリアで**最も工業化が進んでいる地域**です。イタリアは**新期造山帯**に属するため**山がちな国土**ですが，**北イタリア**は**ポー川**の**沖積平野**(**パダノヴェネタ平野**)が広がるため経済活動の場に恵まれています。また，**アルプスの水力**も**発電に利用**できるため，**資源に恵まれない**イタリアの中では早くから工業化が進みました。

高級ブランド商品を中心とする**繊維工業**が発達する**ミラノ**は洋服大好きの俺としては最高に好きな街の1つです！ それと，**自動車工業**の中心地が**トリノ**——車が大好きの俺としては……もうやめときます(笑)。

さらに臨海部に位置するため，**重化学工業**が発達する**ジェノヴァ**などがイタリアの工業の中心になっています。したがって説明文**イ**が該当し

図解 イタリアの工業地域と都市

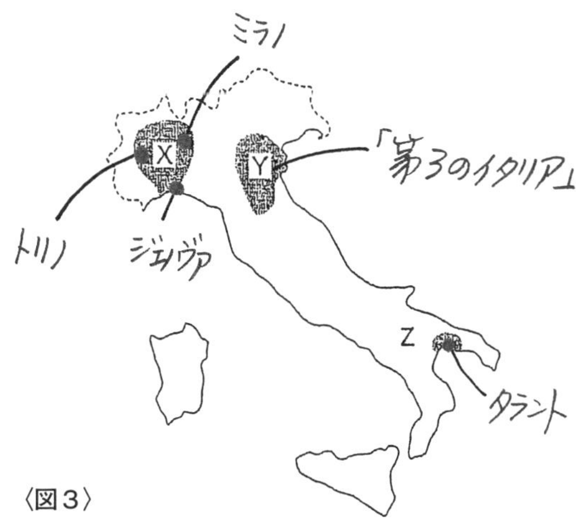

〈図３〉

ます。

Ｘを中心として**北イタリアは順調に経済発展**をしましたが，**南イタリア**はこの国の経済発展からやや取り残されてしまった感があります。

田園風景が残る素敵なところではあるのですが，**南北の経済格差は大きく**，第２次世界大戦後，政府は**積極的に南北格差是正のための政策**を打ち出しました。これが「**バノーニプラン**」です。

図中の**Ｚ**付近にある**タラント**に**製鉄所**を建設するなど**南部への企業誘致**を進め，**南北の交通網を整備**するため「**太陽道路**」(**アウトストラーダ・デル・ソーレ**)と呼ばれる**高速道路**を建設しました。したがって**Ｚ**は**ウ**の説明文に該当します。ただし，**南北の経済格差はなかなか是正されていない**ようです。

残る**Ｙ**は現在，イタリアで注目を集めている地域の１つですね。君たちは「**第３のイタリア**(**サードイタリー**)」という言葉を聞いたことがあるんじゃないかな？ **Ｙ**の地域は**北部**(**ファーストイタリー**)でもなく，**南部**(**セカンドイタリー**)でもないイタリアなのです。

この地域にはイタリア=ルネッサンスで発展した**フィレンツェ**，**ボローニャ**，**ベネチア**などの都市があり，**伝統的な服飾**，**宝飾**(アクセサリー)，**皮革産業**などが発達しています。**零細な工場**や**中小企業**が中心なのですが，近年はインターネットの普及や中小企業同士や大企業との連携などによって成長が著しいことで脚光を浴びています。オリジナリティに富む**多品種少量生産**を得意としているんですね。これが**ア**。

したがって，解答は③だね。答えは簡単だと思いますが，いまの説明をよく頭に入れておいてください。

次に**《整理とまとめ⑪》**を見てください。ヨーロッパにおける主な工業国についてまとめてみました。この5か国については十分にチェックをしておいてくださいね。

整理とまとめ⑪ ヨーロッパ諸国の工業

国名	1人当たりGNI	工業の特色
ドイツ	45,923ドル	**ライン川**・**ルール川**の水運と**ルール炭田**の石炭を利用し，**鉄鋼業**を中心とする**ルール工業地域**(**エッセン**，**ドルトムント**，**デュースブルク**)を形成。南部(**ミュンヘン**，**シュトゥットガルト**)では自動車・エレクトロニクスなど**先端技術産業**も発達。**ヨーロッパ最大の工業国**。
イギリス	39,120ドル	18世紀後半，世界で最初に**産業革命**(**ランカシャー地方のマンチェスター**)。各地で産出する**石炭**を背景に工業地域を形成。**北海油田・ガス田**。**ロンドン**周辺や**スコットランド**(**シリコングレン**)では**先端技術産業**が発展。
フランス	39,367ドル	資源は乏しいが，輸入鉄鉱を利用して北海(**ダンケルク**)・地中海沿岸(**フォス**)に**鉄鋼**・**石油化学工業**が立地。**パリ**大都市圏では消費財から重工業まで立地し，**最大の工業地域**を形成。

イタリア	32,931 ドル	資源に恵まれず(天然ガスは産出)，工業は**ミラノ，トリノ，ジェノヴァ**など北部に集中。**南北の格差是正**のため，南部に臨海の**製鉄所**(**タラント**)を建設。**フィレンツェ，ボローニャ**などの「**サードイタリー**」では伝統産業の再生。
スペイン	28,323 ドル	工業化はやや遅れていたが，近年，外国企業の進出により経済成長を遂げ，**自動車工業**(**カタルーニャ地方**の**バルセロナ**)などが発達。

(統計年次は 2017 年)

解 答　[問題 18]問 1 －②，問 2 －④　[問題 19]③
[問題 20]③　[問題 21]④　[問題 22]③

第7回 ヨーロッパ(2)

民族・宗教／EUの発展

1 ヨーロッパの民族・宗教

今回は**ヨーロッパの民族・宗教**に関して勉強しましょう。①〈系統地理編〉第20回でやった**《整理とまとめ㉟》世界の語族・言語**の「**インド=ヨーロッパ語族**」のところを再掲(さいけい)しますので，見てください。前回より少し詳しくしてあります。

語　族	言　語
インド=ヨーロッパ語族	ゲルマン語派　→ドイツ語·英語·オランダ語·スウェーデン語・デンマーク語など ラテン語派（ロマンス語）　→スペイン語·イタリア語·フランス語·ポルトガル語など スラブ語派　→ポーランド語・チェコ語・ロシア語・セルビア語など ケルト語派　→アイルランド語 その他　→ギリシャ語·ペルシャ語·ヒンディー語・ベンガル語など

〈表1〉

ゲルマン系・ラテン系・スラブ系民族

「ゲルマン」·「ラテン」·「スラブ」にそれぞれ線を引いてください。これらは**ヨーロッパの3大民族**と呼ばれているように，ヨーロッパの中では人口が多い民族なんだね。

ヨーロッパの**北**の方に**ゲルマン系**の言語を使用する民族が居住しています。例えば，**ドイツ**，**イギリス**，**北欧**(**ノルウェー**，**スウェーデン**，**デンマーク**，**アイスランド**)などです。北欧でも**フィンランド**だけは**ウラル語族**なので要注意！

ラテン系は南の方なんですよ。**スペイン**，**ポルトガル**，**フランス**，**イタリア**などですね。

スラブ系は**東**の方になるから，**ポーランド**，**チェコ**，**スロバキア**，**ロシア**などです。これらはある程度覚えていないとどうしようもないので，がんばってね！

ケルト系民族

それから，「**ケルト語派**」にも線を引いてください。ケルト系は古代よりヨーロッパ中西部から北部にかけて居住していた**先住民**なんですが，古代ローマに駆逐（くちく）され，徐々に独自性を失っていったんですね。

でも，ローマからすれば辺境（へんきょう）の地であった**アイルランド**，**イギリスのスコットランドやウェールズ**，**フランスのブルターニュ**には，現在でもケルト系住民が居住しています。

ケルト系民族が居住する代表的な国に**アイルランド**があります。ただし，アイルランドは長くイギリスの支配下にあったため，**第 1 公用語**は**ケルト系アイルランド語**なのですが，**第 2 公用語**に**英語**を指定し，実際には**英語を日常生活で使用している人が多い**のが特徴です。

しかも，近年は英語圏の有利性を活かして（**ヨーロッパには英語を公用語としている国は少なく**て，**イギリス**，**アイルランド**，**マルタ**だけなんです）**先端産業**部門では**外国企業の進出**が著（いちじる）しいということに注意してくださいね。

イタリア・スペイン・フランス…ラテン系民族

問題 23 イタリア・スペイン・フランスの生活・文化

ラテン系民族が多数を占めるイタリア，スペイン，フランスには，共通点も多い。これらの3か国に関して述べた文として最も適当なものを，次の①～④のうちから一つ選べ。

① これらの3か国は，ドイツなどゲルマン系民族の多い地域と比較すると，石材よりも木材に恵まれるので木造の家が多い。

② イタリアとフランス，およびフランスとスペインが接する山岳国境地帯には，少数民族が居住し，分離独立をめざす動きもみられる。

③ これらの3か国ではキリスト教徒が多数を占めているが，プロテスタントよりもカトリックの割合が高い。

④ これらの3か国は世界有数のビールの消費国であり，食事の際には伝統的にワインよりもビールを好む人が多い。

解答 p.216

ラテン系は南ヨーロッパに分布。
ゲルマン系はプロテスタント，ラテン系はカトリックが優勢。

「ラテン系民族が多数を占めるイタリア，スペイン，フランス」に関しての設問です。

住居と気候条件の関係　**選択肢①**

「**ドイツ**など**ゲルマン系民族**の多い地域と比較すると，石材より木材に恵まれる」とあります。さっき説明したように，ゲルマン系の分布は**ヨーロッパの中北部**なので，気候は**Cfb**と**Df**が大部分です。**温帯林**や**冷帯(亜寒帯)**林が分布し，**木材は豊富な地域**です。

ところが**イタリア**，**スペイン**，**フランス**など**ラテン系**は**南**の方に分布しているから**Cs**になる。**Cs**(**地中海性気候**)は，温帯地域の中では年降水量も少なく，**夏季に高温乾燥となるから植生に乏しかった**ですね。

ということは，イタリア，スペイン，フランスのほうが「石材よりも木材に恵まれるので木造の家が多い」というのは，おかしい。逆です。**地中海地方は木材よりも石材に恵まれる**(大理石，**石灰石**などが豊富)ので，**石造の家が多い**のです。

テレビなんかでギリシャなど地中海地方の映像が出てくると，「そうかあ」と感じると思うけど，**地中海沿岸諸国**の伝統的な住居は，**石造**でしかも**日中の日射しが強い**ので，漆喰(しっくい)(水酸化カルシウム，炭酸カルシウムが主成分)などで**白く塗った家**が多いですよ。

世界の伝統的な住居

住居(ここでは**伝統的な住居**)は，**気候条件との関わりが大きい**ことに注意したいです。**寒冷地域**では，冷たい外気を遮断(しゃだん)するためドアや窓などの**開口部は小さく**，**半地下式住居**なども見られます。

砂漠などの**高温乾燥地域**では，日中の強い日射しを避けるため**壁は厚く**，**窓は小さかったり中にはまったくない**場合もあります。

日本ではとても考えられないね。窓がない家に住むかって言われたらとても耐えられない！ 東南アジアや日本など**高温多湿な地域**では，**高床式**であったり，**窓などの開口部を大きくする**など開放的な造りになっています。風通しをよくしないといけないからね。

建築材料も気候環境を反映しているから興味深いです。**熱帯～温帯の多雨地域**では森林植生が豊富なので，**木造住宅**が多く，**乾燥地域や温帯でも降水量の少ない地域**では，**石材**，**レンガ**，**土**などを利用して住居が作られています。

《建築材料》

● 湿潤地域…木材　　● 乾燥地域…石材，レンガ，土

乾燥地域では**日干しレンガ**が使用されているのをテレビなどで見たことありますよね。通常のレンガと異なり，焼かずに，泥をこねたものを天日干しします。**レンガを焼くための薪炭が乏しいこと，雨が少ないので焼いて固める必要がなかったこと**などが背景にあります。

ただ，地震などの際にはかなり大きな被害が出ることも事実ですね（西アジアの地震で，先進国の地震に比べ多くの被害者が出るのは，これも一因です）。

少数民族…バスク人，カタルーニャ人　**選択肢②**

「山岳国境地帯には，少数民族が居住し，分離独立を……」とあります。まず，「**少数民族**」に線を引いてください。少数民族がいない国はありませんが，「**分離独立」を目指すような少数民族**は，ある程度限定できますね。

フランス～スペイン間には，古代からイベリア半島に居住してきた**バスク人**がいます。ラテン系のスペイン人やフランス人とは言語系統が異なっていて，**独自の言語・文化**を持って生活を営んできた人々です。

ベレー帽って知らないかなぁ？ あれはバスク人の民族衣装なんですよ。スペインでは自治権を与えられているのですが，一部には分離独立の動きもあります。

いま言ったように，フランス～スペイン間にはバスク人がいますが，**イタリア～フランス間には該当する少数民族はいない**ので，②も誤っています。

設問とは関係ありませんが，**スペイン**には**ビルバオ**（**鉄鋼業**が発達）を中心とした**バスク地方**の**バスク人**のほか，**カタルーニャ地方**には**カタルーニャ人**が居住していて，**独自の言語や文化を発展**させています。

特に中心地**バルセロナ**は，**自動車**産業の発展が著しくEU諸国の企業進出が盛んです。**少数民族地域は一般に経済水準が低い**ことが多いのですが，スペインでは，**カタルーニャ，バスクともに経済発展をしている**のが特徴ですね。

もうちょっとだけ話題を膨(ふく)らませていいですか？ バスク地方の中心地**ビルバオ**についてです。

ビルバオの再生

かつてビルバオは，**ビルバオ鉄山**の豊富な**鉄鉱石**に恵まれたため，第1次世界大戦頃から20世紀の後半にかけて，**鉄鉱石の輸出**や**鉄鋼業の発展**で大きな利益を上げていました。しかし，ビルバオの経済を支えていた鉄鉱石も枯渇(こかつ)が進み，**1999年ついに閉山(へいざん)**となりました。

困ったのはビルバオ市民！ 産業はいっぺんに衰退し，産業の空洞化(くうどうか)により，失業者の増加や労働力の流出が起こります。そこでビルバオは思い切った政策転換を図ります。

「今までは，鉄鋼業中心の工業都市として栄えてきたけど，このままじゃ衰えるだけだ。だったら，**ビルバオの自然や歴史を活かして，観光などの第3次産業に転換**するぞ！ **脱工業化**だ！」という決意をします。今までと全く違うことを全く違うやり方で行うんだから，相当な勇気が必要だったでしょうねえ。

そこで始めたのが，都市再生に向けての本格的な**都市再開発**です。それも並の再開発じゃなくて，他に類を見ないほど**建築デザイン**と**美術**に力を入れました。**ビルバオ大聖堂**など**中世以来の歴史的建造物や街並みを保存**しつつ，世界的に著名な建築家や芸術家を多く招いて，スペインだけじゃなくヨーロッパや世界から注目を浴びるような建築物を完成させていったのです。

さらに**交通インフラや宿泊施設などの整備**も積極的に行い，かつては栄華を誇った工場跡地に大規模な公共施設を建設するなど本気度の高い再開発を行いました。例えば，ヨーロッパ有数の美術館となった**グッゲ**

ンハイム美術館や**国際コンベンションセンター**，**ビルバオ空港**などあげればまるで観光案内のパンフレットみたいになってしまうほどです。

今では，以前からすると信じられないくらい**多くの観光客が訪れる都市に成長**し，完全によみがえりました。都市再生に大成功した例です。

♥ところで，「**正誤問題で成功するコツ**」は，英語や国語の正誤問題と同じようにちゃんと**文節で区切りながら，どこが間違っているのかをよく見る**ことです。選択肢の文を見て，「何となく聞いたことあるなあ」とか「全部同じように見えるから，聞いたことがある語句が書いてあるのを選んでおこう」のようなやり方をしていたら，いつまでたっても高得点はとれないし，入試が単なる「運」まかせになってしまうよ。

カトリックが多いイタリア・スペイン・フランス　**選択肢③**

「キリスト教徒が多数を占めている」,「プロテスタントよりもカトリックの割合が高い」とあります。**ラテン系**の**イタリア**，**スペイン**，**フランス**は確かにキリスト教の**カトリックの割合が高い**国ですから，③は正しいですね。

ヨーロッパの宗教

ここで，ヨーロッパの宗教についてパワーアップを図りましょう。

《整理とまとめ⑫》を見てください。①〈系統地理編〉でも説明したように，ヨーロッパでは，**キリスト教**が精神的な支柱（しちゅう）になっていることは知っていますね。キリスト教は**西アジア**が**発祥（はっしょう）の地**で，**ヨーロッパに伝わり**，**カトリック**（**旧教**），**オーソドックス**（**正教会・東方正教**），**プロテスタント**（**新教**）の各宗派に分かれ，発展していきます。そして**ヨーロッパから世界各地に伝播（でんぱ）**していった。

一般的に，**ラテン系**は**カトリック**が，**ゲルマン系**は**プロテスタント**が，

整理とまとめ⑫ ヨーロッパの宗教

宗 教	民 族	解 説
カトリック（旧教）	ラテン系	**スペイン・ポルトガル・イタリア・フランス**など。**ルーマニア**は**正教会**。
プロテスタント（新教）	ゲルマン系	**イギリス・**ドイツ(カトリックも)**・ノルウェー・スウェーデン**など。
オーソドックス（正教会, 東方正教）	スラブ系	**セルビア・モンテネグロ・ブルガリア・ロシア**など。**ポーランド**は大部分が**カトリック**。
イスラム教（イスラーム）	スラブ系民族の一部やアルバニア人	**アルバニア・コソボ・ボスニア=ヘルツェゴビナ**。

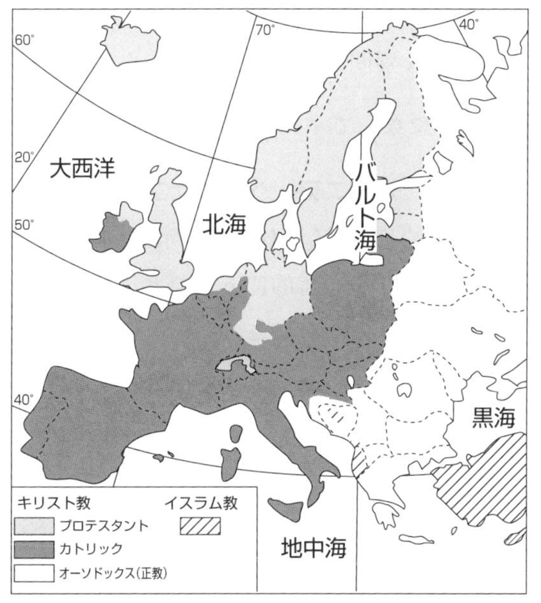

そして**スラブ系**は**正教会**が多いのですが，もちろん例外もあります(こういうのは共通テストで狙われやすい)。

入試で狙われやすい国々

「**ポーランド**」をチェックしてください。ポーランドは**スラブ系**ですが，**国民の大部分がカトリック**です。前ローマ法王はドイツ人ですが，前々法王はポーランド人でした。

それから「**ルーマニア**」もチェックしよう。ルーマニア(Romania)の国名はスペルのごとく「**ローマ人の国**」という意味です。古代ローマから移住してきた人が建国したので，**ラテン系**なんですね。ところが，東欧では正教会が優勢になったため，**ルーマニアはラテン系ですが正教会を信仰する人々が多い**です。

それから**ドイツ**も注意してください。**ゲルマン系**ですが**プロテスタント**(29.9%)より，南部を中心に**カトリック**(30.7%)が**やや優位に立っています**。

この表を見て，こんな疑問をもった人もいるんじゃないかな。

ヨーロッパなのになんでイスラム教の国があるの？

アルバニア，コソボ，ボスニア・ヘルツェゴビナは，かつて**トルコの支配や影響**を受けたために，**イスラム教**に改宗した人が多かったんです。地図を見ればわかるように，位置的にトルコと近いですよね。

ヨーロッパの宗教分布についてはこれで完璧です。

ビールとワイン　選択肢④

「3か国は世界有数のビールの消費国であり……ワインよりもビールを好む」って書いてあるけれども，これはおかしいです。

ワインの原料である**ブドウ**の栽培というのは**地中海沿岸**で盛んでしたね。**スペイン，フランス，イタリア**は**ブドウの生産上位国**で，**ワインの生産上位国**でもあり，**1人当たりのワインの消費量も多い国**です。

ビール消費が多いのは**ドイツ，イギリス**などのようにヨーロッパでは北の方に位置する国々です。ビールの原料は**大麦**で，大麦は穀物の中で最も**寒さに強い**から，**高緯度地方で栽培が可能**だからね。

大麦は寒さに強い！

ということを忘れないように！

2 EU の発展と加盟国

問題 24 日本からの直行便がある国

次の図は，ヨーロッパ地域のうち，日本から直行便(定期旅客便)のある国を濃く示したものである。図を説明した文として最も適当なものを，下の①～④のうちから一つ選べ。

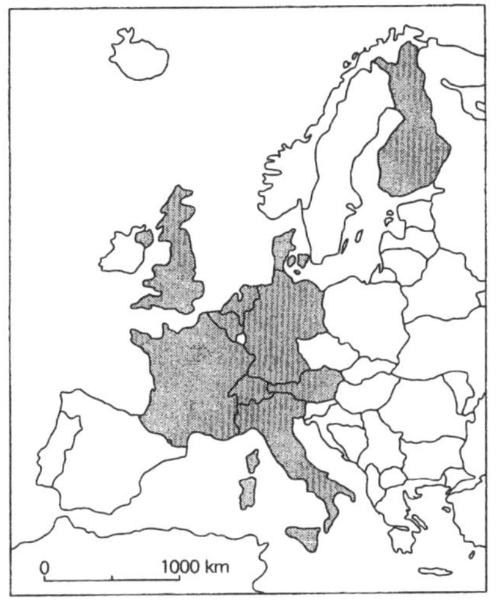

① ヨーロッパ連合(EU)に加盟していない国へは直行便がみられない。

② ゲルマン系民族主体の国，ラテン系民族主体の国の両方へ直行便がある。

③ 直行便のある国の半数以上は，英語を公用語にしている。

④ 直行便のある国は同一の標準時間帯に属している。

解答 p.216

EU 加盟国を覚えておこう！
北にゲルマン，南にラテン，東にスラブが分布。

「ヨーロッパ地域のうち，日本から直行便(定期旅客便)のある国を示した」とあります。これを見て「あれ～！ 直行便の話なんか知らない」と思ったでしょう？

でも，こういうのは心配ないんだ。あまり見たことがないような問い方をしてきたって，結局，普段君たちが勉強してきたことを，形を変えて確認しているだけだからね。

選択肢①には，「**ヨーロッパ連合(EU)**に加盟していない国へは直行便がみられない」とあります。EU については，基本事項や成立・発展について，しっかりと理解しておかなければなりません。**《整理とまとめ⑬》**で整理しておきましょう(次ページ)。

第２次世界大戦後，ヨーロッパは戦場になったため，イギリスやフランスなどの戦勝国もドイツやイタリアなどの敗戦国も，**国際的地位・経済的地位が低下**してしまいました。

２度の世界大戦の要因の１つに**ドイツとフランスの資源をめぐる対立**があったのです。**ドイツ**は，鉄鉱石には乏しかったのですが，**ルール**，**ザール**，ザクセン，シュレジエン(現ポーランドのシロンスク)など多くの炭田を持ち，一方，**フランス**は**ロレーヌ地方**に**鉄鉱石**を埋蔵していました。現在は，閉山してしまったけどね。

整理とまとめ⑬ ECの設立とEUの発展

＊第2次世界大戦後，低下した国際的地位の復権を目指すため，ECSC，EEC，EURATOMを結成。

ECSC （ヨーロッパ石炭鉄鋼共同体）	1952年，**石炭**と**鉄鋼**の生産を**共同管理**し，販売の**自由化**を図るために結成。
EEC （ヨーロッパ経済共同体）	1958年，**共同市場**と経済的な結合を目的として結成。
EURATOM （ヨーロッパ原子力共同体）	1958年，**原子力の共同開発と利用**を目的として結成。

EC（ヨーロッパ共同体）	**1967年**に3共同体を統合しECを結成した。**経済統合**だけでなく**政治統合**も目標に掲げた。

EU（ヨーロッパ連合）	1993年，欧州統合市場が発足，**マーストリヒト条約**によりECは**EU**に改称。
①共通農業政策　→**農産物の自給率を高めるため**国際価格より高い**統一価格**を設定。 ②人・物・サービス・資本の移動自由化	

通貨統合	**共通通貨ユーロ**（EURO）は，**2002年**から**イギリス，スウェーデン，デンマーク**を除く12か国で流通を開始。現在（2020年）では**19か国がユーロ圏**となっている。

言い換えると，「石炭と生産された鉄鋼については，国境をなくしてしまおう！」ということになったのです。

特に，ザールとロレーヌはともに国境付近に位置し，なにかと理由をこじつけては，お互い領土の奪い合いをしてきたわけです。戦後，このトラブルを解消するために，石炭と鉄について国際間で自由な取引ができる仕組みを作ろうということになったんだね。

そこで，**1952年**，**ECSC**(**European Coal and Steel Community**：**ヨーロッパ石炭鉄鋼共同体**)を設立し，**Coal**(**石炭**)と**Steel**(**鉄鋼**)の**国際的な共同管理**をしようということになりました。エネルギーや資源の融通が円滑に進むようになり，経済も回復し始めます。

さらに**1958年**には**市場統合**を目指し，**EEC**(**European Economic Community**：**ヨーロッパ経済共同体**)や**原子力の共同開発と利用**を進める**EURATOM**(**European Atomic Community**：**ヨーロッパ原子力共同体**)が相次いで設立されました。

そして**1967年**には，これらの組織を統合し，**EC**(**European Community**：**ヨーロッパ共同体**)を設立することになります。ECは**経済統合**だけでなく，**政治統合**をも目標に掲(かか)げることになるんだね。

組織の深化・拡大はさらに続き，**1993年**には**EU**(**European Union**：**ヨーロッパ連合**)となります。「**人・物・サービス・資本の移動自由化**」に線を引いてください。

「加盟国間においては，人(**労働力**，**観光客**，**留学生**など)，物資(**農林水産物**，**資源**，**工業製品**など)，サービス(**免許**，**資格の許認可**など)，資本(**企業の投資**など)の移動が，**自国内と同様に自由になる**」――これを**市場統合**といい，これがほぼ完成します。

そして**通貨統合**も着々と進んでいます。**2002年**から共通通貨の**ユーロ**が流通し始め，現在は，**デンマーク**，**スウェーデン**などを除く**19か国で導入**されています。

整理とまとめ⑭ EU 加盟国の変遷(一緒に書き込んでいこう！)

原加盟国(EC)	[　　]	[　　]	[　　]
	[　　]	[　　]	[　　]
1973年………	[　　]	[　　]	[　　]
1981年………	[　　]		
1986年………	[　　]	[　　]	
1995年………	[　　]	[　　]	[　　]
2004年………	エストニア	ラトビア	リトアニア
	ポーランド	チェコ	スロバキア
	ハンガリー	スロベニア	キプロス
	マルタ		
2007年………	ルーマニア	ブルガリア	
2013年………	クロアチア		

EU 加盟国の変遷です。これは**覚えていないと問題が解けない。EU 加盟国については，なんとか今日中に完璧になりましょう**。あと回しにして，共通テスト前日に1人でやるのはかなり辛いから。

まず，**フランス**がヨーロッパ諸国に声をかけ，**ドイツ**，**イタリア**，**ベネルクス三国**(**ベルギー**，**オランダ**，**ルクセンブルク**)が加盟します。ここで1か国大物が欠けてますね。どこの国ですか？——もちろん，**イギリス**です。じゃあ，

Q イギリスはなぜ EC に参加しなかったのでしょう？

独自性を保ちたかったからです。

イギリスはリーダーシップをフランスやドイツにとらせたくなかったんだろうね。イギリスはプライド高いからなあ。

それからフランス，ドイツなどの大陸諸国は**イギリスとアメリカ合衆国の親密な関係**から，**アメリカ合衆国の影響が EC に及ぶことを恐れていた**ため，イギリスの加盟に消極的でした。イギリスとアメリカ合衆

国はお互いを本当に特別な関係だと思っているのです。たとえるなら親子の関係かな。

でも，EC の急速な経済発展を目の前にして，**1973 年**，**イギリスも加盟**し，隣国の**デンマーク**，**アイルランド**がこれに続きます。

1981 年に**ギリシャ**，**1986 年**に**スペイン**と**ポルトガル**が加盟します。このあたりから加盟国間の経済発展のレベルに差が出てきますね。スペイン，ギリシャ，ポルトガルはやや発展が遅れたグループです。

そして **1993 年**から **EU** になり，**1995 年**に**オーストリア**，**スウェーデン**，**フィンランド**が加盟し，15 か国となりました。さらに **2004 年**に EU 加盟国は一気に 10 か国が加わり，25 か国体制になりました。

2004 年に加盟した **10 か国**は，**バルト三国**の**エストニア**，**ラトビア**，**リトアニア**（以上 3 か国は**旧ソ連構成国**），**東欧**の**ポーランド**，**チェコ**，**スロバキア**，**ハンガリー**，**スロベニア**，**地中海**に浮かぶ島国の**キプロス**，**マルタ**ですよ！

そして，**2007 年**に**ルーマニア**と**ブルガリア**，**2013 年**に**クロアチア**が加わりましたが，2020 年にイギリスが脱退し，現在，EU は **27 か国体制**になっています。

原加盟国（EC）	［フランス］	［（西）ドイツ］	［イタリア］
	［ベルギー］	［オランダ］	［ルクセンブルク］
1973 年………	［イギリス*］	［アイルランド］	［デンマーク］
1981 年………	［ギリシャ］		
1986 年………	［ポルトガル］	［スペイン］	
1995 年………	［オーストリア］	［スウェーデン］	［フィンランド］
2004 年………	エストニア	ラトビア	リトアニア
	ポーランド	チェコ	スロバキア
	ハンガリー	スロベニア	キプロス
	マルタ		
2007 年………	ルーマニア	ブルガリア	
2013 年………	クロアチア		

＊ 2016 年，国民投票で EU 離脱を決定し，2020 年に離脱。

国名を覚えるだけでなく，**地図帳を使ってしっかり位置をチェック**しておいてください。

では，[問題 24]。

EU への未加盟国　**選択肢①**

「ヨーロッパ連合(EU)に加盟していない国へは直行便がみられない」とあります。図中の濃く示した国を確認しておきましょう。

イギリス，フィンランド，フランス，オランダ，ベルギー，スイス，オーストリア，イタリア

ですね。もう，わかったね。**イギリスとスイスは EU に加盟していないので**，①は誤っています。

ゲルマン系・ラテン系の国　**選択肢②**

「ゲルマン系民族主体の国，ラテン系民族主体の国の両方へ直行便がある」――これはいいんじゃないかな。**イギリス**，**ドイツ**(German)，**オランダ**，**オーストリア**などは**ゲルマン系**だし，**フランス**，**イタリア**は**ラテン系**だから。②は正しい文ですね。

英語を公用語とする国　**選択肢③**

「直行便のある国の半数以上は，英語を公用語にしている」と書いてある。**英語**は**国際語として重要**だけど，**北米**の**カナダ**，**アメリカ合衆国**，**オセアニア**の**オーストラリア**，**ニュージーランド**，**アジア諸国**では**フィリピン**，**シンガポール**，**中南アフリカ諸国**の一部など英語を公用語にしている国は多数ありますが，**ヨーロッパは少ない**んだよね。**イギリス**，**アイルランド**(ケルト系**アイルランド語も公用語**)，**マルタ**だけなのです。したがって，③も誤っています。

ちなみに，**第一言語**(主に**母語**で，最も得意な言語のこと)で区分した世界の言語人口は，**中国語**(約 13 億人)，**スペイン語**(約 4.4 億人，スペイン**や**ラテンアメリカで使用)，**英語**(約 3.7 億人)，**アラビア語**，**ヒンディー語**，**ベンガル語**(バングラデシュ)，**ポルトガル語**(ポルトガルと**ブラジル**)の順になっています。

標準時　**選択肢④**

「直行便のある国は同一の標準時間帯に属している」――イギリスの**ロンドン**を通過するのが**経度0度**(**本初子午線**)だよね。本初子午線を標準時としたのが**GMT**(**世界標準時**)，つまりイギリスの標準時です。では，ちょっと復習。

Q 経度何度で1時間の時差が生じるか？

経度 15 度です。

したがって，**東経 30 度**付近に位置している**フィンランドは，イギリスと同一の時間帯ではありません**ね。よって，④も誤っている。

参考までに，聞いてほしいんだけど，フランスもイギリスと同じ本初子午線が通過しているのですが，**フランス**はイギリスと一緒の標準時が嫌だったから**1時間わざとずらしている**んですよ。

イギリスとポルトガルは同じ標準時を採用しているのに，フランスはイギリスよりも1時間進んでいて，“GMT + 1”(時刻が GMT より1時間進んでいる)になっているんです。おもしろいですね。

GMT のほうが一般的ですが，近年は原子時計の時刻に基づいた**協定世界時**(**UTC**)を基準にすることもあります。

時差については①〈系統地理編〉第 15 回で復習しておきましょう！

EUに関する頻出事項

続けて，EUについての頻出問題を解いてみましょう。簡単なようで，意外と難しいかも(笑)。

問題 25 EU(ヨーロッパ連合)

EU(欧州連合)に関して説明した文として**適当でないもの**を，次の①～④のうちから一つ選べ。

① EU加盟国はいずれもユーロを通貨として導入している。

② EU関連組織の本部は複数の国に分散立地している。

③ EUには西ヨーロッパ以外の国も加盟している。

④ EUは経済統合とともに共通外交・安全保障政策など政治統合をめざしている。

解答 p.216

デンマークやスウェーデンもユーロを導入してたかなあ？
2004年以降，EU加盟国は東方に拡大。

EUに関しては，頻出事項なので『実況中継』をしっかり読んで，知識を定着させてくださいね。

選択肢①

「**いずれもユーロを通貨として導入**」とありますから，**ユーロ**にチェックを入れてください。EUは，経済統合をほぼ完成させています。その中心となるのが**市場統合**(域内の**人**，**物**，**資本**，**サービスの自由化**)と**通貨統合**です。通貨統合は，EU加盟国の**独自通貨をなくし，共通通貨のEURO(ユーロ)を導入**しようというものです。

2002年からユーロ通貨が流通し始めますが，これによって，今までだったら「フランスがドイツにお金を支払う際には，自国通貨のフランをドイツのマルクに交換しなくては……」という手間や費用がかかっていました。

君たちだって海外旅行をする際に，円を外国の通貨に交換(つまり両替)するよね。その際に手数料を取られちゃう。企業だったら半端じゃない手数料を支払うことになるから，これを抑えられればかなりの経済効果！ 海外旅行客だってうれしいよね。だって，ユーロさえ持っていれば，どこに行っても両替せずに買い物を楽しめる。

ただ，選択肢の文のように，「EU 加盟国はいずれも……」というのはどうでしょう？ **新しい加盟国**のようにユーロ導入の準備ができていなかったり，**デンマーク**，**スウェーデン**のように**自国通貨を放棄することに躊躇(ちゅうちょ)している国もある**ので，この文は**誤り**です！ 正解は①。

EU 加盟 27 か国中**デンマーク**，**スウェーデン**などを除く **19 か国で EURO は導入**されています。共通テストでは，このような短文正誤と地図を使用した問題(どれがユーロ導入国か？ とか)が出題される可能性もあるので注意しましょう。

もちろん，ユーロも問題があって，経済力があるドイツやフランスなどと**財政赤字の拡大により経済危機を招いているギリシャやスペイン**などが同じ通貨を使用しているわけですから，経済状態がすごく悪くなった国が出てくると，**ユーロ全体の価値が下落してしまい，EU 全体の経済発展の障害になる**こともあるのです。

選択肢②

「**EU 関連組織の本部**」にチェックを入れましょう。**EU は 27 か国から構成**されているので，いろんな国に気を遣(つか)っている(笑)。**EU 委員会**という EU の本部機能は**ベルギーの首都ブリュッセル**(ゲルマン系とラテン系の分布境界付近にあるから)，**議会**は**フランス**の**ストラスブール**(ドイツとフランスの国境付近)，**裁判所**は**ルクセンブルク**，**中央銀行**は**ドイツ**の**フランクフルト**などに設置されています。したがって，この文は正しいです。

選択肢③

設立当初は西ヨーロッパ諸国が中心でした。EU の前身である **EC（ヨーロッパ共同体）の原加盟国**は，**フランス**，（西）**ドイツ**，**イタリア**，**ベルギー**，**オランダ**，**ルクセンブルク**です。**東西冷戦終結後**には，東欧や旧ソ連の旧社会主義国からも加盟申請が相次ぎ，**2004 年以降の加盟国**は**東欧**（**ポーランド**，**チェコ**，**スロバキア**など），**旧ソ連**（**バルト三国**）が中心です。したがって，この文も正しいですね。

選択肢④

EU は，前述の**経済統合**（**市場統合**，**通貨統合**）とともに**共通外交・共通安全保障**など**政治統合**も目指しています。各国の意見の対立もあって，なかなか思うようには進まないみたいだけどね。したがって，この文も正文です。

EU 域内の人の移動

問題 26 EU 諸国の国際的な人口移動

EU 各国において国際的な人口移動が活発であることを知ったユウさんは，移民の流れを示した次の図を作成し，このような移動がみられる理由について考えた。次ページの **X** ～ **Z** は，ユウさんが考えた仮説を示したものであり，**サ**～**ス**は仮説を確かめるために集めたデータを示したものである。**X** ～ **Z** と**サ**～**ス**の組合せとして最も適当なものを，下の①～⑨のうちから一つ選べ。

第7回 ヨーロッパ(2) 民族・宗教／EUの発展

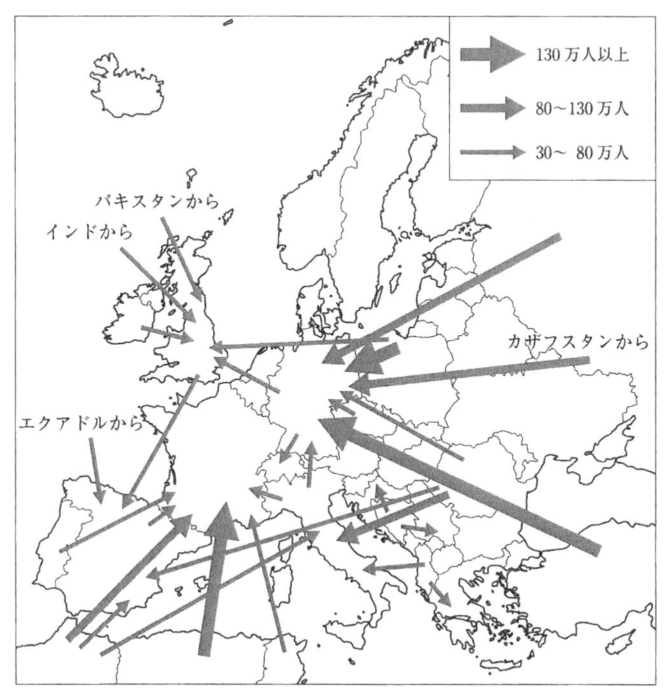

統計年次は 2015 年。
Trends in International Migrant Stock により作成。

【仮説】

X　旧宗主国と旧植民地の国々との間では言語の障壁が比較的低く，雇用機会が不足し治安が悪い旧植民地から旧宗主国への人口移動がみられた。

Y　国境での審査なしで自由に出入国ができるようになり，先進国どうしの人々の相互移動が活発化し，大量の人口移動につながった。

Z　産業が発達している先進国とその他の国々との間の賃金格差が大きくなり，賃金水準の低い国々から先進国に向けて移民が流出した。

【データ】

サ　EU 加盟国および周辺国における食料自給率についてのデータ
シ　EU 加盟国および周辺国における大学進学率についてのデータ
ス　EU 加盟国における１人当たり工業付加価値額についてのデータ

①　X―サ	②　X―シ	③　X―ス
④　Y―サ	⑤　Y―シ	⑥　Y―ス
⑦　Z―サ	⑧　Z―シ	⑨　Z―ス

解答 p.216

図を参考に，仮説を確かめるためのデータになっているかどうかを１つずつ考えよう！

EU 域内では，人の移動が自由化されていますよね。イギリスやアイルランドを除いては，**シェンゲン協定**(EU 加盟国の大半と非 EU 加盟国の一部)によって**国境管理の廃止**(国家間で国境検査なしで移動が可能)さえ実現しています。

EU 域外からの渡航者についても，共通の**ビザ**(**visa：査証**)を発給しているのです。ビザとは，受け入れ国側が，入国を予定している人の旅券(パスポート)が有効であり，その人の入国を認めることを示す証書です。

つまりほとんどの EU 諸国では，**EU 市民も EU 域外からの渡航者も，EU 域内ではパスポートなしでの自由な移動が原則として認められています。**ということは，EU 域内でも，域外からでも，かなり活発な人口移動が行われているはずで，図のような**流線図**(矢印で移動元と移動先，矢印の幅で数量を表現した統計地図)で示すと，よりはっきりそれがわかりますね。

では，図とともに**【仮説】**と**【データ】**を検討してみましょう。

【仮説】の **X** では，「旧宗主国と旧植民地」との間では言語の障壁が低いとあります。やっぱりイギリス領では英語が，フランス領ではフランス語が多少なりとも使われてきたはず。**旧宗主国はほとんどが欧米先進国**ですから，経済発展しているので雇用機会が多く，高所得も得られるはずです。図からも**アルジェリア，モロッコ，チュニジアなどの旧フランス領諸国から，フランスへの動きが見られます。**

しかし，【データ】のサ～スでは，**旧宗主国と旧植民地の関係がわからないし，各国がどんな言語を日常的に使用しているかも読めない。周辺諸国の失業率や犯罪率などもこのデータでは得られない**ので，仮説を確かめることはできません。

Y では，【データ】の**サ～ス**を使用しても，**シェンゲン協定加盟国がどの国かわかりません**ね。経済活動が活発な先進国かどうかは，**シの大学進学率だけではよくわからない**(必ずしも経済発展している先進国の大学進学率が高いわけではない。例えば日本＜韓国のように)。

スの**1人当たり工業付加価値額**では経済発展の度合いがわかりますが，**国境審査の有無はわからない**のでこれだけでは不十分。

でも **Z** では，**EU加盟国内で賃金水準が高い**，つまり**より経済発展している国がどの国かを確かめられればよい**ので，**ス**の**EU加盟国における1人当たり工業付加価値額のデータ**が**経済発展**(**賃金水準**)**に対応**していることを考えると，図中の**ドイツ**，**フランス**，**イギリス**，**イタリア**といった**所得水準が高く雇用機会が大きい国へ，移民が流入している**ことを確かめることができます。

したがって，正解は⑨。ちょっとだけ判定に迷う問題だけど，できるだけ短時間で答えられるようになろうね！

これでヨーロッパは終わりです。ちょっと長かったから大変だったね。疲れたときは思い切って休憩(きゅうけい)しよう！

解答　[問題23]③　[問題24]②　[問題25]①　[問題26]⑨

第8回 ロシアと周辺諸国

自然環境と産業／ソ連の解体とロシア連邦の成立

ロシアは**世界最大の国土面積**(1,700万 km^2)を有する大国です。1991年以前は，ウクライナ，ベラルーシなど15共和国から成る**ソ連**(**ソヴィエト社会主義共和国連邦**)の構成国でした。ソ連時代は**社会主義国**として**計画経済**のもと，**国営企業**と**集団農業**により一定の成果をあげて

図解 旧ソ連国境と15共和国

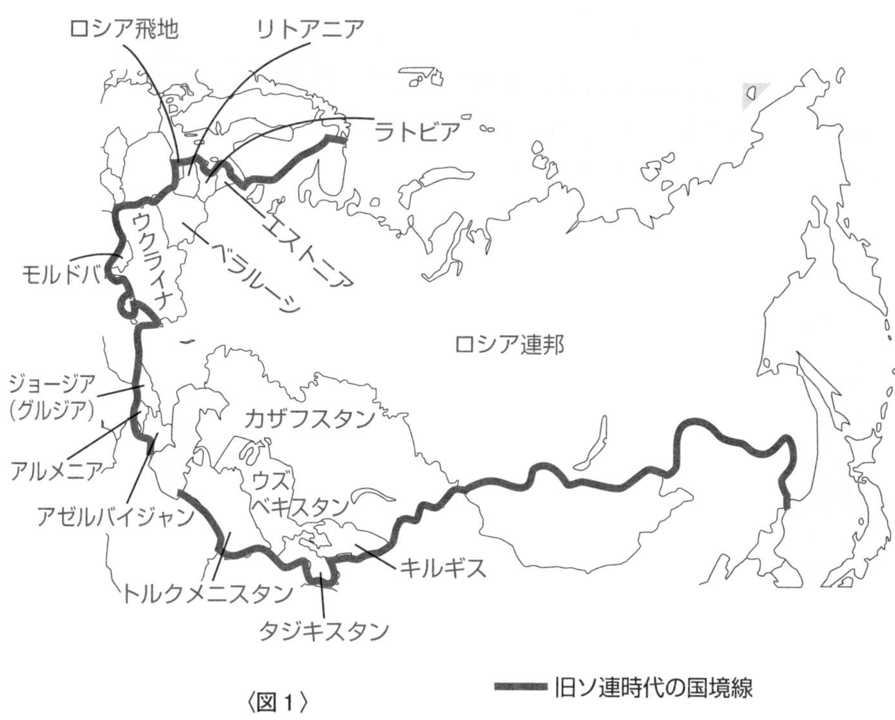

〈図1〉

はいましたが，資本や技術の不足，国営企業や集団農業の非効率性により**経済は停滞**していきます。そしてついに，

1991年，ソ連は解体し，ロシア連邦をはじめ15の共和国が独立することになる

1 ロシア連邦

ロシアは広大な国土に多数の民族を抱えた**多民族国家**です。人口**1.4億人**のうち**スラブ系ロシア人**が**80%**を占めますが，他にもロシア人以外のスラブ系民族や**トルコ系**，**モンゴル系**などの少数民族が独自の文化を守りつつ生活をしています。

宗教もロシア人など**スラブ系**民族の間では**キリスト教**の**正教会**（**東方正教**）が信仰されていますが，**トルコ系**民族や**カフカス系チェチェン人**などの**イスラム教**を信仰している人々もいるのです。

ロシアと周辺諸国の自然環境

ロシアは**東経60度**付近を南北に走る**古期造山帯**の**ウラル山脈**によって，西の**ヨーロッパロシア**と東の**シベリア**に大別されます。

ロシアはウラル山脈によってヨーロッパロシアとシベリアに分けられる

ヨーロッパロシアは大半が**安定陸塊**（あんていりくかい）に属し，**低平な構造平野**が広がり，**ロシアの人口の大部分はヨーロッパロシアに居住**しています。ウラル以東のシベリアは**エニセイ川**によって**西シベリア**と**東シベリア**に細分化されるのですが，西シベリアには**西シベリア低地**と呼ばれる構造平野が広がり，東シベリアは**安定陸塊**の**中央シベリア高原**と**環太平洋造山帯**の一部で**新期造山帯**に属する山脈や**カムチャツカ半島**があります。

図解 ロシアと周辺諸国の地形

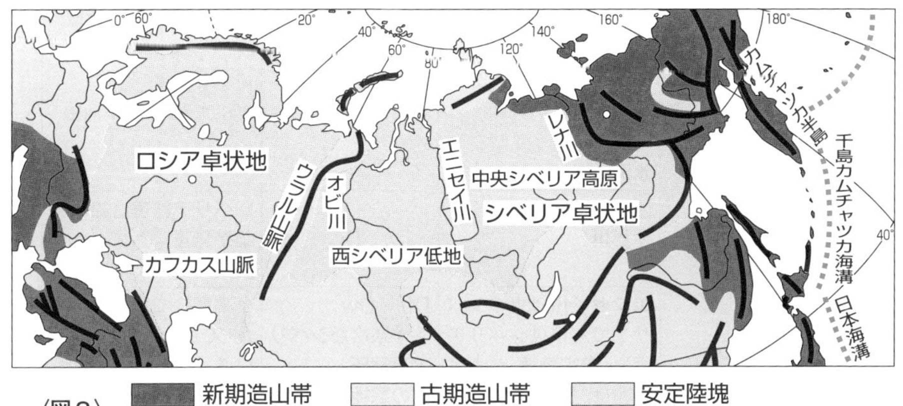

〈図２〉

次ページの**《整理とまとめ⑮》**を見てください。旧ソ連地域は全体的に高緯度に位置しているため，大部分が寒冷な**冷帯気候(D)**に属していますね。ほぼ**ヨーロッパの緯度帯(北緯35度～70度)と同じ**なのですが，偏西風の影響が及ばない地域が東に広がるため，**気温の年較差が大きい大陸性気候**で，冬季はかなり気温が低下します。

特に**レナ川流域**の**東シベリア**は極寒の地で，「**北の寒極**」と呼ばれていて，**気温の年較差は60℃**にも達するところがあります。すごいですよねえ。**東京の年較差は約22℃**ですよ。信じられないくらい**真夏と真冬の気温差が大きい**です！

また，**シベリア**には**オビ川**，**エニセイ川**，**レナ川**など**北極海に注ぐ大河川**がありますが，かなり**長期間結氷**（けっぴょう）し，比較的温暖な上流に比べ下流の結氷期間が長いため，**初夏**には**融雪洪水**を起こすなど過酷な自然環境のもとで人々は生活をしています。

シベリアの河川は初夏に融雪洪水を起こす

整理とまとめ⑮ ロシアと周辺諸国の自然環境

地　域	地　形	気　候	特　色
ヨーロッパ=ロシア	**東ヨーロッパ平原** **(構造平野)** **安定陸塊** **ヴォルガ川** **氷河地形**	Df	スラブ系住民が多く，産業も発達。 ヴォルガ=ウラル油田
西シベリア	**西シベリア低地** **オビ川**	Df	**シベリア鉄道**沿線に工業が発達。クズネツク炭田・チュメニ油田
東シベリア	**エニセイ川**以東のシベリアで，中央シベリア高原(**安定陸塊**)，太平洋側は，**新期造山帯**。	Df～Dw 冬季寒冷な**シベリア高気圧** **北の寒極**	冬季寒冷で，地下には**永久凍土**が分布しているため開発が遅れる。
カフカス地方	**新期造山帯**の**カフカス山脈**とカスピ海西岸の低地。	旧ソ連では最も温暖湿潤 Cfa，Cs，BS	**温暖な気候**を利用して**ぶどう**・オレンジ・茶などの栽培が盛ん。**民族紛争**多発地帯。
中央アジア	**カスピ海**以東，**アラル海**に**シルダリア川**・**アムダリア川**が流入していたが，近年は湖面が**著しく縮小**。	降水量が少なく BS～BW	**アルタイ(トルコ)系**住民が多く**イスラム教**が信仰される。羊の遊牧や灌漑による**綿花**栽培。

冷帯気候地域の土壌はやせた**ポドゾル**ですが，**ロシア**，**ウクライナ**，**カザフスタン**にかけては**最も肥沃な土壌**である**チェルノーゼム**が分布しているため，これら3か国は**小麦**生産が盛んで**ロシア，ウクライナは小麦輸出国**です。

> カフカス地方…温暖で果樹栽培が発達
> 中央アジア……乾燥地域で灌漑による綿花栽培が発達

南西部の**カフカス地方**は**新期造山帯**の険しい山地が分布していますが，気候的には**温暖**で雨にも恵まれるため**ぶどう**などの**果樹栽培**などが行われ，ウラル南方の**中央アジア**は**乾燥地域**で**灌漑**による**綿花栽培**などが行われるなど，自然環境や生活にはかなり大きな地域差が見られます。

図解 ロシアと周辺諸国の気候区分図

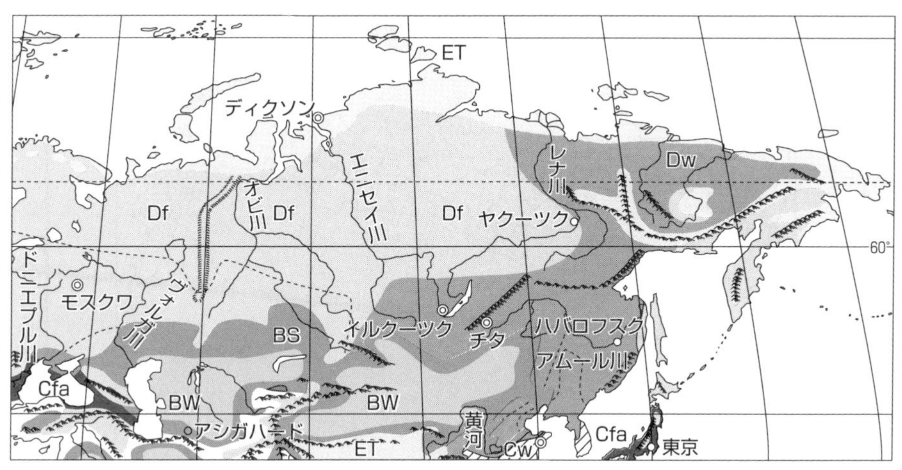

ET（ツンドラ気候）　Dw（冷帯冬季少雨気候）　Df（冷帯湿潤気候）
BS（ステップ気候）　BW（砂漠気候）　Cfa（温暖湿潤気候）

〈図３〉

ロシアと周辺諸国の自然環境

問題 27 ロシアと周辺諸国の自然環境

次の図を参考にして，ロシアと周辺諸国の自然環境について述べた文として**適当でないもの**を，下の①～④のうちから一つ選べ。

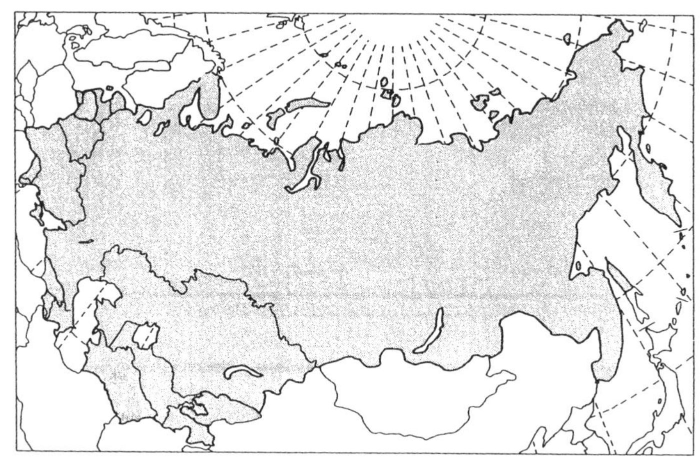

① この地域の大半は，安定陸塊と古期造山帯からなるが，太平洋沿岸やカフカス地域では，地震や火山の活動もみられる。

② 黒海北岸から東にのびる穀倉地帯の土壌は肥沃(ひよく)なチェルノーゼムである。

③ ロシアに接する海域は，黒海沿岸を除いて，冬の期間，流氷や結氷によって閉ざされる。

④ 永久凍土は，ツンドラ地帯のみでなくタイガ地帯にも分布している。

解答 p. 233

ロシアと周辺諸国の大地形は，大半が安定陸塊だが，ウラル山脈は古期造山帯，レナ川以東は新期造山帯。
永久凍土は，氷期に凍結した土壌。

では，①～④を１つずつチェックしていきましょう。

大地形　**選択肢①**

さっき説明したように，ロシアと周辺諸国は大部分が**安定陸塊**と**古期造山帯**から成りますよね。さらに**極東地域**には**環太平洋造山帯**，**カフカス地方**には**アルプス=ヒマラヤ造山帯**という**新期造山帯**が分布しています。

したがって，**地震**もしばしば起こり，特に環太平洋造山帯に属する**カムチャツカ半島には活動が活発な火山が多数分布**しています。ということは，この文は正しいですね。

肥沃な土壌…チェルノーゼム　**選択肢②**

ひさびさの**チェルノーゼム**の登場です。もうこのあたりに関しては君たちはプロでしょうけど(笑)，土壌に関してヤバイなあと思う人は①〈系統地理編〉第９回の土壌をしっかり復習しておきましょう。

「**黒海北岸**」にチェックを入れてください。黒海はモルドバからウクライナに面する海洋で，沿岸部は**温暖な気候**に恵まれます。**黒海北岸**(**ウクライナ**)**から**ロシア，**カザフスタン**にかけては**小麦**栽培に適する**肥沃**(ひよく)**なチェルノーゼム**が分布していましたね。したがって，この文も正しいです。

結氷する海域　**選択肢③**

「ロシアに接する海域」で一番頭に浮かぶのは，北極海かな？ **北極海**は高緯度に位置するため，確かに**冬季**には**長期間結氷**し閉ざされる(つまり港湾は使えないということ)。

文中に「黒海を除いて」とありますから，これは②でも説明したように正しいですね。黒海沿岸には温暖な気候を利用して**ヤルタ**，**ソチ**など多くの**保養地**があります(第２次世界大戦終結期のヤルタ会談もここで開かれたよ)。

黒海以外は確かに寒そうですが，スカンディナヴィア半島に接する**コ**

ラ半島（**北大西洋海流**の影響で**ムルマンスク**という**不凍港**がある）や**極東**の**ウラジオストク**などは**重要な港湾都市として，ほぼ年中機能**しています。したがって，③は**誤り**ですね。

ウラジオストクは**極東の中心地**として近年は日本企業なども進出していますから，覚えておいていい地名です。

永久凍土　**選択肢④**

「**永久凍土**」をチェックしてください。永久凍土は**ほぼ年間を通じて凍結した土壌**で，まるで岩石のように堅いです。主に氷期などの寒冷期に形成されたものです。

ET も D も**夏には 0℃以上**になるはずなのに，なぜシベリアに永久凍土が分布しているのですか？

君たちの疑問はもっともなんだけど，地中ではどうかな？ 例えば **ET** の場合には，**夏季には気温が 0℃以上**になるから地表面の凍土は融

図解 永久凍土の分布

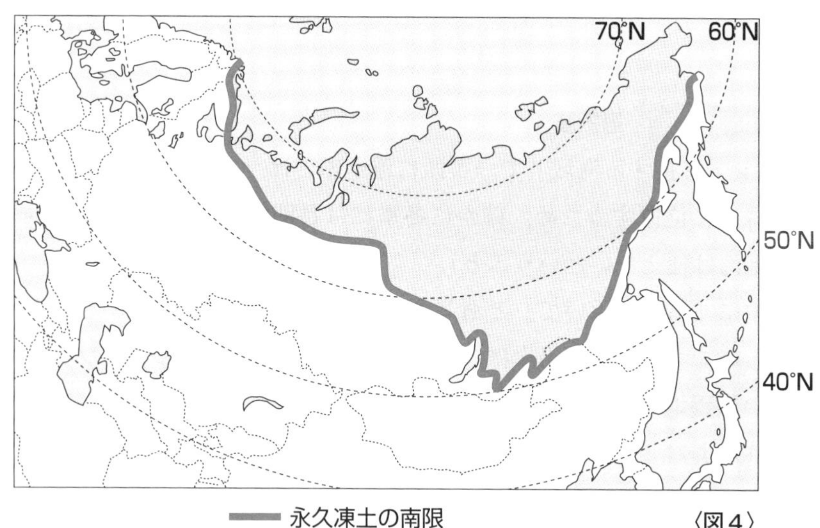

〈図４〉

解して**コケ**などが生えますよね(永久凍土の表層が一時的に融ける部分を**活動層**といいます)。でも，その下は年間を通じて凍結している永久凍土が分布しています。

ではシ**ベリア**などの**D**地域ではどうでしょう？ 植生は**タイガ**(**針葉樹林**)が生育し，土壌は**ポドゾル**が分布していますが，その**地下**にはETと同様に**永久凍土が発達している地域もある**のです。

前ページの永久凍土の分布地域を示した**図4**を見てください。なんだか**Dwの分布地域**と似ていますよね？

①〈系統地理編〉第8回でも説明したように，**Dw**は**冬季極めて寒冷**なため，深いところでは地下数百mにもわたって永久凍土が残っているのです(マンモスが永久凍土の中でしばしば発見されることがあるって話を聞いたことないかな？)。したがってこの文は正しいです。

シベリアの永久凍土

シベリアには多くの資源が埋蔵されていますが，なかなか開発が進みません。もちろんロシアの資本や技術力不足というのも一因ですが，果たしてそれだけかな？

開発のためには**タイガの伐採**が必要になりますよね，もしタイガを広範囲に伐採すると，それまでタイガによって覆われていた**地表面に太陽光が直接あたる**ようになります。

すると表層の**ポドゾル**から**地中の永久凍土に熱が伝わる**ことによって，**凍土の一部が融解**し始めます。つまりかつてのタイガ地帯が**湿地**や**沼地**に変わってしまうのです。

また工場やマンションなどを建設すると**人工熱が発生**しますから，これも凍土を融かす原因となります。このように永久凍土が融解を始めると，**図5**のように**建築物やパイプラインなどが地中に沈み込んでしまう**こともあるのです。これはかなり深刻な問題ですね。

図解 凍土の融解と凍上

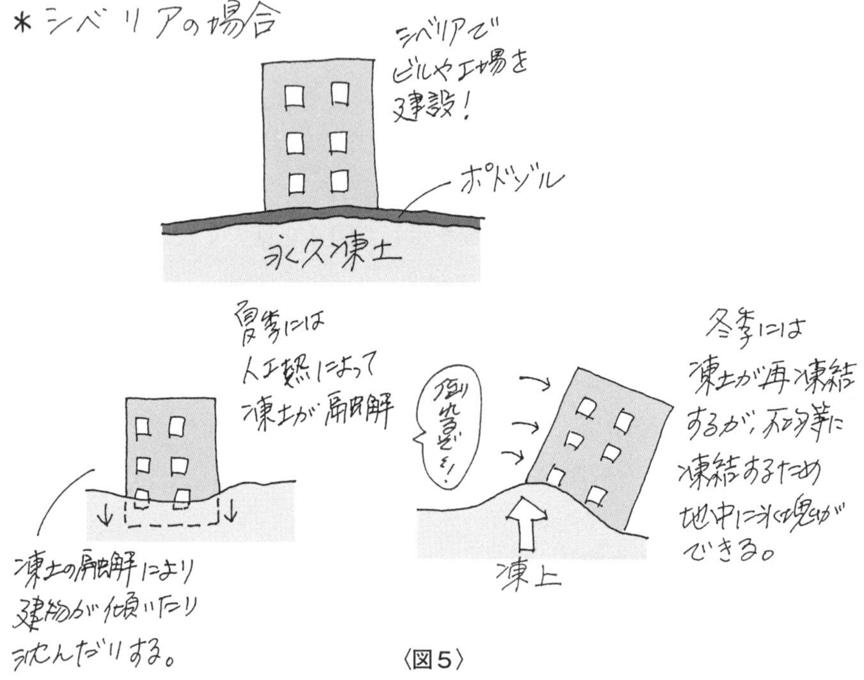

〈図5〉

さらに悪いことに，いったん融解した凍土が**冬季に再凍結**をし始めると，地中では不均等に水分が凍結するため，巨大な氷塊がができることがあり，すると**図5**のように建物が倒壊してしまう場合があるのです。

永久凍土の再凍結による地表面の隆起を**凍上**と呼んでいます。シベリアの開発は本当に大変だ!! だからシベリアなど永久凍土が分布する地域では，**建築物を高床式にしてできるだけ人工熱の伝導を少なくしようという努力**が行われるんですね。

また，永久凍土の融解は，凍土に閉じ込められていた**温室効果ガス**の**メタンの放出**という問題も引き起こしています。

ロシアの３都市の雨温図

問題 28 ロシアの都市における月平均気温と月降水量

次の〈図Ⅱ〉は，〈図Ⅰ〉中のロシアの都市における月平均気温と月降水量をそれぞれ示している。〈図Ⅱ〉中の A ～ C は，ウラジオストク，ディクソン，ロストフのいずれかである。これらの組合せとして正しいものを，下の①～⑥のうちから選べ。

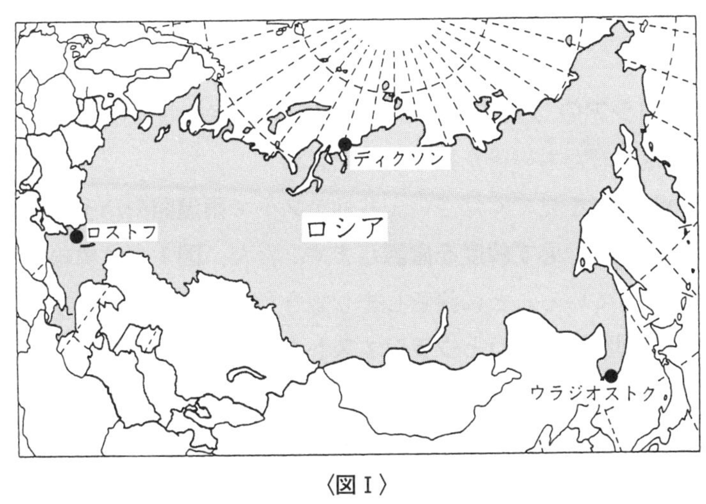

〈図Ⅰ〉

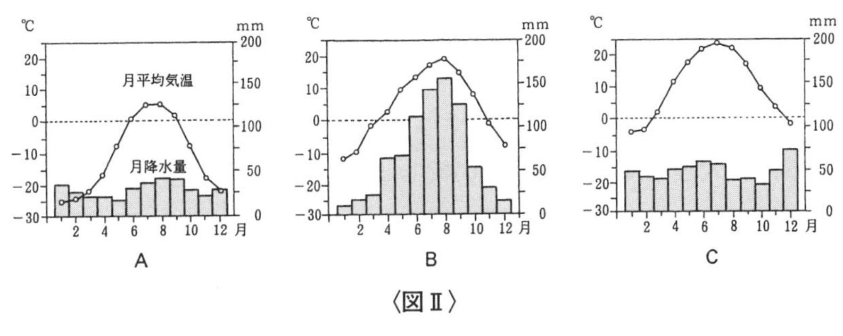

〈図Ⅱ〉

	①	②	③	④	⑤	⑥
ウラジオストク	A	A	B	B	C	C
ディクソン	B	C	A	C	A	B
ロストフ	C	B	C	A	B	A

解答 p.233

高緯度ほど気温は低くなる。
ヨーロッパロシアは偏西風の影響を受けることに注意！

続いて**ロシアの３都市における雨温図の判定**をしてみましょう。雨温図の判定は君たちの得意技の１つだよね？

図中の３都市を見てください。共通テストで**雨温図**や**ハイサーグラフ**が出題されたら，**必ず緯度を確認**します。ただ，**図Ⅰ**では緯線が直線ではなく曲がっていることに注意しましょう（ボンヌ図法）。

ロストフ（**北緯 47 度**）と**ウラジオストク**（**北緯 43 度**）はほぼ同緯度ですが，**北極海沿岸**の**ディクソン**（**北緯 73 度**）は緯度が高いですね。

したがってディクソンの月平均気温は３都市の中で最も低くなるはずですから，雨温図中の **A** と判定します。

残る極東の**ウラジオストク**は**ユーラシア大陸東岸**に，**ロストフ**は**黒海の北岸**に位置しています。さあ，なにを判定のポイントにしたらいいかな？

やっぱり**大陸東岸と西岸の違い**でしょうね。ユーラシア大陸東岸に位置するウラジオストクは**夏のモンスーン**の影響を受けるため，**夏季の降水量が多い B**，大陸西岸（**黒海は地中海の一部**みたいなもんです）に位置するロストフは**偏西風**の影響を年間を通じて受けるため，**平均的な降水**分布を示す **C** になります。

ウラジオストクのほうが**冬季**に**シベリア高気圧**の影響を受けるので，**低温・少雨**になることからも判定できますね。正解は③です。

雨湿図の判定は確実に得点できる出題形式なので，たとえ君たちが知らない都市を問われても，落ち着いて地理的思考力を駆使し，正答に導いてくださいね。

図解 ロシアの３都市

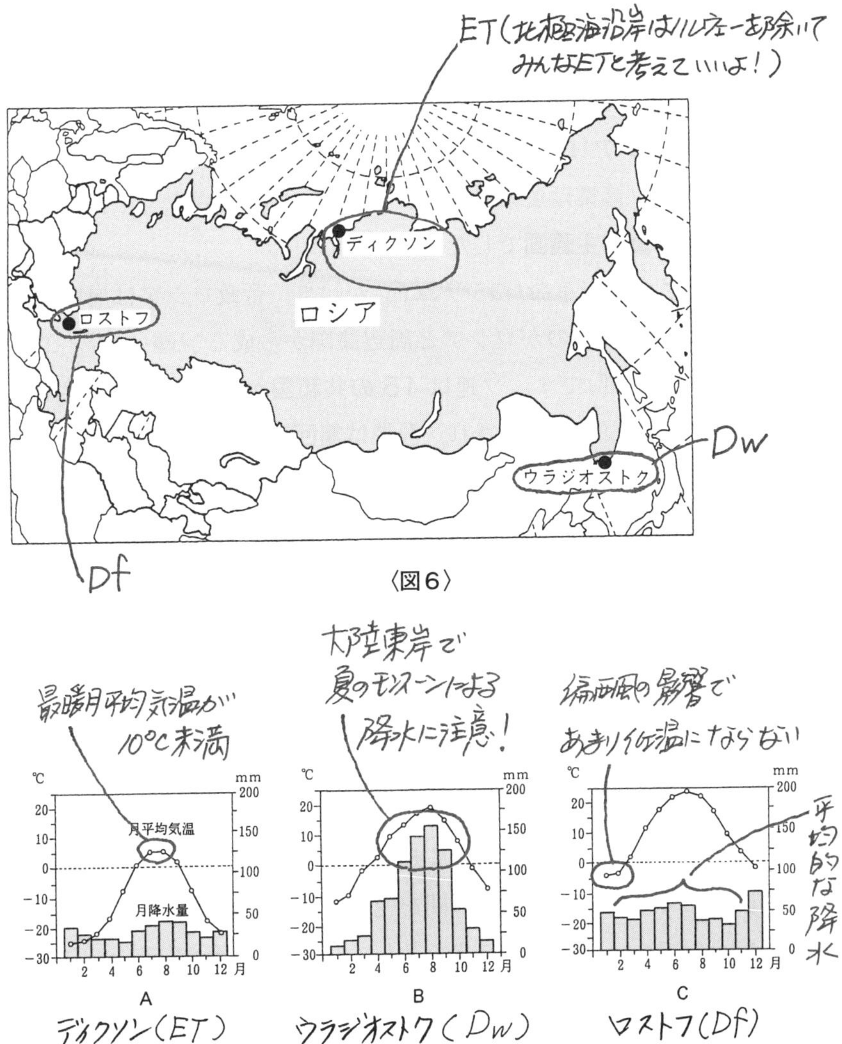

〈図６〉

〈図７〉

2 ソ連の成立と解体

「ソ連」と聞いて「？？？」となる人はいないかもしれませんが，簡単に**ソ連の成立から解体までの流れ**を説明しておきましょう。このことがまったくわからないままでは，現在のロシアと周辺諸国は理解できませんから。

時代は**20世紀の初め**にさかのぼります。当時，この地域に君臨していたのは**帝政ロシア**(**ロシア帝国**)でした。ヨーロッパ列強の1つではあったのですが，産業は農業以外あまりめぼしいものがなく，**貧富の差が激しい後発の資本主義国**でした。

1917年，この国で革命(**ロシア革命**)が起き，帝政ロシアは崩壊します。代わって生まれたのがロシアと周辺諸国から成る**ソ連**(**ソヴィエト社会主義共和国連邦**)です。ソ連は**15の共和国**から成る**社会主義国家**で，**計画経済**に基づいて運営され，**農業は集団農業**，**工業は国営企業**により近代化を目指しました。

冒頭で述べたように一定の効果はあげたのですが，労働意欲の低下や資本・技術不足によって**経済が停滞**をし始めます。**1980年代**から市場原理の導入など**改革**(**ペレストロイカ**)を進めたのですが，なんと改革を飛び越え，一気に**ソ連そのものが解体**してしまったのが**1991年**のことです。

ソ連を構成していた**ロシア**を始め**15共和国**は独立し，現在は**市場経済**のもとで経済発展につとめているところです。少しはすっきりしたかな？ これを読んだ君たちはもう大丈夫だけど，ときおり「ロシアは社会主義国なんですか？」という質問を受ける俺としては，君たちのことが心配で心配で……思わずここまで話してしまった(笑)

では，問題にチャレンジ！

ロシアの工業

問題 29 シベリアの工業地域

ロシアにおける北緯50～60度の間には，ソ連時代に形成された工業地域が分布している。このうちウラル山脈以東の工業地域を中心とした物資，人々，情報の流れについて述べた文として最も適当なものを，次の①～④のうちから一つ選べ。

① シベリア鉄道は，ソ連時代に各工業地域間の旅客輸送を担っていたが，現在ではモータリゼーションの進展によって貨物輸送のみとなっている。

② 各工業地域間での工業製品の輸送は，ソ連時代以来，水量が豊富な大河川の水運に主に依存している。

③ シベリア西部で産出される原油を東西の工業地域へ運ぶため，ソ連時代にパイプラインが建設された。

④ ソ連崩壊後の1990年代に完成した東西に延びる情報通信網が，各工業地域におけるコンピュータソフトウェア産業の発展を促した。

解答 p.233

ウラル以東はシベリアと呼ばれ，ヨーロッパロシアと比べると経済発展や工業化が遅れている。シベリアは市場から遠いこと，寒冷で厳しい気候など，不利な条件を抱えている。

設問文の「**ウラル山脈以東の工業地域**」をチェックしてください。

Q ウラル山脈以東の地域はなんと呼ばれていたんだっけ？

ヨーロッパロシアでは，**首都モスクワ**や**サンクトペテルブルク**を中心に**工業化が進み**，近年は**EUなど外資の進出**も活発ですが，**シベリア**はまだまだ開発が遅れています。格差拡大が問題になってるなー。

シベリア鉄道　**選択肢①**

「**シベリア鉄道**」をチェック！　シベリア鉄道は**20世紀の初めに建設**された**開拓鉄道**で，広大な**シベリアとヨーロッパロシアを結ぶ世界最長の鉄道**です。**冬季に河川や海が結氷**し，船舶による水上輸送がしにくいシベリアでは，なくてはならない交通機関なのです。

地図帳を見ると，シベリア鉄道沿いには**ノヴォシビルスク**，**クラスノヤルスク**，**イルクーツク**，**ハバロフスク**，**ウラジオストク**など，君たちが知っている都市が並んでいるはずですよ。建設以来，ずーっと各工業地域や都市間の**旅客・貨物輸送**を担ってきたのです。

シベリア鉄道から分岐してバイカル湖の北側を通過する**バム**（バイカル・アムール）**鉄道**も重要な交通機関です。

モータリゼーションの進展により自動車が普及した現在でも，**旅客・貨物ともに重要な輸送機関であることには変わりはありません**。したがって，「貨物輸送のみ」というのは誤っています。

結氷する河川　**選択肢②**

いま言ったように，**シベリアの河川**は冬季に**長期間結氷**する（河川によっては年間100日以上も！）ため，やはり**シベリア鉄道が工業製品を輸送する際の主役**ですね。したがって，この文は誤っています。

パイプライン　**選択肢③**

シベリア西部の**オビ川流域**には，ロシア有数の**チュメニ油田**が分布しています。石油は海上なら**タンカー**，陸上なら**パイプライン**が最も安価で大量に運べる輸送手段です。パイプラインはソ連時代から建設され，**ソ連の工業地域だけでなく東欧諸国へも原油を運んでいました**。したがって，この文が**正しい**です。

市場経済の時代　**選択肢④**

1991年にソ連が解体したあと，旧ソ連諸国は**計画経済から市場経済への急速な転換**から**経済も社会も混乱**に陥ります。まあ，あたりまえですよね。極端に言えば昨日まで「市場経済は間違ったやり方だ！」と誰もが言っていたことが，今日から突然「市場経済こそが正しいやり方だ！」となったわけですから。つまり**1990年代**は**ロシアなど旧ソ連諸国にとっては大混乱の時代だった**のです。**企業の倒産**や資本不足から経済活動が縮小し，**失業者も増加**するなど，経済も社会も大きく混乱しました。

したがって，文中にあるような「情報通信網」の整備による「コンピュータソフトウェア産業の発展」は見られませんでした。この文は誤っています。

現在は，**原油**や**天然ガス**の価格上昇に支えられてロシアの経済も上向いてきましたが，やはり先進ヨーロッパ諸国，アメリカ合衆国，日本ほど資本や技術がないため，**先端産業の分野では遅れをとっている**のが現状です。

ところで君たちは“BRICs（ブリックス）”って聞いたことないですか？ Brazil, Russia, India, China の4か国の頭文字をとってつけられた新語です。これらの4か国は**国土**，**資源**，**人口**に恵まれているだけでなく，**近年の経済改革**によって順調に経済発展している国々で，世界経済に与える影響力が大きくなりそうですね。注目しておきましょう！ 最近は，**南アフリカ共和国**（South Africa）を加えてBRICSと呼ばれることもあるようです。

解答　[問題 27] ③　[問題 28] ③　[問題 29] ③

第8回 ロシアと周辺諸国　自然環境と産業／ソ連の解体とロシア連邦の成立

ロシアと周辺諸国

ロシアと周辺諸国の民族・宗教などについてまとめておくので，共和国の**名前**と**位置**，**民族**，**宗教**について確認しておいてください。

整理とまとめ⑯ ロシアと周辺諸国のまとめ

共和国	主な民族	主な宗教	社会・経済
ロシア連邦	**スラブ系**	**ロシア正教**	ロシアは，世界最大の国土面積で人口**1.4億人**。**ウクライナ**は石炭，鉄鉱石に恵まれ重工業発達。ロシアを中心に旧ソ連諸国が**CIS**(**独立国家共同体**)結成。
ウクライナ	**スラブ系**	**ウクライナ正教**	
ベラルーシ	**スラブ系**	**ロシア正教**	
モルドバ	**ラテン系**	**ロシア正教**	ルーマニアと近い民族系統に属する。
エストニア	**ウラル系**	プロテスタント	**バルト三国**と呼ばれる。2004年，3か国とも**EU**の加盟国。**CISには非加盟**。
ラトビア	バルト系	プロテスタント	
リトアニア	バルト系	カトリック	
ジョージア(グルジア)	カフカス系	**グルジア正教**	**カフカス三国**と呼ばれる。アゼルバイジャン国内のアルメニア人自治区(ナゴルノ＝カラバフ自治州)の帰属を巡ってアルメニアと対立。多くの少数民族が居住しているため**民族紛争多発**。ジョージア(グルジア)は2008年にCIS脱退。
アルメニア	インド=ヨーロッパ系	アルメニア正教	
アゼルバイジャン	**アルタイ系**	**イスラム教**	
カザフスタン	**アルタイ系**	**イスラム教**	**中央アジア諸国**と呼ばれる。カザフスタンは，ロシアに次ぐ国土面積。中央アジア最大の都市はウズベキスタンの首都**タシケント**。タジキスタンを除く4か国はアルタイ(トルコ)系民族。トルクメニスタンは2005年にCIS加盟国から準加盟国に。
ウズベキスタン	**アルタイ系**	**イスラム教**	
トルクメニスタン	**アルタイ系**	**イスラム教**	
キルギス	**アルタイ系**	**イスラム教**	
タジキスタン	イラン系	**イスラム教**	

＊ウクライナとモルドバもCIS準加盟国。

ロシアは**インド・ヨーロッパ語族**に属する**スラブ語派**(以下スラブ系)の**ロシア民族が約80%**を占めますが，北極海沿岸，シベリア，カフカス地方などに多くの少数民族が居住する**多民族国家**です。

ロシア人はキリスト教の**ロシア正教**を信仰している人々が多いです

が，**カフカス地方**の**チェチェン共和国**では**イスラム教**を信仰する人々もいて，分離・独立運動も続いています。

ロシアと周辺諸国は，これで終わりです。ちょっと疲れたかな？ けっこうがんばれたと思う人は，このへんで少し休憩（きゅうけい）して次の新大陸に備えよう。

第9回 アングロアメリカ(1)

自然環境／人種・民族

俺たちの地誌学習もいよいよ**新大陸**に到達です。新大陸とは**南北アメリカ大陸**と**オーストラリア大陸**を指します。

先住民にとっては「新大陸」もなにも，そこに古くから居住していたのですが，**ヨーロッパ人が新たに発見した大陸**という意味で「新大陸」と呼んでいるんですね。**アングロアメリカ**(Anglo America)の「アングロ(Anglo)」というのは，**アングロサクソン系**(つまり**イギリス系**)の意味ですから，

> アングロアメリカとは――
> イギリスから植民地支配を受け，イギリスの文化(言語や宗教)の影響が強い地域

ということです。具体的には**カナダ**と**アメリカ合衆国**を指しています。ということは，アングロアメリカに関する様々な数値指標(しひょう)が出題されたら，バリバリの**先進国**の数値を示すということになります。

1 アングロアメリカの自然環境

アングロアメリカの地形

では，いつものように自然環境の学習から入りましょう。次の**地形**に関する**図1**を見てください。

全体的に**西高東低**の地形をしていることがわかりますね。**五大湖沿岸から北東部のラブラドル高原**にかけて，**カナダ楯状地(たてじょうち)**と呼ばれる**安定陸塊**が広がります。

図解 アングロアメリカの大地形

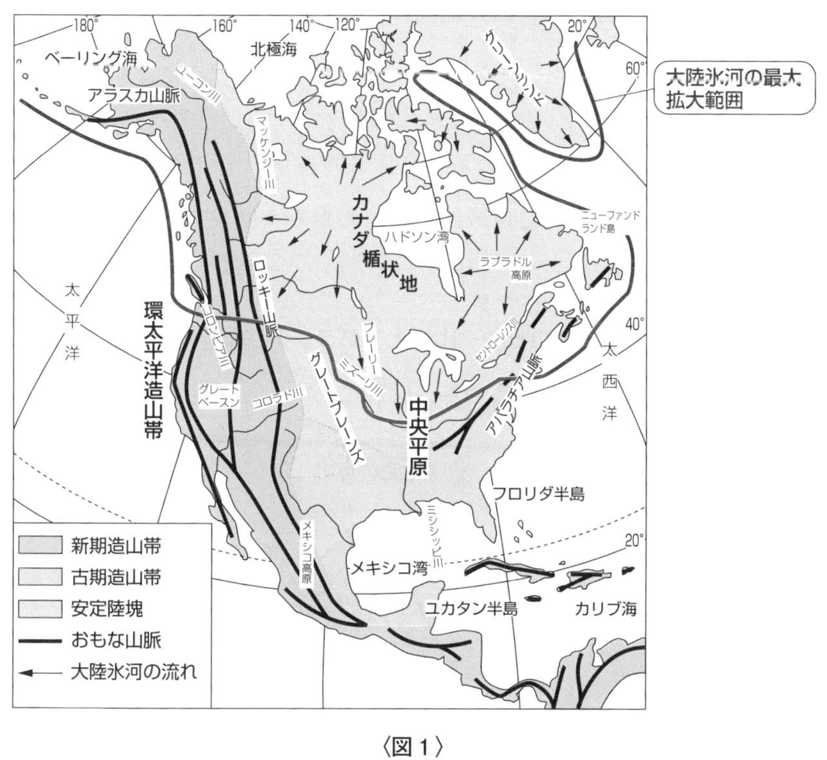

〈図1〉

更新世の**氷期**には，**ラブラドル高原**を中心として**五大湖の南側あたりまで**ローレンシア(ローレンタイド)氷床と呼ばれる大規模な**大陸氷河**が発達していました。

地球内部のマントルより密度が小さい大陸は，氷河の重みで沈んでしまい，**ハドソン湾**のような窪(くぼ)みを作ってしまったのです。氷河は侵食するだけじゃないんですね。**現在，氷河は消失**していますから，徐々に元の状態に戻ろうとして隆起(りゅうき)中なのです。

ヨーロッパの場合も同様で，**スカンディナヴィア半島**を中心に発達したスカンディナヴィア氷床の形成した窪みが**ボスニア湾**で，ここでも同じように**均衡**（きんこう）**を取り戻すための隆起現象**が起きているのです。

図1中の**大陸氷河の最大拡大範囲**に注意してください！

大陸氷河は，北アメリカ大陸の北緯40～50度あたりにまで広がっていた！

大陸氷河に覆われていた地域は，氷河の重みや**侵食**によって**高度が低くなっています**。

図解 ロッキー山脈とアパラチア山脈

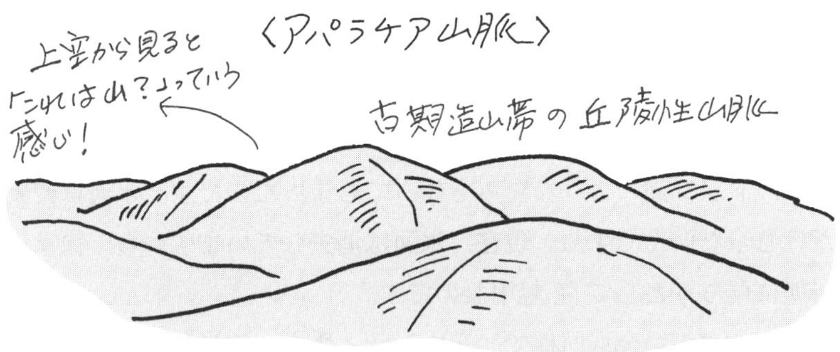

〈図2〉

地図帳を見てごらん。**ヨーロッパの北部**や**北アメリカの北部**は緑色だろ？ 高度が低くなっていることがわかると思います。

それから，もちろん**五大湖**やカナダの湖は**氷河湖**ですよ。

東部は**古期造山帯**の**アパラチア山脈**が南北に走り，この山脈から大西洋岸にかけては**海岸平野**が広がっています。また**ミシシッピ川流域**には**中央平原**と呼ばれる大規模な**構造平野**があり，**ミシシッピ川**河口には**三角州**が形成されているのです（まるで鳥の足跡のような形をしているので**鳥趾状三角州**（ちょうしじょうさんかくす）と呼ばれています）。

ここでちょっとだけ，君たちにアドバイス！ ミシシッピ川の三角州には**ニューオーリンズ**という都市が位置していて，ちょうど**メキシコ湾**に突き出た部分です。ここは**北緯30度，西経90度**に位置しているので，**アメリカ合衆国のほぼ南端**を把握するには便利なところだから注意しておきましょう。けっこう使えますよ！

ちなみに，ニューオーリンズは**ヨーロッパ系白人の音楽**と**アフリカ系黒人の音楽**が融合した**ジャズ**の発祥（はっしょう）地として有名です。

次の**図3**に**北米を流れる代表的な河川**をまとめておいたので，地図帳でチェックしておいてください。

ここまで見てきたように，北アメリカ大陸の**中央部から東部**にかけては比較的**低平で緩やかな地形**ですが，**西部**に向かうと状況は一変！

アラスカ山脈，ロッキー山脈，シエラネヴァダ山脈のように**新期造山帯**に属する**険しい山脈**や**高原**が多数分布しています。

また①〈系統地理編〉第3回でも説明したように，**西岸部**には**プレートのずれる境界**（**太平洋プレート**と**北アメリカプレート**がすれ違って形成）にあたる**サンアンドレアス断層**が南北に通過しているため，**カリフォルニア**などは**地震の多発地帯**になっています。

図解 北米の主な大河川

〈図３〉

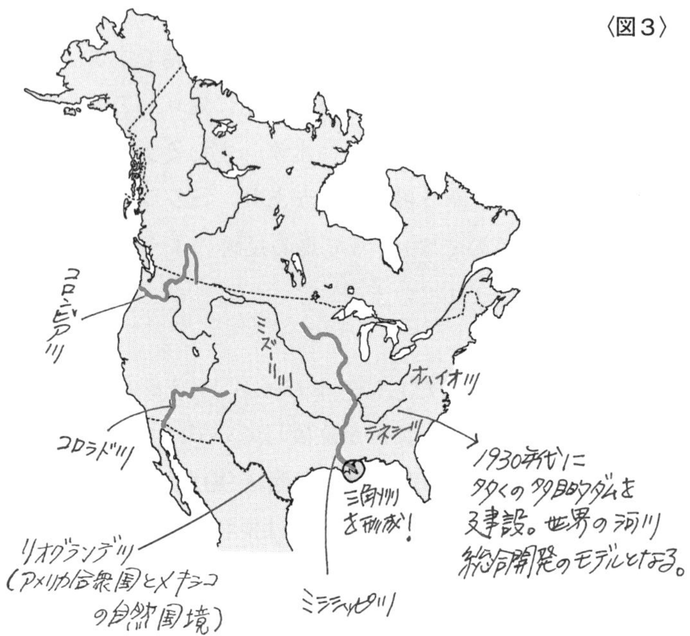

アングロアメリカの気候

では君たちがめちゃめちゃ得意な**気候**について学習しましょう。これまたいつものように**緯度**のチェックをしなくてはいけないよね。

アメリカ合衆国の国土は，ほぼ**北緯 30 ～ 50 度**(アラスカは北緯 60 ～ 70 度)，**カナダ**が**北緯 50 ～ 70 度**の緯度帯に位置しているのがわかるはずです。ということは，アメリカ合衆国がほぼ**温帯**から**冷帯**，カナダが**冷帯**(**北極海沿岸は寒帯**)に属していることも推測できます。

あとは降水量ですね。**図４**を見てください(次ページ)。

①〈系統地理編〉第８回でも説明しましたが，北アメリカ大陸のほぼ**中央を南北に走る**のが**西経 100 度**の線です。では，ここで質問。

図解 北アメリカの気候

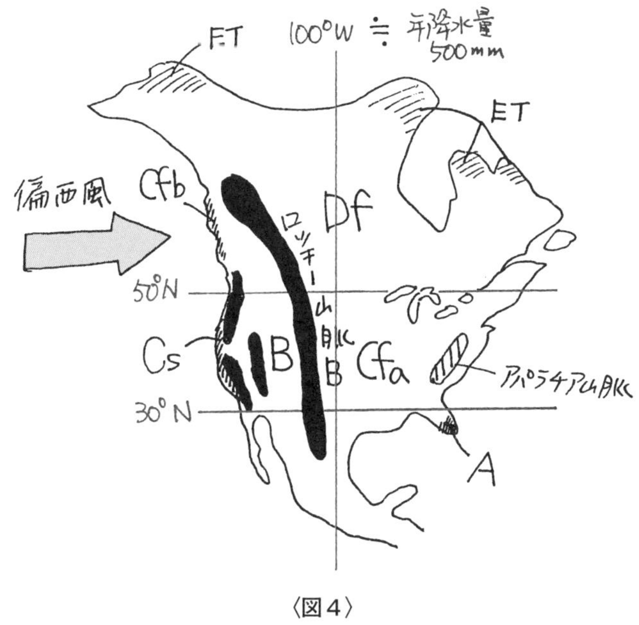

〈図４〉

Q 西経 100 度の線は，ほぼ年降水量 500mm の等雨量線に等しいけど，この経線から東と西ではどちらが降水量が多いだろう？

どう？ 地理的思考力抜群の君たちなら全員正解できるはずだけどなぁ。もちろん**東側**だよね。

北アメリカ大陸は**太平洋岸から内陸にかけて新期造山帯の高く険しい山脈が南北方向**に走っています。これらの山脈によって太平洋岸からの**水蒸気の供給が妨げられてしまう**のです。

ところが東部は大きな障害物がなく，**大西洋岸やメキシコ湾岸から多くの水蒸気が供給**されるわけだから，上昇気流さえできれば降水が見られる。そこでアメリカ合衆国の**西部内陸は乾燥地域**に，**東部は湿潤地域**になってしまうのです。これはかなり重要なポイントですよ。

図解 アングロアメリカの気候

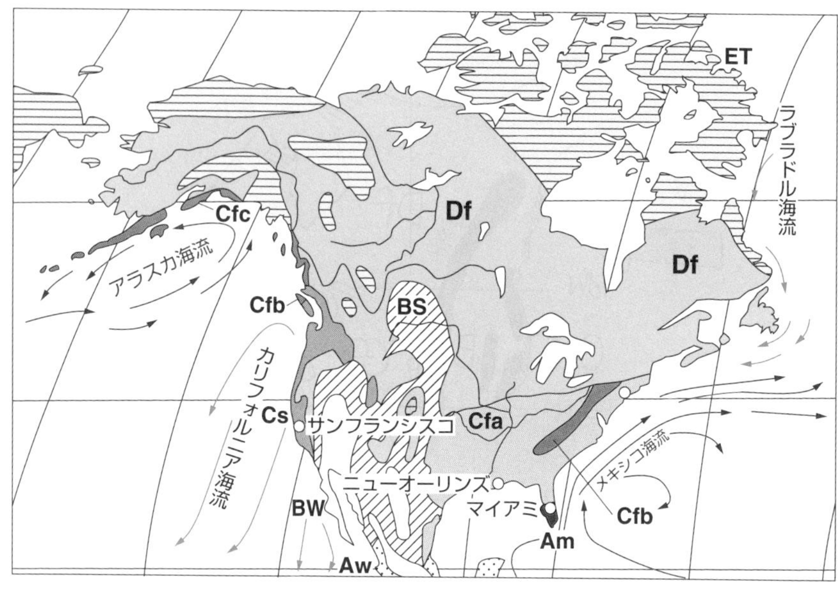

〈図5〉

アメリカ合衆国の西経100度{以西は乾燥気候 / 以東は湿潤気候}が分布

あとはアメリカ合衆国の東部が Cfa と Df になるのは**緯度帯を考えれば簡単**だ。太平洋岸はどうかな？　そうだね，**アメリカ合衆国の太平洋岸**は，ヨーロッパの**地中海沿岸と同緯度**に位置する**大陸西岸**になるので Cs になります。より高緯度側の**アラスカ〜カナダの太平洋岸**は**偏西風**の影響を受け Cfb になるので注意しましょう！　だってイギリスなど**北西ヨーロッパ諸国と同緯度**だもんね。

ちょっとだけ注意したいのは，**カリブ海**に突き出た**フロリダ半島**ですね。フロリダ半島全体は**亜熱帯性**の気候で，特に南端部はアメリカ合衆国本土では**唯一の熱帯気候**(**A**)が分布していますよ！

マイアミって聞いたことあるだろう？ 俺はハワイの大ファンなんだけど(芸能人が年末年始にこぞって出かけるのがわかるよ。何度行っても飽きないし，なんといっても洗練されているから)，アメリカ合衆国の人口集積地である大西洋岸からはかなり遠い。そこで**海岸リゾート地**として大人気なのが**マイアミ**(**Am**)なのです。

ニューヨークなど東部の大都市からも近いので，安い旅費で楽しめるからねえ。フロリダ半島には，**エバーグレイズ国立公園**っていうかなりメジャーな国立公園があって，**亜熱帯性の気候と湿地**，**亜熱帯性の動植物**(特にワニが有名かな)など，アメリカ合衆国では珍しい自然景観が見られるところなのです。

ついでに，西部には**イエローストーン国立公園**という**世界で最初の国立公園**があります。国立公園というのは国が貴重な自然を管理保護している地域で，国立公園発祥の地はヨーロッパではなくてアメリカ合衆国なんですね。

日本にも34か所の国立公園があります。日本人は，世界に類をみない美しい自然を，日本の尊い財産として未来に引き継ぐ役割を担っているのです。世界の自然も魅力的だけど，四季折々に変化する日本の自然は最高！

2 アメリカ合衆国の人種・民族構成

問題 30 アメリカ合衆国の人種・民族分布

アメリカ合衆国では，様々な人種や民族がともに生活しているが，その構成は地域ごとに異なっている。次の表中の**ア〜ウ**は，図中の**A〜C**のいずれかの州における人種・民族構成について，白人，黒人，アジア系の割合を示したものである。**ア〜ウ**と**A〜C**との組合せとして正しいものを，下の①〜⑥のうちから一つ選べ。

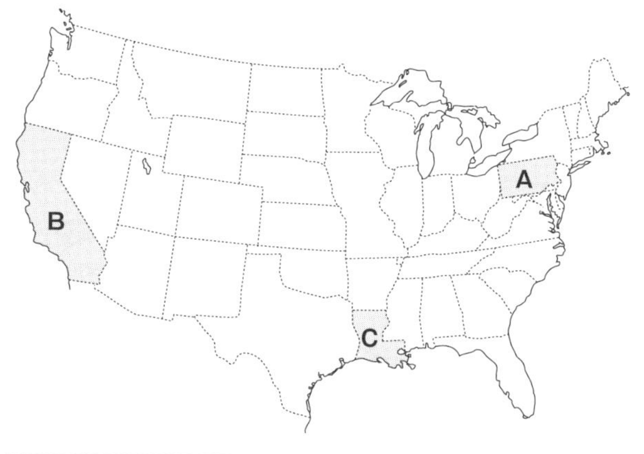

	白人(%)	黒人(%)	アジア系(%)
ア	82.1	11.9	3.6
イ	63.0	32.6	1.9
ウ	72.4	6.5	15.2

統計年次は2017年。アメリカ合衆国センサス局の資料により作成。

	①	②	③	④	⑤	⑥
ア	A	A	B	B	C	C
イ	B	C	A	C	A	B
ウ	C	B	C	A	B	A

解答 p.250

アメリカ合衆国の総人口 3.3 億人のうち 76.6% はヨーロッパ系白人。
アメリカ合衆国のマイノリティ(少数民族)のうち，アフリカ系とヒスパニックが大きな民族集団。

アメリカ合衆国の自然環境の概観をとらえたところで，**人種・民族・文化の多様性**について問題をやりながら説明しましょう。

住民構成の地域差について考えます。現在，アメリカ合衆国では，**50 州**と**コロンビア特別区(ワシントン D.C.)**に約 **3.3 億人**の人々が生活しています。**先住民**は，**ネイティブアメリカン**とも呼ばれる**インディアン**や**イヌイット(エスキモー)**です。

インディアンは，白人の植民とともに，**西部**の不毛地に追いやられていきました(現在でも西部には**居留地**(きょりゅう)があります)。近年は，都市生活を送る人も増加し，徐々に復権も図られています。

アメリカ合衆国は，18 世紀末にイギリスから独立し，独立前後は**イギリス系**(**アイルランド系**を含む)を中心とする**ヨーロッパ系の白人**が多く移住をしました。

その結果，独立時のアメリカ合衆国は，**WASP**(White Anglo-Saxon Protestant)と呼ばれる，白人でイギリス系のプロテスタントが，**政治・経済・文化などの面で支配階層を形成**していったのです。

その後は，イギリス以外のヨーロッパからの移民も増加し，**1960 年代に移民法が改正**されたこともあって，**アジアやラテンアメリカからの移住者が増加**してきています。

このように多民族からなるアメリカ合衆国ですが，現在は，多様な文化をもつ人々が，**それぞれの個性を発揮しながら豊かな社会を作り上げていこうという考え方**である，**サラダボウル論**を理想とする**多文化主義**を目指しています。

サラダボウルっていうのは，生野菜を食べるときにね，レタスだけ，ニンジンだけ，トマトだけを食べ続けるより，それぞれの野菜がそれぞれの味を発揮して，サラダとして食べたほうがより魅力的な料理になるというたとえです。

俺も，ニンジンだけを食べ続けるより，サラダのほうが好きだな（笑）。

ヨーロッパ系白人

現在でも総人口の**70%**以上が**ヨーロッパ系白人**です。この数値から読み取れるのは，いかに人種間の混血が進んでないかですね。

白人はアメリカ合衆国のほぼ全域で多いですが（**ハワイ**だけは**日系などアジア系住民**が白人より多い），特に白人の割合が高いのは，当初からヨーロッパ系移民の開拓が行われた**北東部**（**東部13州**がアメリカ合衆国として独立）の**ニューイングランド**や自作農による農業開拓が行われた**中西部の農業州**です。

アメリカ合衆国の映画やテレビ番組を見ていると，その舞台は**ニューヨーク**，**ロサンゼルス**，**シカゴ**などの大都市が多いよね。**大都市は雇用機会が多く新規の移民が流入**してくるため，さまざまな人種や民族が居住しているのです。

でも，**農業地域**では，**ヨーロッパ系白人が大農場を所有**していて，自らが大型機械などを使用し，合理的な経営を行っています。つまり移民にとって働く場所があんまりないのです。

図中の**A**州（**ペンシルヴェニア**）は**北東部**に位置しているため，**白人の割合が高い**と判定しましょう。したがって，**A**州は表中の**ア**に該当します。

アフリカ系黒人

一方，**アフリカ系黒人**は，全人口の約**13%**を占めます。**イギリス領時代**に，**南東部**（アメリカ合衆国の地域区分では**南部**と呼びます）に開かれた**コットンベルト**（**綿花地帯**）における**プランテーション労働力**としてアフリカから連れてこられました。もちろん**奴隷**としてです。

奴隷解放後も，この地に小作人として残った人々が多かったので，現在も**南東部は黒人の割合が高い地域**です。したがって，図中の**C**州（ルイジアナ）が**アフリカ系黒人の割合が高い**と思われるので，表中の**イ**に該当します。

ニューヨークやシカゴ，デトロイト，ワシントンなど大都市を旅行すると，アフリカ系の人々と多く出合います。かつては黒人労働力に依存していたコットンベルトも現在は機械化が進展したため，職を失った黒人が雇用機会に恵まれる大都市へ出ていったからなのです。

つまり**アフリカ系黒人の割合が高い地域**は，**南東部のコットンベルト**と**大都市**であるということに注意しましょう！

ヒスパニック

この問題では問われていませんが，白人以外の**マイノリティ**（**少数民族**）の中で，**最大の民族集団**は**ヒスパニック**の人々ですね。**「スペイン語を母語とする人々」**のことなので，**ラテンアメリカ**からの移住者と考えましょう。だけど，ブラジルからの移住者はヒスパニックとは呼ばないよ。**ブラジルはポルトガル語**だから。

次の表を見てください。

《アメリカ合衆国の移民受入上位国》

年代	総数(万人)	1位	2位	3位
1951～1960年	252	ドイツ	メキシコ	カナダ
1961～1970年	332	メキシコ	カナダ	キューバ
1971～1980年	449	メキシコ	フィリピン	キューバ
1981～1990年	726	メキシコ	フィリピン	ベトナム
1991～2000年	908	メキシコ	フィリピン	中　国
2001～2010年	1,050	メキシコ	中　国	インド

〈注〉中国には台湾を含む。

〈表1〉

戦後のアメリカ合衆国への移民の推移を示したものです。**1960年代の移民法の改正**以降，常に首位の座は**メキシコ**なんですよ。つまり，アメリカ合衆国の**ヒスパニック系**住民は，メキシコ系の人々が多いのです。

したがって，ヒスパニック系の居住地域は，**メキシコと国境を接している州**，つまり**南西部**に多いということになります。

それから，「**フロリダ半島**」にも気をつけておいてくれる？ フロリダ州は，ヒスパニックの**キューバ系**移民が多く住んでいます。さあ，

Q フロリダ半島にキューバ系移民が多いのはどうしてだろう？

キューバでは，1959年，**キューバ革命**(**社会主義革命**)が起きます。革命により母国を脱出してきた人々がフロリダにたどり着いたんです(地図を見てごらん。かなりキューバと近いよ)。あとは，**西インド諸島**の**アメリカ領プエルトリコ**から**ニューヨーク**への移住者も多いですから注意してください。プエルトリコもキューバと同様に**スペイン語**を母語とする人々が大部分を占めています。

ヒスパニック系住民(**人種的には白人もいれば，黒人も混血もいますよ**)は，**南西部**と**フロリダ州**，そして黒人と同様に**大都市**に居住してい

図解 人種構成のモデルの３州

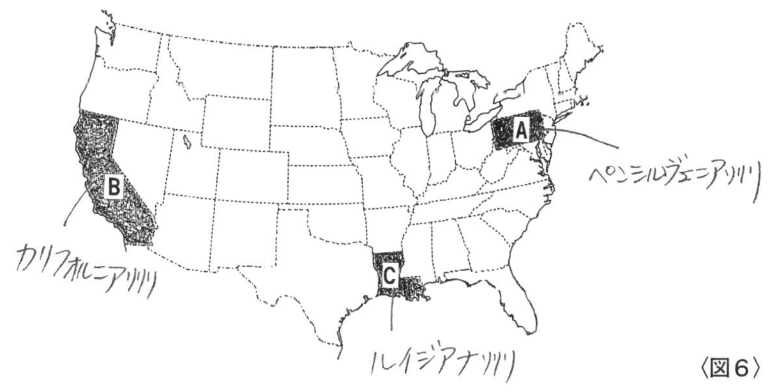

〈図６〉

る人が多いんですね。

現在の人口比は約**18%**で，**カトリック**を信仰している人が多いこと，**貧困層も多い**ことなどから，**出生率が高い**ため，アフリカ系黒人を上回るマイノリティに成長しています。

アジア系

ヒスパニックとともに，近年増加しているのは**アジア系**住民ですね，**中国系**，**韓国系**，**日系**(戦前は，貧しい農民から多くの移民を出したのです)，**東南アジア系**(インドシナ難民もかなりいます)など，さまざまな国や地域からの移住者を含みます。やはり，**アジアに近い太平洋岸諸州への移住者が多い**ようです。

図中の**B**は**カリフォルニア州**ですが，アジア系の割合が高い表中の**ウ**に該当します。したがって②が正しい組合わせになりますね。

カリフォルニア州は全米50州中**人口が最大**で(といっても約3,900万人くらいですが)，**豊富な労働力**に恵まれていて，**農業生産額，工業生産額**(トップは**テキサス州**)**ともに最大規模の州**ですからね。

正解できましたか？ アメリカ合衆国の人種・民族分布は頻出のテーマなので，しっかり復習しておきましょう(**図７**)。

《アメリカ合衆国の人種・民族構成》

● ヨーロッパ系白人…70%以上。ほぼ全域で多数を占めるが，特に北東部・中西部に多い
● アフリカ系黒人……約 13%。南東部のコットンベルト・大都市に多い
● ヒスパニック系……約 18%。南西部（メキシコ系）・フロリダ州（キューバ系）に多い
● アジア系……………約 6%。太平洋岸諸州に多い

＊ヒスパニックは，人種の区分ではなく白人も黒人もいるため，合計は 100% にならない。

図解 アメリカ合衆国の民族分布

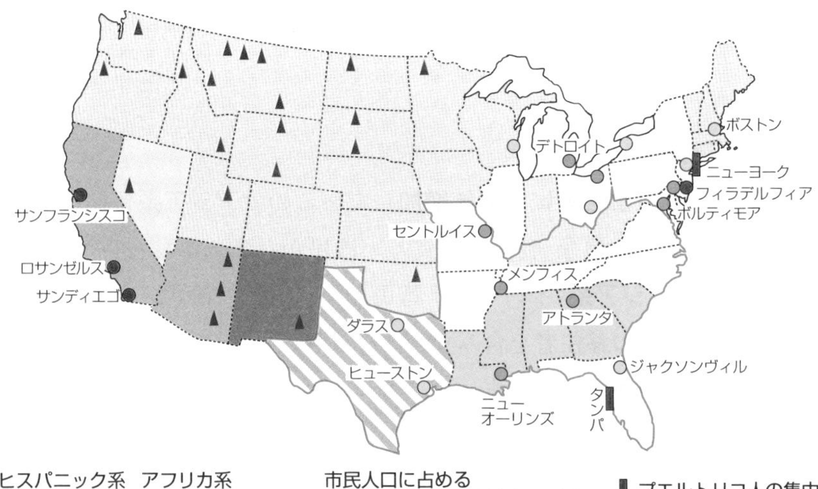

〈図７〉

解答 ［問題 30］②

第10回 アングロアメリカ(2)

アメリカ合衆国＆カナダの産業

では，続いて**アングロアメリカの産業**について学習します。まずはアメリカ合衆国の農牧業から見ていきましょう。

1 アメリカ合衆国の農牧業

アメリカ合衆国では就業人口の約**1.6%**しか農業に従事していません。にもかかわらず，**世界最大の農業国**といっていいでしょう。マジにすごい！ 国内には約**3.3億人**の人口をかかえているけど，余裕で**多くの農産物を輸出**できるのです。

《世界の農産物輸出に占めるアメリカ合衆国の割合》(2016年)

【小麦】184百万t

ロシア	**アメリカ合衆国**	カナダ	フランス	オーストラリア	ウクライナ	アルゼンチン	その他
13.8%	**13.1**	10.7	10.0	8.8	6.4	5.6	

【米】40百万t

タイ	インド	ベトナム	パキスタン	**アメリカ合衆国**	その他
24.5%	24.5	12.9	9.8	**8.2**	

【とうもろこし】147百万t

アメリカ合衆国	アルゼンチン	ブラジル	その他
38.0%	16.6	14.8	

【大豆】135百万t

アメリカ合衆国	ブラジル	アルゼンチン	その他
42.8%	38.2	6.6	

【肉類】46百万t

アメリカ合衆国	ブラジル	ドイツ	オランダ	スペイン	その他
14.9%	14.9	7.5	6.6	4.9	

〈図1〉

特に圧巻は**とうもろこし**，**大豆**，**小麦**かな。これだけ多くの農産物を輸出できるのは合理的な**大規模機械化農業**を行っているからです。**多くの資本を投下**し，さらに**高度な技術も駆使**して，抜群の**労働生産性**を誇っているのです。

アメリカ合衆国の農業は労働生産性が極めて高い

アメリカ合衆国の農牧業の特色

問題 31 アメリカ合衆国の農牧業

アメリカ合衆国における農牧業の特徴について述べた文として**適当でないもの**を，次の①～④のうちから一つ選べ。

① グレートプレーンズでは，フィードロットを用いて肉牛を肥育する企業的牧畜業が行われている。

② 五大湖周辺では，主に大都市に牛乳やバター，チーズなどを供給する酪農が行われている。

③ プレーリーでは，小麦や飼料作物を大規模に栽培する企業的穀物農業が行われている。

④ カリフォルニア州では，果樹や野菜の集約的な栽培が，ブラジルからの外国人労働者を主に雇用して行われている。

解答 p.282

フィードロットは，牛の肥育場のこと。
カリフォルニア州の位置に注目!!

適当でないものはどれか。1つずつ見ていきます。

グレートプレーンズ **選択肢①**

「グレートプレーンズ」(Great Plains)は**ロッキー山脈の東麓**(とうろく)に広

がる**大平原**です。第9回(p. 241 ～ 242)で説明した**年降水量 500mm** のラインより少し西側になりますから，やや降水量が少ない **BS** が分布し，草原が広がります。

ここでは早くから**企業的牧畜**が発達し，**大牧場で肉牛の放牧**が行われていました。近年は灌漑(かんがい)の普及によって，牧草に頼らず，狭い敷地内で**とうもろこし，大豆，フィッシュミール**などの**濃厚飼料**(**栄養価の高い飼料**のこと)を**肉牛に与えて短期間で出荷**するための**フィードロット**(**Feed Lot**)が増加するようになり，重要な農業地域に成長しています。

したがって，この文は正しい。**フィードロットはコーンベルトだけではなく，グレートプレーンズにも多数設置されている**ことを忘れないでください。

五大湖周辺　**選択肢②**

次は「**五大湖周辺**」をチェックしましょう。五大湖はどうやってできたんだったかな？ そうですね，**氷河湖**です。つまり，**更新世の氷期には五大湖周辺までが大陸氷河に覆われていた**のです。

大陸氷河については①〈系統地理編〉第4回を読んでくれた君たちにはもう説明しなくていいね。五大湖周辺は**氷食**によって**土壌がやせていること**と，アメリカ合衆国では高緯度に位置するため**冷涼**(れいりょう)な **Df** であるということを頭に入れておこう。

冷涼で土壌の生産力が低いため，穀物栽培には不利な自然条件であるということは……そうですね！ **酪農**が発達しているということになります。

大消費地ボストンを中心とする**ニューイングランド地方**では**生乳**中心，**五大湖沿岸**の**ウィスコンシン州**や**ミシガン州**では**バター**や**チーズ**などの**酪製品**(**酪農品**)の生産が盛んです。ここが**酪農地帯**(**デイリーベルト**)になります。

バターやチーズは生乳に比べて保存性が高いから，消費地から少し離れた五大湖周辺でも生産されるということがわかります。したがってこの文も正しい。

プレーリー　**選択肢③**

「**プレーリー**」とは**年降水量 500mm** 前後の地域に広がる**長草草原**で，**肥沃な黒色土**である**プレーリー土**が分布しています。**チェルノーゼム**と並ぶ肥沃な土壌でしたね（①〈系統地理編〉第 9 回）。

プレーリーでは，カナダとの国境付近にある**ノースダコタ・サウスダコタ州**に**春小麦**地帯が，南の**オクラホマ・カンザス州**には**冬小麦**地帯が広がり，**企業的穀物農業**が行われています。したがって，この文も正しいですね。

温暖な地域では冬小麦，**冷涼な地域では春小麦**が栽培されていることに注意しましょう。このあたりは，本当に一面の小麦畑で，広大な平野が小麦一色に染まるのです。まさに圧巻です！ 車でハイウェイを走ると，とにかく小麦しか見えません。強いて言えばときおり大きな**穀物倉庫**（**カントリーエレベーター**）が見えるくらいです。

冬小麦と春小麦

ここで，**小麦**についてちょっと勉強しておこう。小麦は，米に比べると殻が固くて実がはずしにくいため，**粉食**《ふんしょく》（小麦粉にしてパンや麺《めん》に加工）として利用されてきました。米は**粒食**《りゅうしょく》（米粒をそのまま食べる）だけどね。

また，米と同様に小麦にもいろいろな種類があって，**秋に播種**《はしゅ》し（種をまいて），**冬に発芽**し，翌年の**初夏から夏に収穫**する“**冬小麦**”が一般的な小麦で，**世界の大半で冬小麦が栽培**されています。

でも**カナダ**や**ロシア**など寒冷な地域では，**冬小麦の栽培が困難**ですよね。いくら越冬型の作物（低温になると発芽する）だとはいえ，－20℃とか－40℃になるとさすがに凍結してしまうから。

《冬小麦と春小麦》

- 冬小麦…秋
- 春小麦…春

に播種，{冬／春}に発芽，{初夏／秋}に収穫

そこで**寒冷な地域**では**春小麦**が栽培されるようになりました。春小麦は**春に播種**すると，すぐに**発芽**し，その年の**夏から秋には収穫**できるから，**冬の寒さには無縁**。だからアメリカ合衆国では高緯度側のノースダコタ州，サウスダコタ州やカナダの南部では春小麦が栽培されているのです。これで小麦は完璧！

カリフォルニアの農業　**選択肢④**

カリフォルニア州は**太平洋岸**にある大きな州で(なんと**日本よりでかい**！)君たちにもなじみが深い州の１つですよね。

アメリカ合衆国の州名をすべて覚える必要はありませんが，本書に記述がある州くらいは**名前**，**位置**，**特徴**を知っておく必要があります。

カリフォルニア州は，全米50州の中で**最も人口が多く**(約3,900万人)，さらに**農業生産額，工業生産額ともにトップクラス**だという話をしましたね。

農業の中心は**シエラネヴァダ山脈**と**海岸平野**の間に広がる**セントラルヴァレー**と呼ばれる平野です。“Valley”とはもちろん「**谷**」のことなんですが，アメリカ合衆国はスケールがでかい！ 日本の山間の谷を想像しちゃだめだよ。日本の平野と比較するとかなり大きな平野なのです。

セントラルヴァレーには**Cs**(**地中海性気候**)が広がり，**夏季に乾燥**することから，かつては**灌漑**のための取水にかなり苦労していたようですが，近年は**シエラネヴァダ山脈の融雪水**などを有効に利用して，大農業地域に変化しています。

ここでは**野菜**や**オレンジ類**などの**果実**の栽培を中心とした大規模な**地中海式農業**が行われています。君たちには想像がつかないと思うけど，戦前は日本人労働者も多数雇用されていたのです。

現在はどうかな？ 説明文には「ブラジル」と書いてあるけど，カリフォルニアとブラジルはちょっとばかり遠くないかな？

そうですねえ，やっぱりカリフォルニアに隣接する「**メキシコからの労働者**」でしょう。したがってこの文は誤っています。答えは④。

参考までに**カリフォルニアなど西部諸州の大部分**はかつて**メキシコ領**だったんですね。「サンフランシスコ」，「ロサンゼルス」，「サンディエゴ」なんてみんな**スペイン語起源の地名**ですよ。

ヨーロッパや日本に比べ歴史の浅いアメリカ合衆国など新大陸諸国で

整理とまとめ⑰ アメリカ合衆国の農牧業

農業地域	立地条件・分布	特　色
酪　農	冷涼で，氷食による**やせ地**だが，牧草・飼料栽培に適する**五大湖沿岸**や**北東部**に立地。	北東部の**ニューイングランド**では生乳，**五大湖沿岸**ではチーズ・バターなど。
コーンベルト	**アイオワ州・イリノイ州**を中心とする肥沃な**プレーリー**。	**とうもろこし・大豆**に**肉牛**飼育（**フィードロット**），**養豚**。商業的**混合農業**地域。
春小麦地帯	カナダにまたがるやや**寒冷**な地域に分布。	経営規模が大きく，大型機械を導入。**労働生産性**が非常に高い。
冬小麦地帯	年降水量500mm付近の**温暖**な**プレーリー**。	
コットンベルト	温暖な**南部**に立地。	かつては黒人奴隷を使用した**プランテーション**として発達。現在は，**連作障害・土壌侵食**が激しく，**混合農業**化が進行。
園芸農業	**大西洋岸**の**メガロポリス**近郊や**フロリダ**から**メキシコ湾岸**の亜熱帯性気候地域に立地。	**野菜・果実**など高付加価値商品を都市へ出荷。

企業的牧畜	**年降水量500mm未満**のグレー**トプレーンズ～ロッキー山麓**。	大牧場による**牛**の**放牧**が行われてきたが，灌漑(**センターピボット**)の普及により，飼料栽培や**フィードロット**も増加。
地中海式農業	太平洋岸の地中海性気候地域。セントラルヴァレー。	**灌漑設備**が整備され，大規模な機械化農業が行われる。果実，野菜，牛肉を出荷。

は，先住民による伝統的な農業は行われていましたが，基本的にはほとんど農業開拓が進んでいなかったため，**ヨーロッパ人による農業開拓**は**適地適作主義**のもとで進められていきました。だから「**～地域**」とか「**～地帯**」というふうに比較的シンプルな農業地域が形成されていったんですね。

では，**《整理とまとめ⑰》**で**アメリカ合衆国の農牧業地域**について説明していきましょう。「酪農」については[問題 31]のところで説明したので，「コーンベルト」以下，順に説明していきます。

コーンベルト

2つ目の「**コーンベルト**」にチェックを入れてください。肥沃な**プレーリー土**を利用して，**とうもろこし**と**大豆**の栽培に**肉牛飼育**や**養豚**を組み合わせた**商業的混合農業**が行われています。**アメリカ合衆国のとうもろこしと大豆の生産量・輸出量は世界でも群を抜いてきました**。最近は，**ブラジル**や**アルゼンチン**もがんばってるけどね。

コーンベルトでは，とうもろこし，大豆を栽培し，牧牛や養豚を行う**商業的混合農業**が営まれている

図解 アメリカ合衆国の農業地域

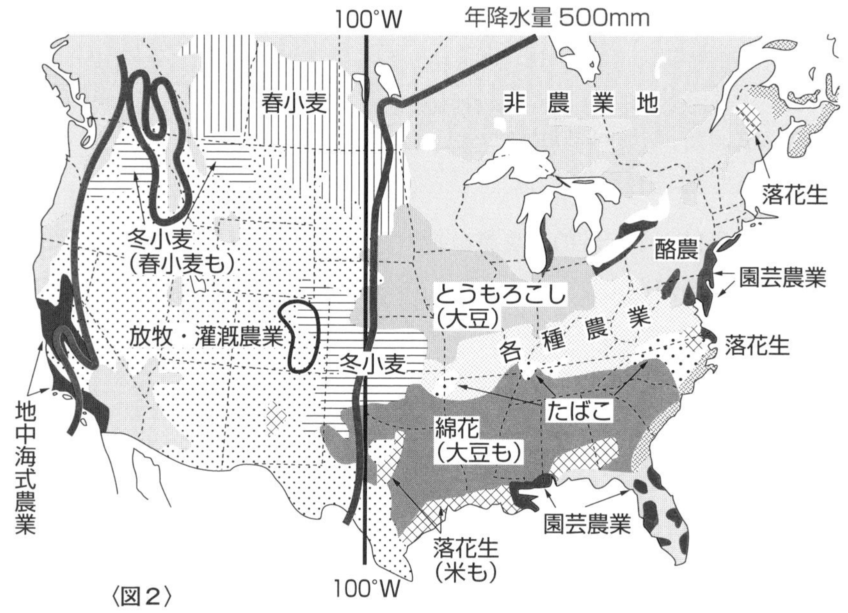

〈図２〉

Q アメリカ合衆国のとうもろこしと大豆の生産量はなぜこんなに多いのでしょう？

まずは①**経営規模がめちゃめちゃ大きい**。日本の農業従事者１人当たりの農地面積が約 **2ha** であるのに対して，なんと**アメリカ合衆国では平均が 100ha 以上**もあって，その中でも数千 ha 以上の**大規模農家に生産が集中**しているのです。"1ha"は，**100m × 100m**（1 万 m^2）だよ。

この大規模農場で②**大型の農業機械を使用する合理的な経営**をしているから，**労働生産性も抜群に高い**（「労働生産性」については①〈系統地理編〉第 9 回を参照）。

しかもとっておきは，最先端の**バイオテクノロジー**（**biotechnology**）を活かした③**ハイブリッドと呼ばれる高収量品種の導入**だ。

図解 ハイブリッド種の作り方

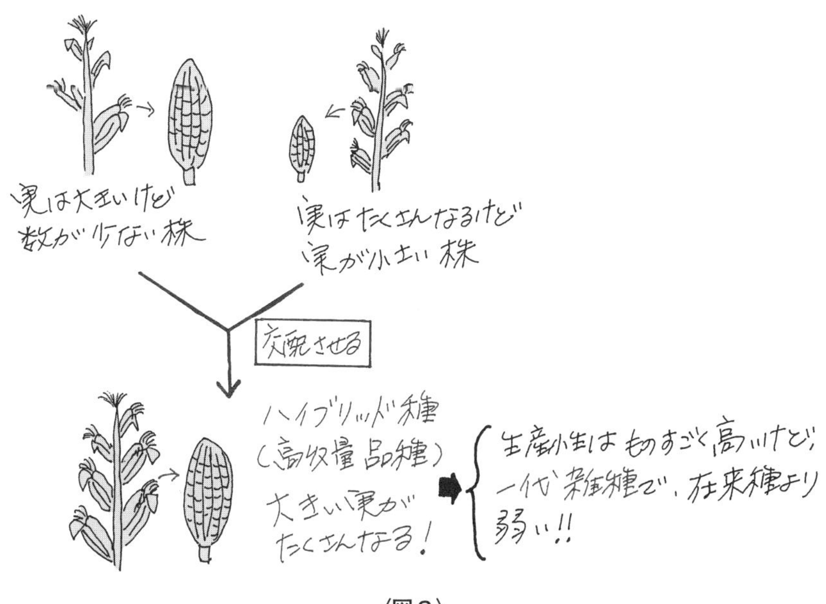

〈図3〉

図3を見てごらん。優良品種を交配させることによって，在来種より生産性が高いとうもろこしや大豆が生産されているのです。さらに最近は，**GMO**（**Genetically Modified Organism**：**遺伝子組み換え作物**）が導入されるようになったため，アメリカ合衆国で栽培されているとうもろこしや大豆の大半が，特定の除草剤や病虫害に耐性をもたせたGMOです。

春小麦地帯と冬小麦地帯

次は**小麦地帯**。まず，**春小麦地帯**にチェックです。春小麦は**寒冷な気候で栽培可能**ですから，カナダとの国境に近い**ノースダコタ・サウスダコタ州**が栽培の中心で，次の**冬小麦地帯**は**温暖**な**オクラホマ・カンザス州**が中心だということを［問題31］で解説しましたね。

ここでは別の側面から小麦地帯の説明をしておきましょう。これらの小麦地帯はコーンベルト以上に規模が大きく，極めて**労働生産性が高い企業的穀物農業**が行われています。

収穫された小麦は**ミネアポリス**（**ミネソタ州**），**カンザスシティ**（**ミズーリ州**）などの大**集散地**に買い集められ，そこから世界中に販売されていくのですが，ここでちょっと君たちに考えてもらいましょう。

Q 広大な農地で栽培，収穫された膨大(ぼうだい)な量の小麦はいったい誰が買い集め，どのようにして世界中に輸出されるのだろう？

だって１軒の農家の小麦を買ってきて，輸送するだけでもかなり大変だよ！ このような小麦などの穀物流通を一手に引き受けているのが「**穀物メジャー**」と呼ばれる**巨大穀物商社**なのです。

穀物メジャー

アメリカ合衆国の国土は本当に広い！ 農家の規模も大きい！ でも，デンマークの**農業協同組合**や日本の**JA**（**農協**）などの組織はないので，とても個人では農作物の流通や販売を行うことはできない。そこで発達したのが「**穀物メジャー**」（**major grain companies**）です。

穀物メジャーは小麦などを各**農家から集荷し，貯蔵・輸送・販売の流通過程を独占的に行っています**。しかも近年は流通過程だけでなく，**フィードロットの経営**や**高収量品種の開発**，**種子の販売**，**肥料生産**，**食品加工**，**農業機械の開発**などありとあらゆる**農業関連産業**（**アグリビジネス：agribusiness**）に進出しているのです。人工衛星からの情報を利用し，世界中の作柄(さくがら)チェックまで可能で，**穀物の価格決定にも大きな影響力**を持っています。

ただ，ちょっと問題なのはあまりにも穀物メジャーが独占的な状態なので，アメリカ合衆国の伝統的な中小の自作農の中には困った状況に陥っている農家もあります。

アメリカ合衆国の農業の問題点

1960年代以降，アジアで始まった「**緑の革命**」(p. 69を参照)は**アジア**の**発展途上諸国の食糧生産を著しく増加**させました。さらに**ヨーロッパ**では**EC**(**現EU**)が設立され，**共通農業政策**などによって域内における農産物の自給率を高めようという努力が行われました。

するとそれまで大のお得意様だった**アジアとヨーロッパの国々への輸出が減少**してしまいます。アメリカ合衆国の農産物生産が**生産過剰**(かじょう)になりますから，**価格が下落**(げらく)します。

資金的に体力がある大農家はもちこたえられますが，**伝統的な家族経営の中小農家**の中には思ったような収入が得られないため，穀物メジャーなどから種子などの購入ができなくなったり，より生産性を高めるために機械を購入したものの支払いができなくなり，ついには農場を手放して**離農**する人々も出始めたのです。

また，アメリカ合衆国では**バイオテクノロジー**の発達による**遺伝子組み換え作物**(**GMO**)の研究や導入が盛んですが，ヨーロッパ諸国や日本では慎重な姿勢を見せているため思うように輸出できなかったり，**BSE**(**狂牛病**)**問題**などもかかえていますね。

国内的には価格下落による一層の農場経営規模拡大は，**等高線耕作の放棄**などにもつながり，**土壌侵食**による**砂漠化**の進行や**連作障害**なども問題になっています。

Q 「等高線耕作」とは何か？

アメリカ合衆国の農業は大規模化と機械化によって生産性を高めてきました。防風林の役目を果たしてきた森林も伐採し，多少の高低差も無視して耕作を行ったため，**収穫後には裸地となった耕地**を風雨が直撃し，

土壌侵食や**土壌流出**を促すことになってしまったのです。

そこで導入されたのが**等高線耕作**です。これらの土壌侵食や土壌流出を少しでもくい止めるために，**等高線に沿って耕作**をします。そしてできるだけ侵食防止用の作物であるアルファルファや葛(くず)などを等高線に沿って植え，小麦やとうもろこしなどの**穀物収穫後に裸地とならないような努力**が行われているのです。

遠い日本から見てるとアメリカ合衆国の農業なんて恵まれすぎているように見えるけど，実はいろいろ悩みを抱えているんだよ。

コットンベルト

このあたりでちょっと休憩して，①〈系統地理編〉第 11 回でやったことを復習してみよう。

Q 綿花の特性を 2 つあげてごらん。

①寒さに弱い，②乾燥に強い，です。

よく覚えてたね。「寒冷に弱いが乾燥に強い」。これが綿花の栽培地域を規定するわけです。

綿花には原産地がいろいろあって，種類も多いんだけど，一般に**年降水量 500mm** 程度，**無霜期間が年間に 200 日以上**必要だと言われています。まあ簡単に言えば，さっき声を大にして言った**「綿花は寒冷に弱く乾燥に強い」**ということが理解できれば十分です。

じゃあ，**《整理とまとめ⑰》**に戻ろう。

アメリカ合衆国では，**古くから南東部の温暖な地域で綿花栽培**が行われてきました。また，アメリカ合衆国が独立する前のイギリス領時代から**綿花**の**プランテーション**を開き，**黒人奴隷**を労働力として導入し，イギリスなどに輸送していたんですね。

しかし，あまりにも長い間綿花栽培が行われてきたため，近年は農地が綿花を受けつけないところが出てきました。「綿花がひたすら土壌中の栄養分を吸いまくってきたので，もうやめてくれ〜！」と土壌が悲鳴を上げ始めた。

つまり「**連作障害**（しょうがい）」が生じているのです。しかも風雨による**土壌の流出**も進んでいるため，生産性が低下し始めました。ではここで，また君たちに質問！

Q 次の図のコットンベルトから綿花栽培地を拡大させようとしたら，ア〜ウのうちどの方向に拡大するのが最もよいか？

やっぱり**ウ**だろうね。綿花は「寒さに弱く乾燥に強い」から。したがって，現在は西のテキサス州や**カリフォルニア州**にも綿花栽培地が拡大し，50州の中では**テキサス州が最大の綿花生産州**になっています。要注意です！

かつては綿花の単作地帯であった**コットンベルトも最近では徐々に多角化**が進み，**とうもろこし**や**大豆**の生産を行う**混合農業地域**に変化しつつあります。

図解 綿花栽培地域の変化

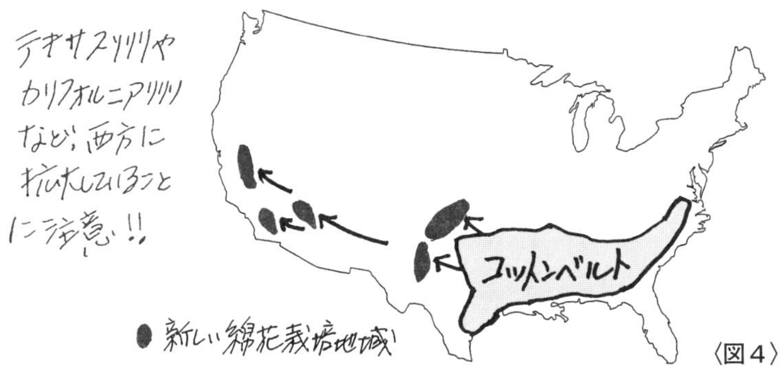

〈図４〉

園芸農業

では，また**《整理とまとめ⑰》**に戻って，今度は「**園芸農業**」にチェックを入れよう。**野菜**や**果実**の栽培を中心とした園芸農業ですが，これらの農産物の**大消費地はやっぱり大西洋岸の大都市群**ですよね。

北は**ボストン**から南は**ワシントン**にいたる**巨帯都市域はアメリカンメガロポリス**と呼ばれています。この地域は**アメリカ合衆国で最も経済活動が活発**で，人口密度も高い地域の１つなのです。

多くの人々が生活をしていて毎日の食料品が大量に必要になります。しかも**野菜や果物は鮮度が重要**なポイントですから，これらの**大都市近郊で栽培**されることになります(**近郊農業**)。

ただ近年は鮮度を保ったまま輸送できる設備が普及したり，迅速な輸送が可能になったので，遠く離れた**フロリダ半島**や**メキシコ湾岸**などの**亜熱帯～熱帯気候地域**でも**輸送園芸**(**トラックファーミング**)が発達していることに注意しましょう。

メトロポリス・メガロポリス・コナベーション

「**メガロポリス**」という用語が出てきたので，都市化地域の用語につ

図解 アメリカ大西洋岸のメガロポリス

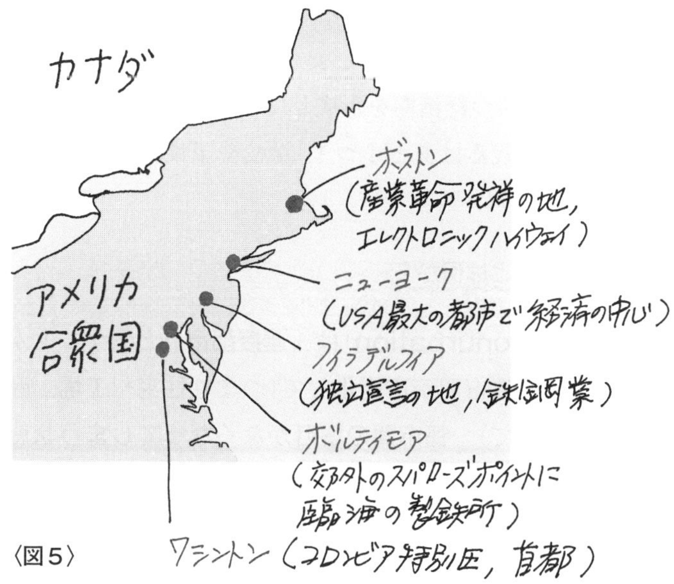

〈図5〉

いて確認をしておきましょうね。簡単なようで，間違える人が多いのでがんばりますよ！

Q メトロポリスとは何か？

100万人を超えるような大都市を「**メトロポリス(Metropolis)**」といいます。メトロポリスが**サービス**，**商品**，**雇用**の供給を行う範囲，つまりメトロポリスの影響が及ぶ範囲を**メトロポリタンエリア**(**大都市圏**)と呼びます。

Q メガロポリスとは何か？

ボストン～ニューヨーク～フィラデルフィア～ボルティモア～ワシントンなどの**大都市が帯状に連なり**，**通信網**や高速道路，鉄道などの**高速交通網で密接に連結**した巨大な都市化地域を「**メガロポリス(Mega-**

lopolis)」といいます。

日本の**東京〜名古屋〜大阪**に連なる地域も**東海道メガロポリス**と呼ばれているので聞いたことがあるでしょう？ アメリカ合衆国でも日本でも，巨大な影響力を持つ経済圏を形成しています。

ここまできたら，残るはあと1つ！ 学校や予備校の授業できっと聞いたことがあると思うけど，

Q コナベーションとは何か？

コナベーション(**Conurbation**)は「**連接都市**」と訳すことができますが，これは複数の都市間が**市街化**して(つまり**住宅**や**工場**，**商業施設**などがたくさん建って)，**都市間の境目がなくなってしまう**状態をいいます。con(ともに)＋urbation(都市化)と考えると用語が定着しやすいですよ。

例えば，普通はA市からB市までドライブすると，景観が変わるよね。中心部では高層の建物が密集していて，郊外に向かうと徐々に建物が低くなり，まばらになってくる。さらに郊外に出ると畑や水田など**農村的土地利用**が見られるようになってきて，「あっ，先生，牛が歩いてます！」って状況になるよね(笑)。

ところが複数の都市が発展をすると，**市街地が連続**してしまってどこからどこまでが都市部なのかわからなくなる。これがコナベーションです。

メガロポリスと違って都市の人口規模には関係ないので，世界中にたくさん見られる都市化地域ですね。特に**五大湖沿岸**やドイツの**ルール地方**，**東京湾岸**などが有名かな。**都市化に関する用語は入試頻出**なのでしっかり復習しておいてください。

《整理とまとめ⑰》の**企業的牧畜**と**地中海式農業**については[問題31]のところで解説したので，ここでは省きます。

2 アメリカ合衆国の工業

では，お待たせ！ アメリカ合衆国の工業にいきましょう。

問題 32 アメリカ合衆国における工業発展の要因

アメリカ合衆国の人々の生活は，高度に発達した工業によって支えられてきた。同国における工業発展の要因として**適当でないもの**を，次の①～④のうちから一つ選べ。

① 基幹工業部門における国営企業の設立
② 合理的な大量生産方式の発達
③ 大学や研究所などの研究開発機関の整備
④ 豊富なエネルギー・鉱産資源の存在

解答 p.282

アメリカ合衆国では，政府が企業の経済活動や国民生活にあまり干渉しない。
恵まれた国土，資源に加えて，巨額な資本と高い技術力。

「工業発展の要因として適当でないもの」を一緒に見つけてみよう。

基幹工業部門 選択肢①

「**基幹工業部門**(きかん)」に線を引いてくれる？ 基幹工業というのは，**国家の経済を支える最も重要な工業**ということですね。基幹工業は，国によって，時代によって異なり，中には利益が一部の人々に集中しないように**国営企業**にする場合もあります。例えば，過去には**日本でも製鉄所が国営**であったり，**イタリアやフランスの自動車会社が国営**であったり，**イギリスの石炭産業が国営**であったりした時代もあったのです。**現在は民営化**されていますけどね。

だけどアメリカ合衆国は**徹底的に民間企業主体**です。国営企業になり，**自由競争が阻害**(そがい)**されるのを嫌う**体質があるんですね。これは，アメリカ合衆国の産業の特徴です。国民生活全般にその傾向があるようで，**国民健康保険**や**有給休暇**なども法制化には抵抗感があるようです。ということは，①は誤っていますね。これが答えになります。

大量生産方式　選択肢②

「**合理的な大量生産方式の発達**」は，アメリカ合衆国の工業を表すのにぴったりな言葉だよね。②は正しいです。特に有名なのがフォード社のＴ型フォード(タイプＴ)の話です。

かつては，アメリカ合衆国でも自動車は手作りで非常に高価だったから，大会社の社長とか一部の富裕層しか持てなかった。つまり買える人だけが買いなさいという商品だったのです。

それを**フォード社**の創設者**ヘンリー=フォード**は，自社で働いている者なら誰でも自社の自動車を購入できるくらいの価格にすることを，**フォードシステム**と呼ばれる**大量生産方式**によって実現させたのです。それを具体化した製品モデルがＴ型フォードでした。これによって**世界の加工組立工業は大躍進**するのです。

日本は，この方式をさらに発展させ，人の手の代わりをする**産業用ロボット**を大量に導入し，世界で最も高性能で安価な自動車の生産に成功したのです。ちなみに**日本の産業用ロボット設置台数は世界最大**で，群を抜いています。安価で高性能の自動車を生産できる背景の１つです。

研究開発機関の整備　選択肢③

「大学や研究所などの**研究開発機関の整備**」に関しては，以前も話をしたけど，アメリカ合衆国はすごいです！ **政府・大学・民間企業の連携や協力が自由**に行われています。

新製品を開発するには**莫大な研究開発費**が必要で，特に**先端産業**では，どれだけお金をかけるのかが勝負のカギとなります。だから，アメリカ合衆国の研究開発費はとんでもない額なんだ！

先端産業の集積地として知られる**ボストン**周辺の**エレクトロニクスハイウェー**は，ハーバード大学，ボストン大学，マサチューセッツ工科大学などの，また**カリフォルニア州サンノゼ**郊外の**シリコンヴァレー**は，スタンフォード大学などの研究開発によるところが大きいです。

このようにアメリカ合衆国は，**基礎的研究では世界でも群を抜く実力**を持っているのです。③も正しいです。

エネルギー資源　**選択肢④**

「**豊富なエネルギー・鉱産資源**の存在」については，①〈系統地理編〉第13回でも説明したようにエネルギーや鉱産資源の生産量も多いけど，消費量がものすごく多いので，**石油**や鉄鉱石などのように**輸入に依存している資源もある**ことを忘れないように。④も正しいです。

図解 アメリカの鉱産資源

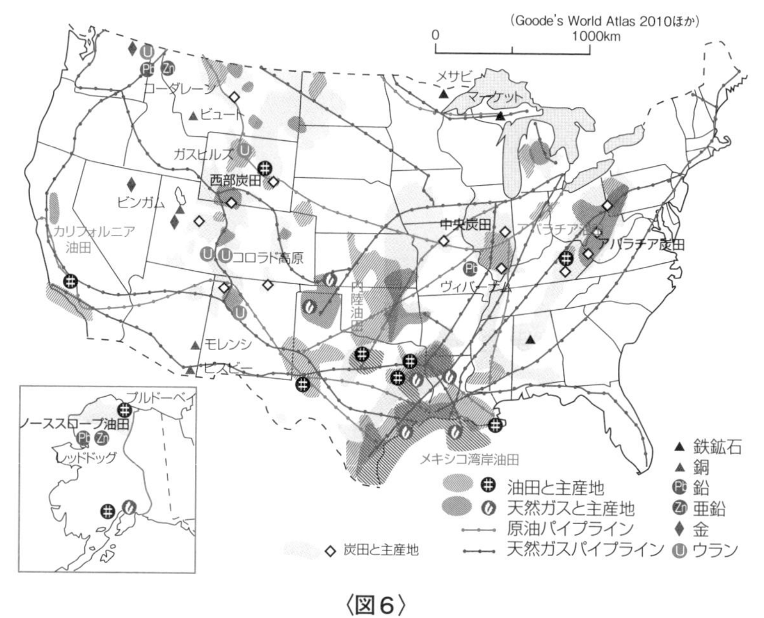

〈図6〉

国際競争力弱化から回復へ

アメリカ合衆国は第２次世界大戦後，戦災で経済が停滞（ていたい）しているヨーロッパ諸国や日本をぶっちぎって**経済の圧倒的優位を確立**しました。特に **1950 年代**は莫大（ばくだい）な資本と高度な技術力を駆使（くし）して**鉄鋼**，**自動車**，**石油化学**などが著しく発展し，「**世界の工場**」と呼ばれていました。

しかし，**1960 年代**になるとドイツなどの**ヨーロッパ諸国**や**日本**が復興し始め，**1970 年代**の**石油危機**の影響もあって，徐々に**国際競争力が低下していった**のです。つまりエネルギーや資源の価格も高騰（こうとう）し，加えて賃金も高かったので，アメリカ製品の価格が上昇してしまって，あんまり売れなくなってきたんですね。

特に早くから工業化が進んでいた**ピッツバーグ**や五大湖沿岸の**デトロイト**など**北部の工業地域**では**賃金の上昇**に加えて，**石油価格の高騰**，**設備の老朽（ろうきゅう）化**などにより，工場の閉鎖（へいさ）や移転が相次ぎ失業者も増加していきました。

栄華を極めたアメリカ合衆国も「これで終わったか！」と誰もが感じていたのですが，やはりアメリカ合衆国はただものではありませんでした。

サンベルト

1970 年代からは今までの**資源多消費型工業**に代わって**コンピュータ**，**電子機器**，**航空宇宙産業**など「**知識集約型工業**」**への転換**にチャレンジしたのです。

ただそのとき問題になったのは，「**いったいどこに工場を建設するか？**」ということでした。従来の工業と同種の工業を発達させる場合には，できるだけ今までの工業地域周辺に工場を建設したほうが有利ですよね？ だって技術者や労働者を募集するにしろ，部品の調達をするにしろ都合がいい。

だけどまったく新しい産業だったら話は違います。どうせだったら「北部の冷涼な地域より，**南部は温暖**だから**冬季の暖房費が節約**できるぞ！」，「南部のほうが発展が遅れている分，**賃金水準も低く地価が安いじゃないか！**」，「そういえば，南部のメキシコ湾岸やカリフォルニアでは**石油**や**天然ガス**がとれるから，**エネルギーの輸送費も南部のほうが安いな**」というように，工業立地に適していたのが南部でした。

伸び悩む北部の**フロストベルト**（または**スノーベルト**）に対して，発展がめざましい**北緯 37 度以南**の地域を**サンベルト**と呼ぶようになったのです（地図帳にマーカーで**北緯 37 度**の線を豪快に入れておこう）。

ハイテク産業を中心に発展が著しい北緯 37 度以南の地域をサンベルトという

サンベルトを代表する工業地域に**カリフォルニア州**の**シリコンヴァレー**があります。「**シリコンヴァレー**」（Silicon Valley）を初めて聞く人はたぶんいないよね？ **サンフランシスコ**郊外の**サンノゼ**の近くにあるので地図帳でチェックしておいてください。

ここにはスタンフォード大学というかなり優秀な大学があって，**充実した研究施設**と**優秀な人材**を輩出（はいしゅつ）することから，多くの企業が進出し，**世界最大の先端技術産業集積地**になっています。君たちの中にも将来シリコンヴァレーで活躍する人が出てくるんじゃないかなあ。

また，メキシコ湾岸に近い**テキサス州**にも同様の工業地域が立地しています。もともと**メキシコ湾岸**は**豊富な石油資源**を利用して，**ヒューストン**などに**石油関連工業**が発達してきたのですが，後に**航空・宇宙産業**の拠点（きょてん）としても成長していきます。

そして現在は，**ダラス**や**フォートワース**周辺に**エレクトロニクス**を中心とする先端産業が発達し，大平原に位置することから**シリコンプレーン（Silicon Plain）**と呼ばれるようになったのです。このようにハイテク産業を中心とするサンベルトの活性化などにより，アメリカ合衆国の工業は再び上向きになりました。

さらに，**1990年代**には世界で最初に「**IT（情報技術）革命**」を起こした結果，国際競争力を取り戻し，**ICT（情報通信技術）関連などハイテク産業を中心に発展**しています。

整理とまとめ⑱ アメリカ合衆国の工業地域

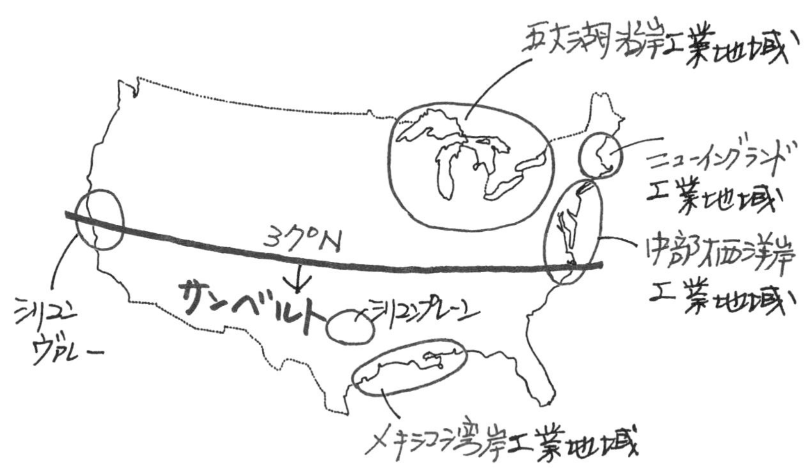

工業地域	立地・特色	代表的な工業都市
北東部	**ニューイングランド**のボストン周辺には**先端産業の研究開発部門が集積（エレクトロニクスハイウェー）**。**大西洋岸**の**メガロポリス**はニューヨークを中心とする大消費地を背景に発達。	**ボストン（エレクトロニクス）**，**ニューヨーク（都市型の消費財工業，エレクトロニクス）**，**フィラデルフィア**（鉄鋼），**ボルティモア**（鉄鋼）など。

中西部	五大湖沿岸地方では，**メサビ鉄山**の鉄鉱石，**アパラチア炭田**の石炭，**五大湖の水運**を利用して**鉄鋼業**や**自動車産業**が発達。シカゴやセントルイスなどでは，農業地域を背景に食品加工や農業機械工業も発達。近年は**日本の自動車産業**も進出。	**ピッツバーグ**(**鉄鋼**)，**バッファロー**(鉄鋼)，**ミルウォーキー**（ビール)，**シカゴ**(**農業機械**)，**デトロイト**(**自動車**)，**クリーブランド**(自動車，鉄鋼)，**セントルイス**(鉄鋼，食品加工)など。
南　部	第２次世界大戦前後から国防予算に支えられた軍需工業がヒューストンを中心に発達。**メキシコ湾岸**は石油資源に恵まれる。**1970年代**からは産業構造の転換に伴い，**サンベルト**に**先端産業**が多数立地。ダラス周辺には先端産業集積地の**シリコンプレーン**。	**ヒューストン**(**航空・宇宙産業**，**石油関連産業**)，**ダラス〜フォートワース**(**エレクトロニクス**)，**ニューオーリンズ**，**バトンルージュ**(以上**石油関連産業**)，アトランタ(**航空機**，**繊維**)など。
太平洋岸	豊富な林産資源(**ワシントン〜オレゴン州**)，カリフォルニアの石油資源。第２次世界大戦前後から軍需産業の誘致により**航空機工業**が立地。サンフランシスコ郊外には世界最大の先端産業集積地・**シリコンヴァレー**。	**シアトル**(**航空機**，アルミニウム)，**ロサンゼルス**(**航空機**，**石油関連産業**)，サンフランシスコ郊外の**サンノゼ**(**エレクトロニクス**)，**サンディエゴ**(航空機)など。

アメリカ合衆国の工業についてまとめると，鉄鋼など一部の**素材型工業や家電の量産**などでは**中国**に首位を譲っていますが，**先端産業の分野では世界をリード**している。つまり依然として**世界最大の工業国**と考えていいです。そして**R＆D**(**研究開発**)においては群を抜いている！

また，近年は不況にあえいでいた**ピッツバーグ**や五大湖沿岸などに代表される**北部の工業地域**も**加工組立工業などに産業構造の転換**を図ったり，外国企業を誘致したりと**活性化に取り組んでいる**ことにも注意してください。

ここまでの話で，きっと君たちは「アメリカ合衆国の工業は無敵だなあ！」と感じたかもしれませんが，もちろん問題もありますよ。

アメリカ合衆国における工業の問題点

例えば，**先進工業国が共通して抱えている「コストダウン」**です。日本やヨーロッパなど先進工業国の中でも，コストダウンなどを目的にひときわ**企業の海外進出（海外直接投資）**が進んでいるのがアメリカ合衆国なのです。

特に近年は，**1994年**の**NAFTA（北米自由貿易協定）**の締結（ていけつ）により，**カナダやメキシコへの製品や企業の移動が自由化**されたので，低賃金労働力や安価な工業用地を求めてかなり多くのアメリカ合衆国企業が国外に進出しています。

アメリカ合衆国の企業は元気なのですが，あくまでも海外での活躍は海外での活躍で，アメリカ合衆国にはあまり多くの利益をもたらしませんよね。だって**その企業で働く人々の大部分は外国人**だから**国内の雇用創出にはならない**。

また，企業の収益の一部は税金として国に納められるのですが，カナダに進出したアメリカ企業はカナダに税金を払いますから，これまたアメリカ合衆国の収入にはなりません。

このように**アメリカ企業の活躍の割にはアメリカ合衆国国内は活性化しない**という**「産業の空洞化」**（くうどう）現象が起きているのです。もちろんこのことは日本にも言えるのですが……。

《整理とまとめ⑱》（p. 272）に登場している赤字の都市は必ず地図帳にチェックを入れておいてくださいね。

では，これまでやったことをフルに使って問題を解いてみましょう。

アメリカ合衆国の航空機工業・石油精製工業・鉄鋼業の立地

問題 33 アメリカ合衆国の航空機，石油精製，鉄鋼の立地

次の図中の A ～ C は，アメリカ合衆国(アラスカとハワイを除く)における航空機，石油精製，鉄鋼のいずれかの工業が立地している主な都市を示したものである。A ～ C の工業の組合せとして正しいものを，下の①～⑥のうちから一つ選べ。

	A	B	C
①	航空機	石油精製	鉄鋼
②	航空機	鉄鋼	石油精製
③	石油精製	航空機	鉄鋼
④	石油精製	鉄鋼	航空機
⑤	鉄鋼	航空機	石油精製
⑥	鉄鋼	石油精製	航空機

解答 p.282

原油の産出地は，メキシコ湾岸，テキサス州，アラスカ州。
鉄鋼業はアパラチアの石炭，メサビの鉄鉱石，五大湖の水運を利用して発達。

まずは，**鉄鋼業**の立地から考えてみましょう。鉄鋼業の原料は**鉄鉱石**と**石炭**です。アメリカ合衆国は**中国**，**インドに次ぐ石炭の産出国**で，特に東部のアパラチア山脈山麓では良質な石炭が産出します（もちろん**アパラチア炭田**です）。

この石炭と五大湖沿岸（**安定陸塊**だったよね）の**メサビ鉄山**などで産出する鉄鉱石が**水運**で結びつき，**五大湖沿岸**地方で**鉄鋼業**が発展しました。その後，**カナダ**や**ブラジル**などからの良質な**鉄鉱石の輸入**や**製品輸送**に便利な**大西洋岸**のフィラデルフィアやボルティモアに**臨海製鉄所**が建設されています。したがって，■A は鉄鋼業が立地している都市です。

次は**石油精製工業**。日本など石油が産出しない場合には，**輸入港**に立地するのですが，アメリカ合衆国は世界的な産油国なので**油田地帯にも石油精製工場が立地**しているはずです。すると**メキシコ湾岸**や**カリフォルニア**に**大規模な油田**が分布していることから判断して，このあたりに立地している▲C が石油精製工業です。

図解 鉄鋼・航空機・石油精製の立地都市

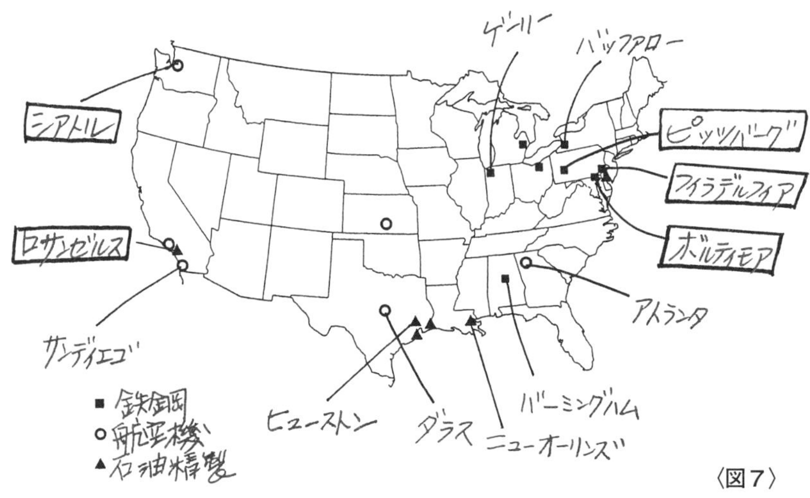

〈図7〉

航空機産業

残る○Bが**航空機工業**になるので，答えは⑤ですが，これについては少し説明をしておきましょう。

アメリカ合衆国の**航空機工業**が世界でも圧倒的地位を占めているのは，政府が**軍需**（ぐんじゅ）**産業**を発展させるため積極的な支援を行っているからだという話を①〈系統地理編〉第14回でしましたが，覚えていますか(忘れてたら「工業」のところをしっかり復習しておこう)。

第2次世界大戦前からアメリカ合衆国の航空機工業は急成長するのですが，図中の**シアトル**，**ロサンゼルス**，**サンディエゴ**など**太平洋岸に多く立地**していることに気づくはずです。では，

Q 航空機産業が太平洋岸に立地した理由はわかりますか？

田舎だから，工業用地が取得しやすかったからじゃないですか？

なかなか良く考えたね。背景にはアメリカ合衆国の当時の仮想敵国であるドイツの存在があったのです。大西洋岸はドイツに攻撃される可能性があったため(実際にヒトラーは「大西洋岸に上陸するぞ～」と脅（おど）しをかけていた)，「日本は遠いし，アメリカ合衆国本土を攻撃する力はないだろう。でもドイツはちょっと恐いなあ……」という意識が働いたのでしょう。

もちろん**広大な用地が得やすかった**などの理由もあったんですけどね。また，**シアトル**が位置する**ワシントン州**は南に隣接する**オレゴン州**とともに**アメリカ合衆国有数の林産資源の宝庫**です。では，

Q 航空機と木材の関係は？

と思う人が多いでしょうけど，**昔の航空機は大部分が木材で作られていた**のです。第2次世界大戦中の軍用機にさえ，かなり多くの木材が使用されていたんですよ。このことも航空機工業の立地には適していました。

図解 鉄鋼・航空機・石油精製の立地都市

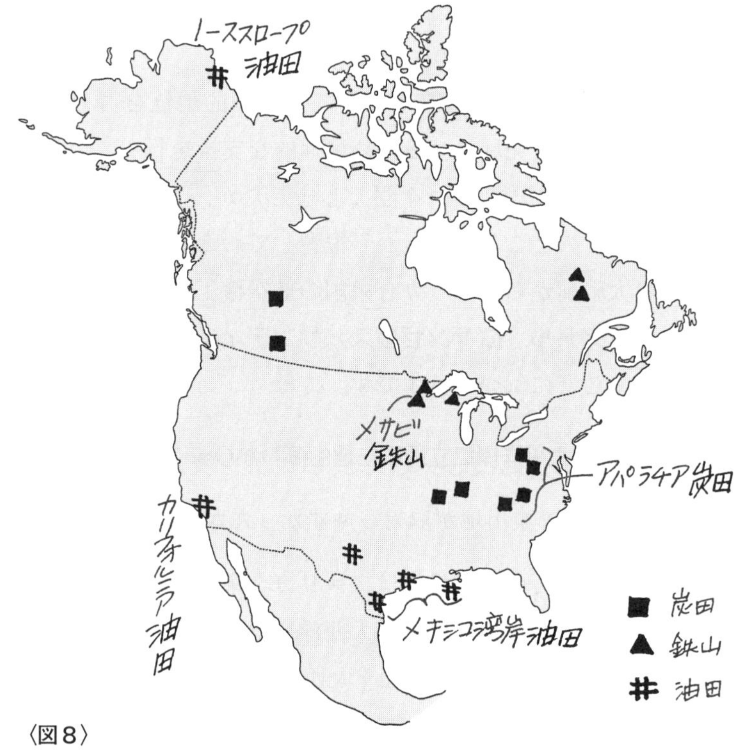

〈図8〉

さらに，**コロンビア川**（グランドクーリーダム）や**コロラド川**（フーヴァーダム）では大規模な**河川総合開発**が行われ，多くの**多目的ダム**が建設されたため，航空機工業には欠かせない**アルミニウム精練**のための**電力**も獲得できたのです。

このように様々な背景からアメリカ合衆国では太平洋岸に多くの航空機工場が立地したのです。これでアメリカ合衆国における航空機工業の立地については理解しやすくなったはずです。

以上でアメリカ合衆国は終わり。次はカナダにいきます。

3 カナダ

国土面積・人口・資源

カナダの国土面積は 997 万 km²。1,700 万 km² の**ロシアに次ぐ国土面積**です。アメリカ合衆国よりも少し大きいのですが，人口はわずかに**3,700 万人**！ **アメリカ合衆国の 10 分の 1** 程度しかないんですよ。

これでは広大な国土の開拓や資源の開発が遅れているのも納得できますよね。まだまだ未開発な地域が多いにもかかわらず，**石炭**，**石油**，**天然ガス**，**ウラン鉱**などのエネルギー資源をはじめ，**鉄鉱石**などの鉱産資源の産出は多いうえ，**人口が少なく国内消費量も少ない**ため**輸出余力が大きい**のが特徴です。

アングロアメリカの気候のところで触れたように，国土の大部分は**寒冷**な **Df** が分布しているため，人口の大半がアメリカ合衆国との国境付近，特に**五大湖沿岸に集中**しています。地図帳でカナダを見てごらん。大都市はほとんど南の方にありますよね。

農林業

農業も人口と同様にやはり南部が中心で，アメリカ合衆国から続く**プレーリー**で**春小麦**が大規模に栽培されています。州名まで覚える必要ないけど，**アルバータ州**，**サスカチュワン州**，**マニトバ州**が小麦栽培の中心ですから，地図帳にマーカーでチェックをしておきましょう。

また，五大湖沿岸から**セントローレンス川**流域では，アメリカ合衆国と同様に**酪農**が発達しています。セントローレンス川の河口は，大規模な**エスチュアリー**が発達していることも忘れないように！

カナダといえば，やはり豊富な**林産資源**を忘れてはいけませんよね。特に**太平洋岸のブリティッシュコロンビア州**は林業の中心で，日本にも多く輸出されるなど，**ロシアと並ぶ世界最大級の木材輸出国**です。

工　業

工業化も近年急速に進んでいます。ところで，

Q カナダの上位輸出品目って何かわかりますか？

先生，それは簡単ですよ。カナダには広大なタイガが広がっているので，木材です。

そう来るか！(笑) 意外に思うかもしれないけど，木材ではなく**自動車**と**原油**なのです。俺もかなりの車好きなんだけど，君たちの中にも好きな人いるよね。

カナダのオリジナルブランドって聞いたことある？ まったくないことはないのだけど，メジャーではありませんね。にもかかわらず最大の輸出品が**自動車**なのはなぜか？

それは，カナダで生産されている自動車の大部分が**アメリカ合衆国の自動車メーカーの企業進出によるもの**だからなのです。特に **1994** 年の **NAFTA**(**北米自由貿易協定**)締結以降は，アメリカ合衆国企業の進出が活発で，**世界的な自動車輸出国**になっています(①〈系統地理編〉第 14 回)。

多民族国家カナダ

カナダでは 16 世紀頃からヨーロッパ人の進出が始まります。17 世紀から**フランス**によって**ケベック植民地**などが建設され，次いでフランスと**イギリス**によるカナダ植民地争奪(そうだつ)戦が行われるのですが，当時の国力はイギリスが勝っていたため，フランスを圧倒！ ついには**イギリスの植民地**になります。

フランス系住民はとっても悔(くや)しかったでしょうね。せっかく自分たちがほぼ前人未踏(みとう)の地を苦労して開拓したのに，あっさりイギリス領になってしまったのですから。

後に**カナダはイギリスから独立**するのですが，このとき大きな問題が生じます。**フランス系**住民が多い**ケベック州**で**カナダからの分離独立運動**が活発化するのです。

カナダにとってはケベック州はイギリス系の中心地である**オンタリオ州**と並ぶ経済の中心地です。カナダとしてはできるだけケベックの分離独立は避けたい。だって日本から東京大都市圏や大阪大都市圏が分離独立したいって言い出すようなもんですよ。それはマズイ！

そこで**公用語**については**英語**だけではなく**フランス語**も採用し，さらに**首都**は，イギリス系の中心地で**人口最大都市**の**トロント**(**オンタリオ州**)ではなく，フランス系の中心地である**モントリオール**(**ケベック州**)でもない，中間地点の**オタワ**にしたのです。

カナダの公用語は英語とフランス語

独立後もたびたび分離独立に関する論議が沸騰(ふっとう)しては消えているのが現状です。まだまだわからない感じですね。近年は，**先住民**の**イヌイット**が多数を占める**ヌナブト準州**が成立したり，**アジア系の移住者なども増加**し，**多文化主義的**な政策を進めています。

ちなみに，世界で最初に**多文化主義**(**異なる文化を持つ集団が，お互いの文化を認め合い共存していこうという考え方**)を政策として採用したのはカナダなのです。

《カナダの13州と主な都市》

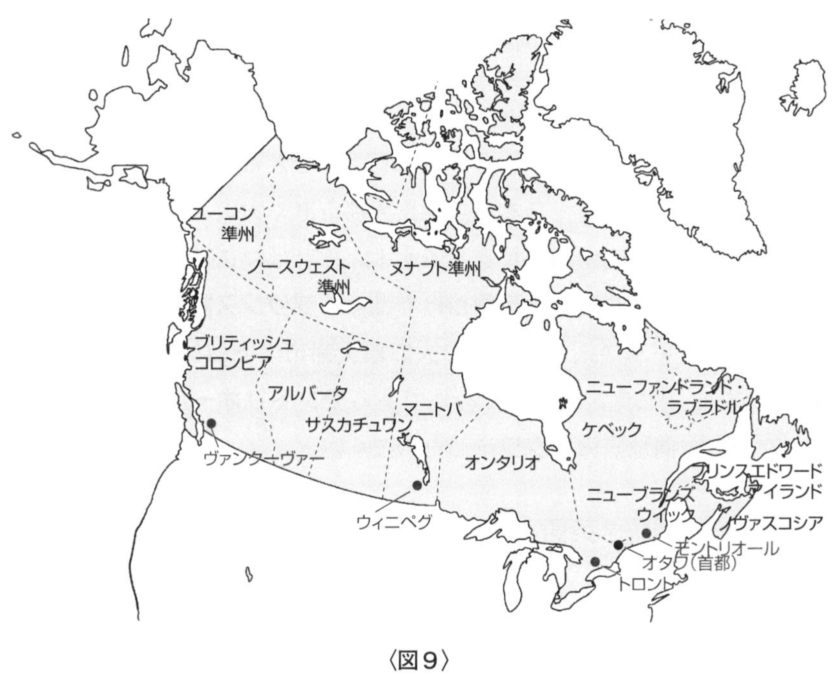

〈図9〉

では，このあたりでアングロアメリカを終わります。

解答 ［問題31］④　［問題32］①　［問題33］⑤

＊　＊　＊

♥ちょっと苦しいときは——

世界の諸地域の考察も後半戦に突入しましたね。調子はどうですか？『系統地理編』が理論中心であったのに比べて，「地誌編」では世界中のいろんな**国名**や**地名**が出てきて「大変だなあ」って思ってる人もいるだろうな。でも，大丈夫だよ！ 説明をすべて丸暗記する必要はないから。

まずは「東アジア」「東南アジア」など**地域ごとの位置関係**を把握し(君たちのメンタルマップにね)，**地域や国の自然環境をしっかり理解しよう**。それから地域の**産業の特色**をとらえ，**経済発展**について理解できれば，**人口**の分布や**都市**の発達などもすんなり頭に入るからね。

忘れてはいけないことは，**どんなにきついときでも楽しみながら勉強すること。自分に自信を持って取り組めば必ず実力になります。俺が応援してることを忘れないように！** 今キライな教科でも，本物を正しく勉強すれば必ず好きになれるから，それを信じて**全教科**(もちろん**地理**も！)**がんばろう!!** ♥ ♥ ♥

第11回 ラテンアメリカ(1)

地形・気候・人種

ラテンアメリカ(Latin America)というのは，**メキシコ以南**の地域で，**スペインやポルトガルの支配**を受けたため，**スペイン語**や**ポルトガル語**などの**ラテン系言語**を使用し，**キリスト教カトリック**の影響を強く受けているのが特徴です。

1 ラテンアメリカの地形

整理とまとめ⑲ ラテンアメリカの地形

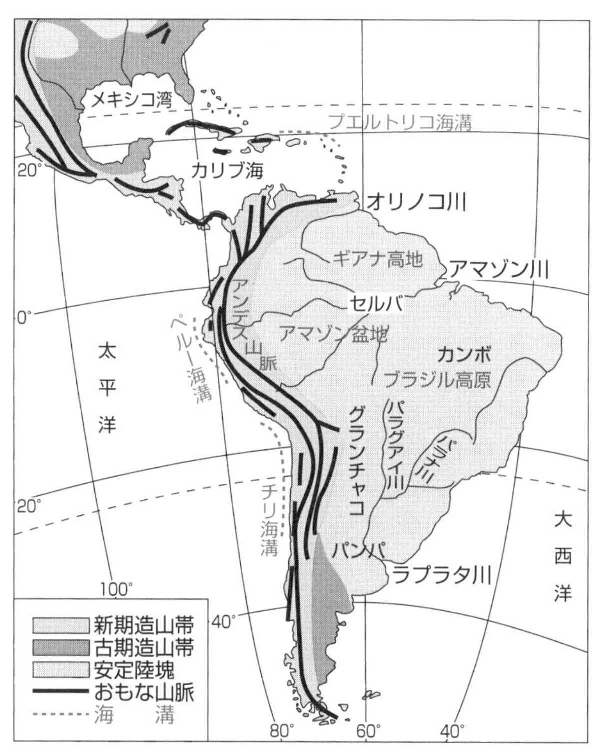

最初に**地形環境**を確認しておきましょう。**大陸プレート**の**南アメリカプレート**に，**海洋プレート**の**ナスカプレート**が沈み込んでいるため，太平洋岸には**海溝**(**ペルー海溝**，**チリ海溝**)が分布しています(**《整理とまとめ⑲》**)。

図解 南米の断面図(20°S)

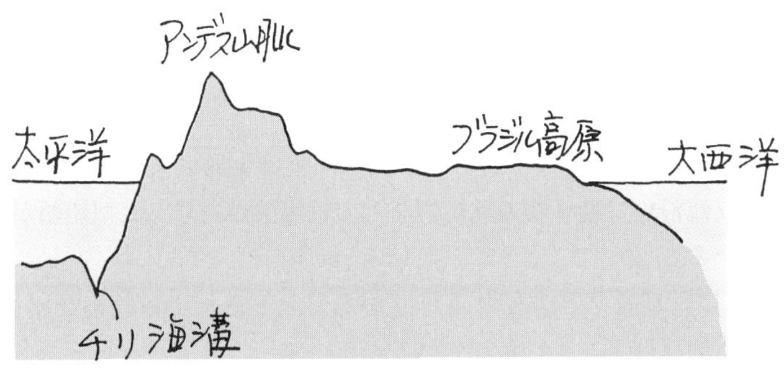

〈図1〉

さらに，大陸の西端は**図1**のように押し曲げられて，**新期造山帯**の**アンデス山脈**が形成されていますが，大陸の東側は**安定陸塊**の**ギアナ高地**や**ブラジル高原**が広がっています。

なだらかで標高もさほど高くないブラジル高原は開発が進んでいますが，周囲を**断崖**(だんがい)**に囲まれ，標高も高いギアナ高地**は，未開の熱帯雨林が広がっています。さらにギアナ高地とブラジル高原の間には**アマゾン盆地**などの**構造平野**が分布しているのです。

このあたりで**大地形と鉱産資源の関係**を思い出してみましょう。

西部のアンデス地方は，**新期造山帯**で**火山**も分布するため**銅鉱**が産出します。もちろん，**チリは世界最大の産出国**です。

東部は安定陸塊なので，**ブラジル**などで**鉄鉱石**が産出します。**南米は古期造山帯がほとんどない**ので，石炭の生産はあまり見られません(例外的に**コロンビア**は**石油**と**石炭**が主要輸出品となっている珍しい国です)。

南アメリカの河川流域の地誌

問題 34 南アメリカの河川流域の特徴

次の**ア**～**ウ**の文章は，下の図中の**A**～**C**で示された，南アメリカ大陸のいずれかの河川の流域の特徴について述べたものである。**ア**～**ウ**と**A**～**C**との正しい組合せを，下の①～⑥のうちから一つ選べ。

ア 上流部にはグランチャコとよばれる草原があり，粗放的な牧畜が行われている。下流部のパンパとよばれる草原では，農牧業が盛んである。

イ 流域の大部分が森林で覆(おお)われ，流域面積は世界最大である。本流や主な支流沿いに農産物や鉱産物などの輸出港があり，大型船舶が航行している。

ウ 流域にはリャノとよばれる草原がある。下流部では牧畜業に加え，鉄鉱石の採掘などが行われている。

	①	②	③	④	⑤	⑥
ア	A	A	B	B	C	C
イ	B	C	A	C	A	B
ウ	C	B	C	A	B	A

解答 p.301

Aはオリノコ川，Bはアマゾン川，Cはラプラタ川。
エクアドルとアマゾン川河口を結ぶとほぼ赤道。

さっきも説明しましたが，南アメリカ大陸の地形を考える上で，**海洋プレートのナスカプレート**が**大陸プレート**の**南アメリカプレート**に沈み込んでいるということに注目しなければなりません。

この結果，**大陸西部**には**新期造山帯**の**アンデス山脈**が位置し，**東部**には**安定陸塊**が広がるため南アメリカ大陸は**西高東低**の地形になっているんでしたよね。だから，図のように**大河川はすべて大西洋側に注いでいる**のです。

図中のAは**オリノコ川**で，**ベネズエラ**の中央部を東に流れています。Bは**アマゾン川**で，アンデスからブラジル北部を東に流れ，**世界最大の流域面積**を誇ります。上流部でも，向こう岸が見えないくらいでかい河川だ。Cはパラナ川とウルグアイ川が合流して大西洋に注ぐ**ラプラタ川**です。

Q ラプラタ川の河口は沈水してラッパ状に開いています。このような地形を何といいますか？

エスチュアリー(三角江)です。

①〈系統地理編〉第4回でやったから，全員正解だね。安心しました。

アマゾン川と**オリノコ川**は険しい**アンデス山系**から流出することもあって，土砂の運搬量が多いので河口には**三角州**が発達していますが，**ラプラタ川**は**安定陸塊**のなだらかな**ブラジル高原**から流出するので，河口の地形は**エスチュアリー**になっています。アマゾン川は**流域面積が世界最大**だから，土砂の運搬量も多いよ！

ラプラタ川

では，河川流域の説明文を見てみましょう。**ア**はCの**ラプラタ川**です。

上流部は支流のパラグアイ川などが流れる**グランチャコ**と呼ばれる**熱帯～亜熱帯の草原**が分布し，下流部には**パンパ**と呼ばれる**温帯草原**が分布していることから判定しましょう(**図2**)。

パンパでは**肥沃**(ひよく)**なパンパ土**という**黒色土**(**プレーリー土**と同種の土壌です)に恵まれるため，**とうもろこし**，**小麦**などの**穀物栽培**や**企業的牧畜**(パンパ東部は**牛**，西部は**羊**)が行われています。

アルゼンチンは，**熱帯気候が広く分布する南アメリカ**の中にあって，小麦栽培に適する **C ～ BS** が広がっているため，極めて貴重な**小麦輸出国**であることに注意しましょう。**小麦は，冷涼や乾燥には比較的強い**のですが，**熱帯など高温が嫌い**でしたよね。忘れないように(①〈系統地理編〉第 10 回)。

アマゾン川・オリノコ川

イは「**流域の大部分が森林**」,「**流域面積は世界最大**」であることから，**B** の**アマゾン川**です。アマゾン川の流域は**セルバ**(ポルトガル語で「大密林」の意味)と呼ばれる**熱帯雨林**に覆われていますが，近年は開発な

図解 南米の大河川と草原

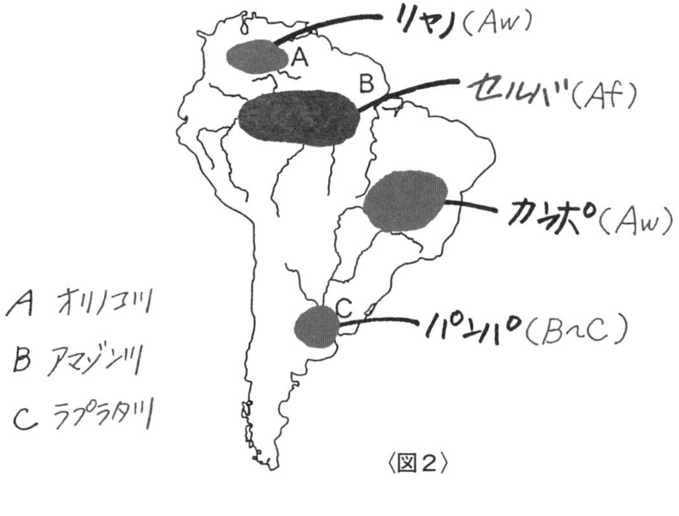

〈図2〉

どによる**熱帯林の破壊**が危惧(きぐ)されています。

ウは**A**の**オリノコ川**です。文中の**リャノ**はコロンビアから**ベネズエラ**にかけて広がる**熱帯草原**で，**牧牛**が盛んなことで知られています。答えは⑥。

- オリノコ川流域には熱帯草原のリャノ
- アマゾン川流域には熱帯雨林のセルバ
- ブラジル高原には熱帯草原のカンポ
- ラプラタ川下流には温帯草原のパンパ

アマゾンの熱帯林破壊

ここで，**アマゾン川流域**の**熱帯林破壊**について少し詳しい説明をしておきましょう。

アマゾン川流域には**セルバ**と呼ばれる**大密林**が広がっているという話をしましたね。アマゾン川流域には**アマゾン盆地**に代表される広大な**構造平野**が広がっていて，流域には**世界最大の熱帯雨林地域**が分布し，その南側には**サバナ気候**地域が見られます。

アマゾン地方は**ポルトガル**の植民地となってからも開発が進まず，19世紀の**ゴム**ブームの時にちょっとだけ開発が進みますが(もちろん**自動車産業の発展に伴うゴム需要**の急増が原因)，それ以降またまた停滞してしまいました。**天然ゴム生産の中心は東南アジアに移ってしまった**からね(①〈系統地理編〉第10回)。

そこで，ブラジルは思い切った政策をとります。1960年代に**当時の首都**であった**港湾都市リオデジャネイロ**から，開発が遅れていた**内陸のブラジリア**に**遷都(せんと)**するのです。そして**1970年代**になると**アマゾン横断道路**(**トランスアマゾニアンハイウェイ**)や**アマゾン縦断道路**が建設されるようになると，開発のピッチが急加速し始めたんですね。

名称まで覚える必要はありませんが，「**大カラジャス計画**」というのが大規模な開発計画として知られています。

ブラジルは大部分が**安定陸塊**（**楯状地**（たてじょうち）が広く分布）ですから，**鉄鉱石**が産出しますよね。埋蔵量が豊富な**カラジャス鉄山**の開発，港湾都市サンルイスまでの**鉄道建設**，**アマゾン川支流のダム建設**（①〈系統地理編〉第13回），アルミニウム工場の建設，**北東部の貧しい農民の入植奨励**（にゅうしょくしょうれい）などをこの計画に従って行ってきたのです。

開発による経済の活性化も一部には見られたのですが，**鉱山**，**道路**，**ダム**，内外の**企業による放牧地の開発**（**肉牛の飼育頭数は世界一！**）や新規の入植者によって行われた**焼畑**などによって**熱帯林の破壊**，**土壌侵食**（しんしょく）が深刻な問題となってしまいます。

開発と環境保護のバランスって難しいですよね。発展途上国にとって経済的に豊かになりたいって気持ちはよくわかるし，でも貴重な自然環境が破壊されれば，地球上の全人類にとって明日はなくなってしまうし……。これはわれわれ１人１人が真剣に考えて行動しなければならない問題なのです。①〈系統地理編〉第19回の環境問題をもう一度復習しておこうね。

2 ラテンアメリカの気候

次は，ラテンアメリカの気候について強くなりましょう。

整理とまとめ⑳ ラテンアメリカの気候

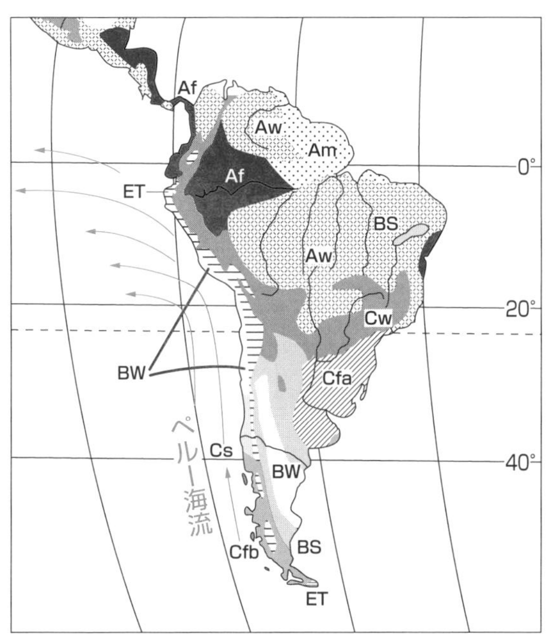

まず，ラテンアメリカの位置関係をしっかり把握しておきましょうね。南アメリカ大陸は，**赤道付近の東西幅が広い**ので，**熱帯(Af・Aw)の面積割合が大きくなります**(図3)。

一方，高緯度になるほど面積が狭くなるので，**乾燥帯(BW・BS)**の割合が小さいのが特徴的です。

全大陸中，南アメリカ大陸は A(熱帯)気候の面積割合が最も大きい赤道直下には**Af**，赤道をはさんで南北に**Aw**，南緯30～40度付近の大陸東岸には**Cfa**，その南側には**BW～BS**(**パタゴニア**)が分布しています。

西岸は**ペルー海流**の影響を受けるため**BW～BS**，**チリ中部**には**Cs**，**南部**には**Cfb**，**フエゴ島**には**ET**も見られます。また**中央アンデス**の標高が高いところでは，一部ですが**ET**(**高山ツンドラ**)も分布していますから，注意しましょう。p.291の**《整理とまとめ⑳》**を見ながら確認しておきましょうね。

図解 大陸別の気候区の割合

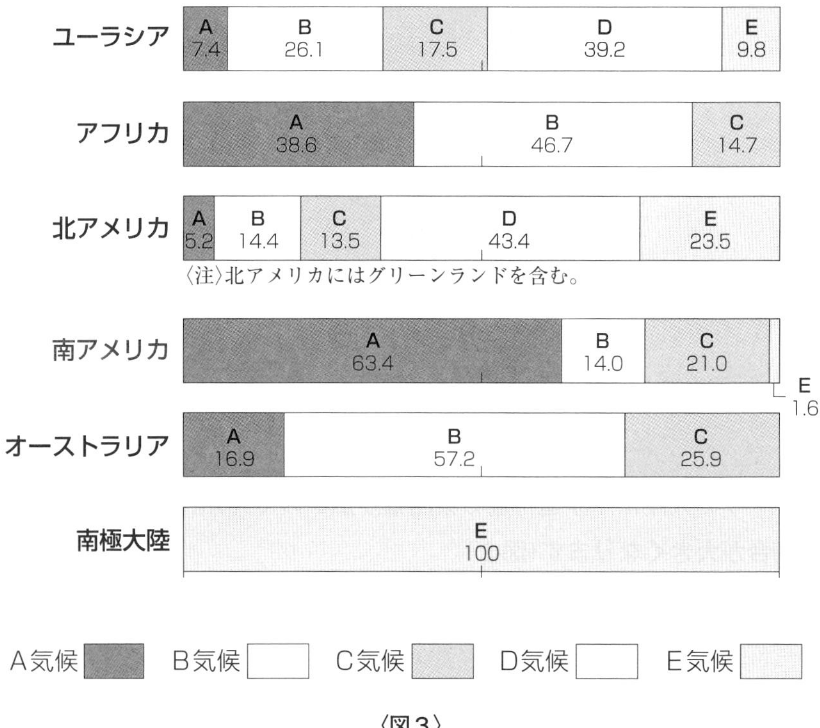

〈図3〉

南アメリカにおける気候の地域性

問題35 南アメリカにおける1月と7月の月降水量の分布

南アメリカの気候は地域によって大きく異なる。次の図は，南アメリカにおける1月と7月の月降水量の分布を示したものである。図中の地点A～Dの気候的特徴について述べた文章として，下線部が**誤っているもの**を，下の①～④のうちから一つ選べ。

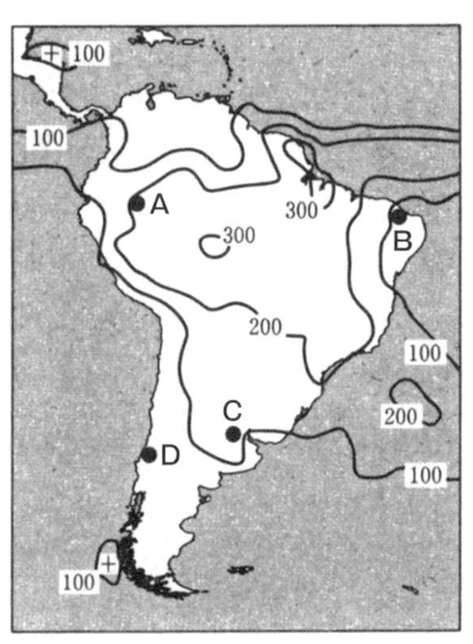

1月

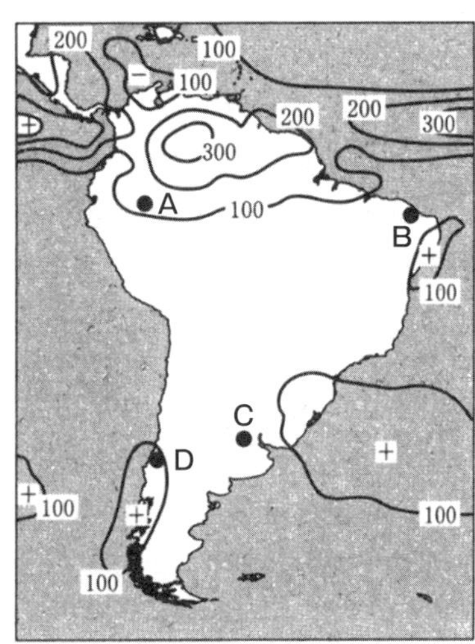

7月

等値線の間隔は100mm。統計年次は1979～2000年。NOAAの資料により作成。

① Aの月降水量は，1月に200mm以上，7月に100mm以上である。ここで1年中降水量が多いのは，<u>赤道低圧帯の影響である</u>。

② Bの月降水量は，1月も7月も100mm未満である。ここで1年中降水量が少ないのは，<u>沖合いの寒流と中緯度高圧帯の影響である</u>。

③ Cの月降水量は，1月に100mm以上，7月に100mm未満である。ここで1月に降水量が多くなるのは，<u>前線や低気圧の影響である</u>。

④ Dの月降水量は，1月に100mm未満，7月に100mm以上である。ここで7月に降水量が多くなるのは，<u>偏西風帯が北上する影響である</u>。

解答 p.301

図に赤道を入れてみよう！
気圧帯や風の，季節による南北移動を考える。

南アメリカの気候について，これまで君たちと一緒に鍛えてきた地理的思考力をフルに活かして問題を解いてみよう。

図は**１月と７月の降水量分布**を示した**等値線図**です。**降水のメカニズム**などについては，①〈系統地理編〉第６回でしっかり確認しておこうね。

図中Ａ～Ｄの都市名は覚える必要はありませんが，**都市が位置している，おおよその緯度**はわかるようになってください。

p. 296 の**図５**を見ながら説明をしていきましょう。

選択肢①

Ａは**アマゾン盆地**に位置する**ペルーのイキトス**付近です。アマゾン川はなんとこのあたりまで**船舶航行(せんぱくこうこう)が可能**なのです。すごいよね！

Ａ付近は，ほぼ**赤道直下**に位置するため**赤道低圧帯**の影響を**年中受けますから降水が多くなる**ことは，今の君たちにとって常識ですね。したがって下線部は正しいです。

選択肢②

Ｂは**ブラジル北東岸にあるフォルタレーザ**付近です。この地域が**低緯度の割に降水量が少ない**のは，７月は**中緯度(亜熱帯)高圧帯の北上**によるからです。しかし，１月は中緯度高圧帯の影響ではなく，**南東貿易風の風下**(Ｂの南側にやや高い山地や高原があります)にあたるから降水量が少ない。

さらに，ブラジルの大西洋岸には「**寒流**」ではなく**暖流**(**北赤道海流**や**ブラジル海流**)しか流れていないため，１年中降水量が少ない理由としては，下線部の全てが誤っています。②が答えです。

海流は①〈系統地理編〉第４回でも説明したように，

海流とは…恒常風と海面との摩擦によって生じる海水の移動

と考えましょう。実際には海水の密度差や傾斜などによっても生じるのですが，世界の主な海流は**恒常風**(**貿易風**，**偏西風**に注意！)の影響で流れますから，ここでは「**海流＝恒常風**」でいきましょう。

すると**図4**を見てください。**恒常風によって海水が引っ張られる**のですから，図のように北半球では**時計回り**，南半球では**反時計回り**になっ

図解 太平洋における海流の分布図

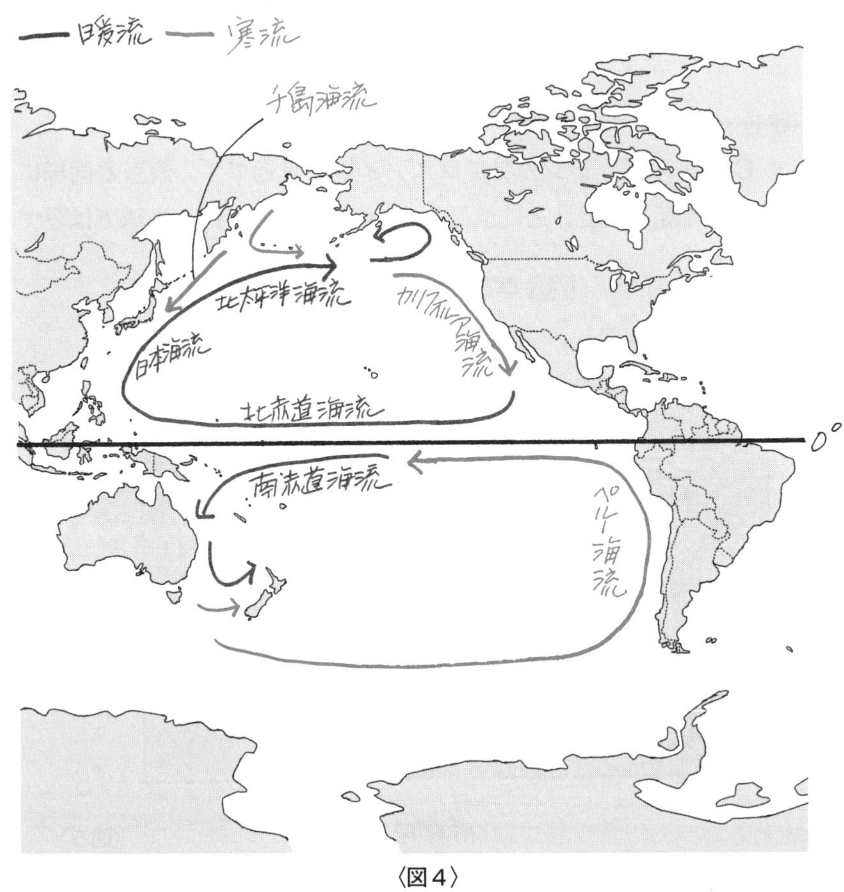

〈図4〉

ていることがわかります。

しかもこれまで君たちは暖流と寒流を海流名で覚えていたかもしれませんが，図を見ると**暖流と寒流の規則性**がわかるはずです。今，「あっ！ **暖流は低緯度から高緯度に流れる海流**で，**寒流は高緯度から低緯度に流れる海流**だ！」ということに気づいたでしょう？

これを南アメリカ大陸にあてはめるとどうなりますか。

そうですね，**南アメリカ大陸の西岸**(太平洋岸)には**寒流が北上**し，**東岸**(大西洋岸)には**暖流が南下**していることがわかります。このように考えれば，選択肢の②で寒流の影響を受けているというのが，明らかに誤っていることがわかるはずです。ちょっとすっきりしたでしょう？

選択肢③・④

③の**C**は**アルゼンチン**の**ブエノスアイレス**付近です。**東京と同様に大陸東岸の緯度35度**付近に位置しているため，**1月**(**南半球では夏**で

図解 季節による降水の変化

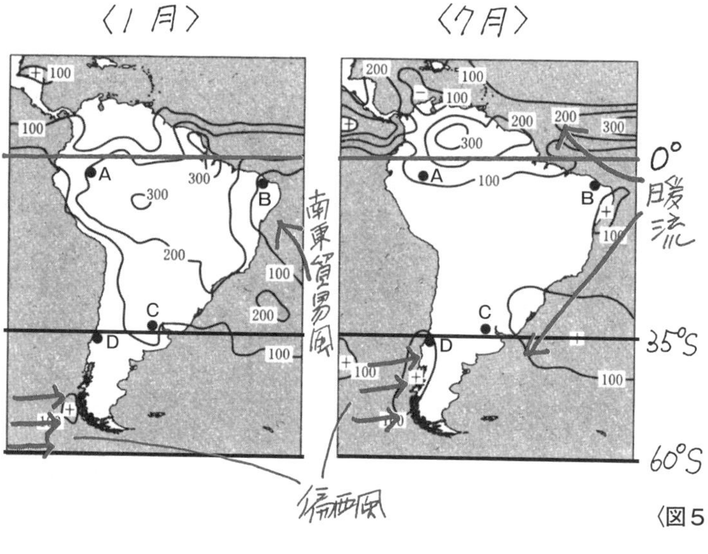

〈図5〉

す）には**寒帯前線**や**温帯低気圧**の影響で**降水が多くなります**（①〈系統地理編〉第６回）。

したがって，下線部は正しいです。

④の**D**は**チリ南西岸**の**コンセプシオン**付近です。この地域は**１月**に**亜熱帯高圧帯**が南下するため**降水が少なくなり**，**７月**には**偏西風帯**が北上するため**降水が多くなります**。したがって，下線部は正しいです。

3 ラテンアメリカの人種

問題 36 ラテンアメリカの人種

ラテンアメリカでは，多くの人種が混在する社会が形成されている。次の文章は，ラテンアメリカのいくつかの国や地域における人種構成について説明したものであり，空欄（　a　）～（　c　）には，コーカソイド，ネグロイド，モンゴロイドのいずれかが当てはまる。（　a　）～（　c　）と人種名との正しい組合せを，下の①～⑥のうちから一つ選べ。

（　a　）と（　b　）との間に生まれた人々やその子孫は，西インド諸島のいくつかの国やブラジルにおいて人口に対する割合が高く，ドミニカ共和国では人口の過半数を占めている。一方，（　a　）と（　c　）との間に生まれた人々やその子孫は，中央アメリカの多くの国で人口に対する割合が高く，メキシコでは人口の過半数を占めている。

	a	b	c
①	コーカソイド	ネグロイド	モンゴロイド
②	コーカソイド	モンゴロイド	ネグロイド
③	ネグロイド	コーカソイド	モンゴロイド
④	ネグロイド	モンゴロイド	コーカソイド
⑤	モンゴロイド	コーカソイド	ネグロイド
⑥	モンゴロイド	ネグロイド	コーカソイド

解答 p.301

南北アメリカ大陸の先住民は，更新世にユーラシア大陸から移動してきたモンゴロイドの子孫。ヨーロッパ系白人と奴隷労働力としてのアフリカ系黒人が移住。

西インド諸島，ブラジル，中央アメリカの人種構成

この問題では，**ラテンアメリカの住民構成**について学習しましょう。

西インド諸島では，古くから**さとうきび**などの**プランテーション労働者**として，**アフリカ系黒人**(**ネグロイド**)が**奴隷**として移住させられました。そのため，現在でも**ジャマイカ**，**ハイチ**などでは**ネグロイドの割合が高い**のです。

また，**ブラジル**では**ヨーロッパ系白人**(**コーカソイド**)が**50%**を占めますが，西インド諸島と同じく**北東部ではプランテーション経営**が盛んであったため，**アフリカ系黒人**が労働者として移住させられたのです。したがって，**アフリカ系黒人**と**ヨーロッパ系白人**の**混血**(**ムラート**)もかなりいます。

また，**メキシコ**などの**中央アメリカ諸国**では，先住民の**インディオ**と**ヨーロッパ系白人**の**混血**(**メスチソ**)が住民の大多数を占めています。インディオは**氷期に海面が低下**し，**ベーリング海峡が陸化**した際，**ユーラシア大陸**から移動してきた**モンゴロイドの子孫**です。

この話を授業中にすると生徒が「先生,インディオはすごいですねえ。そんなに長距離歩いたんですか？ すごい脚力ですね！」という素敵な質問をしてくれるのですが(笑)，もちろん何世代にもわたって移動してきたんだよね。

したがってａが**コーカソイド**(カフカス地方の人という意味だよ)，ｂが**ネグロイド**，ｃが**モンゴロイド**になります。答えは①ですね。

ラテンアメリカの人種構成

では次に，「**人種のるつぼ**」と呼ばれるラテンアメリカの住民構成について，設問文以外の地域についても見てみましょう。

整理とまとめ㉑ ラテンアメリカの人種構成

住民構成	国　名
白人の割合が高い国	アルゼンチン・ウルグアイ
黒人の割合が高い国	ジャマイカ・ハイチ
インディオの割合が高い国	ペルー・ボリビア
混血の割合が高い国	メキシコ・ベネズエラ・チリ・エクアドル・コロンビア

図解 南アメリカの旧宗主国

〈図6〉

温帯地域が広がる**アルゼンチン**や**ウルグアイ**は**白人**の割合が高いです

ね。**熱帯**地域では，**さとうきびなどのプランテーション労働力**としてアフリカから黒人が**奴隷**として連れてこられた関係で，**西インド諸島**の**ジャマイカ**や**ハイチ**では**黒人**の割合が高いことがわかります。

Q インディオの割合が高い国はわかるかな？

グアテマラ，ペルー，ボリビアです。

鋭い解答だね !!　正解だよ。これらは，スペイン人侵入以前から，**インディオの大帝国**を建設していた地域です。

メキシコ高原に**アステカ帝国**，**メキシコのユカタン半島からグアテマラ**にかけて**マヤ帝国**，**ペルーからボリビア**にかけて**インカ帝国**が存在していたことは知っていますね？

特に，**ペルー**や**ボリビア**は**アンデスの高山地域**にあって，白人が入植しづらかった地域なので，インディオの割合が高いのです。頻出なので要注意 !!

ラテンアメリカとアングロアメリカの住民構成の比較

最後に，ラテンアメリカとアングロアメリカの住民構成の違いについてまとめておきましょう。かなりおもしろいし，重要な内容だからがんばってね！

ラテンアメリカは**アングロアメリカ**より**先住民人口が多かった**ということを念頭において，話を聞いてください。

ラテンアメリカは熱帯気候の割合が高いという説明を覚えてますよね？　過酷（かこく）な気候環境の中で**プランテーションや鉱山での労働力**の受け入れが行われていきます。望まれた労働力は若い男性の力です。つまりラテンアメリカへの移民は，**男性による単身移民が中心**で，現地で家族を作るということになりますから，当然，先住民との混血が進みます。

だからラテンアメリカの人種の中心は**混血人種**になっていったのです。

これに対し，アングロアメリカへは**農業開拓**のための**家族移民が中心**だったので，あまり**混血が進まなかった**んですね。

こんなふうに少しでも自然環境や歴史的な背景を理解していれば，知識の定着が確実なものになりますよ。

解 答　[問題 34] ⑥　[問題 35] ②　[問題 36] ①

第12回 ラテンアメリカ(2)

中南米の国々

今回は**ラテンアメリカ(中南米)の国々**について，**各国の特徴や産業の発達**を学習していきましょう。まずはブラジルから。

1 ブラジル

ラテンアメリカで**最も面積が広く人口も多い**のが**ブラジル**です。また君たちに質問してみようかな？

Q 世界でブラジルより面積が大きい国と人口が多い国をあげてください。

地理学習には地理的思考力，観察力，分析力が必要だって言ってきたけど，**地理の基本的な知識を持たないと考えることもできない**よね。そのためには**面積**や**人口規模**の知識をある程度もっておく必要があります。

《世界の国土面積ビッグ５》
①ロシア　②カナダ　③アメリカ合衆国　④中国　⑤ブラジル

人口はもちろん約**14億人**の中国，約**13億人**のインド，約**3.3億人**のアメリカ合衆国，約**2.7億人**のインドネシア，約**2.2億人**のパキスタンときて，次が約**2.1億人**のブラジルです。これは①〈系統地理編〉第17回の復習です。忘れた人は，今日中に覚えておいてください。街で君たちにすれ違ったら必ず聞きますよ(笑)。

《世界の人口大国》 (2019年)

国　名	人口(億人)	国　名	人口(億人)	国　名	人口(億人)
中　国	14.3	ブラジル	2.1	日　本	1.3
インド	13.7	ナイジェリア	2.0	エチオピア	1.1
アメリカ合衆国	3.3	バングラデシュ	1.6	フィリピン	1.1
インドネシア	2.7	ロシア	1.4	エジプト	1.0
パキスタン	2.2	メキシコ	1.3		

〈表１〉

モノカルチャー経済からの脱却

ブラジルは元々**コーヒー豆**などに代表される**プランテーション**が国の経済基盤で，特に戦前は典型的なコーヒーの**モノカルチャー経済**でした。

Q モノカルチャー経済って，どういうものだった？

単一または少数の一次産品(農林水産物，資源)に大きく依存している経済のことです。ブラジルは第２次世界大戦後，**農業の多角化**と**工業化**に力を入れ，**モノカルチャー経済からの脱却**に成功した国の１つです。

当初は外国からの融資や**鉄鉱石**などの輸出で得た収入を元に**輸入代替**(だいたい)**型**の工業を始めました。**輸入代替型工業**というのは，それまで**輸入に依存していた消費材などの国産化をめざす工業**のことです。

人口が多く，**国内市場**である程度の消費が見込めたため，工業化も軌道(きどう)に乗りました。**メキシコ**とともに**ラテンアメリカ NIEs** と呼ばれていることを君たちは知ってますよね。

しかし，外国からの資金にあまりにも頼りすぎていたこと，石油危機による燃料費の高騰(こうとう)が債務の返済を滞(とどこお)らせたこと，加えて輸出指向型工業への転換も遅れたことから，その後，**思ったように工業化が進展せず**，**累積**(るいせき)**債務も膨大**なものになってしまったのです。

この反省をもとに，**1991 年**から**経済開放政策**に転換を図り，輸出

指向型工業の育成に力を入れることになりました。

近年はヨーロッパの**自動車産業**など**外国企業の誘致**を積極的に進めるなど，経済成長を続けていて，**BRICs**の一員としても注目を集めています。

ブラジルの大都市

問題 37 ブラジルにおける人口 100 万人以上の都市の分布

ラテンアメリカでは，人口の分布状況も国によって異なる。次の図は，ブラジルにおける人口 100 万人以上の都市の分布を示したものである。図とこれに関連することがらについて述べた文として**誤っているもの**を，下の①～④のうちから一つ選べ。

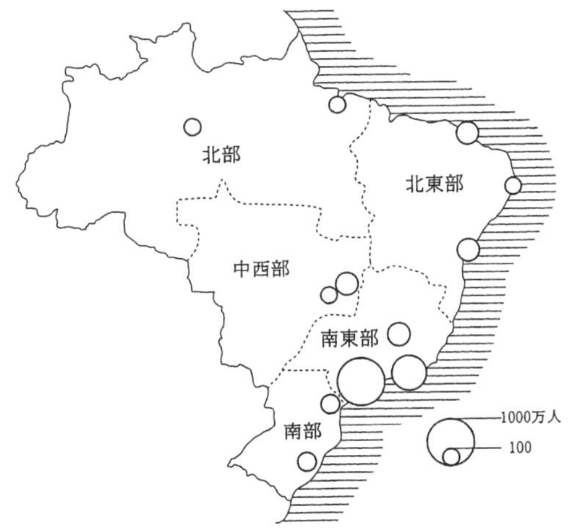

統計年次は 2000 年。『世界国勢図会』などにより作成。

① ブラジルの首都は，この国の内陸部開発の拠点として建設された計画都市であり，この国における人口が最大の都市ではない。

② ブラジル南東部には，この国の商工業の中心地があり，この地域に人口が国内最大の都市がある。

③ ブラジル北部では，大規模な炭鉱が開発され，ブラジル南東部からの計画的な移住が行われたことにより，大都市がみられる。

④ ブラジル北東部では，内陸部を中心に干ばつが起こりやすく，農村から流出した人々の居住などにより沿岸部の人口が増加し，大都市がみられる。

解答 p.330

ブラジル経済の中心は南東部のサンパウロとリオデジャネイロ。
首都ブラジリアは，内陸開発の拠点として建設された計画都市。

2.1 億人の人口がいるだけあって，100 万都市もさすがに多数分布していますね。今，手元に地図帳はあるかな？ ブラジルのページを開いてごらん。**大都市が沿岸部に多く分布している**ことがわかるはずです。

Q ブラジルの大都市はどうして沿岸部に集中しているのかな？

やっぱり船舶による輸送の便が良いからだと思います。

なかなかいい線いってるよ。じゃあ詳しく説明していこう！

首都ブラジリア　**選択肢①**

ブラジルでは，**プランテーション**経営に有利な**沿岸の都市を植民の拠点**としたため，沿岸部を中心に大都市が発展していったのです。これら既存の都市には，**新規の移民や農村部から多くの人々が流入**してきたため，**都市の過密化が深刻**になりました。

ただでさえ，先進国に比べると都市の**インフラ整備**(道路，上下水道，ゴミ処理施設など)**が遅れている**のですから，**スラム**の拡大など**都市問題**も深刻な状態になりました(①〈系統地理編〉第 18 回)。

そこで**過密化防止**と**内陸部の開発**を進めるため，**港湾都市リオデジャネイロ**から**ブラジル高原内陸**の**ブラジリア**に**首都を移した**のです。日本でも東京の首都機能分散が叫ばれていますが，首都機能を移せば，移転元(リオデジャネイロ)は過密化を緩和できるし，移転先(ブラジリア)は発展するから一石二鳥です。

ブラジリアへの首都移転によって，**最大の都市**は南東部の**サンパウロ**になりました。したがって，この文は正しいですね。

最大都市サンパウロ　**選択肢②**

いま説明したように，**ブラジルの商工業の中心**は，**サンパウロ**，**リオデジャネイロ**，**ベロオリゾンテ**などが位置する**南東部**です。したがってこの文も正しいです。

図解 ブラジルの主な都市と代表的な鉄山

〈図1〉

アマゾン川中流のマナオス　**選択肢③**

ブラジルは大部分が**安定陸塊**に属することもあって，大規模な**炭鉱は**

ほとんど見られません。したがって，この文は誤っています。答えは③。ブラジルは**鉄鉱石**など**鉱産資源は豊富**なのですが，**石炭にはあまり恵まれていない**ことに注意しましょう。

ただし，近年は相次ぐ**海底大油田**の発見や開発によって，**石油は自給できる**ほどになりました。資源探査と開発をあきらめなかったブラジルはスゴイ!!

北部の大都市は**アマゾン川中流**の**マナオス**で，**外洋船の船舶航行が可能**なため(河口から1700kmも上流にあるのに標高はわずか35mしかない)古くから農産物の集散地として栄えてきました。近年は，**自由貿易地域**に指定されたため，**エレクトロニクス**などの**先端産業**も発達する大都市に成長しています。アマゾンの**大密林の中に忽然(こつぜん)と現れる近代的都市**マナオス……不思議な感じがしますね！

図解 ブラジルの大都市

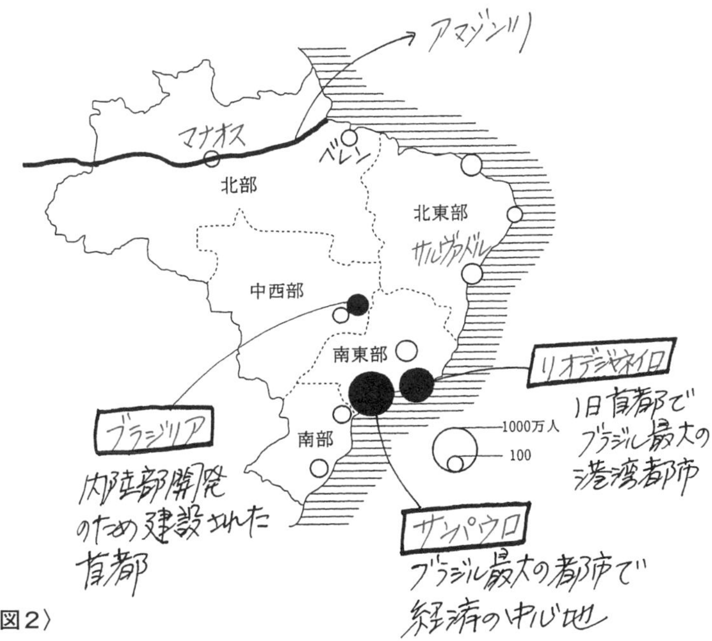

〈図2〉

選択肢④　北東部の都市

北東部の内陸地域はブラジルでもかなり**経済発展が遅れている地域**で，貧しい農民が雇用機会を求めて沿岸部の大都市に流入しています。したがって，この文は正しいです。

2　ラテンアメリカ諸国の食料生産

問題38　ラテンアメリカ諸国の漁業生産量と肉類生産量

ラテンアメリカにおける食料生産の特徴は，国によって大きく異なる。次の図は，ラテンアメリカのいくつかの国における漁業生産量*と肉類生産量を示したものであり，X～Zは，ブラジル，ペルー，メキシコのいずれかである。X～Zと国名との正しい組合せを，下の①～⑥のうちから一つ選べ。

*貝類・海藻類を含み，クジラを除く。外国へ水揚げしたものを含む。養殖業は含まない。

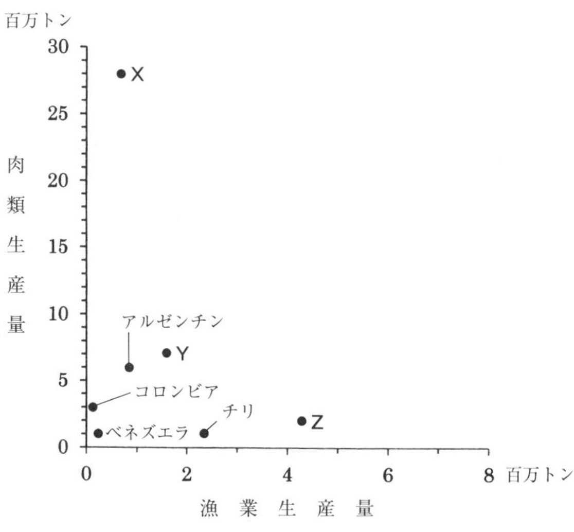

統計年次は2017年。『世界国勢図会』などにより作成。

	①	②	③	④	⑤	⑥
X	ブラジル	ブラジル	ペルー	ペルー	メキシコ	メキシコ
Y	ペルー	メキシコ	ブラジル	メキシコ	ブラジル	ペルー
Z	メキシコ	ペルー	メキシコ	ブラジル	ペルー	ブラジル

解答 p.330

ペルーはアンチョビー，チリはサケ・マスなどの漁業生産量が多い。
ブラジルはインドと並んで牛の飼育頭数が多い。

肉類の生産量が群を抜いて高い**X**は**ブラジル**です。ブラジルは**広大な牧草地**を背景に，現在は**世界最大の牛の飼育頭数**を誇っています。また，**牛肉**の**生産量**も**アメリカ合衆国**に次いで多いし，**輸出量**は**オーストラリア**とともにトップクラスです。

世界の牛肉生産国

次の**表2**を見てください。

《牛の飼育頭数，牛肉生産量，輸出量の上位国》

	牛の飼育頭数(万頭)		牛肉生産量(万 t)		牛肉輸出量(万 t)	
1	ブラジル	21,490	アメリカ合衆国	1,191	オーストラリア	108
2	インド	18,510	ブラジル	955	ブラジル	108
3	アメリカ合衆国	9,371	中国	690	アメリカ合衆国	82
4	中国	8,321	アルゼンチン	284	オランダ	44
5	エチオピア	6,093	オーストラリア	205	ニュージーランド	42
世界計		149,169		6,625		765

(統計年次は 2017 年。牛肉輸出量は 2016 年。)

〈表2〉

「牛の飼育頭数」の欄を見てくれる？ **牛**は羊などに比べて大食漢ですから，多くの牧草や飼料を必要とします。つまり**広い牧草地が必要**になるから，**国土面積が大きい国**でたくさんの牛を飼育していることがわかります。

ブラジルでは**熱帯草原**の**カンポ**を中心に**大牧場が経営**されています。近年は，**日本のODA(政府開発援助)**や**アメリカ合衆国の穀物メジャー**資本によるカンポ(セラード)での**大豆生産が急増**していて，アメリカ合衆国に迫る勢いを見せています。生産された大豆は，主に**中国に向けて輸出**されていることにも注意しましょう！

インドでは**ヒンドゥー教**の影響を受けて，牛は「神の使い」ですから，食べたらまずいですよねえ。そこで食肉用としてではなく，**乳製品**を得るためそれぞれの農家が数頭ずつ飼育しているのです。**インドには牧場がほとんどない**んですよ(あんなに牛がいっぱいいるのに，驚きだね)！

アメリカ合衆国なんですが，表を見て「なんかおかしいなあ？」と感じませんでしたか。

Q アメリカ合衆国は**牛肉生産量は世界最大**なのに，**牛の飼育頭数**はブラジルよりはるかに少ないのはなぜ？

アメリカ合衆国の牛は，ブラジルの牛よりはるかに大きいから……じゃないですよね？

(笑)それはちがうだろうね！　う～ん，いったいこの差は何なんでしょうね。……おっ，気づいた人もいるみたいだな。

ブラジルは大牧場での放牧ですから，牛は**牧草**を食べて成長します。アメリカ合衆国でも大牧場での放牧は行われているのですが，近年は**濃厚飼料**(カロリーが高い**とうもろこし**，**大豆**，**フィッシュミール**など)を集中的に与え，**短期間で肥育(ひいく)し出荷**できる**フィードロット(肥育農場)**が増加しているんでしたよね。

アメリカ合衆国の農業のところでやりましたが，忘れている人は，あとでアメリカ合衆国の農業を読み直しておいてください。だから**飼育頭数はブラジルが多くても，牛肉生産量はアメリカ合衆国のほうが上回っている**のです（牛肉として出荷するまでの期間が短いということ）。

中国でもかつては役畜（えきちく）として飼われていた牛ですが，近年は**食生活の変化**に伴い**牛肉需要が増加**したため牧場経営も盛んに行われています。

あと，**オーストラリア**の**牛肉輸出量**が多いのは，**人口が少ない**ので国内消費も少なく，**輸出余力が大きい**からですよ。

世界の漁獲量上位国

次は，**漁業生産量**です。ラテンアメリカ諸国の中で，漁業生産量が極めて多い **Z** は**ペルー**です。ペルーといえば**アンチョビー（カタクチイワシ）**を思い出すでしょう？

右の**表3**を見てください。これは漁獲（ぎょかく）量の上位国を示したものです。

《漁獲量の上位国》（2017年）

国　名	万トン	%
中　国	1,558	16.6
インドネシア	674	7.2
インド	545	5.8
アメリカ合衆国	504	5.4
ロシア	488	5.2
ペルー	419	4.5
ベトナム	328	3.5
日　本	327	3.5
世界計	9,363	100.0

〈表3〉

中国・日本の水産業

現在，**世界最大の漁獲量**を誇るのは**中国**です。中国はもともと**長江**など**河川や湖沼で漁獲**を行う零細な**内水面（ないすいめん）漁業**を行ってきました。しかし，

図解 各国の漁業・養殖業生産量の割合（2017年）

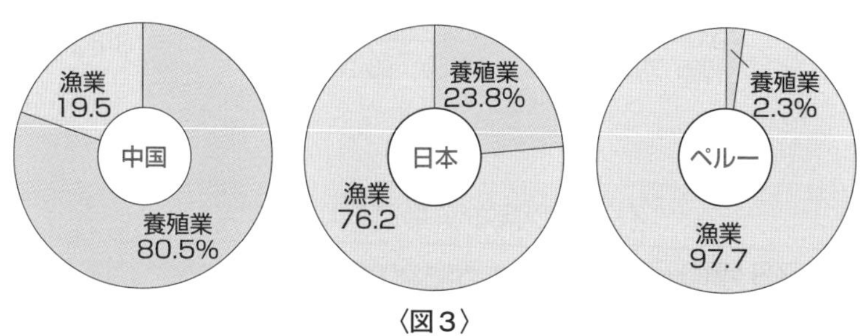

〈図3〉

1980年代以降，生活水準の向上によって**水産物の国内消費が増加**し，さらに**日本などへの水産物輸出が増加**したこともあって**海面養殖業**や**海面漁業**も盛んになり，**世界最大の漁獲国**となっています。

日本は，韓国とともに世界でも極めて**魚介類の1人当たり消費量が多い**国です。古くから**動物性タンパク質を魚介類に依存してきた**ということを，君たちも知っているでしょう？ 飼料として消費している国が多い中では特異な存在なのです。

日本は，第2次世界大戦後も世界的な漁獲量を誇っていたのですが，**1973年**の**石油危機**による**燃料費の高騰**と世界的な**排他的経済水域**(EEZ：Exclusive Economic Zone)の設定により**遠洋漁業は大打撃**を受け，**沿岸漁業**や**沖合漁業**も乱獲(らんかく)や各種の国際的な規制(たとえば公海でのさけ・ます漁の禁止など)により**漁獲高は減少する一方**です(図4)。

図解 日本の漁業部門別生産量の推移

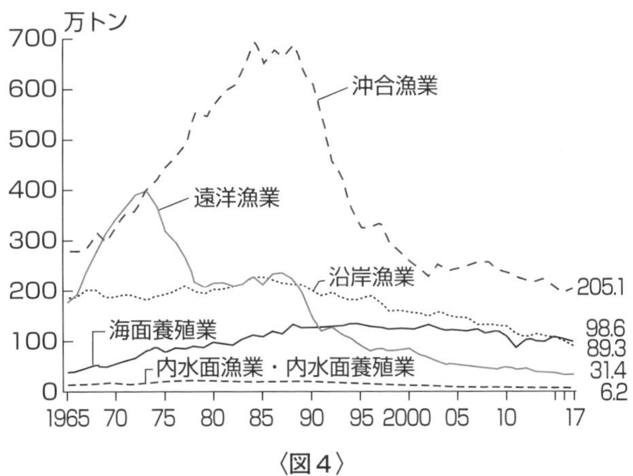

〈図4〉

《日本の遠洋漁業衰退の背景》

① 1973年の石油危機による燃料費の高騰

② 1970年代以降，世界的な排他的経済水域の設定

でも，君たちもたくさん魚介類を食べているよね？ ということは……ひたすら**輸入が増加**しているということになります。もちろん日本もただ手をこまねいているわけではなく，近年は**養殖**(**産卵から成魚**になるまでを人間が完全にコントロールする)や**栽培漁業**(**稚魚を放流して再捕獲**する)にも力を入れています。

「ペルーの話はまだ～？」という人もいるでしょうから，そろそろ本題のペルーの水産業に行きましょう。

ペルーの水産業

南アメリカではヨーロッパからの入植以前から，伝統的な漁は行われていました。**アマゾン川流域**には多くのナマズの仲間がいて，先住民の貴重な食料だったのです。アマゾン川に「アロワナ」っていう魚がいるの知ってる？

実は俺は以前「アロワナ」を飼ってたことがあるんだけど，最初はわずか3cmくらいだったんだ。大切に育てたので，ついに1mくらいにまで成長して，かなり愛情がわいてたんだけど，度重なる全国遠征(授業・講演会・会議など)の影響で，ある日，家に帰ってきたら，そのアロワナが……。悲しくなるのでこの辺でやめときます(泣)。

〈アロワナ〉

アマゾン川に生息するシルバーアロワナは自由に飼育できますが，アジアンアロワナは許可が必要！ とにかくでかい！

で，ペルーの話だったよね(笑)。ペルーの沖合には多くの**アンチョビー**がいたんだけど，ほとんど捕獲されることはありませんでした。それまでアンチョビーを捕獲していたのは人間ではなく，なんと海鳥たちだったのです！

海鳥たちはアンチョビーを食べて糞をします。これが**グアノ**と呼ばれる**燐鉱石**(**リン酸肥料**といって**化学肥料**の原料)となって，かつては**ペルーの貴重な輸出品**だったのです。

オセアニアの島国**ナウル**にも大量のグアノが堆積していたんだけど，現在はほとんど枯渇してしまって，グアノの収入に依存してきたナウルの人々はとっても困っています。

ところが，**1960 年代**になると，欧米や日本などの先進国が急速に経済発展し，その結果，生活水準の向上は食生活を変化させました。不思議なことに，世界中どこの国でも**生活が豊かになると肉類の摂取量が増加する**んだよね。まあ確かに，サイフが満タンのときに，「よーし，みんなでサラダを食べに行こう！」とはならないよな(笑)。

そこで**肉類の生産が増加**することになり，そのためには今まで以上に多くの飼料が必要となります。アメリカ合衆国はとうもろこしや大豆の増産に励むのですが，ここでアメリカ合衆国の企業がペルーのアンチョビーに目をつけるのです。

「海鳥しか食べてないアンチョビーを捕獲して，フィッシュミール(魚粉)に加工し，**飼料として輸出**したら？」――このアイデアが**ペルーの漁獲高を 1962 ~ 1971 年までトップの座につかせた**のです。

ペルーが突然のように世界のトップに躍り出た背景がわかったと思うのですが，もうワンランク，アップしましょう。

図解 主な国の漁獲量の推移

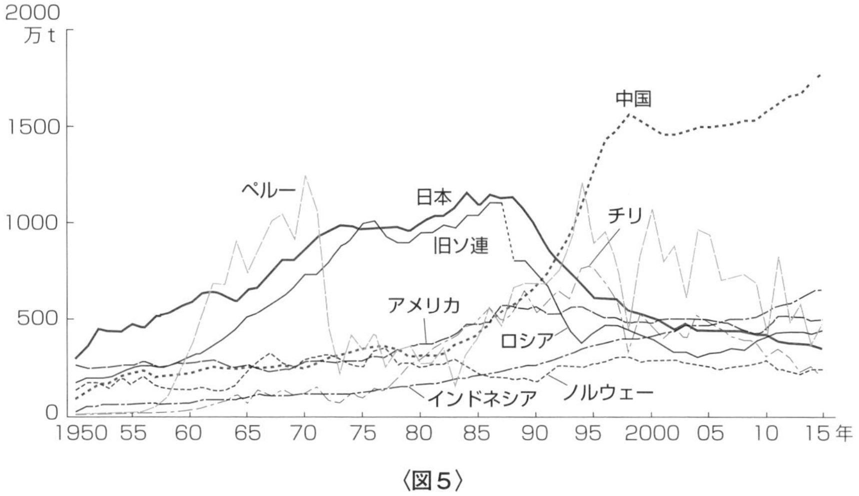

〈図5〉

ペルーのグラフを見てみると，1970年以降，**急激に変化**していることに気がつきますね。

Q 1970年代以降，ペルーの漁獲高が激減しているのはどうしてか？

ひとつには**乱獲**ですね。日本付近でもしばしばあることなんですが，例えば日本付近の**マイワシ**を何年も大量に捕獲したとします。すると産卵する生魚の個体数が減少しますから，卵が減りマイワシも減少してしまいます。

余談ですが，第2次世界大戦中には日本の沿岸漁業や沖合漁業が衰えた反面，日本近海における魚の個体数が戦前を上回る数に復活したそうです。

ペルーの漁獲高激減のもう1つの理由は**エルニーニョ現象**です。20世紀の後半には大規模なエルニーニョ現象が発生し，**ペルー沖合のアンチョビーが減少**してしまったのです。ペルー海流の海水温が大好きなアンチョビーは，ペルー海流に乗って回遊するので，この海流が弱くなると低緯度地方まで北上しなくなってしまうのです。

図解 ラテンアメリカ諸国の食料生産

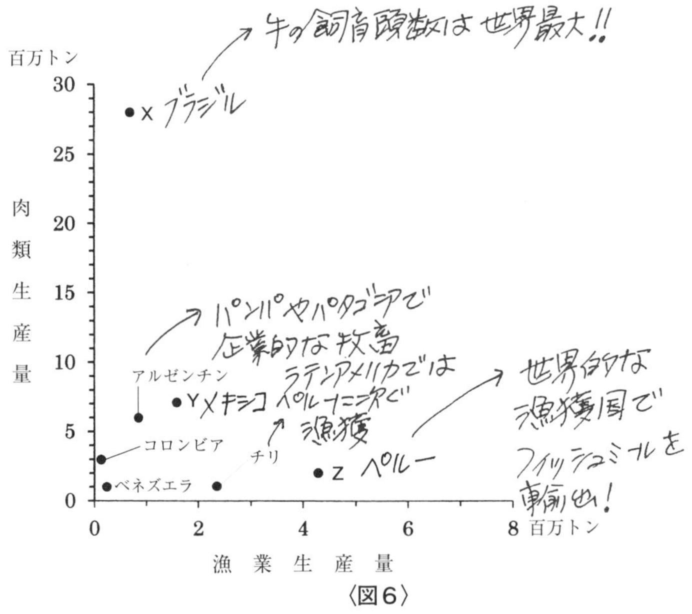

〈図6〉

現在はかなり漁獲高も復活していますけどね。

さっきも説明しましたが，ペルーでは沖合でとれるアンチョビーを食用ではなく**フィッシュミール**(**魚粉**)に加工し，**飼料**として輸出しています。**ペルー海流**とともにアンチョビーや多くの魚類が回遊するため，同じ南米の**チリ**もペルーとともに漁獲量が多いことに注意しましょう。

以前も話しましたが，**チリはフィヨルドを利用**しての**サケ養殖業**も発達していて，サケは**重要な輸出品**になっています。きっと君たちも「チリサーモン」を食べていると思うよ。

残る**Y**は**メキシコ**でこれは消去法で判定していいです。したがって，[問題38]の答えは②ということになるね。

エルニーニョ現象

君たちは天気予報やテレビのニュースなどで「**エルニーニョ現象**」という用語を聞いたことあるでしょう？

次の**図7**を見てください。**南東太平洋**のペルー沖には**寒流**の**ペルー海流**が流れていて，しかも深層から上昇してくる**湧昇流**（ゆうしょうりゅう）がもたらす冷水によって，**同緯度の海水温より低い**のです。

その結果，**ペルーの海岸部からチリ北部**（**アタカマ砂漠**）にかけては降水量が少なく**砂漠気候**となっています（①〈系統地理編〉第8回，海岸砂漠）。この地域では古くから12月頃になるとペルー海流が弱まり，この**海域に暖水域が生じて恵みの雨**を降らせていました。

図解 エルニーニョ現象

＜平常時＞

＜エルニーニョ現象＞

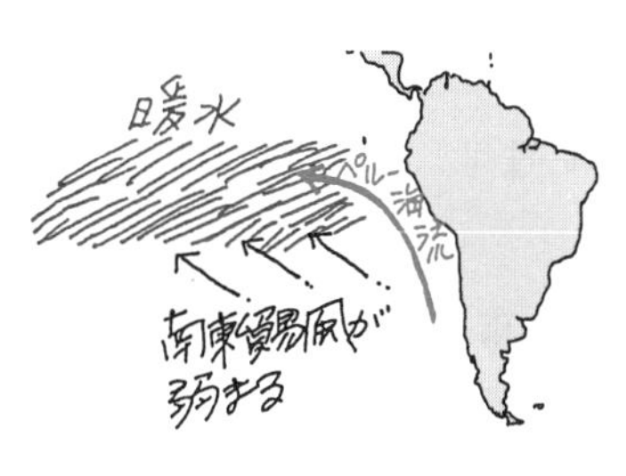

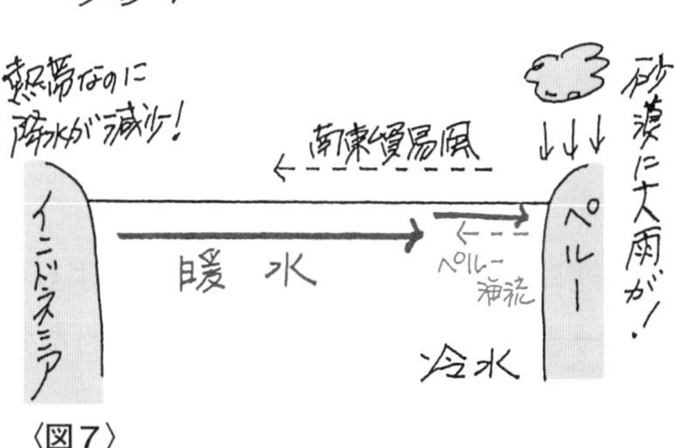

〈図7〉

ペルーやチリはスペインの支配を受けていたため，この現象をスペイン語で「**エルニーニョ**」(「神の子」つまりイエス=キリストのことを意味していた)と呼んできたのです。イエス=キリストの降誕にあたるクリスマス頃に生じたからこんな風に呼ばれるようになったんでしょうね。

ところが……20 世紀の後半になると，この**暖水域**が**南東太平洋のかなり広い範囲で，しばしば大規模に出現**するようになりました。これを「**エルニーニョ現象**」といいます。

貿易風が弱まることによって，逆に**太平洋の西部にある暖水がペルー沖に運ばれ，南東太平洋の海水温が上がる**ため，**砂漠気候**の**ペルー沿岸で大雨が降り，洪水に見舞われる**という**異常気象**をもたらします。

砂漠に大雨が降ったら大変だよ！ 日頃，雪が降らない地域で大雪が降ると，交通事故が多発し，歩行者は転倒しけが人が多数でる。だって生まれて一度も経験がないことだから，まったく対策ができてない。これと一緒です。

突然低いところに河川ができ，しかも堤防も何もないから，あっと言う間に大洪水！ 人々も水害のことなんか考えたこともないから，低地に集落がいっぱいあって，そこは突然，水害危険地帯になる。

異常気象はペルーやチリにとどまりません。太平洋西方の暖水が東に運ばれることから，**インドネシアなど東南アジアやオーストラリアで降水量が減少**したり，**日本の冷夏**，**長梅雨**，**暖冬**などを引き起こすなど**世界的な異常気象の原因**になっているといわれています。

逆に**南東太平洋の海水温が平年より低下してしまう現象**を，「**ラニーニャ現象**」といって，やはり世界的な異常気象をもたらします。

入試頻出事項なので**図 7** を見ながらしっかり理解しておいてくださ

い。

ラテンアメリカ諸国の判別

さてここで，**ラテンアメリカの国々の名前と位置をチェック**しておこう！

次の図中の国名はどのくらいわかりますか。国名とその位置は地理的基礎事項として絶対に欠かせないものです。特に①～⑧の国名はまちがいなく答えられるようになっておきましょう。（解答は330ページ）

図解 ラテンアメリカ諸国

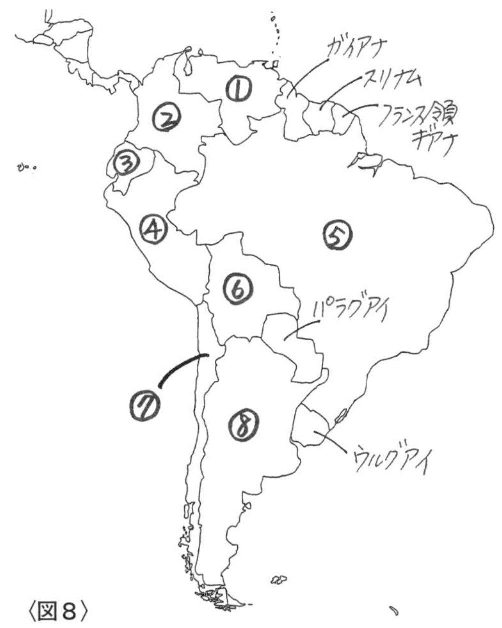

〈図８〉

3 ラテンアメリカ諸国の産業と貿易

問題 39 ラテンアメリカ諸国における産業や貿易の特徴

ラテンアメリカにおける産業や貿易の特徴も，国によって異なる。ラテンアメリカのいくつかの国における近年の産業や貿易について説明した文章として，下線部が最も適当なものを，次の①～④のうちから一つ選べ。

① アルゼンチンでは，小麦やトウモロコシ，大豆，牧草などの栽培が盛んである。原油や工業製品とともに，<u>穀物や飼料が主要な輸出品である</u>。

② エクアドルでは，バナナの栽培が盛んである。原油や石油製品の輸出も多いが，<u>バナナが総輸出額の第１位を占める</u>。

③ チリでは，鉱産資源の生産と輸出が盛んである。魚介類とともに，<u>金が主要な輸出品である</u>。

④ メキシコでは，鉱産資源の産出が多く，工業化の進展も著しい。<u>最大の貿易相手国は，ラテンアメリカの新興工業国であるブラジルである</u>。

解答 p. 330

アルゼンチンは，パンパでの農牧業が発達。
ラテンアメリカの OPEC 加盟国を覚えているかな？

上位輸出品目は，それぞれの国の経済力や特色をよく表しています。だから，共通テストでも頻出のテーマなんですね。

アルゼンチン　選択肢①

アルゼンチンは，**ラプラタ川**下流の**パンパ**を中心として**小麦**，**とうもろこし**，**大豆**などの生産が盛んで，農産物では**大豆油かす**，**大豆**，**とうもろこし**などが主要な輸出品目となっています(p. 323, **表４**)。したがって，下線部は正しいです。答えは①だね。

ラテンアメリカは**熱帯気候の国が多い**ので，**小麦栽培はあまり得意ではありません**が，アルゼンチンは国土の大部分にB～C気候が分布しているため，**例外的に小麦の輸出国**です。要注意の事項だよ。古くから**イギリスを初めとするヨーロッパの食糧基地として発展**してきた国なのです。

近年は**メキシコ**，**ブラジル**とともに工業化が進展しており，**自動車産業**にも力を入れているので**中進国**と考えていいでしょう。

また，南部の**パタゴニア**には大規模な油田も開発され，主要輸出品の1つに**原油**も加わるようになりました。ラテンアメリカには**古期造山帯がほとんどない**ため，**石炭**を輸出できる国は**コロンビア**くらいですが，産油国は意外に多いのです。

エクアドル　選択肢②

エクアドルは**世界最大のバナナ輸出国**です。聞いたことあるよね？ お店でバナナを売っているときはちょっと見てごらん。最近，果実や野菜には産地が明記してあるので，フィリピン産とかエクアドル産とか書いてあるはずだよ。**トレーサビリティ**（**traceability**：商品の流通経路を生産から消費に至るまで把握できること）の一環として，産地が表示してありますよね。日本では内外を問わず，**食の安全性を確保**するため，トレーサビリティ普及の取り組みが行われています。

話を戻して，エクアドルなどラテンアメリカのバナナは，**アメリカ合衆国の多国籍企業**が経営する農園で栽培されていることが多く，**アメリカ合衆国を中心に輸出**されています。ということは，この文は正解のような気がしますね。

だけど，ちょっと難しいのですが，下線部は誤っています！ エクアドル**最大の輸出品目**は**原油**で（エクアドルは**OPEC加盟国**です），バナナはこれに次ぎます(**表4**)。

農産物は単価が安いため，よっぽど多くの量を輸出するか，ほかに主要な輸出品目がない場合にだけ最大の輸出品になるんですね。

こういうやや正確な知識を要する問題の場合，もし○×の確信がなければ，いったん"△"くらいのつもりでいて，次の文に進むのも，共通テスト攻略のテクニックの1つです。

チリ　**選択肢③**

チリの位置を確認してください。国土の大部分が**アンデス山脈**など**新期造山帯**に位置しているのがわかりますね。ここでは，**火山活動**が活発なため，**銅鉱**の産出が多く(①〈系統地理編〉第3回)，現在でも**銅**(**銅鉱を精錬し製品化した金属**)や**銅鉱**の輸出が上位を占めています(**表4**)。したがって，下線部の「金」は誤りです。

メキシコ　**選択肢④**

メキシコは**原油**，**銀鉱**など**鉱産資源**の産出が多く，**ラテンアメリカNIEs**と呼ばれるほど**工業化も進展**しています。

ブラジルのところでも出てきた"**NIEs**"ってちゃんと覚えているかなあ？ ……**Newly Industrializing Economies**，つまり**新興工業経済地域**と呼ばれる発展途上国の中でも工業化が進んでいる国や地域のことでしたね。では，質問。

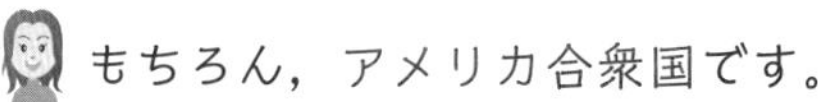

そのとおり！ **輸出総額の約80%**，**輸入総額の約50%**をアメリカ合衆国が占めています。したがって下線部は誤り。特にアングロアメリカの項で説明した**1994年**の**NAFTA**(**北米自由貿易協定**)締結後，ます

《4か国の上位輸出品目と割合》

アルゼンチン	(%)
*植物性油かす	15.8
自動車	9.9
トウモロコシ	6.7
大豆油	6.4
野菜・果実	4.8

エクアドル	(%)
原油	32.4
魚介類	23.4
**野菜・果実	18.7
切り花	4.6
石油製品	3.8

チ　リ	(%)
銅鉱	25.3
銅	25.3
野菜・果実	9.1
魚介類	8.1
パルプ・古紙	3.8

メキシコ	(%)
機械類	36.1
自動車	24.8
原油	4.9
精密機械	3.9
野菜・果実	3.6

*大豆などの油かす
**うちバナナが85%

(統計年次は2017年)

〈表4〉

《4か国の輸出相手先と割合》

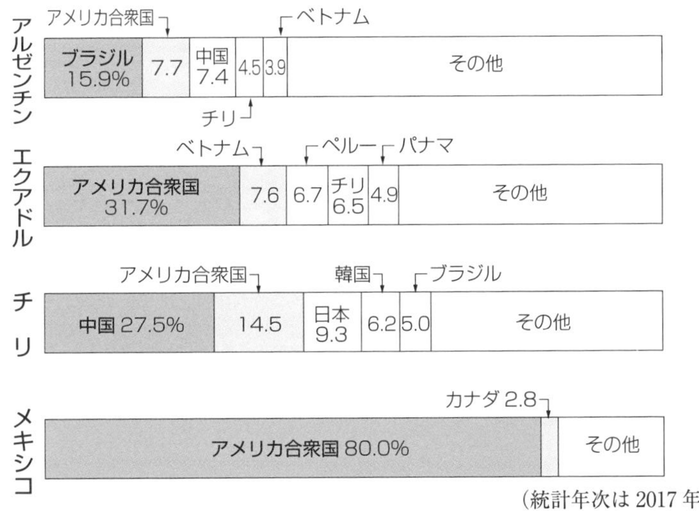

(統計年次は2017年)

〈表5〉

ます**アメリカ合衆国への依存度が高まっている**ため，一部にはあまりにも「アメリカ合衆国の影響力が強すぎる！」という声も上がっています（**表5**）。

また，メキシコもブラジルと同様に，**1990年代**から外資を積極的に受け入れ，**輸出指向型工業化**を進めています。

4 ラテンアメリカ諸国の大都市

問題 40 ラテンアメリカ諸国の人口最大都市

次の図中のP～S国における人口最大都市の産業について述べた文として**適当でないもの**を，次の①～④のうちから一つ選べ。

P
Q
R
S

① **P** 国の人口最大都市は，郊外地域で産出される原油をもとにして工業化が進んだため，大気汚染が深刻化している。

② **Q** 国の人口最大都市は，乾燥地域に位置し，アンデス山脈から流下する河川の流域で生産される農産物の集散地となっている。

③ **R** 国の人口最大都市は，高原上に位置する商工業都市であり，コーヒー豆の集散地としても知られている。

④ **S** 国の人口最大都市は，農産物の集散地として小麦倉庫や食肉加工場などが立地する港湾都市である。

解答 p.330

P はメキシコ，Q はペルー，R はブラジル，S はアルゼンチン

さっそく復習ですけど，

Q 人口が突出して多い都市のことを何て呼ぶんだったかな？

プライメートシティです。

メキシコシティ（**メキシコ**）や**リマ**（**ペルー**），**サンティアゴ**（**チリ**）は，**プライメートシティ**の代表的な例です。

メキシコ　選択肢①

P の国は**メキシコ**です。メキシコの「**人口最大都市**（**メキシコシティ**）は，郊外地域で産出される原油」とありますが，「**原油**」にも線を引いてください。**メキシコは OPEC には加盟していません**が，**世界有数の産油国**でしたね。そして，油田は**メキシコ湾岸**に集中しています。

メキシコは OPEC 非加盟国！

メキシコシティは，メキシコ湾岸にあったかなあ？　――違いますよ

ね。**メキシコ高原上に位置**しているので，①は，ここですでに誤りだということがわかります。

メキシコシティ——大気汚染の深刻化

「**大気汚染が深刻化**」に線を引いてください。ちょっと略図を描いてみるね(**図9**)。

メキシコシティは，**新期造山帯**の**メキシコ高原**上に位置しています。メキシコシティのあるところは，**盆地**構造をしていて，もともとは湖があったところなんです。

メキシコは，**ラテンアメリカNIEs**として工業化を進めてきました。都市問題のところでタイの**バンコク**の話をしましたね(①〈系統地理編〉第18回)。覚えていますか？　あれと同じことが起きているのです。

自動車の増加に対して，**道路の整備は追いつかず**，**大渋滞**する。**排ガス規制も十分に行われていない**こともあって**大気汚染**が深刻になります。ここまではタイと同じですが，メキシコシティにはさらに悪条件があるんです。

Q 大気汚染をタイよりさらに深刻化させている理由とはなんだろう？

図9を見ながら考えてごらん。1つは**盆地状の地形**です。汚染された

図解 メキシコシティの断面図

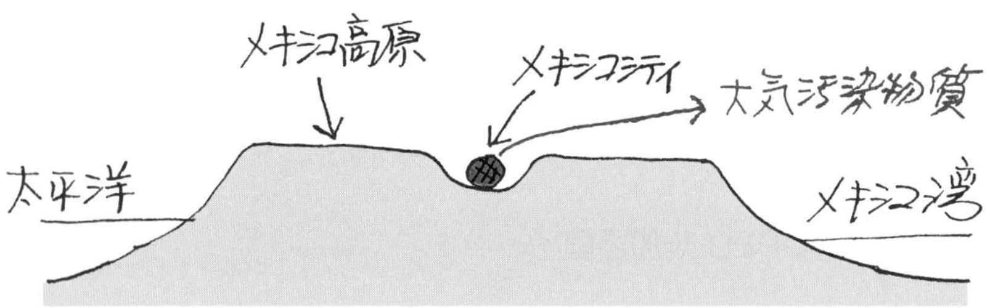

〈図9〉

大気が**風によって拡散しにくい**状況であることがわかるでしょう？

2つ目は，**海抜高度が高い**ため，**空気が薄く不完全燃焼を起こしやすい**のです。ということで，メキシコシティの大気汚染はかなり深刻化しています。

ペルー　**選択肢②**

もうみんなわかると思うけど，**Q**は，**ペルー**ですね。ペルーの人口最大都市は**首都**の**リマ**です。ときどきこの都市を「リャマ」と言う人がいますが，**「リャマ」はアンデス地方**(確かにペルーにもいますが)**の家畜**でしたね(笑)。

「乾燥地域に位置……」とありますが，これはもう君たちの得意技でしょう。

沿岸を**寒流**の**ペルー海流**が流れるから，**大気が安定**し，上昇気流が起きなくなって，**海岸砂漠**になるという話でしたね。したがって，**リマ**はBW(砂漠気候)になります。

南アメリカの低緯度地域では，酷暑を避け，**快適な気候**を求めて海抜

図解 ペルーの自然環境

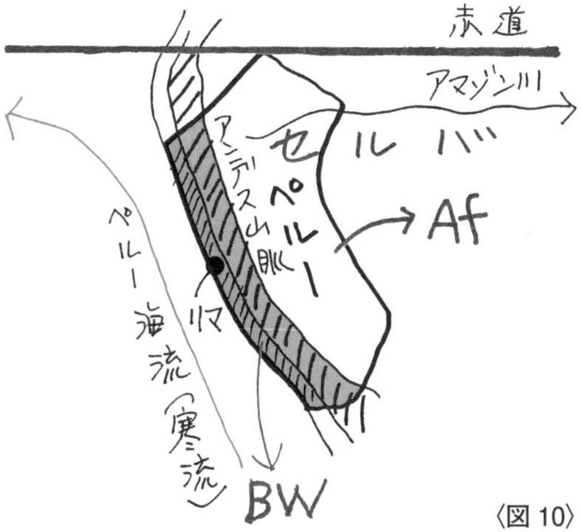

〈図 10〉

の高いところに**高山都市**が発達しましたね。**エクアドル**の首都**キト**，**コロンビア**の首都**ボゴタ**，**ボリビア**の首都**ラパス**（**世界最高所の首都**）などのように。でも，リマは同緯度の地域に比べ，**寒流の影響で快適な気温だから低地にある**のです。

次に，「アンデス山脈から流下する河川」とあります。ちょっと悩んだかもしれませんね。ペルーの海岸は砂漠だから，「河川が流れているかなあ？」って。

確かに**降水量は極めて少ない**のですが，アンデス山脈が雪を抱えるので，その**雪解け水**が小規模な**外来河川**となって太平洋に注いでいるのです。

これらの河川の水を利用して，流域では古くから農作物の栽培が行われ，**農作物の集散地**として**リマ**が発展していったんですね。②は，正しい文です。

共通テスト当日，万が一，君たちが聞いたことがない内容が出題されても，地理的思考力を使って，「この地形環境や気候条件のもとでこんなことがあり得るかなあ？」と落ち着いて考えてごらん。必ず，正答に導けるはずです。

ペルーについて，もう少しだけ説明させてください。ペルーの海岸部は**BW**でしたね。BWの内陸側に**アンデス山脈**が南北に走りますが，その東側を見てください。なんと，ブラジルから続く**セルバ**ですね。

つまり**ペルーの国土の東半分はAf**（**熱帯雨林気候**）なのです。まぁ，君たちなら緯度から考えて想像がつくかもしれないけど。丸暗記型の受験生は，「ペルー→寒流→砂漠」って覚えているだけですから，君たちの敵ではないね（笑）。

ブラジル　**選択肢③**

Rは**ブラジル**です。ブラジルの**人口最大都市サンパウロ**は，**ブラジ**

ル高原上にあります。

ブラジル高原南部には，**玄武岩**(げんぶがん)や輝緑岩(きりょくがん)が風化した**テラローシャ**と呼ばれる**肥沃**な**赤紫色土壌**が分布していて，**コーヒー栽培**が始められて以降，サンパウロはその集散地として急速に発展していきました。

現在は，**自動車工業**など各種工業が発達し，**ブラジル有数の工業都市**になっています。したがって，③は正しいです。

アルゼンチン　**選択肢④**

Sは**アルゼンチン**ですね。アルゼンチンの**人口最大都市**は**首都ブエノスアイレス**で，**ラプラタ川**の河口に位置している**大貿易港**です。地図を見ると**河口がラッパ状**に開いてますね。なんという地形でしたか？

何度もやったね。「三角州」じゃなくて**エスチュアリー**だよ。

ブエノスアイレスは，**東京とほぼ同緯度**で，**大陸東岸**にあるから**Cfa**です。ヨーロッパ系白人にとって**快適な気候**なので，ヨーロッパからの移民が多く住民の**86.4%が白人**(**スペイン系**，**イタリア系**)です。

パンパ

最後に，ブエノスアイレス周辺から内陸にかけて分布している**パンパ**と呼ばれる**草原地帯**について触れておきましょう。

パンパ土という**肥沃**(ひよく)**な黒色土**が分布しているため，古くから**ヨーロッパへの食料基地**となっていました。

大西洋に近い**パンパ東部**(**湿潤パンパ**)は降水量も多く，**Cfa**ですが，内陸にある**西部**(**乾燥パンパ**)は水蒸気の供給が少なく，**BS**です。

パンパ東部は**小麦**や**とうもろこし**の栽培と**肉牛飼育**を組み合わせた**混合農業**，**パンパ西部**とアルゼンチン**南部のパタゴニア**は**牧羊**を中心とする**企業的牧畜**，CfaとBSの漸移(ぜんい)地帯(**年降水量500mm前後**)では**小麦**を栽培する**企業的穀物農業**が行われ，**ラテンアメリカでは有数の穀物**

輸出国になっています。

《パンパ》
東部(湿潤パンパ)…Cfa，混合農業(小麦・とうもろこし＋肉牛飼育)
漸移地帯……………Cfa～BS，年降水量550mm前後，企業的穀物農業(小麦)
西部(乾燥パンパ)…BS，企業的牧畜(羊)

④も正しい文です。これで，ラテンアメリカも終了ですね。

解答 ［問題37］③ ［問題38］② ［問題39］① ［問題40］①

p.319の答え

①ベネズエラ	②コロンビア	③エクアドル	④ペルー
⑤ブラジル	⑥ボリビア	⑦チリ	⑧アルゼンチン

おしまいにラテンアメリカ諸国の特色を地図にまとめておいたので，どの国を問われてもいいようにチェックしておきましょう！

図解 ラテンアメリカ諸国の特色

〈図 11〉

第13回 オセアニア

オーストラリア＆ニュージーランド

今回はいよいよ**オセアニア**（Oceania：**大洋州**）に入ります。オセアニアは，大陸部の**オーストラリア**と**ニュージーランド**などの**島嶼部**から成ります。

1 オセアニアの自然環境

最初に，オーストラリアの位置関係を理解しておきましょう。

まず，**オーストラリアの中央部**を**東経135度**（**日本の標準時子午線**ですね）が通過しています。さらに**ニュージーランドの東方**を**経度180度**（**日付変更線**とほぼ等しい）が通過していますから，ちょうど**イギリスの真裏**あたりになるということがわかります。

図解 オーストラリアとニュージーランドを通過する経緯線

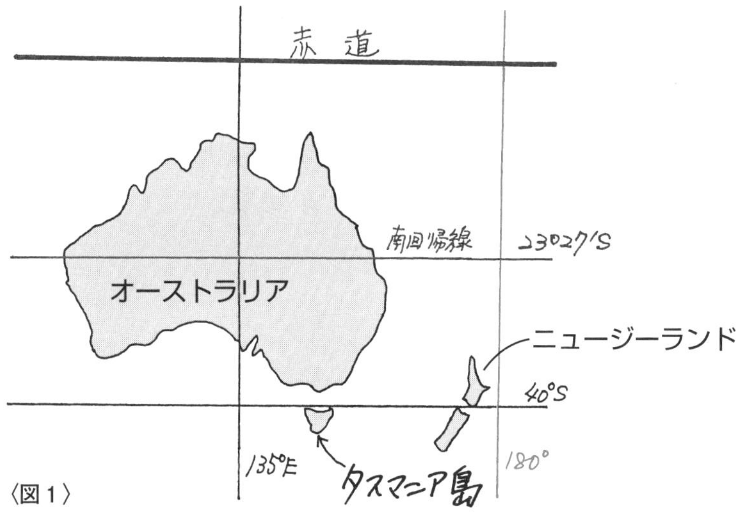

〈図1〉

緯度に関しては，**オーストラリアの北端**を**南緯10度**が通過し，

オーストラリアのほぼ中央部を南回帰線が通過する

そしてオーストラリア大陸とタスマニア島の間を**南緯40度**の線が通過しているのです。**ニュージーランドの北島〜南島間**の**クック海峡**も南緯40度が通過してますよ。

これだけわかれば，位置関係は完璧です！

オーストラリアの位置

問題 41 オーストラリアと南回帰線

次の写真は，ウェスタンオーストラリア州のある地点で撮影されたものであり，標識には南回帰線と書かれている。この写真の撮影地点として最も適当なものを，下の図中の①〜④のうちから一つ選べ。

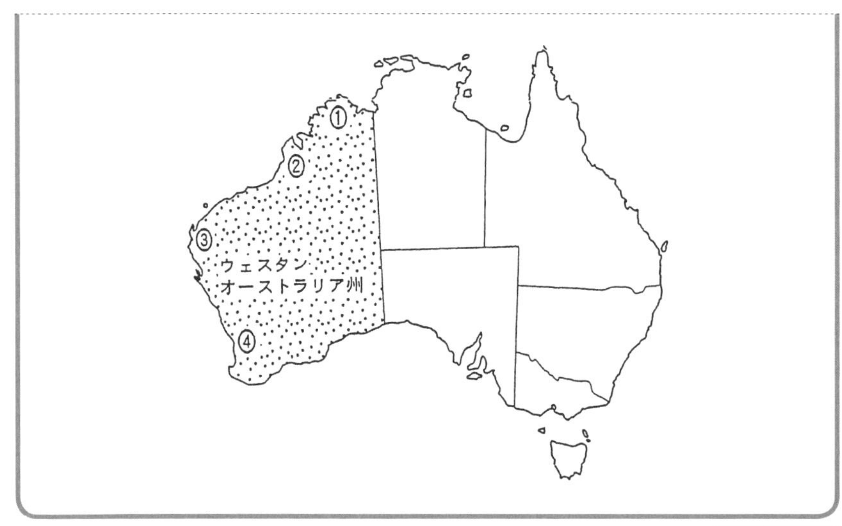

解答 p.355

オーストラリア大陸の北端は 10°S，南端は 40°S。

「写真は，ウェスタンオーストラリア州のある地点で撮影されたものであり，標識には**南回帰線**(Tropic of Capricorn)と書かれている」とあります。ということは，南回帰線が通過するのは，図中の③しかないということになる。簡単な問題なのですが，**位置関係は非常に大切**で，おぼえていると**気候が理解しやすくなります**。

オーストラリアの気候——乾燥大陸

では，オーストラリアの**気候環境**について，バッチリ，マスターしてしまいましょう。

オーストラリアの**ほぼ中央部**を**南回帰線**(23°27′S)が通過しているということは，年間を通して**亜熱帯高圧帯**の影響を受けるため，降水が少なくなり，内陸部分を中心に乾燥気候の BW，BS が卓越します。

国土の 50%以上が乾燥気候になるんですよ。乾燥気候が全く存在していない日本からは考えられない!!

整理とまとめ㉒ オセアニアの気候

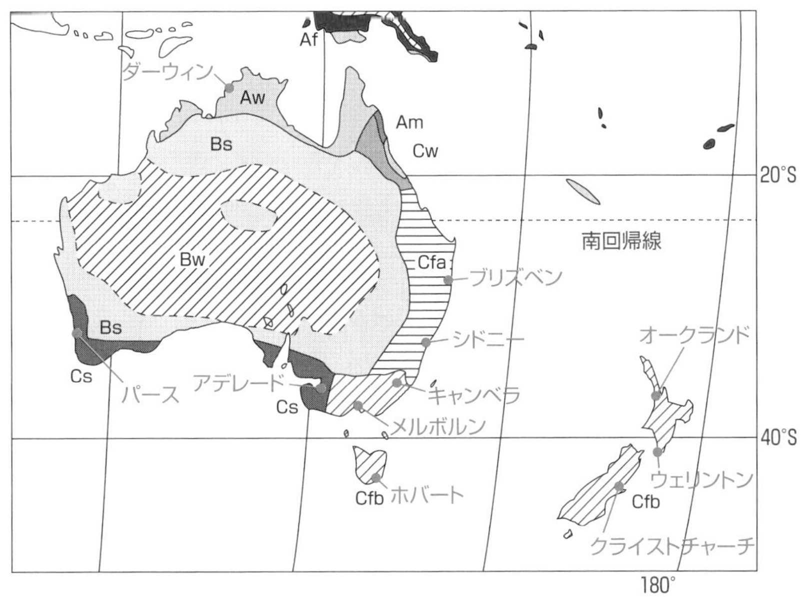

緯度がわかるだけで,

オーストラリア大陸は,全大陸中で乾燥帯の割合が最も大きい

ということも容易に理解できるはずですね。これが「**乾燥大陸**」といわれるゆえんです。

そして**沿岸部**は,内陸に比べると**多少は降水量が多い**だろうなということもわかりますね。水蒸気が風によって供給されやすいもんね。これは,オーストラリアの**沿岸部に都市が発達**した一因にもなっているのです(地図帳で見たら,確かに**シドニー**,**メルボルン**,**アデレード**,**ブリズベン**,**パース**などの大都市は沿岸部にばかり位置してますね)。

図解 オーストラリア・ニュージーランドの年降水量

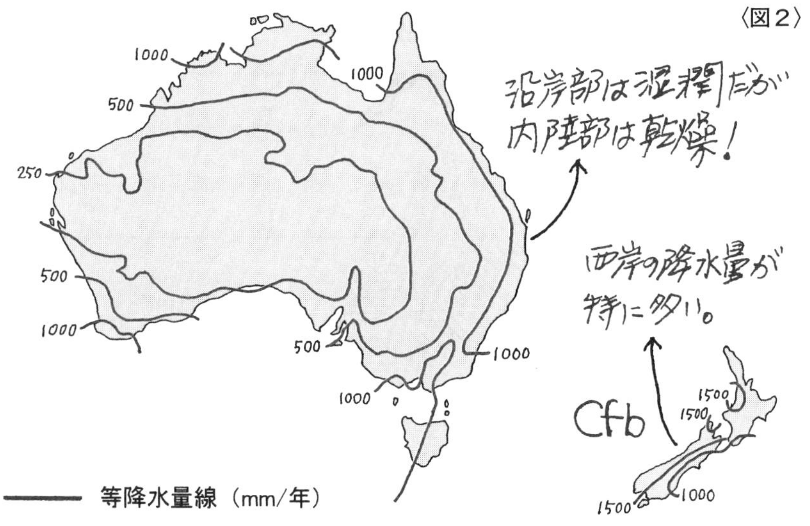

赤道に近い**北部**には，**熱帯**（**Aw 〜 Am**）が，**中高緯度の沿岸部**には**温帯**（**Cfa，Cfb，Cs**）が分布しています。

ブリズベン，シドニーが **Cfa**，**メルボルン，ホバート**（**タスマニア島**）が **Cfb**，**アデレード，パース**が **Cs** というのは押さえておきましょう。比較的シンプルだからわかりやすいですよね。

大都市の名前がたくさん出てきたので，ちょっと話を膨（ふく）らませてみましょう。

Q オーストラリアの首都はどこか？

もちろん，**キャンベラ**だよね。地図でキャンベラをチェックしてごらん。「あれーッ？」って思わなかった？ キャンベラは沿岸じゃなく，ちょっとだけ**内陸に位置**してますね。キャンベラは，他の都市と異なり，**計画的に建設された政治都市**なのです。

もともと**経済の中心はシドニー**(ニューサウスウェールズ州，452.6 万人)，**メルボルン**(ヴィクトリア州，435.3 万人)の**二大都市**だったのですが，イギリスからの独立時，首都を選定する際に，どちらも譲らなかったため，1908 年，**中間地点にキャンベラを建設**しました。人工湖のグリフィン湖と，**放射環状路型**の幾何学的な街路網が特徴的だよ。**人口は 42 万人と少ない**けど，とってもきれいな街です。大学生になったら，行ってみたら？

ニュージーランドの気候

ニュージーランドの気候もいっしょにやっておきましょう。ニュージーランドは，**南緯 40 度**付近の**大陸東岸**に位置しています。日本も大陸東岸に位置していて，北緯 40 度付近ですから，**ほぼ同じ位置関係**ですね。君たちは，次のことを疑問に感じたことがないですか。

Q 日本は大部分が Cfa(温暖湿潤気候)なのに，ニュージーランドはなぜ Cfb(西岸海洋性気候)なのだろう？

図解 Cfb と偏西風の関係

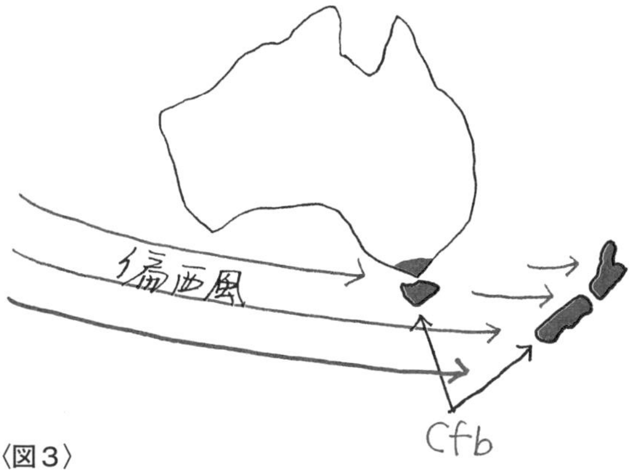

〈図３〉

いつものように，**図3**を見ながら考えてみましょう。

理由は，**オーストラリア大陸の配置に関係がある**のです。オーストラリア大陸は，やや右下がりになっているから，**偏西風**が陸地に邪魔されず**オーストラリア南東部（メルボルン周辺），タスマニア島，ニュージーランドに卓越**（たくえつ）します。

だから**ニュージーランド全域がCfb（西岸海洋性気候）**になるんです。日本は東西に長いユーラシア大陸が偏西風をもろに邪魔しているから，影響が弱いもんねえ。

ニュージーランドといえば，**牛や羊**などの**家畜飼育が盛ん**だという説明をどこかで聞いたことがあるでしょう？

ニュージーランドはヨーロッパと同じ**Cfb**なんですが，ヨーロッパほど緯度が高くなく，**年中温暖湿潤**なので，一年中牧草が青々としているのです（これを**永年牧草地**といいます）。つまり，**年中放牧**できる範囲が広く，牛や羊の飼育に適した気候環境に恵まれているんですね。

ニュージーランドは永年牧草地の割合が大きい

だから，国土面積は狭いのに，あんなにたくさんの家畜が飼育できるのです。背景がわかるとおもしろいよね！ **デンマークや日本の酪農と違って，広大な牧草地をわずかな人で管理**するんだから，本当にスゴイ！ 牧羊犬が活躍するのもわかるよネ。

オーストラリアの鉱産資源と大地形

問題 42 オーストラリアで産出する鉱産資源

ウェスタンオーストラリア州には，ある鉱物資源を採掘する鉱山が多く分布し，オーストラリア全体の9割以上をこの州で産出している。次の円グラフは，この鉱物資源Aの世界の生産高に占める国別割合を，下の表は，オーストラリアの輸出額上位5品目を示したものである。この鉱物資源Aに該当するものを，下の①～④のうちから一つ選べ。

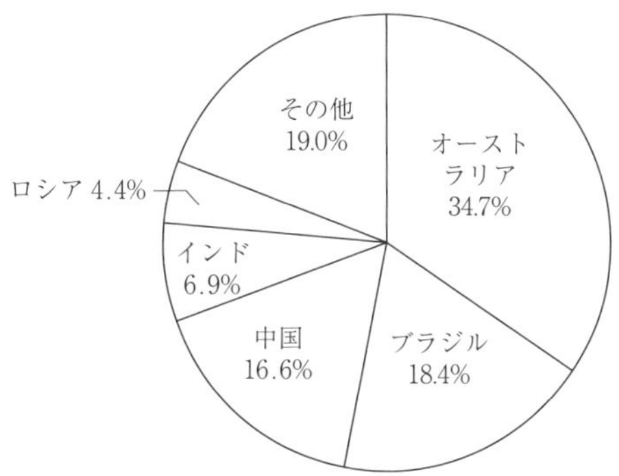

統計年次は2015年。『データブック オブ・ザ・ワールド』により作成。

品　目	%
A	21.1
石　炭	18.8
液化天然ガス	8.5
金(非貨幣用)	5.9
肉　類	3.9

統計年次は2017年。『データブック オブ・ザ・ワールド』により作成。

① 銀　② 鉄鉱石　③ 銅　④ ボーキサイト

解答 p.355

ウェスタンオーストラリア州の大半は，オーストラリア楯状地。
安定陸塊には鉄鉱石，古期造山帯には石炭，新期造山帯には銅鉱が産出。

この問題ではオーストラリアの**豊富な鉱産資源**についてチェックしましょう。

「ウェスタンオーストラリア州には，ある鉱物資源を採掘する鉱山が多く分布する」――これは，君たちの得意な問題だろう(笑)？

鉱産物 A の生産高を示す円グラフを見てごらん。

「**オーストラリア，ブラジル，中国，インド，ロシア**……」ってみんな**安定陸塊**が広がっているところですね。ということは**鉄鉱石**と判定していいでしょうね。ここで「オーストラリアは，世界的な**石炭**生産国だ！」と考えた人もいると思うんだけど，残念ながら表の輸出上位品目に石炭は載っている。

しかも，石炭の産地だったら，西部のウェスタンオーストラリア州ではなく，**東部**の**グレートディヴァイディング山麓**のはずです。

次の**《整理とまとめ㉓》**にあるように，

オーストラリアの大部分は，安定陸塊

そして**東部**は**古期造山帯**なので，**石炭**は**東部に多い**のです。これに対して，［問題 42］のウェスタンオーストラリア州は，大部分が安定陸塊だから，**鉄鉱石**の産出が多い。したがって，②が正解になります。

オーストラリアの輸出上位品目を［問題 42］の表で見ると，**鉄鉱石，石炭，液化天然ガス**などの**鉱産資源**が目につきますが，これは**約 2,500 万人と人口が少ない**ため，**国内消費も少ないから輸出余力が大きい**のです。この点，同じ資源産出国でも**国内消費が極めて多いアメリカ合衆国**との違い(資源の輸出はあまりできない)に注意してください！

また**オーストラリアはニュージーランドとともに先進国**なのですが，**人口が少ないため，労働力に恵まれません**。しかも**国内市場が狭**(せま)**い**から，せっかく国内で工業製品を生産したとしても，多くは売れない。だった

整理とまとめ㉓ オセアニアの地形

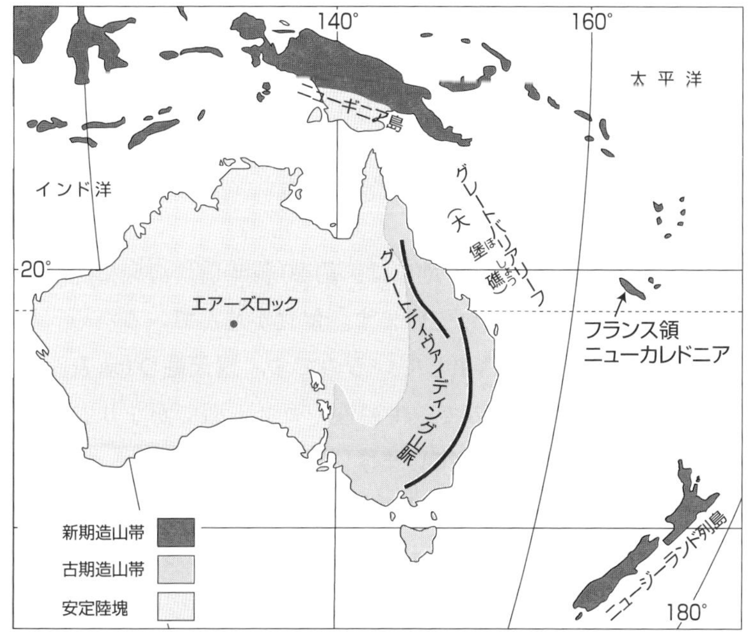

ら，**工業製品は輸入**して，**資源や農産物を輸出**しようとなったのです。

だから，工業が日本や欧米諸国ほどは発達しておらず，**主要な輸出品**も**オーストラリア**では**資源**が，**ニュージーランド**では**農産物**が上位を占めているのも理解できますよね？ 先進国なんだけど，なんとなく途上国っぽく感じるのは輸出品目の違いのようです。注意しましょう！

《オーストラリアとニュージーランドの上位輸出品目》

オーストラリア	%	ニュージーランド	%
鉄鉱石	21.1	酪農品	26.2
石　炭	18.8	肉　類	12.8
液化天然ガス	8.5	木　材	7.6
金(非貨幣用)	5.9	野菜・果実	6.4
肉　類	3.9	機械類	5.0

〈表 1〉

＊統計年次は 2017 年。

オーストラリアの資源分布とその特徴

では，オーストラリアの資源分布とその特徴をまとめておきましょう。

先ほど説明したように，**東部**の**古期造山帯**地域では**石炭**が産出します。日本は，ここから大量に石炭を輸入しているんですね。

オーストラリアは日本最大の石炭輸入先

西部の**オーストラリア楯状地**(たてじょうち)には，約20億年前に海底に沈殿し堆積した**鉄鉱石**が豊富に埋蔵されています。侵食が進んでいるため，鉄鉱石を含む古い岩石が表面に露出しているのです。**露天掘り**(地表面から直接採掘(さいくつ)すること)が可能なので，生産性やコスト面でかなり有利な鉱山が多数分布(**ピルバラ地区**)しています。

ただし，周辺が**砂漠気候**で，**鉄鋼業の立地には適していない**ため，ほとんどが港湾まで鉄道で輸送され，船舶に積み換えられ，**中国**，**日本**，**韓国**などに輸出されています。

次は，**ボーキサイト**です。**熱帯地域**では，大量に雨が降るため，地中の水溶性物質やアルミニウム分以外の金属が地中に沈み込み，**表層にア**

図解 オーストラリアの資源分布

〈図4〉

ルミニウム分が集積します(酸化アルミニウムを含む岩石がボーキサイト)。ということは，オーストラリアの**北部**(ケープヨーク半島の**ウェイパ**とアーネムランド半島のゴヴが有名な鉱山)**の熱帯地域で産出**するということになりますね。

オーストラリアは**世界最大のボーキサイト生産国**です(世界の約**30%**を占めます)。もうこれで，オーストラリアの資源についてはパーフェクトになりました！

ボーキサイトは熱帯地域で多く産出する

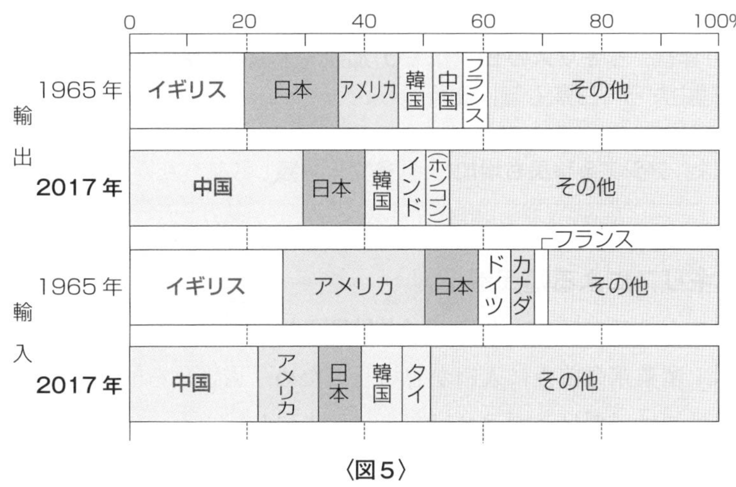

〈図5〉

2 オーストラリアの社会

次は，オーストラリアの社会について学習しよう。

整理とまとめ㉔ オーストラリアの移民政策

1788 年，**イギリス**から流刑囚を含む最初の移民開始。
「**流刑移民**」

↓

ゴールドラッシュなど鉱産資源開発が進展（「**自由移民**」）。
中国系などの移民が増加。

↓

19 世紀中頃より**白人以外の移民を禁ずる**「**白豪主義**」実施。

↓

1970 年代，イギリスの EC（現 EU）加盟や**労働力不足**による経済停滞などの理由から「**白豪主義**」**撤廃**(てっぱい)

↓

現在は，**アジア系移民も増加**し，「**多文化主義**」政策へ転換。

イギリスによる植民地化

オーストラリアは，もともと**イギリス**の植民地でした。宗主国(そうしゅ)のイギリスは，産業革命前後に人口が急増したため，過密化を解消する手段として，最初は**イギリス領アメリカ**を移民先にしてきたのです。アメリカは，気候的にも，食料生産の面でも，イギリス人にとって理想的な移民先でした。

ところが，イギリスにとってショックな出来事が起こった！ **アメリカ合衆国が独立**をしてしまったのです。失意の中で，次の移民先の候補に挙がったのが，**オーストラリア**と**カナダ**でした。

ところが，この地域にはそれぞれ問題点があったのです。カナダは，イギリスから近いけど，**あまりにも寒冷**なため，当時の農業技術では食料生産がなかなか難しかった。

他方，オーストラリアは，温暖だけど，イギリスのほとんど真裏にある。**めちゃめちゃ遠い！**

しかも，**オーストラリアの先住民**は**アボリジニー**で，**狩猟・採集**民族だから，農耕地がまったく存在しませんでした。だから，アングロアメリカやラテンアメリカのように，先住民の農耕地や富を奪うことができなかったのです。

「流刑移民」から「自由移民」へ

イギリスは，最終的には**オーストラリアの開拓**を決断します。「**流刑**(るけい)**移民**」にチェックを入れてください。イギリスから罪を犯した人をわざわざはるかかなたのオーストラリアに移住させた理由の1つは，**農業開拓**をさせるためだったんですね。

ところが開拓中になんと**金**が見つかった！ **ゴールドラッシュ**が起きます。そうなると，今度はイギリスから**自由移民**が殺到し，人口が増加し始めます。金鉱発見後は，鉱山経営のために**アジアからの鉱山労働者**を募集しました。アフリカやラテンアメリカのように，労働力としての先住民がいなかったから。これをうけて，**中国などアジアからたくさんの人々が流入**するようになる。

ここで，ちょっと考えてみてください。当初，イギリスが理想としていた移民の形とずれてきてませんか？

イギリスは，みんなが**英語**を話し，みんなが日曜日には**キリスト教の教会で礼拝**をし，**歴史観や価値観を共有できる社会を作ろうとした**はずだった。なのに，極めて低賃金で働く**中国系などのアジア系住民**の存在は，**イギリス系白人の失業問題**にまで発展しようとした。

「白豪主義」とその撤廃

ここで「**白豪主義**」にチェックを入れてください。

Q 「白豪主義」ってどういうものですか？

「**白人のみのオーストラリア**」をめざすもので，いま話したような状況を打開するため，**有色人種の移民を禁ずる**政策をあわてて実施することになります。

オーストラリアの**独立後も，その政策は続く**のですが，**1970年代**になると事情が変わってきます。それまで**イギリスは，オーストラリアと政治的・経済的に深くつながっていた**のですが，**1970年代にイギリスはEC(現EU)に加盟**することを決定します。

すると，オーストラリアとイギリスの関係が今までの「相思相愛(そうしそうあい)(今風な表現なら"ラブラブ"な関係？)」の状態ではなくなるわけですね。つまりイギリスにとっては，オーストラリアよりもドイツ，フランス，イタリアなどのヨーロッパ諸国のほうがより重要な仲間になってしまった。

オーストラリアは強烈なショックを受ける！ さらに，アメリカ合衆国のように自由に移民を受け入れているわけではないので，人口も増えず，**労働力不足**に陥ってしまった。その結果，**アジア諸国が安価で豊富な労働力を背景に次々と経済発展を遂げていく**のを指をくわえて見ているしかなかったのです。

かなり悩んだと思うけど，オーストラリアは**アジア・太平洋諸国として生きていこう**という決断をするわけですね。そうなると「白豪主義」は撤廃(てっぱい)ということになるよね。

「多文化主義」への転換

「**白豪主義撤廃**」をチェックしてください。この政策転換の結果，現在は**アジア系移民も増加**してきていて，カナダと同様に，先住民のアボリジニーやそれぞれの移民の文化も大切にしていこうという「**多文化主義**」政策を採っているのです。

Q 「多文化主義」とはどういうものか？

英語で言えば“Multi-culturalism”となりますが，**複数の文化の共存を認める**ことにより，**それぞれの文化がもたらすプラス面を積極的に評価していこう**という考え方です。

では，勉強したところを問題でチェックしてみましょう。

多文化主義の社会

問題 43 オーストラリアの社会

ユミさんが，オーストラリアで訪問した学校では，さまざまな文化を理解し，共存することを目指した教育に熱心に取り組んでいた。その背景にあるオーストラリアの社会について述べた文として最も適当なものを，次の①～④のうちから一つ選べ。

① 主に，先住民であるマオリとヨーロッパ系の移民から成り立っているが，アジアや南太平洋諸国からの移民も増加している。

② イギリス系とフランス系の住民が多く，公用語も英語とフランス語であるが，フランス系住民が多い州では，独立をめぐり住民投票が行われた。

③ 独立前の植民地政策のため，先住民やイギリス人に加え，インドや中国から多くの人々が移住しており，現在では経済的な実権は華人が握っている。

④ かつては有色人種の移住を認めない政策がとられていたが，その政策も廃止され，さまざまな国・地域からの移民を受け入れるようになった。

解答 p.355

オーストラリアの先住民はアボリジニー，ニュージーランドの先住民はマオリ。
オーストラリアは 1970 年代に白豪主義を撤廃し，多文化主義に転換。

じゃあ，順に読みながら見ていくよ。

オーストラリアとニュージーランドの先住民 選択肢①

まず，「マオリ」に線を引いてください。**ポリネシア系マオリ**が先住民なのは**ニュージーランド**です。**オーストラリアの先住民はアボリジニー**なので混同しないようにね！

ニュージーランド先住民の**マオリ**は，古くから狩猟・採集に加え，農耕生活を営んでいました。1840 年に**イギリス**とマオリの間で**ワイタン**

ギ条約が結ばれ，主権はイギリスに譲渡するが，マオリの権利を保護するということが決められました。

その後，いろいろ問題は生じてきましたが，マオリの文化は尊重され，**英語**に加えて**マオリ語**も**公用語に採用**されています。

一方，アボリジニーは，白人に土地を奪われ，人口も激減しましたが，1920年頃からやっと保護政策がとられるようになりました。1967年に市民権が，そして1993年になってやっと先住権(アボリジニーが元々住んでいた地域の所有権が認められた)が認められるようになったのです。①はニュージーランドの説明です。

カナダの公用語　**選択肢②**

「イギリス系とフランス系」に線を引いてください。**イギリス系**と**フランス系**の移民が多く，**公用語**に**英語**と**フランス語**を採用しているのは，**カナダ**です。「フランス系住民が多い州」というのは**ケベック州**でしたよね。

18世紀の植民や争奪戦で，イギリスがフランス系住民に代わってカナダを支配して以来，フランス系住民は政治・経済・社会的な不平等を訴え，**現在でも分離独立の動き**があります。②はカナダの説明になります。

マレーシアの住民構成　**選択肢③**

「先住民やイギリス人に加え，インドや中国から多くの人々が移住」──これは**マレーシア**の説明ですね。**先住民のマレー人**と労働者として流入してきた**中国系**や**インド系**の人がいて，しかも**中国系の人々**(華僑(かきょう)・華人)**が経済的実権**を握っている。

マレー人の地位向上のため，「**ブミプトラ政策**」が実施されているんでしたね(忘れてない？)。アジアの復習もしておこう。

白豪主義　**選択肢④**

「かつては有色人種の移住を認めない政策がとられていたが，……」──これは「**白豪主義**」のことで**オーストラリア**の説明ですから，④が答えです。かなり問題を解くのが楽になってきたんじゃないかな。

3 ニュージーランド

続いて，ニュージーランドの説明です。

ニュージーランドってどんな国

ニュージーランドは，オーストラリアの南東部に位置する島国で，ちょうど**緯度 180 度線**（**日付変更線**）のすぐ西側に位置しているよ。隣には，でかいオーストラリアがあるから，ちょっとだけ影が薄い感じがするけど，オーストラリアとともにれっきとした**先進国**！

環太平洋造山帯に位置している**新期造山帯**に属しているから，日本と同じように**火山や地震も多い**のです。特に**北島にはタラナキ山などの火山**がいっぱいあって，富士山みたいな形状の火山はとってもきれいだよー。

南島の西岸付近には，南北に**サザンアルプス**という高峻な山脈が走っているし，**南島南西岸**には，俺の超オススメ観光スポットの**フィヨルドランド**があります（氷期には，小規模ながら大陸氷河が発達していたから，南半球ではチリ南岸とならんで**フィヨルド**が発達している）。雄壮で神秘的な光景は，ぜひ見て欲しいなー。

マオリ族

オーストラリアの先住民は，**アボリジニー**と呼ばれる人々だったけど，ニュージーランドの先住民は，**ポリネシア系**の**マオリ**だ。9 世紀から 10

世紀頃にポリネシアの島々(タヒチあたりかなあ)からカヌーで渡来してきたと言われていますね。

イギリスの植民地政策以降，激減してしまったけど，現在は保護政策によってニュージーランドの総人口**480万人**の**14%**まで回復しているよ。**オーストラリアは英語だけが公用語**だけど，**ニュージーランドは英語とマオリ語が公用語**だということにも注意！

ニュージーランドの畜産

ニュージーランドは，**偏西風**の影響で国土のほぼ全域が温暖湿潤な**西岸海洋性気候(Cfb)**だ。北島と南島の間を通過する**南緯40度**の緯線を考えるとわかるように，ヨーロッパに比べると同じ西岸海洋性気候でもかなり低緯度にあるね。

つまり，ヨーロッパより暖かいので**冬季でも牧草が枯れにくいから，年中牧場で牛や羊の放牧をすることができる地域がいっぱいある**のです(以前にも説明した**永年牧草地**のことだよ)。

だから，特に年中湿潤な**北島では乳牛飼育と飼料栽培を行う酪農**が，**南島ではサザンアルプスの風下側にあたるため牧羊**が発達しているんだ。

これも地図や短文正誤で出題される可能性があるので気をつけてね！**牧場・牧草地率も，かなり高い**んですよ(**国土の約40%**)。

オーストラリアとニュージーランドの貿易

貿易額はオーストラリアのほうが圧倒的に多いけど，**貿易品目はともに資源(オーストラリア)**，**農産物(ニュージーランド)**などの**一次産品**だ。

人口が少ないから賃金水準が高くて，工業も発達していないわけではないんだけど，今まではせいぜい国内向けの製品生産だったんだ。

ちなみに，2017年の**上位輸出品目**は，**オーストラリアが鉄鉱石**，**石炭**，

LNG，金，肉類，ニュージーランドが酪農品，肉類，木材，野菜・果実，機械類。

輸出相手国は，**オーストラリアが中国，日本，韓国，インド**，**ニュージーランドが中国，オーストラリア，アメリカ合衆国，日本**というように，ともに現在は，**アジア・太平洋諸国との関係が深い**ことに注意しようね！

4 サンゴ礁の分布

オセアニアの最後に，久しぶりですが，**サンゴ礁の分布**に関する問題を解いてみましょう！

問題44 オーストラリアから南太平洋にかけてのサンゴ礁の分布

下の図は，オーストラリアから南太平洋にかけてのサンゴ礁の分布を示しており，次ページの**A**～**C**は図からの読み取りを，**e**～**g**は**A**～**C**のいずれかに関連することがらを述べた文である。堡礁について当てはまる，図の読み取りと関連することがらとの適当な組合せを，下の①～⑨のうちから二つ選べ。ただし，解答の順序は問わない。

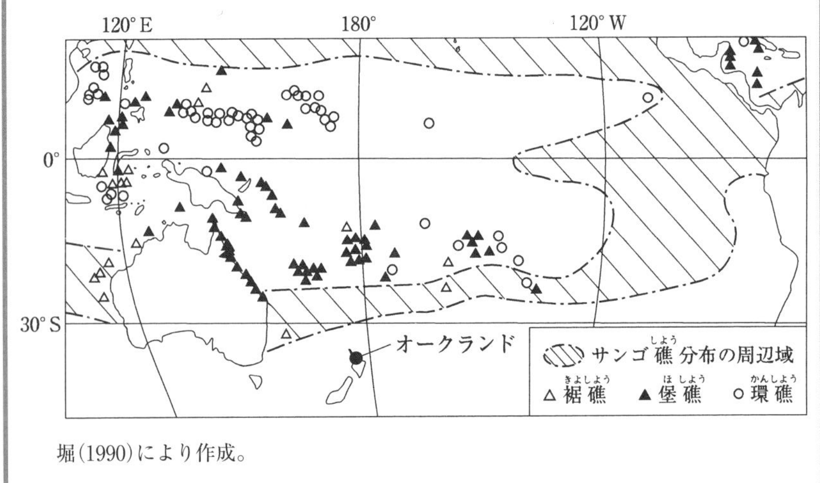

堀(1990)により作成。

【図の読み取り】

A　オーストラリア大陸の東岸に多くみられる。

B　サンゴ礁分布の周辺域に多く分布する。

C　南アメリカ大陸の西岸には分布しない。

【関連することがら】

e　寒流や湧昇流(ゆうしょうりゅう)により海水温が相対的に低い。

f　現在の間氷期が始まり，海水温が上昇してから，サンゴ礁が形成可能になった。

g　世界自然遺産のグレートバリアリーフを構成している。

	①	②	③	④	⑤	⑥	⑦	⑧	⑨
図の読み取り	A	A	A	B	B	B	C	C	C
関連することがら	e	f	g	e	f	g	e	f	g

解答 p.355

図を見てA～Cをしっかり読みとること。
サンゴ礁の成因を思い出そう！

共通テストでは，この問題のように，**図から各種の情報を読み取り，その原因・理由や背景を考えさせる出題**が予想されます。しかも「二つ選べ」というところに注意！

まずは，設問文にある**「サンゴ礁」**にチェックを入れましょう。①〈系統地理編〉でも説明したように，サンゴ礁は，**造礁(ぞうしょう)サンゴ**という生物によって作られた地形です。サンゴは，温暖な浅海を好むんでしたね。忘れてないかな？

次にサンゴ礁の分布図を見てみましょう。△が**裾礁(きょしょう)**で，**典型的なサンゴ礁**です。▲が問われている**堡礁(ほしょう)**で，温暖化などの**海面上昇**（地殻変動による陸地の沈降の場合もある）により死滅したサンゴの岩礁の上に，造礁サンゴが太陽光を求めて海面近くまで成長し発達したサンゴ礁です。

オーストラリアの**グレートバリアリーフ(Great Barrier Reef：大堡礁)**が**世界遺産**にも登録されていて有名ですよね。

ということで，堡礁に当てはまる【図の読み取り】の１つが**A**で，【関連することがら】は**g**ですから，③が一つ目の正解です。

【図の読み取り】の**B**にある「サンゴ礁分布の周辺域」に多く分布するのは，△の裾礁です。つまり**分布の限界付近**ってことです。

Cの「南アメリカ大陸の西岸には分布しない」のは，すべてのサンゴ礁にあてはまります。【関連することがら】の**e**にあるように，**寒流**や**湧昇流**(海水が深層から表層へ垂直方向に移動すること)の影響で，**海水温が低くなるとサンゴは生育できない**ため，裾礁，堡礁，環礁(かんしょう)ともに発達しません。ということで，**C**の「南アメリカ大陸の西岸には分布しない」のは，寒流の**ペルー海流**が北上しているからなので，⑦堡礁→**C**→**e**がもう１つの正しい組み合わせになります。正解は③と⑦。

さっきも説明しましたが，典型的なサンゴ礁の形態は裾礁で，海面が上昇したり，陸地が沈降すると，**裾礁→堡礁→環礁**の順に発達をします。海面が上昇すると共生する植物の光合成ができなくなってしまうので，サンゴは死滅し，太陽光を求めて海面近くまで成長できるサンゴだけが生き残っていくため，このような形態になるのです。

海水温が高い赤道付近では，海面が上昇してもサンゴの成長速度が速いため，**海年上昇の速度に追いつくことができます**。したがって**赤道付近では多くの環礁が発達**し，日本のように**サンゴの生育限界に近い高緯度地域では裾礁が発達**しているんですね。これは，かなり面白い問題です。

以上，よくがんばりましたね！ これでオセアニアは終了です。次は地誌のラスト！ ついに，日本に到着だ。

解答　[問題 41] ③　[問題 42] ②　[問題 43] ④　[問題 44] ③，⑦

第14回 日本(1)

地形と気候の特色

朝鮮半島からスタートした俺たちの旅もいよいよ**日本**まできました。

やっぱり自分たちの国のことをしっかり理解していなければ世界を語ることはできませんよね。

ところが意外に受験生は，日本についてあまり勉強をしていない。これはまずい！ 特に**共通テストでは日本は必ず出題される**し，さらに日本については，**知識がなければ解けないような問題**も出題されています。最後に気を引き締めて日本の学習をしましょう。

まず，次ページの**図1**を見てください。**国土面積**は**38万km²**で，**北端（45°N）と南端（20°N）の緯度差**は約**25度**と**南北に細長い**ことに気づくはずです（**非等温線国家**）。アメリカ合衆国のアラスカを除く本土でも，南北の緯度差が25度程度であることを考えると驚きですね。

北海道の北端が約**45°N**，**九州の南端**が約**30°N**だということも忘れないようにしましょう。

図解 日本の領域(領土・領海)と排他的経済水域

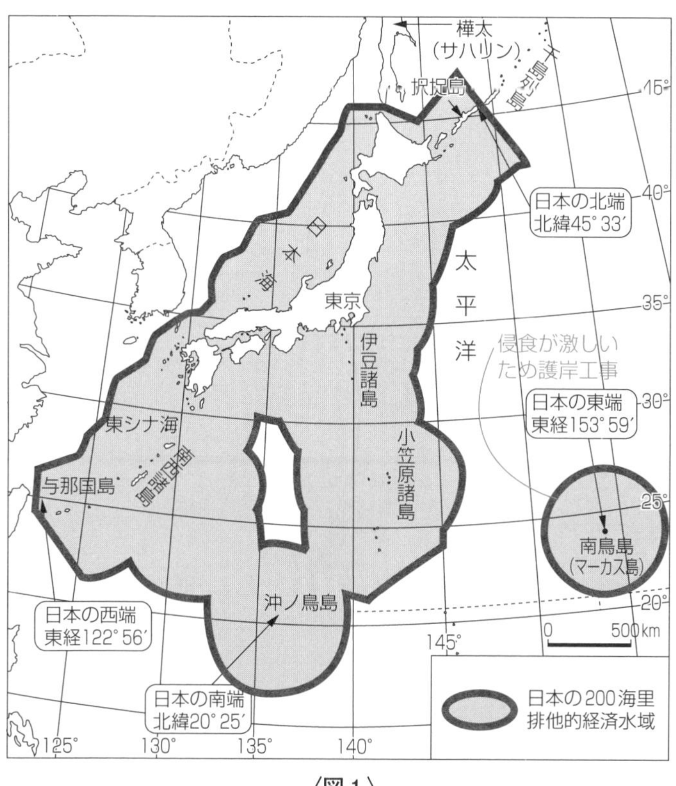

〈図1〉

1 日本の地形

これから，日本の地形→気候→産業の順にチェックしていきます。まずは地形の確認から。**《整理とまとめ㉕》**を見てください。

日本列島は，**ユーラシア大陸の東**に位置する**弧状列島**で，**新期造山帯**の**環太平洋造山帯**に属しています。

そして，日本列島付近では，**大陸プレート**の**ユーラシアプレート**と**北**

整理とまとめ㉕ 日本の地形

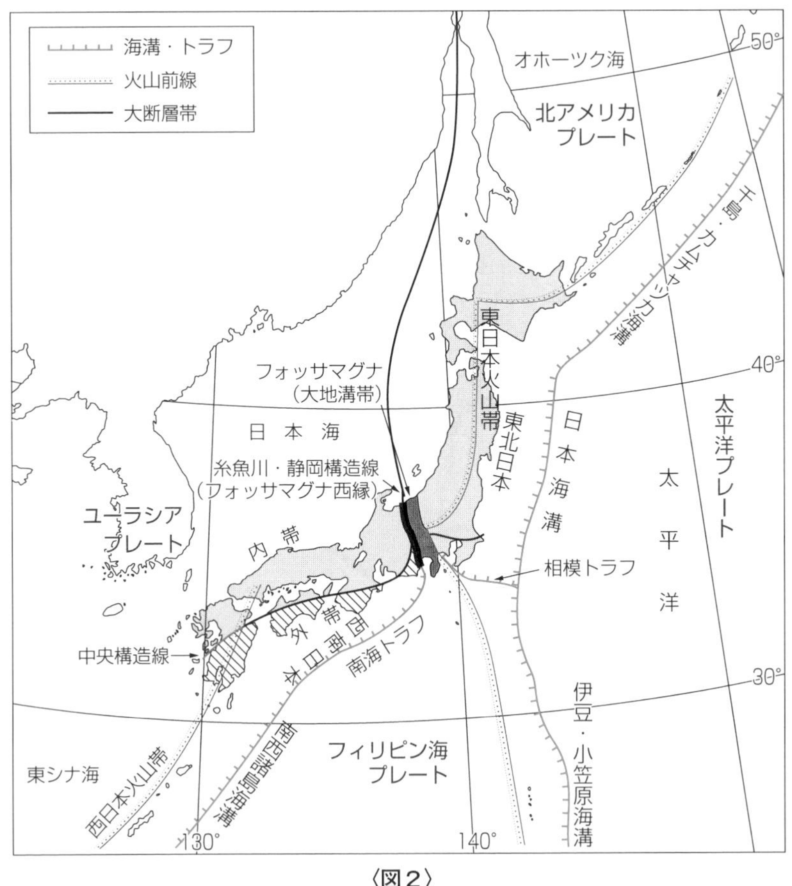

〈図2〉

アメリカプレート，**海洋プレート**の**太平洋プレート**と**フィリピン海プレート**という４枚のプレートがひしめき合って，５つの島弧（とうこ）を形成しています。

プレートの「せばまる境界」に位置していることから**変動帯**にあたり，**地震**や**火山活動**が活発なところで**自然災害**も起こりやすい地域なのです。５つの島弧って聞いたことある？

①千島弧，②東北日本弧，③伊豆・小笠原弧，④西南日本弧，⑤琉球弧で，**千島弧**と**東北日本弧**は**北アメリカプレート**上，**伊豆・小笠原弧**は**フィリピン海プレート**上，**西南日本弧**と**琉球弧**は**ユーラシアプレート**上に位置しているのです。

ちょっと不思議な感じなのですが，東京で授業をしているときは，「俺たちは今，アメリカ合衆国と同じプレート上にいるんだよなあ」という話をするし，福岡で授業するときは，「俺たちは中国と同じプレート上に立っているんだよ」ということになります。

じゃあ，その**北アメリカプレートとユーラシアプレートの境界線**はどこなんだろう？

フォッサマグナ

図2を見てください。日本列島は，中部地方を通過する**フォッサマグナ**(**Fossa magna**：**大きな溝**の意味)によって**東北日本と西南日本に分けられている**ことが一目でわかるでしょう？

ちょうど**北アメリカプレートとユーラシアプレートの境界**になっていますね。フォッサマグナの東縁は**富士山**などの火山活動によって火山噴出物が堆積しているため不鮮明なのですが，**西縁**の断層帯は比較的明瞭です。ちょうど新潟県西部の糸魚川(いといがわ)市～諏訪湖～静岡市を結ぶラインがそれにあたり，**糸魚川・静岡構造線**と呼ばれています。かならず地図帳を開いてマーカーで線を入れておこうね！

フォッサマグナの西縁は糸魚川・静岡構造線

ところで，君たちが線を引いた両側って，地図帳の色を見ると濃い茶色をしていますよね。つまり標高が高いということです。特に**西側はすごく高い**だろう？ **フォッサマグナ付近は隆起量が大きく**，特に西側は，北から順に**飛騨山脈**，**木曽山脈**，**赤石山脈**と呼ばれる3,000m以上の山脈が南北に走っています。

Q これら3,000m以上の3つの山脈をまとめて何と呼ぶんだった？

「日本アルプス」です。

①〈系統地理編〉第4回でやったよね。**氷期**には**山岳氷河が発達していた**ため，**カール**などの**氷河地形**も分布しているところです。

中央構造線

西南日本は**中央構造線**（メディアンライン）と呼ばれる**大断層帯**で，北側の**内帯**と南側の**外帯**に二分されます。**内帯は中国山地や筑紫山地**など，**深成岩**（マグマがゆっくり冷えて固まったもの）**からなる丘陵**（きゅうりょう）**性のなだらかな山地**が多く，**外帯は紀伊山地，四国山地**など，**堆積岩**（たいせきがん）**の険しい山地**が多いです（なんか小学校の社会科を思い出さない？）。

日本の平野

日本列島には多くの山地があり，**梅雨**，**台風**，**秋雨**などの影響を受け，まとまった降水が見られるため，**河川による侵食や堆積作用が活発**です。ということは……。

また1つ質問をします。

Q 日本の平野は，侵食平野ですか，それとも堆積平野ですか？

①〈系統地理編〉でやりましたが，あまりにも前のことなので，忘れてしまいました（。＞０＜。）

「系統地理分野」の重要なポイントを確実なものにしておいてほしいので，がんばってね。日本の平野は大部分が**堆積平野**であるということを忘れないでください(①〈系統地理編〉第５回)。

次の**図３**を見てください。

図解 日本の代表的な平野

〈図３〉

日本の主な平野を示したものです。ただでさえ**小規模な平野が大部分**なのに，**西南日本**には**濃尾平野**以外に広めの平野がありませんねえ。これに対して**東北日本**には**石狩平野**，**仙台平野**，**越後平野**，**関東平野**など比較的広めの平野が分布しているのが特徴的です。

日本の大都市の分布と平野の分布はほぼ一致しますよね。やっぱり平野は交通の障害がないため，**都市の立地に適している**のです。

扇状地の特徴とその利用

問題 45 日本の扇状地

日本では，山地から多量の土砂が運搬され，山麓(さんろく)部に扇状地が形成されることが多い。扇状地の特徴やその利用について説明した文として**誤っているもの**を，次の①～④のうちから一つ選べ。

① 扇状地を流れる河川では，氾濫(はんらん)から住居や耕地を守るために堤防を高くした結果，天井川が形成されることがある。

② 山間部を流れてきた河川は，山麓部において流速が小さくなるので，扇状地の堆積(たいせき)物は主に粘土で構成されている。

③ 桑畑や果樹園に利用されてきた扇央部には，灌漑用水路の整備により，水田が造成されたところもある。

④ 河川は扇央部において伏流(ふくりゅう)することがあり，扇端では湧水(ゆうすい)がみられることが多い。

解答 p.393

設問文にあるように，扇状地は多量の土砂が山麓に堆積して形成された平野。
扇状地には，比較的粒径が大きな砂礫が堆積。

①〈系統地理編〉第 5 回以来，久々の扇状地の問題です。**日本には急傾斜の断層山地が多い**ため，山麓には小規模な**扇状地**が多数発達しています。国土の約 **60%が山地**(丘陵地を合わせると 70%)で，平野の少ない日本にとっては**重要な人々の生活の場**になってきたんですね。

《日本の地形》

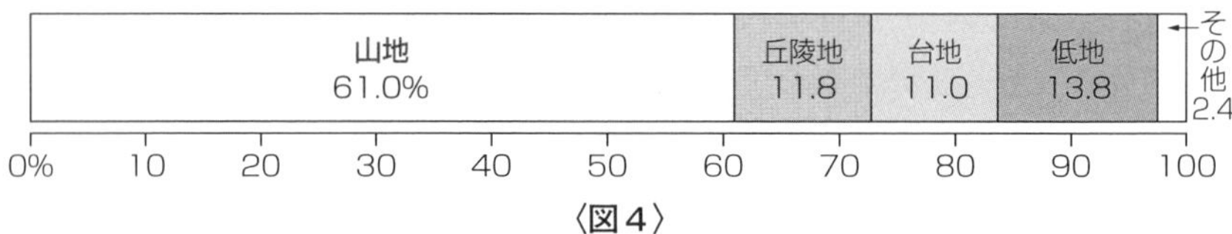

〈図 4〉

天井川　**選択肢①**

人工堤防を高くし，洪水を防止すると，堤防外に土砂が流出しないため**河床に土砂が堆積**し**周囲より高いところを流れる天井川**(てんじょう)が形成されることがあります，したがって正しい文です。

扇状地の堆積物　**選択肢②**

山麓部では**傾斜が緩やか**になるため，流速が衰え，**粒径の大きな砂礫**(されき)**を堆積**するようになります。「**粘土**」は粒径が小さいため，誤っています。これは一発で誤りだと判定して欲しいなあ。答えは②。

扇央部　**選択肢③**

扇央部は粒径が大きい砂礫(されき)から成るため，河川は**伏流**(ふくりゅう)し(地下水になることです)，**水無川**となっているところが多かったですよね。つまり**乏水地**(ぼうすい)であるため，水田としての開発は遅れていたのですが，**灌漑用水路**(かんがい)や**ため池の整備**によって**水田化**しているところもたくさんあります。

したがって正しい文です。**扇央＝畑・桑畑・果樹園という丸暗記は危険**ですから注意しましょう。

扇端部　**選択肢④**

河川は**扇央**部において**伏流**しますが，**扇端**部では**湧水**(ゆうすい)するため**古くからの集落**や**水田**が立地しています。これも正しい文です。

内容は易しいと思うけど，久しぶりだったから忘れてなかったかな？　ちょっと心配(笑)。『実況中継』２冊を何回も繰り返し，読み直してね！

地震と火山

日本は**変動帯**に位置するため，地震や火山活動が活発だという話をしましたね。**地震**は**海洋プレートが沈み込んでいる海溝付近で発生**(海溝

型地震）します（①〈系統地理編〉第３回）。**2011年**に発生した**東北地方太平洋沖地震**（**東日本大震災**）もこのタイプになります。

また，**プレート内部**でも**活断層**が通過しているところでは地震が発生します（**直下型地震**）。**1995年**に発生した**兵庫県南部地震**（**阪神・淡路大震災**）は野島断層と呼ばれる活断層がずれて生じたものです。次の**図５**を見てください。

図解 日本の地震発生地点（1885年以降）

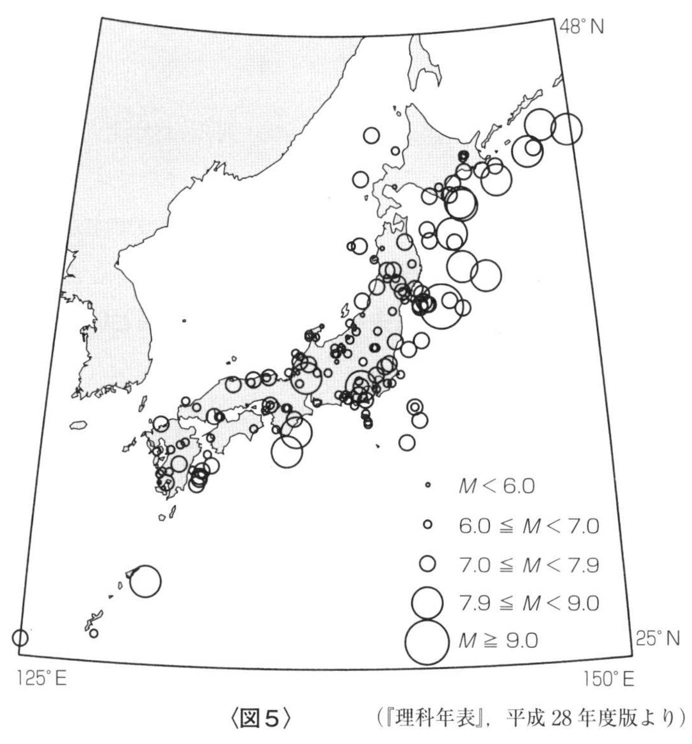

〈図５〉　（『理科年表』，平成28年度版より）

日本の主な地震の発生地点ですが，日本の至る所で地震が起きていることがわかります。イギリス人にこの図を見せたらびっくりするでしょうね。だって**イギリス**は国土の大部分が**古期造山帯**に属しているため，

地震は極めて少ないですから。

次は**火山**の復習です（①〈系統地理編〉第４回）。**海洋プレートが沈み込むことによって岩石が溶けてマグマが発生**するという話を覚えていますか。海溝と火山前線の間には火山がほとんど噴出しませんが，**火山前線から日本海側にかけては多くの火山が分布**しています。

日本の火山地域

問題46 日本の火山地域

日本における火山地域に関する文として下線部が最も適当なものを，次の①～④のうちから一つ選べ。

① 火山地域では，溶岩流や火砕流（かさいりゅう）のみならず，<u>噴火後の土石流や泥流によっても災害が発生する可能性がある</u>。

② 火山の周辺では，上空に吹く風の影響により，<u>火口の東側よりも西側に火山灰が厚く堆積することが多い</u>。

③ 火山地域にある国立公園や国定公園では，自然環境保全の観点から，<u>入園料の徴収が義務づけられている</u>。

④ 火山の山麓では，温泉や地熱を利用して，<u>野菜や果樹の促成栽培が盛んに行われている</u>。

解答 p.393

噴火後，雨が降ると，土石流や泥流が発生しやすい。
火山灰は粒径が小さく大気中を漂うので，風の影響を受けることに注目！

火山についての頻出問題です。

土石流・泥流　**選択肢①**

火山が噴火すると，**火山弾**，**溶岩流**，**火砕流**（**高温のガスを含む火山噴出物が高速で流下**）が発生し，さらに**噴火後の降水**などにより，山腹斜面の**火山噴出物が多量の水を含んで流下**する**土石流**や**泥流**によっても大きな災害が発生することがあります。したがって，下線部は正しいです。答えは①。

現在は防災の意識が高まり，火山周辺の災害のおそれがある地域については**ハザードマップ**(**防災地図**)の作成も進んでいますよ。また，火山弾などを避けるための**シェルター**（避難所）の建設も行われています。

火山灰の堆積　選択肢②

日本の位置する緯度帯では**高層**を強い**西風**(**ジェット気流**)が吹いているため，火山灰は火口の西側より**東側に堆積することが多い**です(①〈系統地理編〉第７回)。したがって，下線部は誤っています。

このテーマに関する出題は共通テストでも出題される可能性が高いですから，絶対に自信を持って解答できるようにしておきましょう。

火山地域の国立公園　選択肢③

火山地形は偉大な自然の力を感じさせてくれますよね。富士山にしろ何がきれいかっていわれてもうまく説明できないけど(笑)，日本の豊かな自然を感じさせてくれます。日本に限らず，**風光明媚**(ふうこうめいび)**な火山地形**は**観光地**として人気で，多くが国立公園や国定公園に指定されています。では，

Q　世界で最初の国立公園はどこか知ってる？

きっと日本のじゃなさそうですね。イギリスかなあ？

「世界で最初」とか言われると，イギリスなどヨーロッパ諸国かなと思ってしまいますよね。アングロアメリカのところでも少し触れましたが，実はアメリカ合衆国西部の**イエローストーン国立公園**なのです(**アメリカ合衆国西部**は**新期造山帯**で，イエローストーン国立公園は**ロッキー山脈**内にあって，200以上の間欠泉(かんけつせん)で有名です)。

これにならって日本にも多くの**国立公園**や**国定公園**が設立されました。入試ではここまで詳しくやる必要はありませんが，国立公園は優れた自然の景勝地を国が財政を負担し，直接管理する公園，国定公園は国が管理義務を都道府県に委託していると思ったらいいです。

これらの公園では，**入園料の徴収は義務づけられていません**から，下線部は誤っています。国立公園などは入園者だけが負担するのではなく，**国民全員**（つまり税金）**で負担**しようという考えなのです。

ただし国立公園や国定公園内では，自然環境や景観の保護などの観点から，地熱発電所の建設などに対する規制があるため，**地熱発電所の建設はほとんど進んでいません。**

地熱発電のポテンシャルは世界第３位と言われている日本ですが，自然との調和をいかに実現するかというのが今後の課題ですね。

温泉や地熱の利用　**選択肢④**

北欧の**アイスランド**などでは**地熱発電**や温泉熱を利用した野菜の温室栽培なども行われていますが，温暖な**日本では盛んに行われてはいません**（一部，温泉熱を利用した栽培は行われていますが）。したがって，下線部は誤っています。

出来はどうだったかな？ 間違ってもあきらめないで，そのつど正しく分析し直すことによって地理的思考力を高めれば，いろんな問題に対応できる力が身につくからね！

海岸の小地形

問題 47 函館山付近の地形

リエさんは，次の図中のＡの破線で囲まれた函館山付近が，特徴的な地形であることを知った。この函館山付近の地形の名称として正しいものを，次の①～④のうちから一つ選べ。

① おぼれ谷　② 砂嘴(さし)　③ ラグーン(潟湖(せきこ))　④ 陸繋島(りくけいとう)

解答 p.393

 函館山付近は元々島だったが，土砂の堆積により陸続きに。

次は，久しぶりに地形図を見ながら，海岸の小地形を考えてみよう。

陸繋島　**選択肢④**

問題の図中の函館山付近の地形は**陸繋島**です。答えは④ですが，

Q **陸繋島とはどんな地形でしょう？**

陸地と沖合の島が砂州で連結したものです。

そのとおりですね。**図6**を見てください。沖合の**島**の影響で**波**や**沿岸流**が弱まり，島と陸地の間が浅海である場合は特に土砂の堆積が進むため，図に見られる陸繋島を形成します。

図解 陸繋島

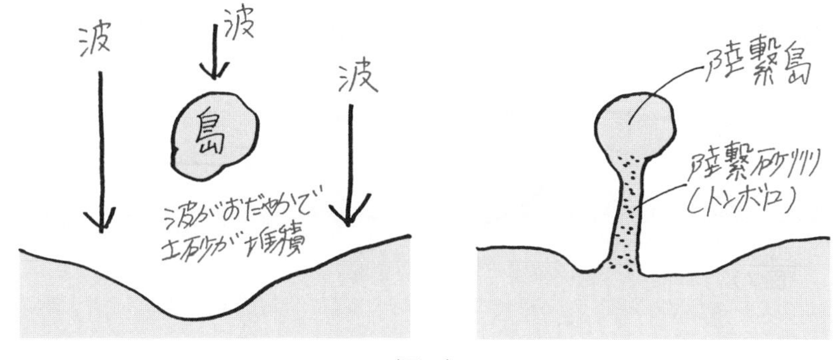

〈図6〉

問題の図中の東雲町，大森町などは**陸繋砂州**(**トンボロ**)上に発達した市街地ですね。日本には各地に陸繋島が見られ，**江ノ島**(**神奈川**)，**志賀島**(**福岡**)，**潮岬**(**和歌山**)などがその好例となっています。

おぼれ谷　**選択肢①**

おぼれ谷は河川や氷河の侵食によって形成された**谷が沈水**したものです。じゃあ，

Q おぼれ谷が連続して尾根が岬，谷が入り江になった鋸歯(きょし)状の海岸線をもつ海岸といえば？

 問題が易しすぎます(笑)。もちろんリアス海岸です。

全員正解したのでほっと一息。けっこうドキドキした……(笑)。

砂嘴　選択肢②

砂嘴(さし)は**沿岸流によって運搬された土砂が堆積**して形成された地形で，沿岸流が内側に回りこむため**かぎ状に湾曲**しているものが多いです(**図7**)。**砂嘴が発達して対岸にまで届きそうになったもの**(または届いて連結したもの)を**砂州**と呼んでいます(**図8**)。**天橋立**(あまのはしだて)(**京都**)や**弓ヶ浜**(ゆみがはま)(**鳥取**)は観光名勝として知られています。

図解 砂嘴

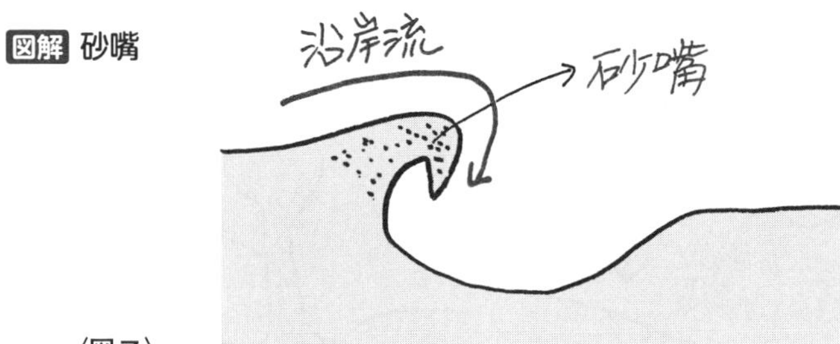

〈図7〉

ラグーン(潟湖)　選択肢③

ラグーン(**潟湖**(せきこ))は**砂州によって外海から切り離されて形成された湖**のことです(**図8**)。ラグーンが砂泥(さでい)で埋積(まいせき)してしまうと，**干潟**(ひがた)になってしまうこともあります。

干潟とは，**満潮時には海底ですが干潮時は陸地**になる，砂泥の堆積により形成された低湿地です(**有明海**のものが超有名！)。**干拓**されてしまっているところもありますが，三角州を形成する河口の沖合などでも見られます。本問のような基本的な地形名についてはしっかり学習しておこう。

図解 ラグーン

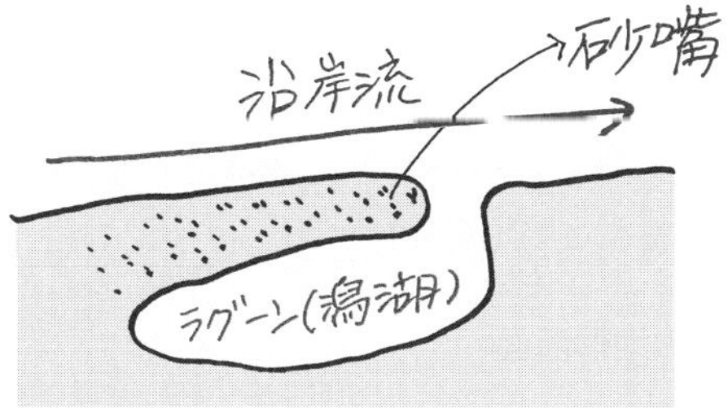

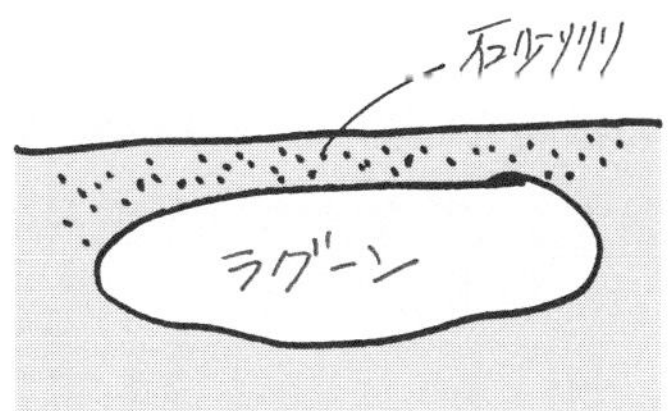

〈図8〉

地形図断面図の読みとり

問題 48 函館山の地形断面図

リエさんは，[問題 47](p. 368)の図中の函館山のD－E間の地形断面図を作成した。その地形断面図として最も適当なものを，次の図中の①～④のうちから一つ選べ。ただし，水平距離に対して垂直距離は約1.5倍で表現してある。

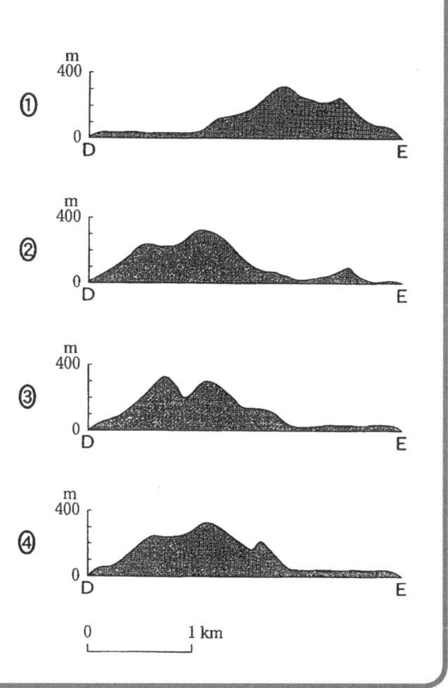

解答 p.393

D－E間の断面線上の等高線をできるだけ正確に読む。
等高線から急傾斜，緩傾斜，尾根，谷を読みとろう！

復習をかねて，地形断面図の読図にもチャレンジしてみよう。心配な人は①〈系統地理編〉第５回の地形図を読み直しておいてね。

地形断面図は**入試頻出のテーマ**なので，地図中の**地形断面を示した線の標高を確認**し，断面が**急傾斜**か**緩傾斜**か，通過している部分が**尾根**か**谷**かなどに気をつけながら読みとりましょう(**図９**)。

図解 函館の地形断面

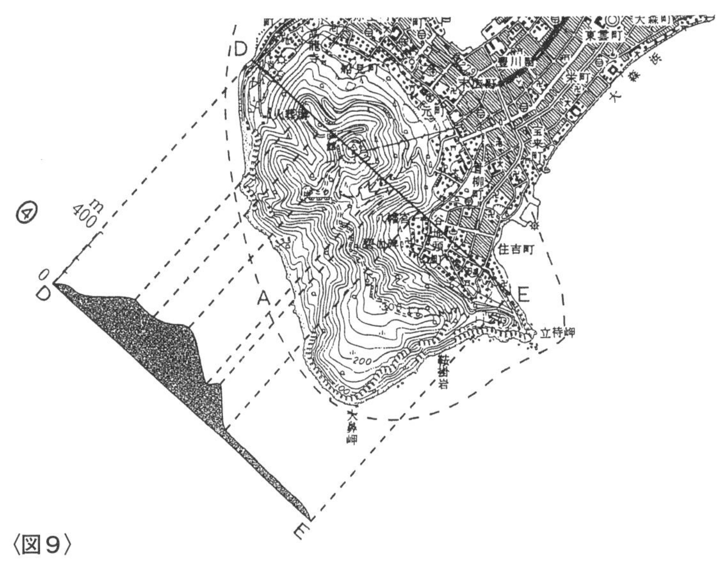

〈図９〉

答えは④だね。つづいて，もう１問やってください。

地形図読図

問題 49 函館山付近の地形図読図

リエさんは，[問題 47](p. 368)の図を用いて地域の特徴を読み取ることにした。図から読み取れることを述べた文として**適当でないもの**を，次の①～④のうちから一つ選べ。

① 船舶の航行を安全にするために，港の入口に灯台が設置されている。
② 函館港側と大森浜側の海岸を比べると，函館港側に工場が多い。
③ 函館山の南岸には，急崖(きゅうがい)をいかした天然の良港がある。
④ 函館山付近の市街地は，標高 100m 以下にみられる。

解答 p. 393

灯台と工場の地図記号を混同しないように！
この地形図の縮尺は５万分の１。

選択肢①

函館港の入り口に**灯台**(☼)の地図記号が見られます。したがって正しい文です。灯台は**船舶航行の安全を確保するため設置されている航路標識**で，地図記号も**灯火の光**を図案化したものですね。

選択肢②

函館港側には**工場**(☼)の地図記号が複数見られますが，大森浜側には見られないため，正しい文です。工場の記号は**歯車**を図案化したものです。新しい２万５千分の１の地形図では，工場の地図記号がなくなってしまいました！

選択肢③

函館山の南側は海まで急傾斜の**崖**が続いていることが，**等高線間隔が狭い**ことと**岩崖**(いわがけ)(ｍｍｍ)の地図記号から読みとることができます。しかし，**港湾の記号(⚓重要港，⚓地方港，⚓漁港)がない**ため「天然の良

第14回 日本(1) 地形と気候の特色

図解 函館の地図

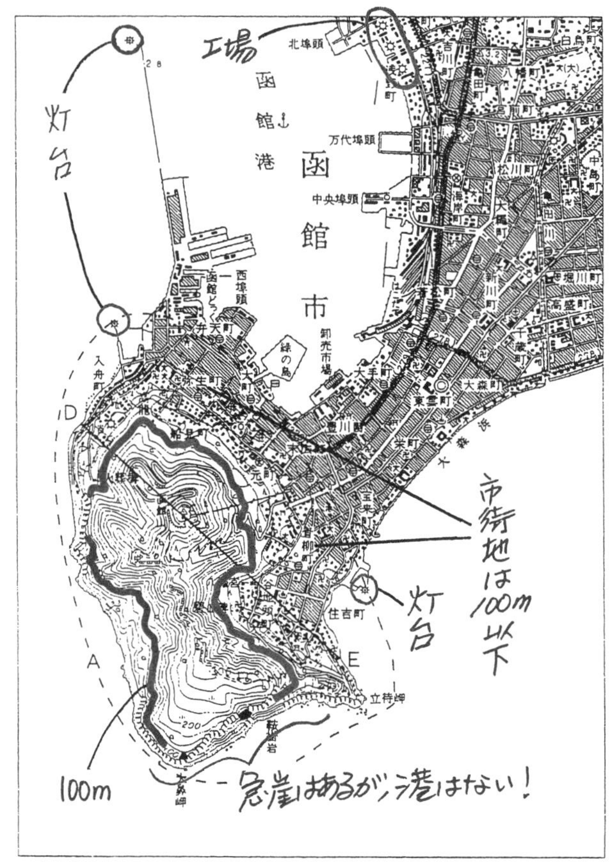

〈図 10〉

港がある」という部分が**誤ってい**ます。答えは③。

選択肢④

函館山付近の**市街地**(建物が密集している地域)は，**すべて標高100m 以下**の地域です。100m の等高線をなぞってみましょう。

どうでしたか，久しぶりの地形図は。もうそんなに苦手じゃなくなっただろう？ 日本の地形はこれで終わります。

2 日本の気候

次は**日本の気候**について頻出テーマをまとめていきましょう。

気候を理解するには，まず日本の位置がわかっていなければなりません。

p. 357，**図1**のところで説明しましたが，**北端**は**北緯45度**，**南端**は**北緯20度**とかなり南北幅が大きく，アラスカを除くアメリカ合衆国と同じくらいの緯度差があるんでしたね。

ということは，かなり気候にも**地域差**が見られるということ。**北海道や東北の一部**では**Df**，**国土の大半**は**Cfa**に属しています。

日本の気候は共通テストでも頻出ですが，ほとんどが小中学校で学んだ内容です。だからそんなに特別なことをやる必要はないんですが，忘れている人もいっぱいいそうな気がするので，ちょっとだけ話を膨(ふく)らませながら大昔の記憶を呼び戻しておきましょう！

日本は，**ユーラシア大陸の東に位置**することから，**東岸気候**です。したがって西岸に位置するヨーロッパに比べると，同じ温帯でも**気温の年較差は大きく**なります(約**20℃**)。

年降水量も約**1,700mm**と多く，**梅雨による集中豪雨**や**台風**などによる**水害も頻発**します。**世界的な多雨地域**の1つですが，**北海道**は**明瞭な梅雨がない**こと，**中央高地**は**日本アルプス**，**瀬戸内**は**中国山地と四国山地**に挟まれていて，季節風の風下に当たるため，**やや降水量が少なくなる**ことに注意しましょう。少ないといっても1,000㎜くらいは降るから世界的に見れば多いんですけどね。

春から初夏

移動性高気圧と**温帯低気圧**が交互に通過するため，天気の変化が大きいです。日本海に低気圧が発達すると，太平洋側から湿潤な大気が吹き込み，**山地の風下側に当たる日本海側**では，**高温乾燥**状態になる**フェーン現象**が起きることがあります。

特に**富山県**の**砺波(となみ)平野**では過去に何度も火災が生じたため，延焼(えんしょう)を防ぐなどの目的から**家屋が散在**する**散村(さんそん)**や**屋敷林(やしきりん)**（地図記号では例の**樹木に囲まれた居住地**の記号だよ）が今でも見られます。フェーン現象によって，**山岳部の積雪が雪崩**を起こしたりすることもあるから怖いですね。

初夏になると**梅雨前線(ばいうぜんせん)**が**北上**してきます。梅雨前線とは，南から北上してくる**北太平洋高気圧**（**小笠原高気圧**）と，日本付近に発達している**オホーツク海高気圧**との間にできる前線で，長期間日本列島付近に停滞するため，**多量の雨**をもたらします。北太平洋高気圧というのは，授業でいやというほどやった**亜熱帯高圧帯**の一部です。

沖縄など南西諸島は**5月**に，**九州，四国，本州**では**6月から7月**にかけて**梅雨時期**になることを忘れないようにしましょうね。前述のように**北海道には梅雨はありません！** 梅雨時期は北海道に遊びに行く大学生が多いはず。毎年，羽田空港，中部国際空港，伊丹空港，福岡空港などで多くの教え子たちと遭遇します。君たちとも会えるといいね！

真夏から秋

梅雨が明けると，**北太平洋高気圧**に覆われて**熱帯並みに暑い盛夏**がやってきます。ただ**東北地方**の**太平洋岸**では，**オホーツク海高気圧**の発達が続くと，**やませ**という**冷涼で湿潤な北東風**が吹き込み，冷夏となるため，**太平洋側の稲などに冷害をもたらす**という話も忘れないようにしましょう。

台風と秋雨

フィリピン近海で**台風**が発生し，日本列島付近に接近する季節になってきました。台風は，だいたい8月から10月上旬にやってくるんですが，最近は**温暖化**の影響もあって**頻発化**，**大型化**の傾向にあるようです。

台風は風水害をもたらし，特に**高潮**（**低気圧により海面が引っ張り上げられる現象**で，三角州などの低地は海水を被る恐れがあるよ）が発生することもあります。**9月中旬頃から10月中旬**にかけては，**秋雨前線**（あきさめ）が停滞することになります。またまた雨の季節ですねえ。

西日本に住んでる人は，秋雨より梅雨がうっとうしいなと思うでしょうが，東日本に住んでいる人は逆に秋雨が憂鬱（ゆううつ）ですよね。一般的に**東日本では，秋雨前線による降水量が多く，西日本では梅雨前線による降水量が多くなる**傾向にあります。地域性が多様なのは日本の気候の特徴ですね。

秋雨前線が南下すると，移動性高気圧に覆われます。気持ちがよくて，教室から飛び出したくなるような秋晴れの日々がやってきます。

図解 日本付近の気団

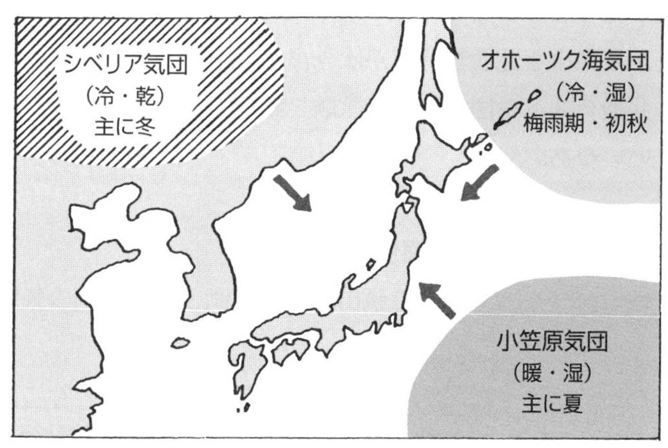

〈図 11〉

図解 日本列島付近の冬の天候

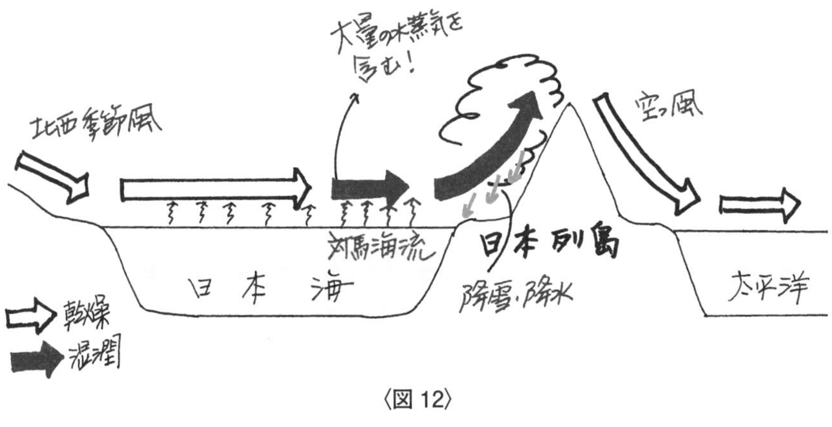

〈図 12〉

● 夏季 } は { 南東季節風 } の影響を受ける
● 冬季 } は { 北西季節風 } の影響を受ける

冬

冬になると，ユーラシア大陸に**シベリア高気圧**が発達し，**西高東低の気圧配置**となります。小中学校の理科でやりましたよね？ このシベリア高気圧から寒冷な**北西季節風**が吹き出すため，厳しい冬がやってくるのです。共通テストや国公立二次試験，私大入試の頃，あんまり寒くならないといいなあ。

太平洋側の気候と日本海側の気候

ここで**地域調査**などの問題で頻出の**太平洋側**と**日本海側**の気候について説明しておきましょう。

夏季はともに梅雨，台風，秋雨の影響で降水量が多く，特に南東季節風の風上側に当たる**西南日本の太平洋側**では**年降水量が 3,000 ～**

4,000mm になるところもあるのです。

冬季は**太平洋岸で降水が少なく晴天に恵まれる**のに対して，**日本海側では降水量**(もちろん**降雪量**も含みます)**がかなり多くなる**地域も見られます。大陸から吹き出た**寒冷乾燥**の**北西季節風**が，**暖流**の**対馬海流**が流れる**日本海で水蒸気の供給を受け**(冬の海からはあまり多くの水蒸気は供給されないのですが，暖流上ではいっぱい水蒸気を受け取るのです)，雪雲が発達し，**日本海側に豪雪をもたらします**(衛星画像が出題されたときは，**筋状の雪雲**に注意！)。**日本海側と太平洋側の気候の判定**は，**冬季の降水量**で判定しましょうね(図 12)。

日本の四季

次に**四季が明瞭**な**日本の気候の特色**についてまとめておいたので，マスターしてください。

日本の気候は超重要です!!

整理とまとめ㉖ 日本の四季

季節	特色
春	移動性高気圧と移動性低気圧が交互に日本列島を通過。天気は周期的に変化。
初夏	**オホーツク海高気圧**と**北太平洋(小笠原)高気圧**によって形成される**梅雨前線**が停滞。
夏	**北太平洋高気圧**におおわれ熱帯並みの暑さ。
秋	**秋雨前線**の停滞，**台風**の襲来。
冬	西高東低の気圧配置。**シベリア高気圧**から吹き出す**北西季節風**の影響で寒気が流入。

図解 日本の各地点の雨温図

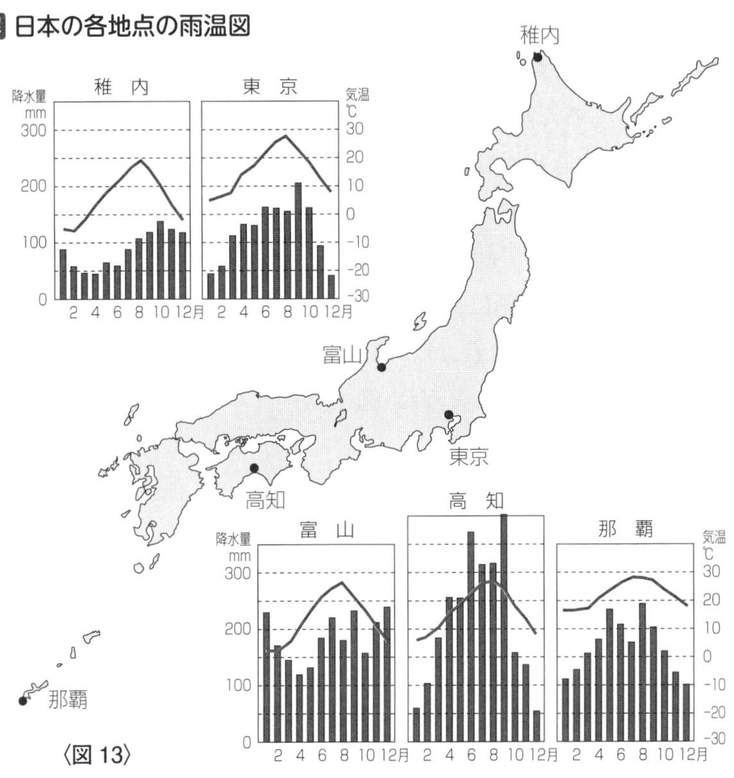

〈図 13〉

【稚 内】**最寒月平均気温**が－3℃**未満**で**冷帯**となり，冬季の気温が低い。**梅雨がないことに注意！**

【東 京】梅雨，台風，秋雨の影響で，**夏に降水量が多い**が，**冬季は晴天**に恵まれる。

【富 山】夏季の降水量も多いが，**冬季の北西季節風**の影響で，**降水・降雪量が多い**。

【高 知】**夏季の降水量が極めて多い**。

【那 覇】**亜熱帯性気候**で，**梅雨入りは５月**と早いことに注意！

東北地方の気候

問題 50 気温の年較差と日照時間

カオリさんは，横手市の気候を，岩手県の釜石市，北上市のものと比較してみた。次の表中の**ア〜ウ**は，これら３都市の気温年較差と12月〜２月の３か月間における日照時間を示したものである。**ア〜ウ**と都市名との正しい組合せを，下の①〜⑥のうちから一つ選べ。

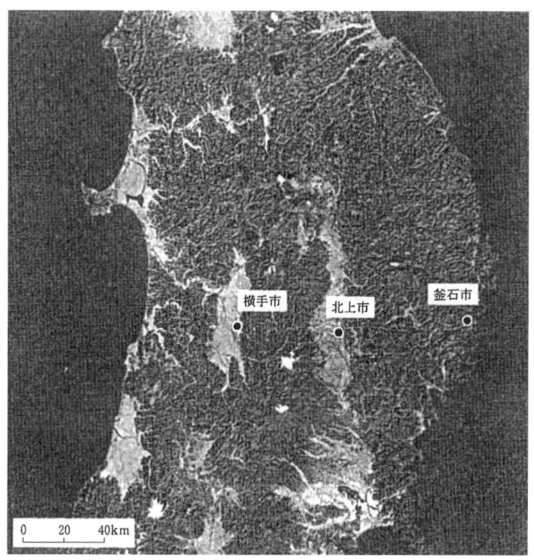

	気温年較差(℃)	12〜２月の日照時間(時間)
ア	26.2	140.4
イ	22.3	390.6
ウ	25.2	239.7

気象庁の資料により作成。

	①	②	③	④	⑤	⑥
ア	釜石市	釜石市	北上市	北上市	横手市	横手市
イ	北上市	横手市	釜石市	横手市	釜石市	北上市
ウ	横手市	北上市	横手市	釜石市	北上市	釜石市

解答 p.393

気温の年較差は，まず緯度に注目し，次に隔海度。
日照時間とは，雨天と曇天を除く日中の時間のこと。

まず判定基準の１つである**気温の年較差**について考えてみましょう。一般に気温の年較差は**高緯度になるほど大きくなる**傾向があります。夏冬の**太陽高度**の違いによって**日射量の差が大きい**ことと**日照時間の差が大きい**(**夏は日照時間が長いが，冬は短くなる**)ことがその原因です。

しかし，この問題では**横手**，**北上**，**釜石**の３都市は**ほぼ同緯度**にありますからこの判定基準は使えませんね。困ったなあ……どうしたらいいでしょうか？

次に**隔海度**を考えてみましょう。同緯度ならば**沿岸部の年較差は小さくなる**はずですね。そこで３都市中最も年較差が小さい**イ**が**太平洋岸**の**釜石市**と考えます。

残る**ア**と**ウ**の数値は微妙すぎて判定が困難です。こういうときには，１つの数値や指標で長時間悩まず次に行きます。12～２月の**日照時間**を考えてみましょう。

12～２月ということは**冬**の**日照時間**ということですよね。冬は日の出の時間が遅く，日没の時間が早いから日照時間はどこも短いはずだね。違いがあるとすれば，**雨の日が多いとより日照時間が短くなる**し，**晴れの日が多いと長くなる**。

アは140.4と他の２都市に比べて著しく日照時間が短いのだから，さっき君たちに説明した**日本海側の気候の特色**が表れていますね。

えっ？ 説明する前から気づいてたって？ それは君たちに地理の学力がついている証拠です(笑)。**アは日本海に近い横手市**になります。

横手市が位置する**横手盆地**は，東の**奥羽山脈**と西の**出羽山地**に挟まれた山間盆地で，やや内陸にあるのでちょっと解答する際に悩んだかもしれませんね。

でも，図中の**白い部分は低地**を示していますから，**川沿いの谷に湿潤な大気が流入**してきて，奥羽山脈の風上側で上昇気流が生じ，横手盆地付近で雪や雨を降らせるのです。

残る**ウ**を**北上市**と判定します。答えは⑤。ちょっと自信がついてきたでしょう？

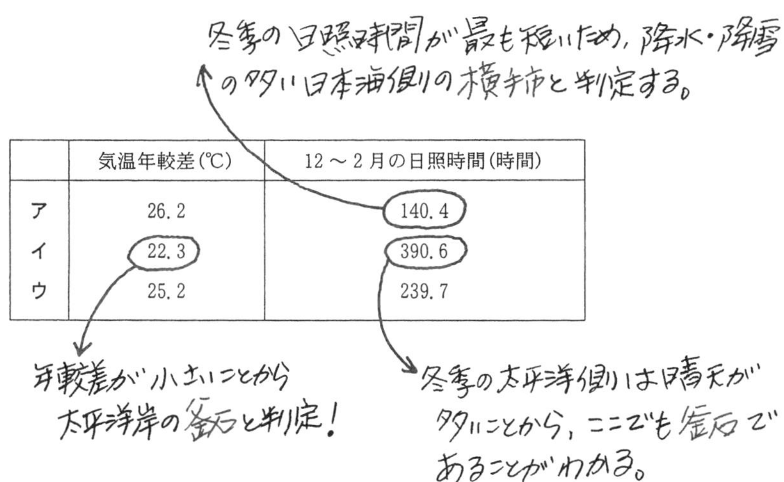

	気温年較差(℃)	12～2月の日照時間(時間)
ア	26.2	140.4
イ	22.3	390.6
ウ	25.2	239.7

ヒートアイランド

都心部に住んでいる人は次のようなことを感じたことがないですか？

夏休みに田舎のおじいちゃんやおばあちゃんのところに遊びに行ったり，郊外にキャンプに行ったりすると，「夏でもけっこう涼しいなぁ！ 夜は冷えるな」と思う反面，自分の家に帰ると「朝から晩までとにかく暑い！」これは気分的な問題ではなく，本当に**都心部は暑い**のです。

では，問題を解きながら説明をしていきましょう。

問題 51 ヒートアイランド現象

次の図は，東京を中心とした地域における，1981 年と 2001 年の 30℃を超える気温が記録された総時間数の分布を示したものである。図を説明した文として**適当でないもの**を，次の①～④のうちから一つ選べ。

1981 年

2001 年

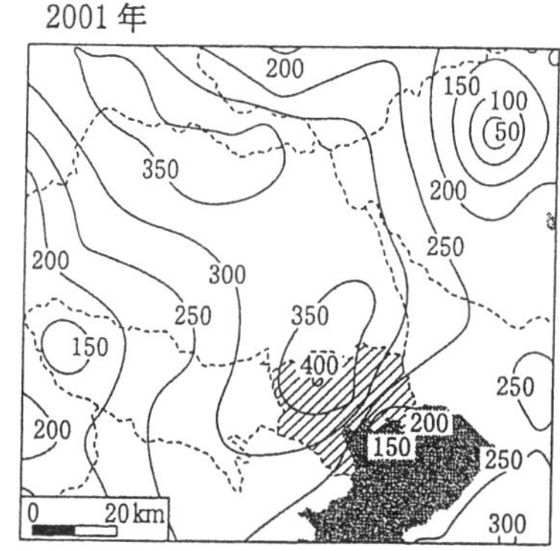

① 都市域の拡大で上昇気流が強まり，夏季の日中に山地から都市域へ吹く高温で乾いた風が生じやすくなり，関東平野の北部に高温の地域が広がった。

② 特別区の北部では，建物や舗装道路などからの放熱に加えて，海風によって都心部の熱が運ばれるため，30℃を超える時間が長くなっている。

③ 西部や北東部では，標高が高く，田畑や森林の占める割合が大きいことから，特別区とその周辺地域に比べて 30℃を超える時間が短い。

④ 東京湾沿岸地域では，海風の影響により 30℃を超える時間は特別区の北部周辺地域より短いが，ここでも気温の上昇傾向がみられる。

解答 p.393

都市化が進むと，人工熱や人工物による被覆により気温が上昇。
郊外は田畑や森林などもあり，都心部より気温は低くなる。

30℃を超える日を**真夏日**(**熱帯日**)と呼んでいますが，近年は**温暖化**や**ヒートアイランド**により**真夏日の日数が増加**する傾向にあります。ヒートアイランドとは工場，自動車，エアコンなどの**人工熱の放出**や，**大気汚染**，**建物の密集**，**道路舗装**などにより**放熱が悪くなる**ことから**気温が上昇**する現象で，**等温線**を描くと図の特別区周辺のように**閉曲線**ができるため(**島みたい**だよね)ヒートアイランドと呼ぶのです。

ヒートアイランドは人工熱の放出や地表が人工物で覆われることから生じる

選択肢の文を読んでみよう。

選択肢①

1981年→2001年では**高温域が関東平野全体に拡大**していますが，これは**都市域の拡大**により**市街化**が進んだからで，山地からの高温乾燥風の影響ではありません。したがってこの文が**誤って**います。答えは①です。

選択肢②

特別区の北部はさいたま市を中心として，**建物や舗装**(ほそう)**道路の建設**が進んでいるためと**海風**(**昼間は海上が高圧，陸上が低圧**となるため，海から陸に向かって風が吹きます)により**都心部から熱が運ばれ**，30℃を超える時間が長くなっているので，正しい文です。

選択肢③

西部や北東部は標高が高いため気温が低く，**田畑**や**森林**など**農村的土地利用が卓越する**ため30℃を超える時間が短くなっています。したがって正しい文です。

図解 ヒートアイランド

1981 年

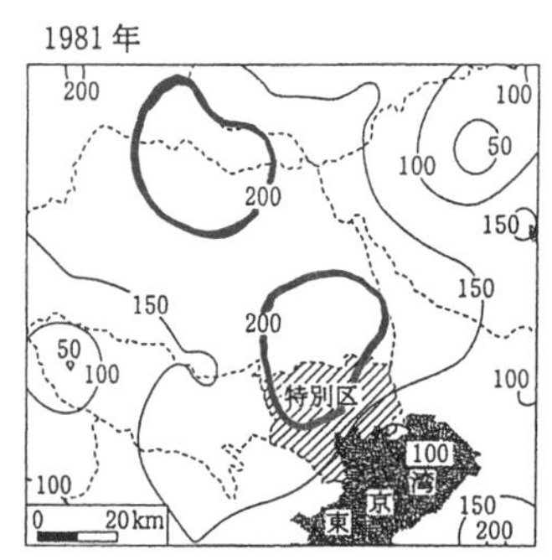

2001 年

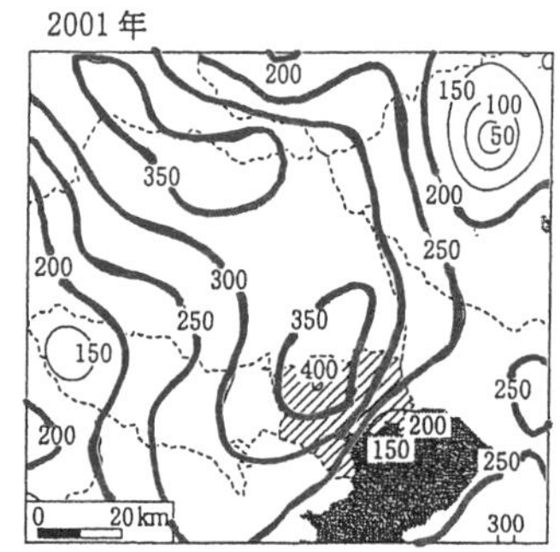

1981年と2001年を比較すると，200時間以上の地域が驚くほど拡大していることがわかる！

〈図 14〉

選択肢④

東京湾沿岸地域も**建物密度の増加**や**人口密集**などにより 1981 年から 2001 年における**気温上昇**が読みとれます。したがってこの文も正しいです。

近年はヒートアイランドによる**都市部での高温域**で，不安定な大気が**短時間に大雨**を降らせ，しばしば**都市型水害**を引き起こしています。また，ヒートアイランド対策として，**緑地の増設**，**屋上緑化**，**風の通り道の確保**などが推進されていますよ。

どうですか？ ヒートアイランドは理解できたよね。

自然災害

日本は火山や地震が多いため，しばしば**火山噴火**や**地震**による**自然災害**に見舞われてきました。また，**国土面積 38 万 km^2** のうち約 **60%**が山地で**山がちな国土**だから，大部分の人々が**海岸付近の狭い平野に集中して生活**をしていますよね。

すると，**台風**などの低気圧が通過する際に，**高潮**や**高波**の被害を受けやすいし，**地震**の際には**液状化現象**が生じたり，**津波**の被害も受けやすいのです。

図解 液状化現象

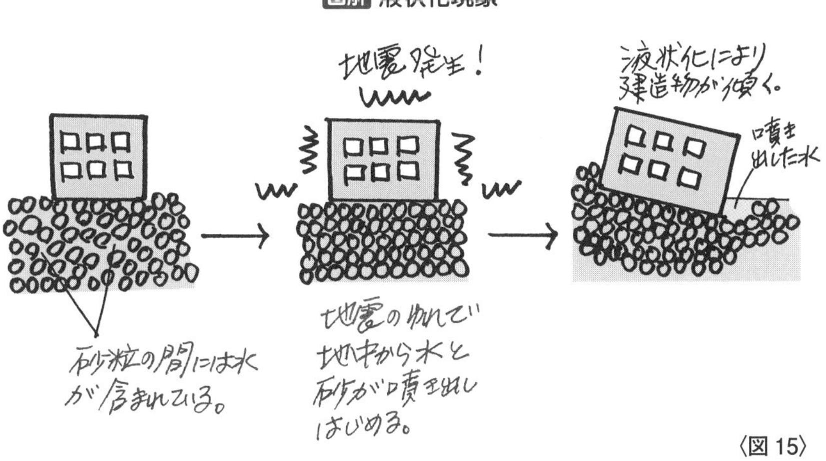

〈図 15〉

- 台風により高潮
- 地震により液状化，津波

などの自然災害が生じやすい

Q 液状化現象って，どういうものですか？

地震が発生した際に，**地盤の軟弱**な**三角州**や**埋め立て地**では，**地下水と細砂などが混じり合い，まるでどろどろの液体状になってしまう現象**で，水と砂が地表に吹き出す**噴砂**が起こることもあります(図 15)。

繰り返しになりますが，古くて安定した**侵食平野や台地などでは生じにくい**ですが，新しく形成された三角州，埋め立て地，干拓地などは，地中に水分を多く含んでいることもあって，液状化が起きやすいことに注意しましょうね！

また，気象災害も頻発し，雨もまとまって降る傾向が強いため，梅雨末期の**集中豪雨**などによって**水害**や**土砂崩れ**，**地すべり**などの土砂災害が日本各地を度々襲ってきました。

都市型災害

近年はまた，**都市化**の進展によって，ビルや住宅などの建築物が地表を覆い，道路も舗装（ほそう）されているため，降水はかつてのようにいったん地面にしみ込んでじわーっと河川に流入するのではなく，**一気に河川に流れ込む**ようになりました。

すると都市部では**小河川の氾濫（はんらん）**や，**地下鉄・地下街などに水が流入**するなどの被害が多く発生しているのです。

もちろんわれわれも黙って自然の猛威（もうい）が通り過ぎるのを待っていたわけではありません。**堤防**の建設・強化，コンクリートによる**護岸建設**を施したり，都市型の水害に対しては**水を透す舗装**の導入や小河川が一定の水位に達すると**地下の貯水池に**流れ込むような施設を建設するなどの努力が行われるようになりました。

防　災

問題 52 河川に建設された防災施設

次の写真は，日本の各地の河川で見ることができる防災施設である。日本におけるこの施設の役割の説明として**誤っているもの**を，下の文①～④のうちから一つ選べ。

① 火山の噴出物が河川により運ばれ，下流域に被害をもたらすことを防ぐため。

② 急峻（きゅうしゅん）な山地から削られた岩石や土砂が下流に堆積（たいせき）し，河床が高くなることを防ぐため。

③ 大雨の際の山崩れなどにより，大量の土砂が短時間で下流域に運ばれることによって起こる被害を防ぐため。

④ 河川の最上流部に残っている氷河の融解によって起こる，洪水の被害を防ぐため。

解答 p.393

河川周辺では，水害だけでなく土砂災害も発生。
日本の各地に氷河はあったかな？

写真の防災施設は**砂防ダム**と呼ばれています。地形図の地図記号では次のように表されます。この記号は「**堰**(せき)」(**擁壁**(ようへき))と呼ばれ，**取水**(**農業用水などを導水**)や**砂防**(**土砂をせき止める**)の役目を果たしているのです。また，**海水の侵入を防止**するため**河口堰**(かこうぜき)が建設されているところもあります。

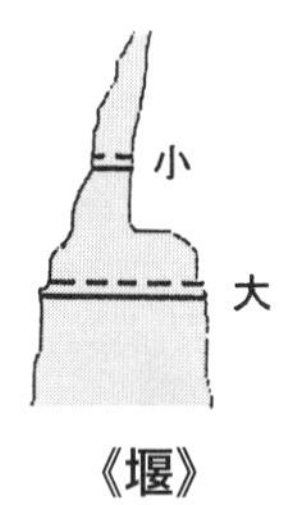

《堰》

左の記号は地形図で見たことあるって？ 確かに日本の河川には多数の堰が建設されているから，きっと君たちも地形図の読図の時に見てるだろうね。

日本の河川はヨーロッパの河川なんかに比べると**短くて急流**です。しかもまとまって降った雨が山地をどんどん侵食して，**大量に土砂を運搬**するから下流域では**土砂災害**のおそれがあるのです。これを防止するために建設されたのが砂防ダムです。では，選択肢の文を読んでみよう。

火山噴出物　**選択肢①**

「**火山の噴出物**」にチェックを入れてください。火山の噴火はさまざまな災害をもたらします。高温の**溶岩流**は森林や民家を焼きながら流下するし，**火山灰**や**火山弾**はかなり広範囲の耕地や人畜に被害を及ぼすのです。恐いですよねえ。

君たちの中には，「火山灰が降ったって，うっとうしいだけで，たいしたことないんじゃない？」と思う人もいるでしょうが，大間違いだよ！

屋根に火山灰が積もるとその重量で民家が押しつぶされることは珍しいことではありません。特に火山噴火の後に雨が降ったりすると火山灰が水を含みすごい重量になるからかなり危険。

以前，河合塾の地理科有志で**桜島**(**鹿児島**)の現地調査(という名目でのリフレッシュ)を行いました。俺がワンボックスカーを運転したのですが(本当はスポーツカーが良かったけど)，突然桜島が噴火して，多量の火山灰が降下！ 前が全く見えなくて，本当に死ぬかと思いました。

また，①にあるような**火山噴出物が降雨によって谷や河川に流れ込み，土石流**となって下流域の民家や橋などをことごとく粉砕(ふんさい)していくのです。

しかも火山の噴火後，数年間もこのような**２次災害**の危険性があるので，写真のような砂防ダムが建設されているんですね。したがって，正しい文です。

❖ 火砕流

ちなみに「**火砕流**(かさいりゅう)」って聞いたことある？ 日本で火山が噴火すると必ずテレビでは真っ先に「火砕流が発生しました！」とか「火砕流は発生していません」という報道をします。

これはね，火砕流が**高温の火山噴出物＋高温のガスの混合体**だからなんだよ。新幹線なみのすごいスピードで山の斜面を下ってくるので，「あっ！」という間に被害に遭(あ)ってしまうため，ものすごく危険な火山災害の１つなのです。

1991 年に噴火した**雲仙普賢岳**(うんぜんふげんだけ)(**長崎**)や**フィリピン**の**ピナトゥボ火山**の火砕流によって多くの人命が奪われました。

侵食と堆積　**選択肢②**

日本ではまとまった雨が急峻な山地を流下する際に，多くの岩石や土砂を山肌から削り取り(つまり**侵食**だね)，下流に向かって運搬します。下流では流速が衰え運搬力も低下するから，**河床に岩石や土砂を堆積**してしまうんですね。

このようにして**河床が上がると下流では洪水が生じやすくなってしまう**から，これを防ぐために砂防ダムが建設されるのです。この文も正しいですね。

集中豪雨　**選択肢③**

梅雨末期の**集中豪雨**は毎年のように全国各地に**山崩れ**や**土砂崩れ**などを起こし，民家や人命に大きな被害を与えています。さらに河川に流入した土砂が，**土石流**(どせきりゅう)となって下流域で大きな被害を起こさないように砂防ダムは建設されています。

ということで，この文も正しいですね。

図解 砂防ダムの模式図

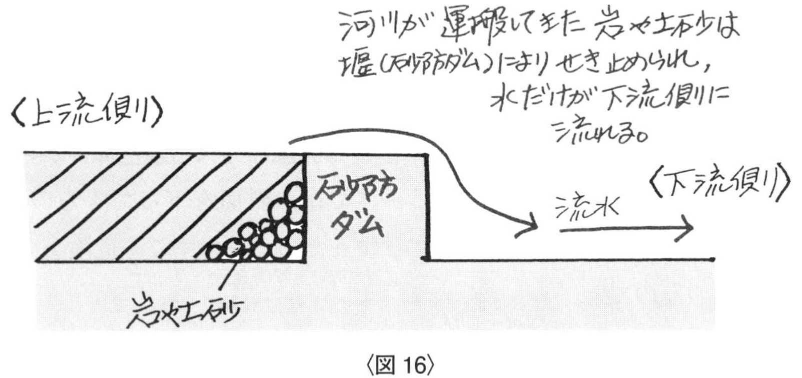

〈図 16〉

氷　河　**選択肢④**

「**氷河**」をチェックしてください。この文を読みながら多数の読者が笑ってしまったでしょう？　答えは④。もう君たちはかなり地理の学力があるし，地理的思考力もついています。

外国ならこの文に書いているようなこともあるかもしれないけど，**日本各地に「氷河」なんてない**もんねえ。2万年前(**更新世の氷期**)ならまだしも(笑)。ということで，ばっさりと切り捨てましょう！

どうしてみんなが笑っているのかわからない人は①〈系統地理編〉第4回をしっかり読むこと！　ただし，2012年に「**日本アルプスには小規模だが，山岳氷河がある**」という研究・調査結果が発表されました。入試で出題されることはないでしょうが，「日本に氷河はない！」とは断言できなくなってしまいましたね。

解答 ［問題 45］② ［問題 46］① ［問題 47］④
［問題 48］④ ［問題 49］③ ［問題 50］⑤
［問題 51］① ［問題 52］④

日本の気候と防災についてはこれで終わりですが，最後に，ここまでかなり長い時間，日本の自然環境を学んできたけど，感想は？

とにかく日本は自然災害が多い !! って感じかな。**地震・火山災害**だけでなく，**気象災害**も頻発してるしね。世界にはほとんど自然災害が発生しない国もあるのに，「どうして日本だけが……」という場面にも出会います。

せっかく作り上げたものが，尊い人命が，あっという間に失われてしまう。こういうとき，虚(むな)しさも感じます。でも，それ以上に**日本の自然の恵みは豊かである**ことを忘れてはいけません。だからこそ，われわれは**防災**や減災に本気で関わっていかなければならないのです。

第15回 日本(2)

産業の特色

いよいよ最後の講義になりました。**日本の産業事情と動向**をチェックして締めくくりとしましょう。

1 日本の産業の分布

問題53 日本における経済活動の地域差

次の図中のX～Zは，工業出荷額，商業販売額，農業粗生産額のいずれかについて，人口1人当たりの金額の大小を都道府県別に示したものである。これらの組合せとして正しいものを，下の①～⑥のうちから一つ選べ。

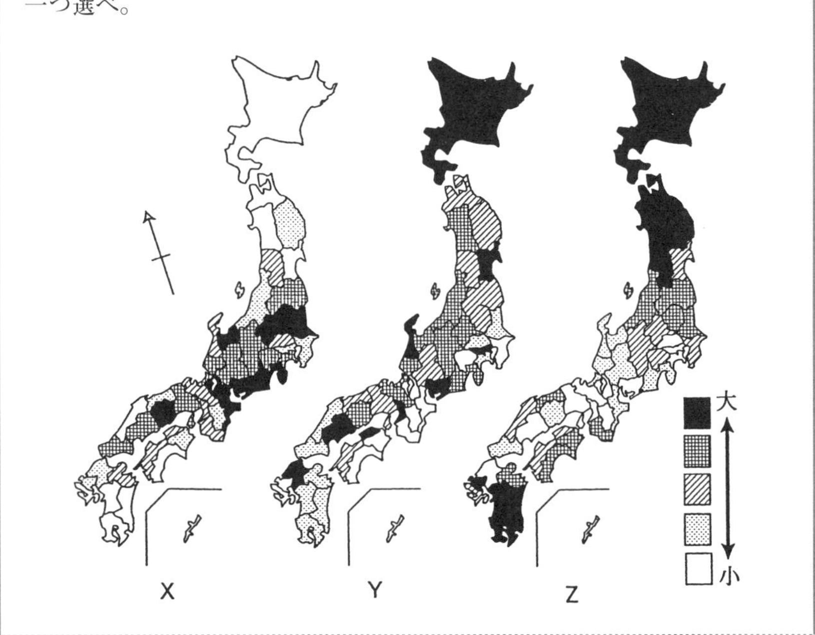

	①	②	③	④	⑤	⑥
X	工業出荷額	工業出荷額	商業販売額	商業販売額	農業粗生産額	農業粗生産額
Y	商業販売額	農業粗生産額	工業出荷額	農業粗生産額	工業出荷額	商業販売額
Z	農業粗生産額	商業販売額	農業粗生産額	工業出荷額	商業販売額	工業出荷額

統計年次は，人口１人当たりの工業出荷額と商業販売額が1997年，人口１人当たりの農業粗生産額が1998年。『日本国勢図会』により作成。

解答 p.420

工業出荷額は，工場の立地に注目する。
商業販売額は，卸売販売額と小売販売額を足し合わせた金額。

産業における地域差

ではこの問題を解きながら，日本における産業の地域差をつかんでみましょう。

「X ～ Z は工業出荷額，商業販売額，農業粗生産額について都道府県別に示した……」とあります。

この図のような統計地図のことを**階級区分図**といいます。階級区分図は，**相対値（割合）の分布**を示す場合に用いられることが多いということを，①〈系統地理編〉の「**地図と地理情報**」で詳しく説明しましたね！

階級区分図は，相対値（割合）の分布を表す場合に用いられる

もし階級区分図が出題されたら，まず**最も階級が高いところに着目**しましょう。

次に，指標となっている**工業出荷額**，**商業販売額**，**農業粗生産額**（いずれも**人口１人当たり**）という産業の種類を考え，どんなところで，工業や商業や農業が発達しているのかを想像してみるのです。

次の表は都道府県別の**製造品出荷額**(**工業出荷額**)，**商品販売額**(**商業販売額**)，**農業産出額**(**農業粗生産額**)の上位5都道府県のデータですが，君たちの想像するデータと一致してますか？

《都道府県別の産業の特色》　　(単位は億円)

製造品出荷額(2017年)		商品販売額(2015年)		農業総産出額(2017年)	
愛知	**472,303**	東京	**1,996,870**	北海道	**12,762**
神奈川	180,845	大阪	600,330	鹿児島	5,000
大阪	173,490	愛知	437,260	茨城	4,967
静岡	169,119	福岡	228,350	千葉	4,700
兵庫	157,988	神奈川	225,440	宮崎	3,524

〈表1〉

ただし，この問題での指標は，「**人口1人当たり**の金額」となっていますから，この順位をそのままあてはめることはできませんね。**人口が多いところは，階級が高くなりにくい**からです。

Xを見てみると，**愛知**，**静岡**，**三重**，**茨城**，**栃木**，**群馬**，富山，岡山などの割合が高いですね。**自動車産業や機械工業が発達している県が上位に入っている**ようです。

ということは，**X**が**工業出荷額**です。**東京や大阪が高くないのは，やっぱり人口が多いから**ですね。

Yを見てください。

Yは**北海道**，**宮城**，**東京**，**愛知**，**石川**，**大阪**，**広島**，**香川**，**福岡**が高い階級に属していますね。これは，**国家的中心都市**(**東京**，**大阪**，**名古屋**)と**広域中心都市**(**札幌**，**仙台**，**広島**，**福岡**)や**準広域中心都市**(**金沢**，**高松**など)があるところです。

これらの都市は優れた**中心地機能**を持っているので，商取引が活発に行われるため，**商業的機能**が発達しているのです。したがって，**Y**は**商業販売額**になります。

そして残った**Z**は，**北海道**と**東北**の**青森**，**秋田**，**岩手**，そして**九州**の**宮崎**，**鹿児島**，**熊本**，長崎の階級が高い。これは他産業に比べ農業が盛んなところということになりますから，**Z**は**農業粗生産額**になります。

答えは①ですね。今さらと思うかもしれないけど，**都道府県の名前と位置**はわからないとまずいからね。そんなことわかってるって？ 自信がない人は，**巻末の付録**でかならず完璧にしておいてくださいね。

2 日本の農業

では，**日本の農業**について，特色と現状について説明します。日本の国土面積は，世界197か国の中では**第61位**とそこそこ広いほうである割に，**山がち**だから**農業に適した平地に恵まれません**。したがってどうしても**人口に対しての耕地面積が狭く**なり，**経営規模も小さい**ものになってしまいますよね。

そこで，狭い土地からなるべく多くの農産物を収穫しなければならないので，**労働集約的**な農業が行われてきました。だから，**土地生産性は非常に高い**のです。

でも，近年は**輸入自由化**が進み，安価な輸入農産物に押され気味だよね。したがって**自給率は低下する傾向**にある。

じゃあ，日本の農業はもうだめなのかといったらそうじゃなくて，それぞれの農家は**請負耕作**(うけおい)(**小規模農家などから農地を借りて**，その経営責任を負う)などを行って，**経営規模を少しずつ拡大**しようとしているし，**有機農法**や**無(減)農薬**により，**安全な作物**や日本人の嗜好(しこう)に合った作物の栽培や，より**高付加価値な商品の出荷**など，**輸入農産物に対抗**しようという努力が行われています。

日本の農産物生産

問題 54 日本の小麦生産

農産物に関して，日本の小麦生産について説明した次の文章①〜④のうちから，下線部が正しいものを一つ選べ。

① 1960年代半ばころまで，二毛作地帯において，小麦は稲の裏作作物として栽培されていた。

② 小麦は，日本の国土全域で栽培可能であるが，その生産地域は西南日本に集中している。

③ 米の生産調整にともない，1970年代半ばころから転作作物として小麦生産が奨励された。しかし，その後，収穫量・作付面積とも一貫して減少傾向にある。

④ 世界の主要な小麦生産国に比べて，日本の小麦生産農家の労働生産性は極めて高いが，土地生産性は低い。

解答 p. 420

日本の食料自給率は，米を除いて極めて低い。
安全な国産農産物への需要は高い。

日本の小麦生産をテーマにした問題です。

二毛作 **選択肢①**

「**二毛作**」に線を引いてください。さっそくだけど，

Q 二毛作って覚えてる？ 小学校で習ったと思うけど(笑)。

同一耕地で 1 年間に 2 種類以上の作物を栽培することです。

うん，そのとおり。例えば，夏は稲を栽培し，冬は裏作に小麦をつくるというような形だね。「小麦は稲の裏作作物として栽培されていた」――①は正しいです。これが答え。**二期作**は **1 年間に 2 度，同一種類**

の作物を栽培することですから混同しないでね。

小麦の生産地域　**選択肢②**

「小麦は日本の国土全域で栽培可能」とある。これは**栽培可能**でしょうね。**高緯度のヨーロッパでさえ，スカンディナヴィア半島の北部以外は栽培が可能**だし，**カナダの南部**（もちろん**春小麦**ですよ）でも栽培できるんだから，日本だったら大丈夫！ 最適の気候条件かどうかは別にして。

次に下線部のところ，「その生産地域は西南日本に集中している」。これについては，次の小麦・米生産のデータを見てください。

《小麦と米の生産》

小麦（千 t）		米（千 t）	
北海道	608	新潟	612
福岡	50	北海道	582
佐賀	35	秋田	499
愛知	26	山形	386
群馬	24	茨城	358

（2017 年）

〈表２〉

小麦の生産は**北海道**が圧倒的に多く，次いで**九州地方**が上位にきていることがわかります。②は誤っていますね。

米の生産調整　**選択肢③**

「**米の生産調整**」に線を引いてください。①〈系統地理編〉第 11 回の農業のところで話したように，米の生産調整は **1970 年代**から**減反**（げんたん）**＋転作奨励**という形で行われてきました。小麦の生産も奨励されたため，1970 年代以降，増加した時期もあります。③も誤っていますね。2018 年に減反は廃止されました。

労働生産性と土地生産性　**選択肢④**

「世界の主要な小麦生産国に比べて，日本の小麦生産農家の労働生産性は極めて高いが，土地生産性は低い」――そうだったかなぁ？ これは，「**労働生産性**」と「**土地生産性**」を逆にすると正しい文になります。④も誤っています。

3 日本のエネルギー需要

日本は**資源が乏しい国**です。まったくないわけではないのですが,「**資源の標本室**」と言われるくらい**多種類で少量の資源**しかないのです。主な鉱産資源で自給が可能なのは**セメントなどの原料**となる**石灰石**くらいですね。

エネルギー資源にしても同様で,**石炭,石油,天然ガスの大部分を海外に依存**しています。次の表を見てください。これを見るだけで,日本は**他国との協力なしには生きていけない国**なんだということが実感できるはずです。

《エネルギー資源の海外依存度と主要輸入相手国》

エネルギー資源	自給率	主要輸入相手国
石　炭	0.7%	オーストラリア(61.8%),インドネシア(16.6%),ロシア(9.4%)
石　油	0.1%	サウジアラビア(40.2%),UAE(24.2%),カタール(7.3%)
*天然ガス	2.3%	オーストラリア(30.7%),マレーシア(17.7%),カタール(12.1%)

*LNG(液化天然ガス)。(統計年次は石炭,石油が2016年,天然ガスが2017年。その他は2017年)

〈表3〉

日本は**1973年,1979年**の**石油危機**の教訓から,次のような対策に取り組んできました。

《エネルギー資源対策》

① エネルギー消費における石油依存度の低減
② 原油輸入先の脱中東化
③ 自主開発油田の獲得
④ 石油備蓄

①**石油依存度の低減**については，**原子力発電**（**2011 年以降**は**稼動停止**が相次ぐ）や**天然ガス**，**石炭**の利用などにより，**1970 年**には**エネルギー消費の 70%**を超えていた**石油依存度**は，**41.5%**（2016 年）にまで下がってきています。

③**自主開発油田**は民間の石油会社が世界各地で努力をしているし，④**石油備蓄**も約半年分，備蓄（びちく）が確保されるようになりました。なかなか日本も石油危機後がんばってきたんですね。

ところが……②原油の**中東依存度**を下げることだけはうまくいっていません。一時期は**中国**や**インドネシア**からの石油輸入が増加し，中東への依存度が 60％台になった時期もあるのですが，**中国やインドネシアの経済発展に伴う国内需要の増加**で，この 2 か国からの輸入が減少し，現在はな，な，なんと，**中東への依存度が 80%**を超えてしまっています！

（①〈系統地理編〉第 13 回）

《主要国の輸入原油の中東依存度》（中国は 2013 年。その他は 2018 年）

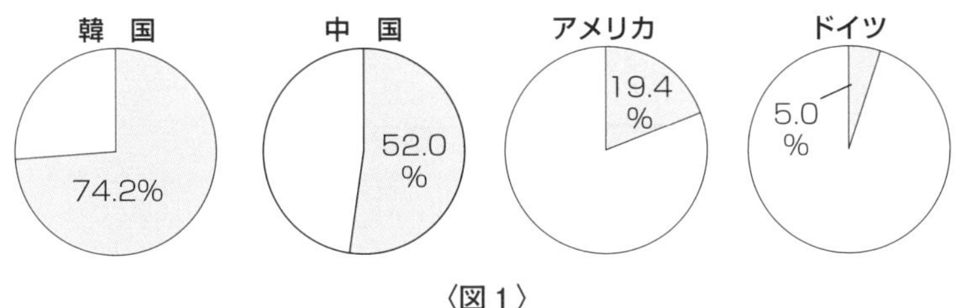

〈図 1〉

日本の電力

世界の電力については①〈系統地理編〉第 13 回でかなり詳しく説明したけど，覚えてるかな？ ここでは**日本の電力供給**（消費）に限って話をしましょう。

第 2 次世界大戦後，日本の電力事情は豊富な水資源と山がちな地形をいかした**水力発電**が中心でした（今から考えると信じられない！）。ところが，**1960 年代のエネルギー革命**により安価な石油の供給が確保されたため，**火力発電所**の建設ラッシュによって**火力が中心で水力がそれを補う**形になったのです。

やっとひと安心と思ったら……**1970 年代**の**石油危機**によって**原油価格が大幅に高騰**(こうとう)し，**脱石油化**を目指すことになるのです。日本も忙しいよねえ(笑)。

石炭火力発電の見直し，火力発電燃料の**LNG(液化天然ガス)への転換**，そして**原子力発電所**の建設によって**1980 年代以降**，

火力＞原子力＞水力

の順になりましたが，**2011 年の東日本大震災以降は，原子力発電所の稼働率は著しく低下**しています(**火力 87.9%，水力 8.5%，原子力 1.7%，地熱・新エネルギー 1.9%**：2016 年，**図２**)。また現在は**石油代替**(だいたい)**エネルギー**として**太陽光，風力**など**再生可能エネルギー**を利用した取り組みも行われています。特に①〈系統地理編〉第 19 回で説明した**温室効果ガス削減**の目標を達成するためにも，温室効果ガスを排出しないこれらの発電に一層の努力が期待されています。

図解 日本の総発電量推移

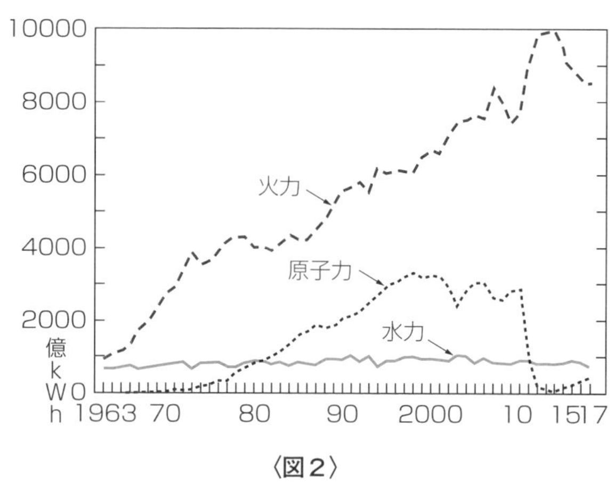

〈図２〉

日本の主な発電所の分布

問題 55 二酸化炭素を最も多く発生させる発電所の分布

電気は2次エネルギーの一つであるが，発電方法によっては地球温暖化の要因となる二酸化炭素が大量に発生する。次の図は，日本の主な発電所の分布を示したものであり，①～④は，火力発電所，原子力発電所，水力発電所，地熱発電所のいずれかである。二酸化炭素が最も多く発生するタイプの発電所の分布を示したものを，図中の①～④のうちから一つ選べ。

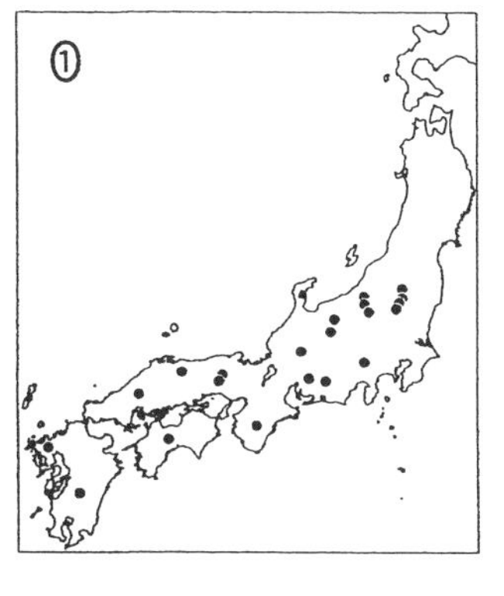

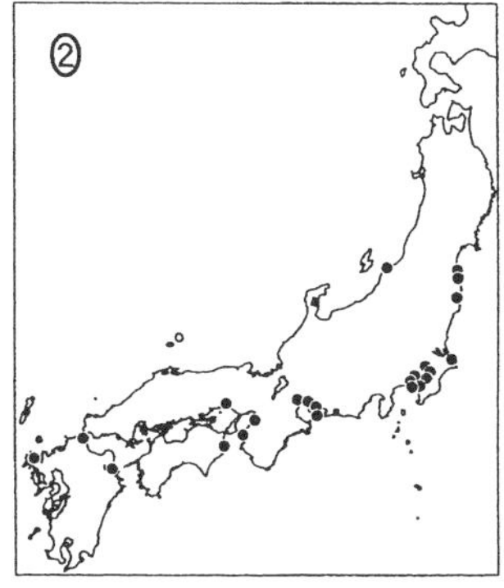

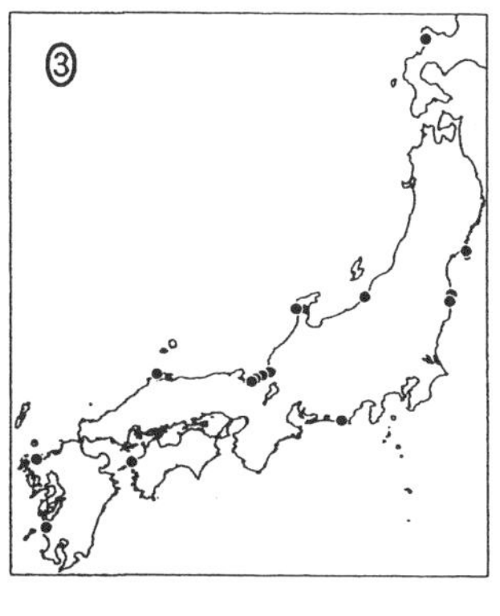

火力発電所は最大出力 200 万 kW 以上，水力発電所は最大出力 50 万 kW 以上のもののみを示す。
統計年次は，火力発電所，原子力発電所，水力発電所が 2003 年，地熱発電所が 2001 年。『電気事業便覧』などにより作成。

解答 p.420

火力発電所は，電力の大消費地付近に立地。
水力発電所は，有効落差が得やすい山間部に立地。

では次に，日本の発電所についての問題にチャレンジしてみましょう。たとえ見たことのない図やデータであっても，絶対にあわてないで，「**地理的思考力，分析力，観察力を使う！**」というわれわれの誓いを忘れないこと！

電力はわれわれにとって非常に扱いやすいエネルギーです。しかし，石油や石炭と異なり，他のエネルギーを利用して発電をする必要がありますね。

発電形式には**石炭**，**石油**，**天然ガス**などを燃焼させた熱エネルギーを利用する**火力発電**，**水**の落下エネルギーを利用する**水力発電**，**ウラン**の核反応を利用する**原子力発電**，**マグマ**の高温によってできた水蒸気を利用する**地熱発電**などがあります。それぞれに長所短所があるのでしっかりとまとめておきましょう（①〈系統地理編〉第 13 回）。

では，問題の図を見てください。

水力発電所・火力発電所　**選択肢①・②**

①は**中部山岳地帯**など**山間部**に立地していることから**水力発電所**の分布です。

②は**関東**，**東海**，**近畿**など**大消費地**に多く分布していることから，燃料さえ輸送できれば**立地場所を選ばない火力発電所**です。

電力は**送電ロスが大きい**ことを忘れないように！ 石炭，石油，天然ガスは自動車や船に穴が開いてない限り漏れてはいかないよね(当たり前か)。でも，電力は長距離を運べば運ぶほど，どんどん量が減ってしまうのです。だからなるべく**消費地に近いほうが有利**。

原子力発電所・地熱発電所　**選択肢③・④**

③は**新潟県，福井県，福島県**などに分布していることから**原子力発電所**です。**広大な敷地が必要**であることや**補償費が高額**であることなどか

図解 日本の主な発電所の分布

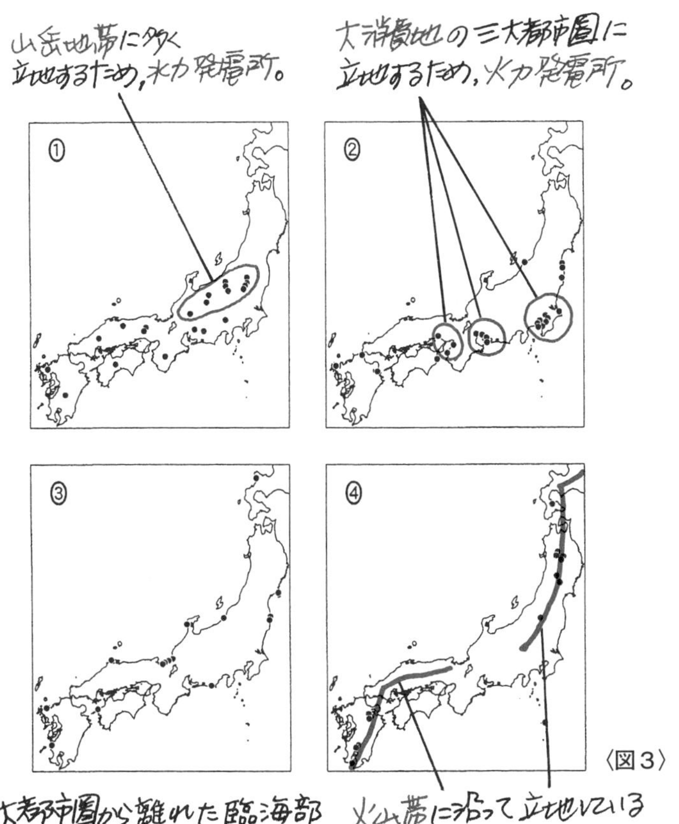

〈図3〉

ら**三大都市圏など大都市にはほとんど立地していない**のが特徴です。

2011年の**東北地方太平洋沖地震**による**福島第1原子力発電所の事故**に伴い，原子力発電所の安全基準見直しなどが図られていることもあって，**現在の稼動原発は極めて少なくなっています**。

④は**火山前線**に沿って分布し，**岩手県**，**大分県**に多く立地していることから**地熱発電所**の分布になります。

設問には**二酸化炭素**（CO_2）が最も多く発生するタイプの発電所を選べとありますから，解答は②の火力発電所になります。

①水力発電所，③原子力発電所，④地熱発電所は**二酸化炭素を発生させません**が，**火力発電所**では石炭，石油，天然ガスなどの化石燃料を燃焼させるため，かなりの量の二酸化炭素を発生させることになります。

ちゃんと正解を導けたかな？ ミスしても大丈夫！ でも，しっかり復習をして本番では成功しようね。

4 日本の工業

次に**日本の工業**について説明をしましょう。

明治時代〜第２次世界大戦

日本は明治以降，**政府の保護**のもと，欧米諸国に追いつけとばかりに近代工業の発展に力を注ぎました。まず最初は，イギリスやアメリカ合衆国の産業革命期と同様の業種――そうですね，今君たちが頭に浮かんだ業種，**安価で豊富な労働力**を背景に**繊維工業**が発達しました。

「**安価で豊富な労働力**」っていうと，今なら**中国**，**インド**や**ASEAN**諸国の代名詞になっていますが，**この当時の日本はまさに発展途上国！** 後には**鉄鋼業**や**造船業**も発達し，**第２次世界大戦前**には**阪神**，**京浜**，**中京**，**北九州**の**四大工業地帯**が形成されました。

戦後〜 1950 年代

第２次世界大戦の戦災によって工業は壊滅(かいめつ)的な打撃を受けましたが，**1950 年代**には**繊維工業**を主体として徐々に復興し，そしてついに……**高度経済成長期**を迎えます。

1950 年代後半〜 1973 年までが，日本の高度経済成長期

1950 年代後半から **1960 年代**にかけて，**エネルギー革命**の波に乗り，安価な原油や輸入原料を利用する**臨海型**の**鉄鋼**，**造船**，**石油化学**などの**装置工業**に巨額の資本投下が行われました。このようにして，**京葉**，**京浜**，**東海**，**中京**，**阪神**，**瀬戸内**，**北九州**にいたる**太平洋ベルト**が形成されたのです。

安くて良質な日本製品は徐々に世界の信頼を得て確固たる地位を築くようになり，日本はどんどん豊かになっていきました。つまり**先進国**の仲間入りをすることになったのです。

石油危機(1973年，1979年)

日本経済には「成長」しかないと誰もが思っていた矢先，訪れたのが，……うん？ 君たちの解答を待ってるんだけど(笑)。

そのとおり！ **石油危機**です。**1973年**と**1979年**の2度にわたる石油危機は**日本経済に大きな打撃**を与え，**高度経済成長期**は**終焉**(しゅうえん)を迎えたのです――石油危機の年代は大丈夫だよね？ データ分析には絶対に必要だからね。

それまで**安価な輸入原料**と**安価で豊富な労働力**を駆使(くし)して，**国際競争力を高めてきた**日本ですが，**石油危機による原燃料費の高騰**(こうとう)，**高度成長による労働者の賃金上昇**などにより成長が鈍ってしまったのです。

知識集約型産業への転換

思わず「日本の工業はもうだめだぁ～」と弱音を吐きそうになりましたが，それでもあきらめなかった日本はすごい！

従来の**鉄鋼**，**造船**などの**資源多消費(重厚長大)型産業が構造不況**(がんばってもなかなか元気になれない大きな原因を抱えているということだよ)**に陥ってしまった**ため，**エレクトロニクス**など**先端産業**をもとにして**知識集約(軽薄短小)型産業への転換**を図ったのです。簡単に負けないところはわれわれも見習わなくっちゃね！

こうして石油危機以降は，**自動車**，**家電**，**コンピュータ**などの**研究・開発**を次々と行い，**ハイテク産業立国として現在も努力を続けています。**

日本の産業構造は，**資源多消費型**から**知識集約型**へと**転換**

日本の工業がかかえる問題

では，現在の日本の工業の悩みは何だろう？――やはり**中国**，

ASEAN, NIEsとのコストダウン競争でしょうね。これに**円高**も加わり，**1980 年代後半**から急速に**日本企業の海外進出**が進んでいます(①〈系統地理編〉第 16 回)。

また，アメリカ合衆国や EU 諸国など先進国との間には，新製品開発など激烈な**ハイテク競争**があるから，今後の君たちへかかる期待はマジにすごいものがある！

また，アメリカ合衆国などへの**輸出超過**は続いていて，依然として**貿易摩擦**も生じています(①〈系統地理編〉第 16 回)。これに対応するため，日本企業はアメリカ合衆国での**現地生産**を増加させてきたんだったよね。中国などの発展途上国や，アメリカ合衆国，EU などの先進国への企業進出(**海外直接投資**)は，日本企業を発展させるかもしれないけど，その分，国内の工場や事務所が減ってしまって，**雇用が縮小**してしまう**産業の空洞化**をもたらします。困ったなあ。

なにをやっても，**いつもすべてがうまくいくわけではないから，その時々にできる限りのことをする**っていうのは俺たちにとっても言えます。**希望や夢を持ってやることやってりゃ，なんとかなる！**

ではここで，①〈系統地理編〉第 14 回でも触れた**日本の鉄鋼業**について，問題を解いてみよう。

日本・アメリカ合衆国・中国・韓国の粗鋼生産

問題 56 主要国における粗鋼生産量の推移

工業製品の主要な基礎素材である鉄鋼の生産地は，世界的な産業再編の影響を受けて変化している。次の図中の①～④は，アメリカ合衆国，韓国，中国*，日本のいずれかにおける粗鋼の生産量の推移を示したものである。アメリカ合衆国に該当するものを，図中の①～④のうちから一つ選べ。

*台湾を含まない。

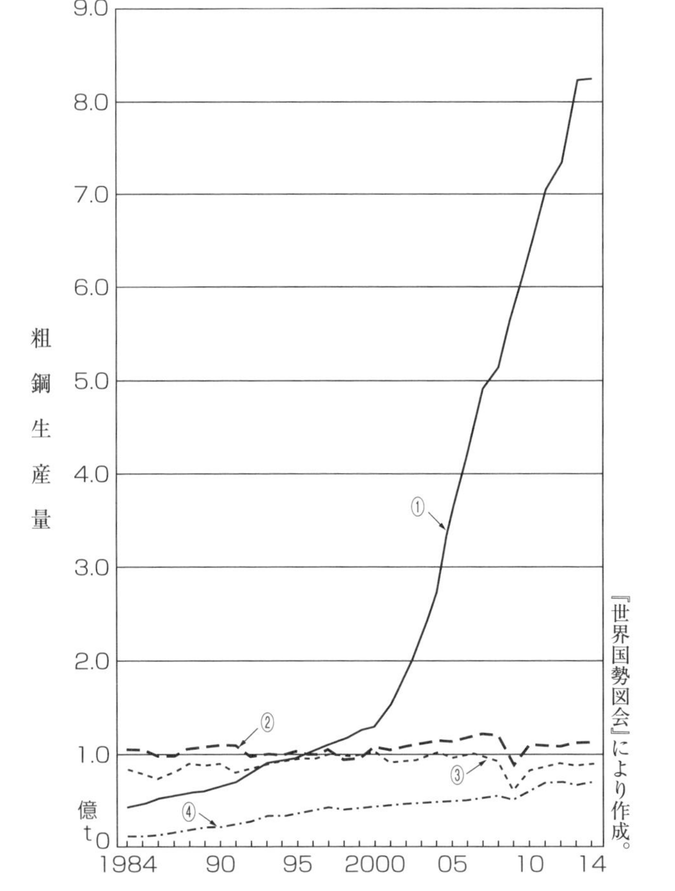

解答 p.420

鉄鋼業は先進国の基幹産業だった。
石油危機後に，日本はアメリカ合衆国を抜き，最大の粗鋼生産国に！

図は**粗鋼生産量**の推移を示すグラフです。じゃあ，

Q 粗鋼とは何か？

粗鋼とは製鉄所で**鉄鉱石**と**石炭**から生産された**鉄鋼のうち板や管などに加工される前の状態**を言います。お願いだから,「**鉄鉱(石)**」と「**鉄鋼**」や「**粗鋼**」を混同しないでね～！ 入試当日までこれらを同じものだと思ってる受験生がいっぱいいます。

鉄鉱石はその名の通り，**酸化鉄を含む岩石**(iron ore：**鉄を含んだ鉱石**)，**鉄鋼**や**粗鋼**は**鋼**(はがね)(steel)だから**精錬された金属製品**です。

図解 世界の粗鋼生産

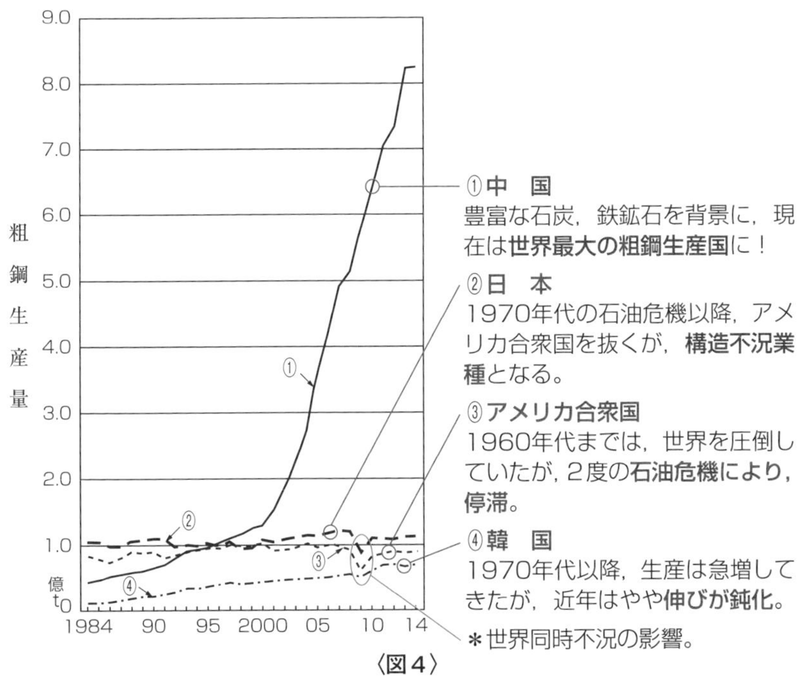

〈図4〉

鉄鋼は産業革命後，先進国の基幹産業となり，**アメリカ合衆国**，**ドイツ**，**イギリス**，**フランス**など**先進工業国**が生産の上位を占めていました。しかし，第２次世界大戦後は**アメリカ合衆国**に次いで**日本**や**ソ連**が増産に成功し，さらに**1970 年代の石油危機以降**は，**中国**，**韓国**，**ブラジル**，**インド**などの**発展途上国**における**伸びが著しい**ことに注意してください。

したがって，1960 年代に世界最大の生産量を誇っていた③が**アメリカ合衆国**ですが，**1970 年代の後半**から，生産費の高騰や設備の老朽(ろうきゅう)化で低迷を始めた③アメリカ合衆国を抜き，**1980 年代**に首位となったのが②の**日本**です。その後は，日本の鉄鋼業も構造不況になるっていう話はさっきしましたね。

ただし，**高品質な鉄鋼を生産できる**から，**日本は現在でも鉄鋼の輸出は中国に次いで第２位**であるということに注意してください。

残った中国と韓国はともに鉄鋼生産が急増しますが，特に**中国**は石炭，鉄鉱石に恵まれ，経済発展に伴う国内需要の増加もあって，現在は**世界最大の粗鋼生産国**となっています。あまりにも中国の生産量が多すぎて，グラフを作りにくい(笑)。したがって①が**中国**，残る④が**韓国**です。① 〈系統地理編〉第 14 回の「鉄鋼業」について復習しておきましょうね。

日本における工業の地域差

では，次に日本国内における工業の地域差に関して，問題を解きながら説明します。

問題 57 都道府県別各種製造業の平均賃金と製造業者の業種別割合

工業の立地は，国内においても多数であり，地域によって業種構成も異なっている。次の図は，製造業の平均賃金*の高低を指標として，日本における工業の地域差を都道府県別に示したものである。また，下の表は，製造業従業者数の業種別の割合を示したものであり，**ア～ウ**は，平均賃金が高位，平均賃金が中位，平均賃金が低位のいずれかである。**ア**～**ウ**と平均賃金の高低との正しい組合せを，下の①～⑥のうちから一つ選べ。

*現金給与総額を従業者総数で割った値。

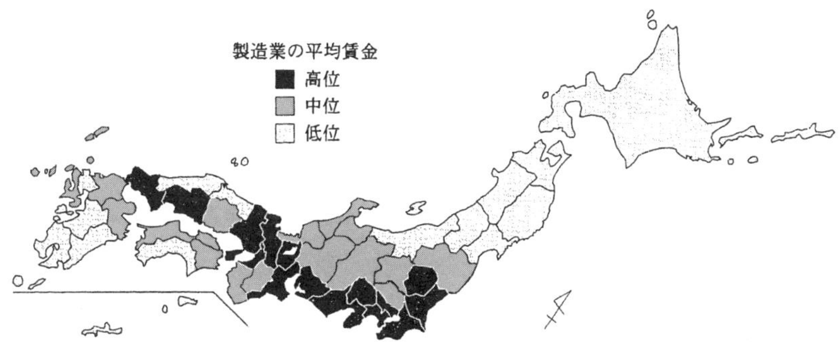

統計年次は2001年。工業統計表により作成。

(単位：%)

順位	ア 業種	ア 従業者数の業種別割合	イ 業種	イ 従業者数の業種別割合	ウ 業種	ウ 従業者数の業種別割合
1位	食料品	23.2	電気機械	17.3	電気機械	15.2
2位	電気機械	18.7	食料品	11.9	一般機械	12.5
3位	一般機械	7.8	一般機械	11.0	輸送用機械	12.3
4位	衣服	7.7	金属製品	7.9	食料品	10.6
5位	金属製品	6.9	輸送用機械	7.5	金属製品	8.2

統計年次は2001年。工業統計表により作成。

	①	②	③	④	⑤	⑥
平均賃金が高位	ア	ア	イ	イ	ウ	ウ
平均賃金が中位	イ	ウ	ア	ウ	ア	イ
平均賃金が低位	ウ	イ	ウ	ア	イ	ア

解答 p.420

平均賃金が高位を示しているのは，太平洋ベルト。
高付加価値製品を製造する業種は，平均賃金が高い。

まず，図の**階級区分図**（**都道府県別の製造業における平均賃金**）を見てください。

階級区分図は，**図形表現図**とともに**共通テストで出題が予想される統計地図**で，国別や国内の行政区分別の相対値（割合など）を比較するのに適しているという説明を何度かしたことがありますね。一般に**高位の階級を濃・密**，**低位の階級を淡・疎**の凡例で示すので，**一目で地域差の比較ができる**のが強みですから，絶対に得意になってください！

平均賃金が高位にある地域は**東京**など**関東地方**，**愛知**，**静岡**など**東海地方**，**大阪**など**近畿地方**ですね。いずれも**工業が発達している地域**で，中心となる工業は**自動車**，**コンピュータ**，**家電**などの**機械工業**です。

さらに機械工業のうちでも，

電気機械……**家電**だけでなくコンピュータなどの**電子機械**を含む。

一般機械……主に工場で使用される機械で，部品などの製品を生産する**工作機械**など。

輸送用機械…**自動車**など。

図解 製造業・賃金の地域差

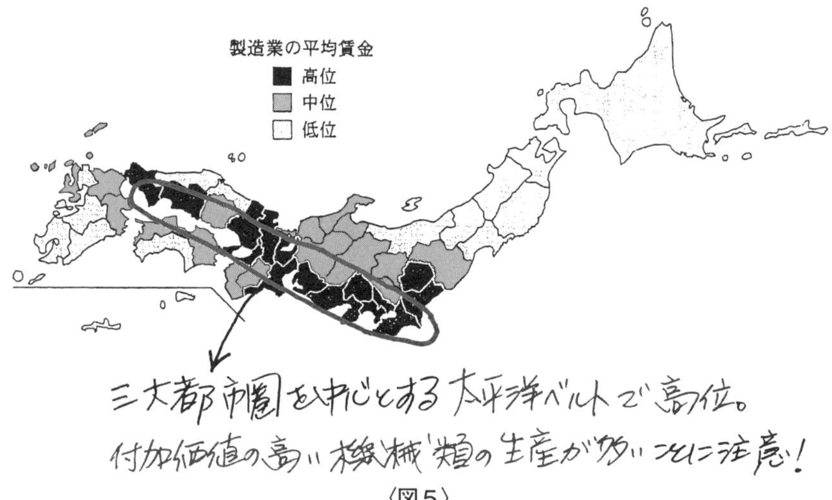

〈図5〉

これらは高度な技術が必要で，**高付加価値製品**(高い価値を生み出すため，価格が高い製品)を生産します。つまり電気機械，一般機械，輸送用機械の製造にはそれに見合った賃金が支払われているはずです。

したがって，表中の**ウ**が高位，**イ**が中位，**ア**が低位になります。答えは⑥。

アの上位にあがっている**食料品**や**衣服**はこれらの機械工業に比べると**1人当たりの出荷額が小さくなる**傾向にあることを知っておくといいですね。

三大工業地帯

第2次世界大戦前，日本における最大の工業地域は**阪神工業地帯**で，鉄鋼に代表される**金属工業**や衣類など**繊維工業**が中心でした。

戦後は工業の中心が首都圏に移り，**京浜工業地帯**が最大の工業地帯となりました(この内容は小学校の地理の時間を思い出さない？ あの頃は……俺でさえ思わず思い出に浸ってしまう)。京浜工業地帯は，**臨海部の重工業地域**と**巨大な消費地**を控えているため，**機械工業**，**印刷業**や**日用消費財**の生産が盛んです。

しかし近年は**地価高騰**(こうとう)による**用地不足**などから**関東内陸**への**工場移転**が進んでいるため，**出荷額は減少**しています。

さらに近年は，日本の基幹(きかん)産業である**自動車産業**の中心地・**中京工業地帯**が**工業製品の出荷額で最大**となっていることに注意しましょう！

《日本の地域別工業出荷額の割合の変化》

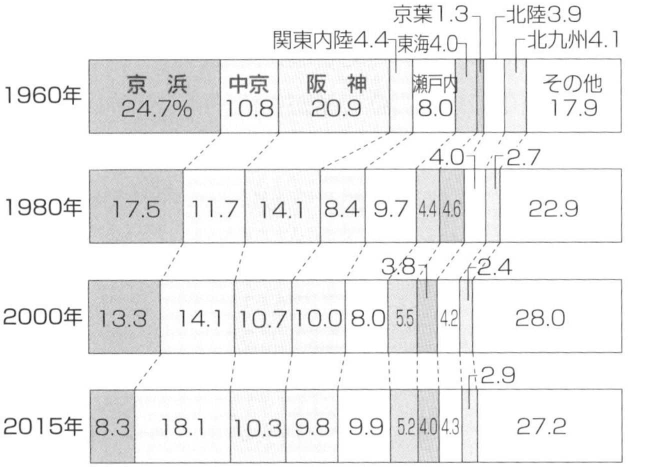

〈図6〉

《工業地帯，工業地域の製造品出荷額等》 （単位：億円）

	1990	2000	2016
京浜工業地帯	515,908	402,530	**245,079**
中京工業地帯	**445,033**	427,472	**551,211**
阪神工業地帯	**405,725**	325,518	314,134
（北九州工業地帯）	77,793	74,264	93,185
関東内陸工業地域	336,323	304,815	**306,520**
瀬戸内工業地域	266,875	242,029	**290,989**
東海工業地域	164,646	167,811	162,569
北陸工業地域	132,396	127,914	134,104
京葉工業地域	122,615	115,188	114,664

【京浜】東京，神奈川 **【中京】**愛知，三重 **【阪神】**大阪，兵庫 **【北九州】**福岡
【関東内陸】栃木，群馬，埼玉 **【瀬戸内】**岡山，広島，山口，香川，愛媛 **【東海】**静岡
【北陸】新潟，富山，石川，福井 **【京葉】**千葉

〈表4〉

《日本経済の中心》

- 戦前…阪神工業地帯
- 戦後…京浜工業地帯
- 近年…中京工業地帯

}の工業生産額が最大

《工業地帯，工業地域の製造品出荷額等の構成》（2016年）

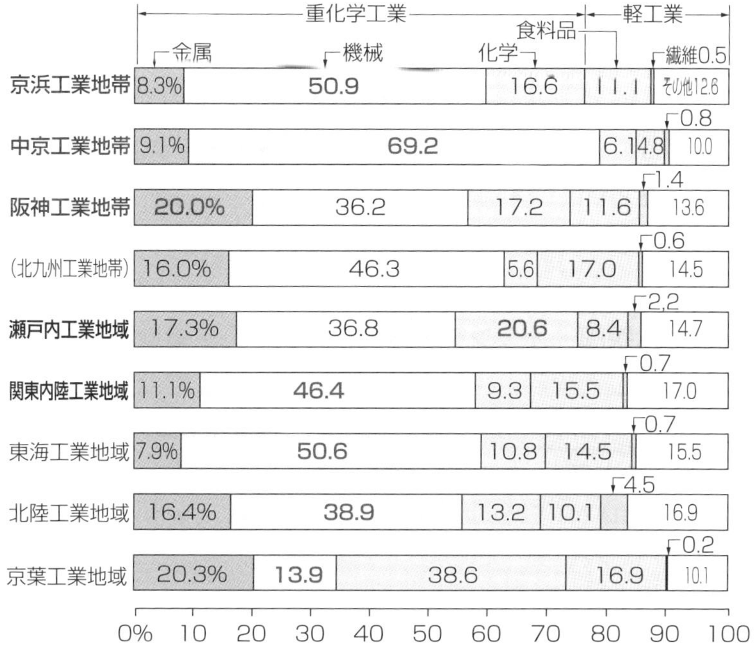

	重化学工業			軽工業		
	金属	機械	化学	食料品	繊維	その他
京浜工業地帯	8.3%	50.9	16.6	11.1	0.5	12.6
中京工業地帯	9.1%	69.2	6.1	4.8	0.8	10.0
阪神工業地帯	20.0%	36.2	17.2	11.6	1.4	13.6
(北九州工業地帯)	16.0%	46.3	5.6	17.0	0.6	14.5
瀬戸内工業地域	17.3%	36.8	20.6	8.4	2.2	14.7
関東内陸工業地域	11.1%	46.4	9.3	15.5	0.7	17.0
東海工業地域	7.9%	50.6	10.8	14.5	0.7	15.5
北陸工業地域	16.4%	38.9	13.2	10.1	4.5	16.9
京葉工業地域	20.3%	13.9	38.6	16.9	0.2	10.1

〈図7〉

《都道府県別製造業出荷額上位10県》（2017年）

上位都道府県	工業製品出荷額(億円)
愛　知	472,303
神奈川	180,845
大　阪	173,490
静　岡	169,119
兵　庫	157,988
埼　玉	137,066
茨　城	123,377
千　葉	121,895
三　重	105,552
広　島	102,356
全国計	3,220,703

〈表5〉

その他の工業地域で，1980 年代以降最も伸びが著しいのは**関東内陸**で，豊富な労働力や京浜工業地帯より安価で広い工業用地を武器に，**自動車**，**家電**，**エレクトロニクス**など**機械工業**が発達しています。

その反面，京葉，北九州などは**臨海型の重化学工業**が中心であるため，伸び悩んでいるのが現状ですね。**都道府県別工業製品出荷額**でも，**愛知**，**神奈川**，**静岡**などやはり**自動車産業が発達している地域が上位にきていること**に要注意！

アメリカ合衆国・オランダ・日本・ロシアの工業地域

問題 58 アメリカ合衆国・オランダ・日本・ロシアの工業地域の分布と特徴

次の①～④の文章は，アメリカ合衆国，オランダ，日本，ロシアのいずれかの国における工業地域の分布とその特徴について述べたものである。オランダについて述べた文章として最も適当なものを，次の①～④のうちから一つ選べ。

① この国では，北東部を中心に重化学工業が発達してきた。1970 年代以降は，気候が温暖で土地や労働力が安価な南部や西部でも，先端技術産業が発達している。

② この国では，輸出入に便利で消費地にも近い臨海部に，重化学工業が発達した。電気機械・電子工業は内陸部にも立地したが，最近では外国に進出する企業も増えている。

③ 地下資源に恵まれないこの国では，商業や貿易に重点がおかれ，近隣諸国に比べて重化学工業化が遅れた。しかし，現在では，可航河川の下流に築かれた大規模港湾を拠点にして，石油化学工業が発達している。

④ この国では，世界有数の地下資源の産地を中心に，重化学工業のコンビナートが建設された。1990 年代以降は，市場経済への転換により，国営企業の民営化が進んでいる。

解答 p.420

アメリカ合衆国における工業の中心は，1960 年代まで「スノーベルト」，1970 年代以降は「サンベルト」が飛躍。
ロシアは，1991 年以降，市場経済に移行。

そろそろ講義も終わりに近づいてきました。なんか寂しいなあ……。もっと君たちと一緒に地理の勉強がしたい。でも，そうは言っていられないので我慢して(笑)，最後はびしっと決めましょう。

まず，①～④の文章が，それぞれ4つの国のどれにあたるか，見てみましょう。

アメリカ合衆国　**選択肢①**

「北東部を中心に重化学工業が発達」したことから，**アメリカ合衆国**の記述です。**北東部の五大湖周辺**を中心に，**鉄鋼業**や**自動車工業**が発達してきました(「**スノーベルト**」)。**1970 年代以降**は，**北緯 37 度以南**の**サンベルトへ先端技術産業**が進出しています(本書の第10回，アングロアメリカ(2)を参照)。

日　本　**選択肢②**

「輸出入に便利で消費地にも近い臨海部に重化学工業が発達」してきたことから，**日本**の記述です。**臨海部**の**太平洋ベルト**を中心に**重化学工業が発達**しました。近年は労働力や土地が安価な**関東内陸部**や**東北**，**九州**などにも**機械工業**や**エレクトロニクス産業**が進出しています。

また，**コストダウン**を図るため**東南アジア**や**中国**などへの**企業進出**も進んでいましたよね。

オランダ　**選択肢③**

4か国中で「地下資源に恵まれない」のは**オランダ**と**日本**です。**ドイツ**，**フランス**などの近隣諸国より**重化学工業化が遅れ**たこと，**可航河川**(**ライン川**)の下流に大規模港湾(**ロッテルダムのユーロポート**)が築かれたとあることから，**オランダ**と判定できます。答えは③。

オランダといえば，「**園芸農業**」，「**酪農**」と農業関連ばかりが強調されますが，**工業化も進んでいる立派な先進国**ですよ。

ロシア　**選択肢④**

「有数の地下資源」，「重化学工業のコンビナートの建設」から**ロシア**の記述です。**コンビナート**(kombinat)はロシア語だけど，英語の"combination=「結合」"の意で，旧ソ連で産出する**各地の資源を結びつけて工業地域を成立**させたことから，このように呼ばれていました。

1991年にソ連が解体し，**計画経済**から**市場経済**へ転換が図られたんでしたよね(本書，p. 230を参照)。

解答　[問題53]①　[問題54]①　[問題55]②
[問題56]③　[問題57]⑥　[問題58]③

♥講義の終わりに――

ということで，ともにがんばってきた『**大学入学共通テスト瀬川聡地理B講義の実況中継**』もこれで本当に終了です。最後まで一生懸命取り組んでくれてありがとう！

君たちがいつも目をキラキラさせて授業を聞いてくれたから，俺も楽しく授業ができました。あとは，しっかり①〈系統地理編〉と本書〈地誌編〉で学習した**地理の基礎的知識や理論を定着させてね！** 特に，

①〈系統地理編〉では，

① **地図と地理情報**
② **自然環境の成因と人々の生活との関わり**
③ **資源と産業**
④ **人口，村落・都市，生活文化，民族・宗教，国家，民族・領土問題**など

②〈地誌編〉では，

① **世界の諸地域の自然環境**

② **経済発展のレベル**

③ **地域の共通点と相違点**

に注意しながら勉強してね！ そのためには**もう一度最初から読み直そう**(時間をかけなくていいから，一気にもう一度読んでごらん。君たちなら１週間もあれば２冊読めるはず)！ 絶対に頭の中が今以上にクリアになることを約束するよ。

そして，**「地理的思考力」「地理的分析力」「地理的観察力」をレベルアップさせよう。君たちは必ず入試に勝てます!!**

ここまでがんばってきた君たちにいまさらだけど，「地理」って予想以上に楽しくなかった？ 将来，君たちはいろんな職業に就き，いろんな場所で活躍すると思うけど，そのときに必ず役に立つのが「地理」であり「**地理的思考力**」です。**ずっと地理が好きでいてね**(笑)！

受験は苦しいと思います。決められた時間の中で，結果を求められるから。でもね，大学に進学してからも，**それから社会に出てからも，君たちは結果を求められます。**

つまり**受験に成功する**ということだけでなく，**これからの人生を生き抜いていくためにも，君たちが「がんばろう！」**と思ったその日から，**やれるだけのことにチャレンジできればいいんじゃないかな？** そうすれば自分にとって納得のいく結果が出てくると思うし，**これから先も楽しい人生になるよ。**

過去のこと(もう少し早く始めておけばよかったとか，あのときこうしておけばよかったとか)**をいくら考えてもしかたない**んだから。

例えば，幼稚園の年少組の時，ぼーっと歩いてて電信柱に頭をぶつけたり，小学１年生の時，ともだちに足を踏まれたとします。このことをずっと**一生悔やんでてもしかたない**(笑)。

だから**君たちはいつも前を向いて,いま自分がやれることをやる！ 君たちにはそれぞれ全員に素敵なところがあります**。ダイヤの原石だと思います――ダイヤモンドはロシア，ボツワナ，コンゴ民主共和国，ジンバブエなどで多く産出(笑)。

だから受験でも自分の弱点ばかりじっと見つめるのではなく，**君のいいところをどんどん伸ばしましょう**。そして社会に出てからも，10代より20代，20代より30代と年齢がいけばいくほど輝いていってほしいです。**若いときだけしか輝けない人生なんてつまらない**！ 俺もいつまでも輝いていたい(外見も内面も) って，いつもいつも思ってるよ！

そろそろ本当にお別れです(泣)。ここまでともに戦ってきた仲間として，**君たちに心からのエールを送って終わります。本当にお疲れ様でした**。

俺はいつまでも君たちの味方です。**自分に自信を持って，楽しい人生を切り開きなさい！ がんばれ！**

(拍手)

付録 日本の都道府県と県庁所在地

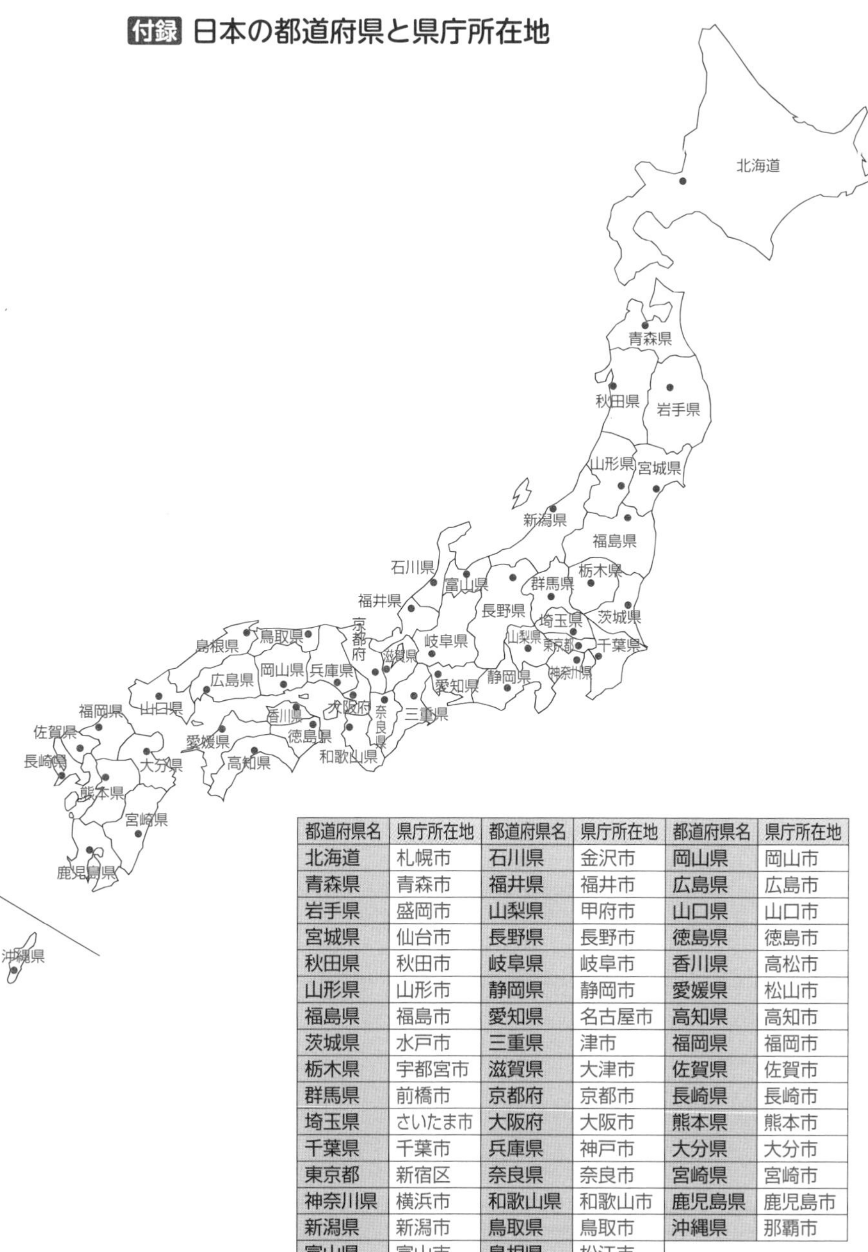

都道府県名	県庁所在地	都道府県名	県庁所在地	都道府県名	県庁所在地
北海道	札幌市	石川県	金沢市	岡山県	岡山市
青森県	青森市	福井県	福井市	広島県	広島市
岩手県	盛岡市	山梨県	甲府市	山口県	山口市
宮城県	仙台市	長野県	長野市	徳島県	徳島市
秋田県	秋田市	岐阜県	岐阜市	香川県	高松市
山形県	山形市	静岡県	静岡市	愛媛県	松山市
福島県	福島市	愛知県	名古屋市	高知県	高知市
茨城県	水戸市	三重県	津市	福岡県	福岡市
栃木県	宇都宮市	滋賀県	大津市	佐賀県	佐賀市
群馬県	前橋市	京都府	京都市	長崎県	長崎市
埼玉県	さいたま市	大阪府	大阪市	熊本県	熊本市
千葉県	千葉市	兵庫県	神戸市	大分県	大分市
東京都	新宿区	奈良県	奈良市	宮崎県	宮崎市
神奈川県	横浜市	和歌山県	和歌山市	鹿児島県	鹿児島市
新潟県	新潟市	鳥取県	鳥取市	沖縄県	那覇市
富山県	富山市	島根県	松江市		

付録 東京と政令指定都市の地図とデータ

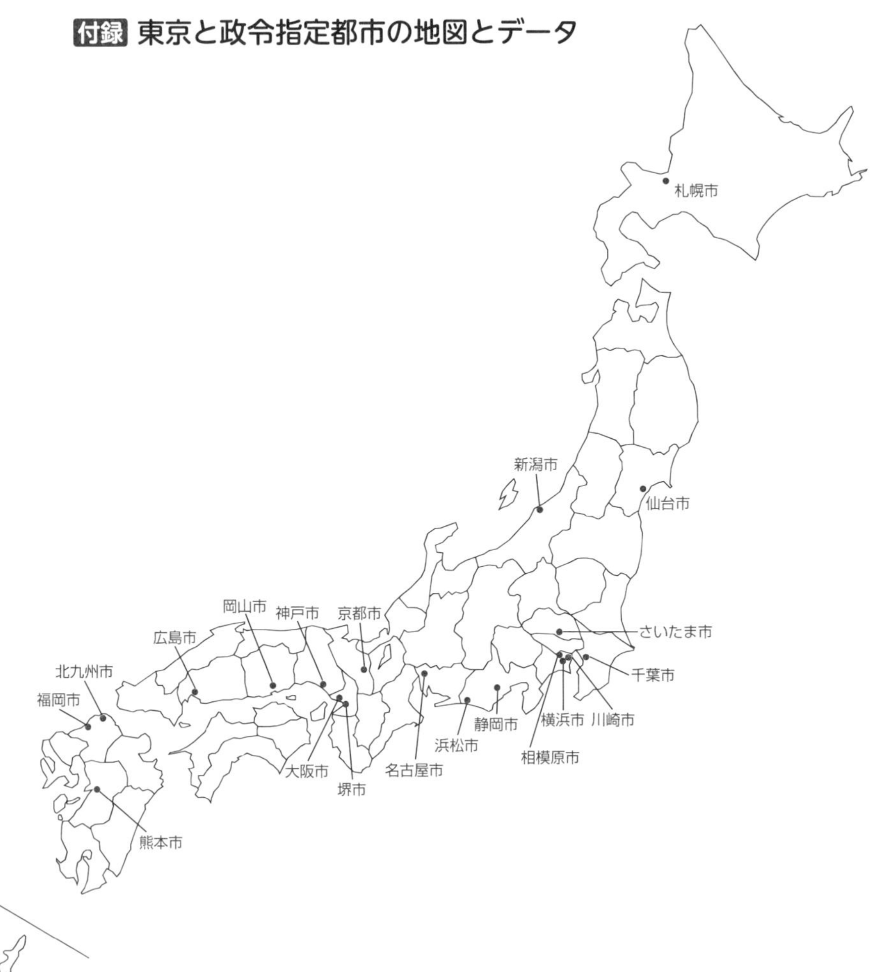

都市名	人　口 （万人）	製造品出荷額 （億円）	商品販売額 （億円）
東京（23区）	948.7	29,130	1,782,162
横浜	374.0	39,975	106,996
大阪	271.4	36,816	415,637
名古屋	229.4	34,904	273,595
札幌	195.5	5,604	99,560
福岡	154.1	5,720	137,433
神戸	153.8	32,556	56,483
川崎	150.0	40,929	30,232
京都	141.3	26,138	53,632
さいたま	130.2	8,594	52,182
広島	119.6	32,076	78,442
仙台	106.3	9,224	91,240
千葉	97.0	12,229	36,823
北九州	95.6	21,309	26,967
堺	83.8	35,187	17,546
浜松	80.5	19,501	28,568
新潟	79.3	11,451	32,319
熊本	73.4	4,674	22,921
相模原	71.8	13,773	11,948
岡山	70.9	10,182	31,941
静岡	70.2	19,791	29,692

＊統計年次は，人口（2019 年），製造品出荷額（2017 年），商品販売額（2015 年）。

索　引

〈注〉日本語索引のあとに，英字索引がついています。

【あ】

【お】

【か】

【き】

【く】

【け】

【こ】

【さ】

【し】

【す】

【せ】

【そ】

【た】

【ち】

【つ】

【て】

【と】

【な】

【に】

【ふ】

【へ】

【ほ】

【ま】

【み】

【む】

【め】

【も】

【や】

【ゆ】

【よ】

【ら】

【C】

【D】

【E】

【F】

【G】

【H】

【I】

【J】

【L】

【N】

【O】

【P】

【R】

【U】

【W】

瀬川 聡 *Sunao SEGAWA*

河合塾講師

福岡に生まれる。母校の西南学院高等学校の専任教諭として多くの卒業生を輩出。

現在は，河合塾地理科講師として，東は東京，西は福岡まで全国を飛び回り，東大対策から共通テスト対策講座まで幅広く担当。これまでライヴ授業で教えてきた受験生は数十万人にのぼる。北海道から沖縄まで全国配信される映像授業「河合塾マナビス」でも熱い授業を展開。授業以外でも，模試，テキスト作成に加え，高校教員研修(河合塾，教育委員会，私学協会，地理部会)，各種講演会等で活躍。

受験生に地理を教えることをこよなく愛し，世界中の服，車，バイクを収集することが“地理的な”趣味となっている。

*　　*　　*

主な著作：『瀬川聡のトークで攻略センター地理Ｂ塾①【系統地理編】』，『同②【地誌編】』(以上，語学春秋社)，『大学入学共通テスト地理Ｂの点数が面白いほどとれる本』，『瀬川聡の大学入学共通テスト地理Ｂ[系統地理編]超重要問題の解き方』，『同[地誌編]』(以上，KADOKAWA 中経出版)，『地理用語完全解説 G』(共著，河合出版)など多数。

CA08AB/B-B/Si

英語4技能時代に対応!!

6段階 マルチレベル・リスニングシリーズ

石井 雅勇 著

※レベル分けは，一応の目安とお考えください。

小学上級～中１レベル

❶ グリーンコース

CD1 枚付／ 900 円＋税

日常生活の簡単な会話表現を，イラストなどを見ながら聞き取る練習をします。

中２～中３レベル

❷ オレンジコース

CD1 枚付／ 900 円＋税

時刻の聞き取り・ホテルや店頭での会話・間違いやすい音の識別などの練習をします。

高１～高２レベル

❸ ブルーコース

CD1 枚付／ 900 円＋税

インタビュー・TV コマーシャルなどの聞き取りで，ナチュラルスピードに慣れる訓練を行います。

共通テスト～中堅大学レベル

❹ ブラウンコース

CD1 枚付／ 900 円＋税

様々な対話内容・天気予報・地図の位置関係などの聞き取りトレーニングです。

難関国公私大レベル

❺ レッドコース

CD1 枚付／ 900 円＋税

英問英答・パッセージ・図表・数字などの様々な聞き取りトレーニングをします。

最難関大学レベル

❻ スーパーレッドコース

CD2 枚付／ 1,100 円＋税

専門性の高いテーマの講義やラジオ番組などを聞いて，内容をつかみ取る力を養います。

全コース共通

リスニング・ハンドブック

CD1 枚付／ 900 円＋税

リスニングの「基本ルール」から正確な聞き取りのコツの指導まで，全コース対応型のハンドブックです。

教科書をよむ前によむ！ 3日で読める！

実況中継シリーズがパワーアップ!!

シリーズ売上累計1,000万部を超えるベストセラー参考書『実況中継』が，新しい装丁になって続々登場！ ますますわかりやすくなって，使いやすさも抜群です。

英語

山口俊治
英文法講義の実況中継①／② <増補改訂版>

定価：本体（各）1,200円+税

「英語のしくみ」がとことんわかりやすく，どんな問題も百発百中解ける，伝説の英文法参考書『山口英文法講義の実況中継』をリニューアル! 入試頻出900題を収めた別冊付き。問題が「解ける喜び」を実感できます。

小森清久
英文法・語法問題講義の実況中継

定価：本体1,300円+税

文法・語法・熟語・イディオム・発音・アクセント・会話表現の入試必出7ジャンル対策を1冊にまとめた決定版。ポイントを押さえた詳しい解説と1050問の最新の頻出問題で，理解力と解答力が同時に身につきます。

登木健司
難関大英語長文講義の実況中継①／②

定価：本体（各）1,500円+税

科学・哲学・思想など難関大入試頻出のテーマを取り上げ，抽象的で難しい英文を読みこなすために必要な「アタマの働かせ方」を徹底講義します。長文読解のスキルをぎゅっと凝縮した，別冊「読解公式のまとめ」付き!

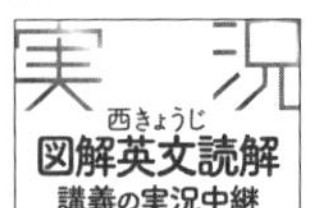

西きょうじ
図解英文読解講義の実況中継

定価：本体1,200円+税

高校1,2年生レベルの文章から始めて，最後には入試レベルの論説文を読み解くところまで読解力を引き上げます。英文を読むための基本事項を1つひとつマスターしながら進むので，無理なく実力がUPします。

大矢復
英作文講義の実況中継

定価：本体1,200円+税

日本語的発想のまま英文を書くと，正しい英文とズレが生じて入試では命取り。その原因―誰もが誤解しがちな“文法”“単語”―を明らかにして，入試英作文を完全攻略します。自由英作文対策も万全。